Konservatismus

Klaus von Beyme

Konservatismus

Theorien des Konservatismus und
Rechtsextremismus im Zeitalter der
Ideologien 1789-1945

Klaus von Beyme
Heidelberg, Deutschland

ISBN 978-3-658-03050-6   ISBN 978-3-658-03051-3 (eBook)
DOI 10.1007/978-3-658-03051-3

Die Deutsche Nationalbibliothek verzeichnet diese Publikation in der Deutschen Nationalbibliografie; detaillierte bibliografische Daten sind im Internet über http://dnb.d-nb.de abrufbar.

Springer VS
© Springer Fachmedien Wiesbaden 2013
Das Werk einschließlich aller seiner Teile ist urheberrechtlich geschützt. Jede Verwertung, die nicht ausdrücklich vom Urheberrechtsgesetz zugelassen ist, bedarf der vorherigen Zustimmung des Verlags. Das gilt insbesondere für Vervielfältigungen, Bearbeitungen, Übersetzungen, Mikroverfilmungen und die Einspeicherung und Verarbeitung in elektronischen Systemen.

Die Wiedergabe von Gebrauchsnamen, Handelsnamen, Warenbezeichnungen usw. in diesem Werk berechtigt auch ohne besondere Kennzeichnung nicht zu der Annahme, dass solche Namen im Sinne der Warenzeichen- und Markenschutz-Gesetzgebung als frei zu betrachten wären und daher von jedermann benutzt werden dürften.

Lektorat: Verena Metzger, Monika Mülhausen

Gedruckt auf säurefreiem und chlorfrei gebleichtem Papier

Springer VS ist eine Marke von Springer DE. Springer DE ist Teil der Fachverlagsgruppe Springer Science+Business Media.
www.springer-vs.de

Inhalt

I. **Einleitung: Konservatismus in der Französischen Revolution** 7

II. **Konservative Theorie gegen die Französische Revolution** 19
1 Der Status-quo-ante-Konservatismus: Maistre, Bonald, der junge Lamennais 20
2 Der Status-quo-Konservatismus in Großbritannien: Edmund Burke 35
3 Der Status-quo-Konservatismus im Frankreich der Restauration: François René Vicomte de Chateaubriand und die Ultraroyalisten 43
4 Konservatismus der Revolutionszeit in Deutschland: von Rehberg bis Haller 47

III. **Romantischer Konservatismus** 59
1 Der romantische Konservatismus in Deutschland: Novalis, Schelling, Müller, Görres, Baader 59
2 Der romantische Konservatismus in Großbritannien: Samuel Taylor Coleridge 81

IV. **Nationalistischer Reformkonservatismus und die konservative Gegenmacht der Auftragspublizistik** . . . 87
1 Nationalistischer Reformkommunismus: der späte Fichte und Ernst Moritz Arndt 87
2 Konservative Auftragspublizistik: Gentz, Friedrich Schlegel, Jarcke 106

V. Reformkonservatismus in der konstitutionellen Monarchie ... 111
1 Die Apologie des Status quo der konstitutionellen Monarchie
 in Deutschland: der späte Hegel und Lorenz von Stein 111
2 Messianischer Reformkonservatismus in Frankreich:
 Comte, Le Play Auguste Comte 156
3 Vom Traditionalismus zur Königsdiktatur:
 Jaime Balmes und Donoso Cortés 167
4 Reformkonservatismus in Großbritannien: Walter Bagehot 191

VI. Revolutionärer Konservatismus 197
1 Die aristokratische Revolution: Friedrich Nietzsche 197
2 Der revolutionäre Konservatismus in Frankreich:
 Barrès, Maurras 211
3 Der antiparlamentarische Konservatismus in Italien:
 Minghetti bis Pareto 221
4 Die „Konservative Revolution" in Deutschland und Carl Schmitt ... 232
5 Konservatismus in der Generation von 1898 in Spanien
 und bei ihren Vorläufern: von Menéndez Pelayo bis Unamuno ... 253

VII. Rückblick: Konservatismus in der Entwicklung
 der Parteiensysteme 269

I. Einleitung: Konservatismus in der Französischen Revolution

Der Konservatismus ist der einzige der drei großen Ideologie- und Parteibegriffe, der kaum von den Befürwortern angenommen wurde und überwiegend von den Gegnern der Konservativen eingesetzt worden ist. Die drei Großideologien liegen der Gliederung dieses Werkes zugrunde. Der *Nationalismus* wird als Partialtheorie nicht gesondert ausgewiesen. Er kann sich mit dem Radikalismus (Mazzini), wie mit dem Konservatismus (Arndt) verbinden. Klaus Epstein (1971: 19ff) hat drei Typen des *Konservatismus* unterschieden: *Reaktionäre, Status-Quo-Konservative und Reformkonservatismus*. Ihnen fügt dieser Autor die *Christliche und Christlich-soziale Variante* des Konservatismus hinzu. Die fünfte Variante der *„konservativen Revolutionäre"* wird am umstrittensten sein (Kap.VI.4).

Viele Autoren behandeln die konservativen Revolutionäre lieber als exklusives Phänomen des „Faschismus in seiner Epoche". Die Grundhaltung, durch aktive Veränderungspolitik einen negativen Lauf der Politik zu unterbrechen, ist jedoch älter als der Faschismus. Er findet sich schon bei Donoso Cortés in seiner nachdoktrinären Phase ab 1848 (Kap. V.3). Barrès war kein Faschist und selbst Maurras, den Nolte (1963) dazu rechnete, enthielt auch ganz andere katholisch-konservative Elemente. Faschismus als politische Doktrin ist meistens theoretisch uninteressant. Von den faschistischen Akteuren haben allenfalls Mussolini und Primo de Rivera einige originelle Gedanken entwickelt.

Konservatismus als politische Bewegung ist eine Antwort auf die Französische Revolution. Konservatismus als Grundhaltung hat es jedoch immer gegeben. Thomas Mann (1920,: 608) nannte das Leben selbst eine „konservative Idee". In allen Kulturen – am wenigsten in China – ließ sich eine Unterscheidung von rechts und links nachweisen. Seit Baal und Mot war „links" die diabolische Herausforderung und die Rechte wurde in fast allen Kulturen eher mit positiven Begriffen assoziiert (Laponce 1981). Schon in der Antike wurde das Wort „conservator" verwendet – für Kaiser Augustus oder für den Heiland.

Mit der französischen Revolution setzte sich gleichsam der binäre Code „konservativ – fortschrittlich" durch – nicht nur in der Hosenbodengeographie der parlamentarischen Sitzordnungen. Vor dem Zerfall der alten ständisch geschichteten *societas civilis* waren Konservierung und Erneuerung auf der Basis eines fest gefügten Weltbildes stärker auf einander bezogen. Auch damals gab es ein konservatives Lamento über den Niedergang *(o tempora, o mores!)*, aber die Mängel wurden immer wieder korrigiert und auch Traditionalisten empfahlen *„reformatio"* und *„renovatio".* Manchmal wurde für die Erneuerung sogar von *„revolutio"* gesprochen (Vierhaus 1978: 533). Die Berufung auf eine ursprüngliche Ordnung und Wahrheit war älter als die Forderung nach geplanten Veränderungen der Gesellschaft, die seit der frühen Neuzeit auftauchten; vielfach zunächst als Utopie.

Die Französische Revolution hatte die Grundlagen der alten Ordnung unwiderruflich zerstört. Trotz der Berufung auf einen guten status quo ante waren die Vordenker der „Contre-révolution" wie Bonald in der „Théorie du pouvoir" (1854, Bd. 1: 121) sich darüber im Klaren, dass mit dem Ruf nach dem Alten etwas Neues geschaffen wurde:„Wenn die konservativen Prinzipien der Gesellschaften erschüttert sind, muss man sie auf ihrer Basis ersetzen" (vgl. Kap. II, 1).

- Selbst der romantische Konservatismus konnte in seinem Gefühlsüberschwang nicht verbergen, dass seine *Rekonstruktion des Vergangenen* durchaus rationalistische Züge trug, die ohne die Errungenschaften der Aufklärung, die er verurteilte, gar nicht zu denken waren.
- Rationale Züge zeigte auch eine *politische Ordnungslehre,* die an eine vorgegebene göttliche Ordnung glaubte, die sich im Bereich von Naturrecht und göttlichen Recht ausdrückte, und rational erkannt werden konnte.
- Rational schien auch die *Gegnerschaft zu einer absolutistischen Herrschaft,* die vielen konservativen Bewegungen eigen war, nicht nur in den Ländern, wo die Aristokratie das öffentliche Leben noch dominierte. Ein Paradoxon des Konservatismus tat sich auf: je reaktionärer die konservative Theorie auftrat, umso mehr war sie konstruiert, wie man an Hallers „Restauration der Staatswissenschaften" zeigen kann. Nur wo die Herausforderung durch die Revolution eine rein intellektuelle blieb, wie in Großbritannien, konnten Konservative wie Burke sich noch ganz naiv auf das Althergebrachte berufen. Das war umso unproblematischer, als selbst die gemäßigten Liberalen – im Gegensatz zu den Radikalen – diese altenglische Ordnung als Vorbild empfanden. In ganz Europa entwickelte sich von Spanien bis Russland dieser Minimalkonsens zwischen den Konservativen und den „Gemäßigten" unter ihren Gegnern, dass England das Vorbild sein könne.

Die Zäsur der französischen Revolution führte dazu, dass die Literatur vielfach vor 1789 nur „*Traditionalismus*" entdeckte. Justus Möser war dafür der typische Repräsentant in Deutschland (Mannheim 1974: 93). Noch nagten nur geringe Zweifel an diesem Urkonservativen, dass die alte Ordnung erhalten werden könne. Damals überwog noch eine gelassene Haltung, ohne Eifer und Militanz, weil keine politische Bewegung die Konfrontation schürte. Dieser Konservatismus oder Traditionalismus war noch kein ideologisierter „Ismus". Es blieb eine Gewohnheit des Konservatismus, alle Ismen abzulehnen, ohne zu bemerken, dass man sich selbst einem ideologisierten Ismus verschrieben hatte. Die Abgrenzung von Karl Mannheim ist als zu germano-zentrisch angegriffen worden. Wo Revolutionen vor 1789 stattgefunden hatten, wie in England, haben sich ganz ähnliche Polarisierungen vollzogen wie später auf dem Kontinent. König James I hat das *„divine right of the king"* erst ideologisieren müssen als es von fortschrittlichen Bewegungen in Frage gestellt worden ist.

Ein rigoroser Begriff von Konservatismus wurde auch von Kondylis (1986: 23) zugrunde gelegt. Konservatismus war für diesen Autor schon zu Ende als die alte *„societas civilis"* zerfallen war. Die Trennung von Staat und Gesellschaft ließ sich nach dieser Ansicht nicht mit dem konservativen Standpunkt verbinden. Es wird sich in einzelnen Ländern – vor allem Frankreich und Deutschland – zeigen, dass der Konservatismus diese Dichotomie, welche ihnen die Liberalen aufzwang, übernahm und denkerisch fruchtbar weiter verarbeitete (Hegel, Stein). Selbst die staatlich alimentierte konservative Theorie von Gentz und seinen Freunden, welche den Status quo des Wiener Kongresses im Auftrag Metternichs verherrlichte, wäre dann kein eigentlicher Konservatismus mehr. Der wirkliche Altkonservatismus, wie ihn Maistre vertrat, hat selbst Metternichs System als nicht-legitimistisches Teufelswerk abgelehnt. Enge Konservatismus-Begriffe werden hier nicht zugrunde gelegt, weil sie zu großen Schwierigkeiten bei der Benennung des Ausgeschlossenen führen müssten. Ein weiter Konservatismus-Begriff hat freilich den Nachteil, dass er Untergruppen erfordert, die von der Forschung auch wieder angegriffen werden können (vgl. Matrix).

Während der Liberalismus universale Prinzipien vertrat, die theoretisch für alle Länder gelten konnten, hat der Konservatismus auf länderspezifischen Theorien bestanden. Mit Ausnahme von Burke – und in der frühen Zeit die französischen „Theokraten" Bonald, Maistre und Lamennais – haben die Konservativen weniger internationale Resonanz gehabt. Wo vom spanischen, deutschen oder russischen *Sonderweg* geträumt wurde, blieb die Debatte auf das jeweilige Land beschränkt. Nur Italiens Konservatismus blieb so international, dass er sich rasch den liberalen und nationalen Werten im Risorgimento zuwandte, und fortan unter „Liberalismus" behandelt wurde. Welch' glückliches Land, dass bis zu den

Protofaschisten keine konservative Theorie zu haben schien! Konservative Gedanken konnten am besten international wirken, wenn sie auf hoher Abstraktionsstufe und mit Luhmann zu sprechen „doppelt codiert" auftraten, wie die deutsche Systemphilosophie von Fichte bis Hegel und Schelling, die im Ausland von ganz unterschiedlichen politischen Bewegungen adaptiert worden ist. Im Allgemeinen aber hat konservatives Denken den Einzelfall gegen das „System" gestellt und das „Ereignis" für entscheidender gehalten als eine theoretisierte „Geschichte". Nur einige Varianten eines rationalisierten Konservatismus wie Haller oder Hegel passten nicht in diese schlichten Antithesen zum Liberalismus.

Erst nach der Französischen Revolution haben einzelne Denker und politische Gruppen sich selbst als „konservativ" bezeichnet. Der Begriff tauchte in Frankreich um 1795 häufiger auf. In England wurde er um 1830 adaptiert (John Wilson Crooker). Die Julirevolution 1830 zwang alle politischen Kräfte erneut zu einer Revolution Stellung zu nehmen und trug dazu bei, die Verortung der Ideologien zu fixieren. Ein Ex-Liberaler wie Viktor Aimée Huber hat in Deutschland 1841 (1894) erstmals eine Streitschrift verfasst, die den Konservatismus-Begriff positiv für den eigenen Standpunkt einsetzte („Über die Elemente, die Möglichkeit oder Notwendigkeit einer konservativen Partei in Deutschland"). Hermann Wagener (1856: 15 ff), eine Zeit lang Redakteur der „Kreuzzeitung" war und von Theodor Fontane, der unter ihm gearbeitet hat, einmal als „eine Art Nebensonne zur Bismarck" bezeichnet wurde, publizierte anonym 1856 eine Schrift über „Grundzüge der conservativen Politik", die als wahrhaft „conservativ" nur Gruppen anerkannte, die das Christentum bewahrten, und die organische Gliederung der Gesellschaft nicht durch einen „administrativen Mechanismus" ersetzen wollten, wie die Liberalen. In Bismarcks System hat der preußische Konservatismus sich mit dem Konstitutionalismus ausgesöhnt und ihn geschickt für seine eigenen Zwecke benutzt.

Auf dem Kontinent blieb der Begriff seltsam vage. Erst 1867 nannten sich in Preußen die Abgeordneten, die für Bismarck eintraten, eine „konservative Partei". Funktionale Äquivalente hatte es freilich seit 1814 gegeben wie Antirevolutionäre, Ultras, Reaktionäre, Royalisten oder Hofpartei. Metternich (II: 454) hat in seinen „Denkwürdigkeiten" viele dieser Feindbezeichnungen wie „Obskurantismus", „Absolutismus" oder „abstraktes Stabilitätssystem" für sich zurückgewiesen. Typisch konservativ war die Behauptung, jenseits der Lagerbezeichnungen zu stehen, da sein Wahlspruch „Kraft im Recht" lautete.

Die Verbreitung des Konservatismus-Begriffs wurde durch das Zeitschriftenwesen mächtig gefördert. Chateaubriand gründete 1817 die Zeitschrift „Le conservateur". Balmes hat in Spanien in den 1840er Jahren mit dem „Conservador" polemisiert. Die Status-quo-Konservativen legten Wert auf die Feststellung, dass sie keinen status quo ante wieder herstellen wollten, sondern ihr Anliegen war begrenzter: „Conserver les saines doctrines", die gesunden Theorien zu bewahren. In

Konservatismus in der Französischen Revolution 11

Matrix Konservative Ideologien und nationale Schulen der Politik

	Ideologie	Frankreich	Großbritannien	Deutschland	Italien	Spanien	Russland
K O N S	Status-quo-ante-Konservative	De Bonald De Maistre Der frühe Lamennais		Möser Müller Haller		Menéndez Pelayo Ganivet	Slawophile Chomjakov Kireevskij Aksakov Samarin
	Status-quo-Konservative	Chateaubriand	Burke	Rehberg Gentz Görres Stahl	Minghetti Bonghi Jacini		Pogodin Pobedonosčev
E R V A	Reformkonservative	Comte LePlay	Bagehot Coleridge Bosanquet	Fichte Arndt Der späte Hegel Rechtshegelianer Stein	Der frühe Gioberti Pareto	Der frühe Unamuno	Panslawisten Danilevskij
T I S	Christliche und christlich-soziale Konservative	Montalembert	Kingsley	Schelling Baader V. A. Huber	Sturzo	Balmes Der späte Unamuno	Dostoevskij Solov'ëv Berdjaev Bulgakov Vechi-Bewegung
M U S	Konservative Revolutionäre und Rechtsextremismus	Barrès Maurras	Chamberlain Mosley	Nietzsche Moeller van den Bruck Jünger Spengler Schmitt Hitler	der späte Gentile Mussolini Corradini D'Annunzio Rocco	Donoso Cortés Maeztu Primo der Rivera Ledesma Ramos	Katkov Leont'ev Rozanov

Spanien wurde zwar das Wort „liberales" zuerst als Parteibezeichnung entwickelt. Aber die Konservativen wurden von diesen noch als die „Servilen" bezeichnet. Ein zeitgenössisches Spottgedicht hat den Kampf der Etiketten beleuchtet:" Y tú, Servil, que por preocupado, el liberal te ha dado este appellido" (zit: R. Solis: El Cádiz de las Cortes. Madrid, Instituto de estudios políticos, 1958: 286). Obwohl der Liberale Rotteck gern Radicalismus und Konservatismus gegenüber stellte, kam der Begriff Konservatismus in seinem berühmten Staatslexikon nicht vor (Bd. 1, Kap. III.3). Sein Mitherausgeber Carl Welcker versuchte – ohne den Begriff „Konservatismus" zu gebrauchen – konservatives Denken für den „wahren Liberalen" in Anspruch zu nehmen. In der Vorrede zur zweiten Auflage des Staatslexikons 1845 forderte der die „Conservativen auf zu sagen, was wir – also die gemäßigten Liberalen – nicht zweckmäßiger als sie selbst conservieren wollen" (für weitere Begriffsklitterungen vgl. Vierhaus 1982: 553 ff).

Liberalismus und Sozialismus umfassten Theorien, die auf einen Konsens aller rational denkenden Bürger aller Staaten zielten. Überwiegend konservativ waren hingegen die Theorien, die einen *Sonderweg* für das eigene Land unterstellten (vgl. Bd. 3, Kap.VII). Die deutsche Geistesgeschichte war lange besessen vom „deutschen Sonderweg", zunächst in der Propagierung, später in seiner Bewältigung. Vergleichende Studien zeigten, dass nicht alles deutscher Sonderweg war oder dass – wie in diesem Sample von Ländern – lauter Sonderwege sichtbar wurden. Im Bereich des Konstitutionalismus, auf den Deutschland bis 1918 so stolz war, ist der deutsche Sonderweg stark übertrieben worden. Die dualistische Konzeption mit starken Prärogativen für die Krone und die Ablehnung der parlamentarischen Mehrheitsherrschaft hatte von Schweden bis Italien bis zum Ersten Weltkrieg in der Theoriegeschichte immer viele Anhänger. Frankreichs revolutionäre und überwiegend republikanische Entwicklung war eine Art „Sonderweg". England hat seine freiheitliche Kontinuität stark ideologisiert. Die USA betonen vielfach ihren „*Exzeptionalismus*".

Am stärksten war das Sonderwegdenken in den marginalsten Systemen in Europa: Spanien und Russland. Spanien hat durch die Niederlage 1898 einen Dämpfer bekommen. Die 98er Generation versuchte theoretische Schlüsse aus dem Debakel zu ziehen. Ein westlicher Normalkonstitutionalismus wurde gleichwohl nicht erreicht und ein blutiger Bürgerkrieg entschied vorübergehend den Konflikt zwischen den „zwei Spanien". In Russland war diese Auseinandersetzung noch blutiger und scheint selbst nach dem Ende des Kommunismus noch nicht endgültig entschieden.

Nur Deutschlands Sonderweg schien anrüchig, weil er in zwei Weltkriege führte, die alle anderen europäischen Systeme in die Auseinandersetzung hineinzogen. Die „verspätete Nation" war stark belastet durch den Umstand, dass im 19. Jahrhundert zwei Großmächte im deutschsprachigen Gebiet operierten, die richtig gefährlich erst wurden, als sie sich nicht mehr im Rahmen des Reiches und später des Deutschen Bundes latent bekriegten, sondern ihre Kräfte vereinten, wie 1914.

Auch Italien hat in den Ideen des „Primato" bei Gioberti Sondermissionsrollen theoretisiert. Aber das Risorgimento hat das Land fest an das Zentrum der Entwicklung in Frankreich gebunden. Seit der Französischen Revolution hat der größte Teil der Theoretiker in Italien französische Geburtshilfe für die Bildung seines Nationalstaats erhofft und später auch erhalten. Deutschlands Tragik war es, dass es seine Einheit gegen das französische Zentrum allein durchsetzen und im Abwehrkampf gegen Napoleon zuvor sich mit der reaktionärsten Macht Europas, mit Russland, verbünden musste. Weder in Italien noch in Spanien konnten Sonderwegsideen je den Geist von Tauroggen bis Rapallo mit der russischen Karte ausspielen. Als sie dies partiell in ihren kommunistischen Parteien taten, ist das der Eigenständigkeit des Denkens der Linken des Landes nicht gut bekommen.

Spanien schien trotz seines manchmal penetranten religiösen Sonderheitswahns in einigen Punkten weniger marginalisiert als Deutschland. Die Cortes von Cádiz und ihre Verfassung hatten Wirkungen bis nach Italien und zu den russischen Dekabristen. Spanien schien in den Zyklen von Regierungsformen, unter denen die Republik und eine legitimistische (die Carlisten) und eine „orleanistische" Variante (die Cristinos) vorkamen, dem französischen Vorbild nah zu sein. Die Rückwirkungen in der konservativen Theorie waren jedoch um so „reaktionärer" in des Wortes wörtlichster Bedeutung. Die Reaktion der Theorie auf die revolutionären Ereignisse war nicht präventiv wie in Deutschland, wie von Gentz bis Stahl, sondern beruhte auf der Konfrontation mit konkreten Umstürzen. Wo in Frankreich revolutionäre Massen die jeweilige Herrschaft bedrohten, war es jedoch in Spanien eine Kette von Pronunciamentos, hinter denen nicht selten Offizierscliquen standen. „*Pronunciamento*" als Proklamation eines aufrechten Glaubens zeigte an, wie sehr Vieles davon intellektuelle Ersatzhandlung war.

Die Universalisierung konservativer Prinzipien war schwerer als die Verallgemeinerung liberaler Grundsätze, weil der Konservatismus von den Gegebenheiten des Landes ausgehen musste. Zwei Bewegungen erschwerten die Orientierung: die religiöse Bewegung und der *Nationalismus*. Für den Liberalismus war die Orientierung leichter: Religion wurde zur Privatsache definiert und der Nationalismus wurde, soweit er die Rechtsgleichheit der Bürger förderte, relativ problemlos adaptiert. Liberale haben kaum je – Čičerin in Russland war eine Ausnahme – ihrer Doktrin noch eine religiöse Theorie zugrunde gelegt. Dieses war jedoch sehr häufig im Konservatismus der Fall. Der Nationalismus hat in den Ländern, die noch keine staatliche Einheit verwirklicht hatten, eine Herausforderung der Legitimitätsvorstellungen des Konservatismus dargestellt und wurde vielfach abgelehnt. Es war kein Zufall, dass die beiden Denker in Deutschland, die als Vordenker des Nationalismus galten, wie Arndt und der späte Fichte, liberale und sogar radikale Elemente in ihrer nationalen Konzeption eingebracht hatten und keineswegs integrale Konservative sein konnten. Wo der Nationalismus sich in territorial saturierten Staaten entwickelte, wurde er ebenfalls gelegentlich radikaldemokratisch aufgeladen wie bei Barrès in Frankreich.

Die vergleichende Theorieanalyse bestärkte den Autor darin, den *Nationalismus* nicht als eigenständige Ideologie zu behandeln. Nur selten war ein Theoretiker exklusiv nationalistisch wie Mazzini, Arndt oder Barrès. Der Nationalismus war überall präsent, wo der „Sonderweg" des eigenen Landes gepriesen wurde, aber es handelte sich häufig um einen romantischen Konservatismus, der wie bei den Slawophilen und einigen spanischen Traditionalisten eher unpolitisch gemeint war. Im italienischen Risorgimento entstand vorübergehend die Lage, dass jede politische Theorie – von den Konservativen bis zu den Sozialisten – nationalistisch wurde. In Deutschland hingegen waren die Teilstaaten nicht so sehr als Fremdherrschaft entlegitimiert wie in Italien. Daher haben Arndts und Fichtes nationale Töne zunächst nur eine begrenzte Hörerschaft erfreut.

Der Nationalismus, der zur laizisierten Ersatzreligion werden konnte, war einer religiösen Bewegung nicht unähnlich. Beide lagen quer zum Rechts-Links-Schema der politischen Konfrontation. Nur der Sozialismus lehnte den Nationalismus anfangs vielfach ab. Nationalismus und religiöses Denken entwickelten die Tendenz, gesamte Weltanschauungen zu imprägnieren. Gelegentlich wurden religiöse Elemente zur Verstärkung des nationalen Anliegens als Mobilisierungsfaktor eingesetzt, wie bei Arndt oder Mazzini. Selbst Barrès, der anfangs eher agnostisch dachte, hat sich mit zunehmender Radikalisierung des nationalen Standpunkts auch den religiösen Grundlagen wieder zugewandt. In Deutschland waren einige katholische Denker, wie Görres, durchaus von der nationalen Bewegung erfasst. Vor allem die Konvertiten wie Müller, Gentz, Friedrich Schlegel oder Novalis waren aber eher übernational orientiert und beschworen gelegentlich christliche Reichsideen. Der Nationalismus blieb dieser Gruppe verdächtig, weil er ihr protestantisch und preußisch erschien. Der latente Konflikt der beiden deutschen Großmächte zeigte so seinen Einfluss sogar auf die Bildung der politischen Weltanschauungsgruppen.

Neu am Konservatismus des 19. Jahrhunderts war die Mobilisierung der Laientheologen, welche die Religion bedroht sahen und glaubten, die Amtskirche täte nicht genug, um den säkularen Bazillus zu bekämpfen. Das konnte pietistisch und von einem Erlebnischristentum her geschehen wie bei Coleridge. Häufiger waren die Laientheologen im Katholizismus wie Bonald, Baader oder Donoso Cortés. Es gab jedoch auch professionelle Priester wie Lamennais oder Rosmini, die durch ihren Übereifer mit der Amtskirche in Konflikt gerieten. Selbst eher angepasste Priester-Theoretiker wie Balmes waren nicht in allen Positionen kirchenkonform. In Russland war die Orthodoxie dogmatisch so erstarrt, dass sogar Liberale wie Čaadaev oder Pečërin (letzter wurde später katholischer Priester) sich der Theologie annahmen. Die Slawophilen und Neoslawophilen wie Dostoevskij, Solov'ëv oder Leont'ev und Berdjaev haben sich zunehmend ausschließlich den religiösen Fragen zugewandt – gelegentlich mit einer Neigung zum Katholismus, die sich in Russland von Čaadaev bis zu Solov'ëv nachweisen ließ (Masaryk 1913 II: 458). Die Dreispaltung der Kirchen in Katholizismus, Protestantismus und Orthodoxie war ein dominantes Thema des Konservatismus. Wiedervereinigungssehnsüchte reichten bis nach Russland. Die deutsche idealistische Philosophie brachte manchen ausländischen Konservativen auf protestantische Gedanken. Andere Konservative haben sie verketzert, weil sie latent pietistisch gefärbt seien – selbst bei Kant.

Konservatismus und Liberalismus traten als Erzfeinde auf die politische Bühne und sie haben sich das ganze 19. Jahrhundert hindurch bekämpft. Aber die Feindberührung hat die Positionen verändert. Die Konservativen wurden zwar nicht „die Brüder" aber doch „Vettern" der Liberalen im Kampf, erst gegen den Spätabsolutismus und später gegen den Sozialismus (Klemperer 1961: 11). Die Konservativen haben überwiegend den Konstitutionalismus akzeptiert, auch wenn sie fortfuhren, das „monarchische Prinzip" der „parlamentarischen Regierung" gegenüber zu stellen – von Stahl bis zu Donoso Cortés. Als der Sozialismus zur Herausforderung der beiden ersten Ideologien wurde, sind die „Vettern" noch enger zusammen gerückt und es entstanden zahlreiche Mischungen des liberalen und nationalen Konservatismus.

Wie in allen drei ideologischen Großfamilien müssen Unterteilungen des Konservatismus vorgenommen werden. Sie sind sogar besonders zahlreich im breiten Spektrum konservativen Denkens, wenn man die christlich-soziale Bewegung und die „konservative Revolution" nicht als eigenständige Cleavage-Pole behandelt. Fünf Gruppen werden hier unterschieden:

1) *Status-quo-ante-Konservative,* denen schon das Metternich-System zu rationalistisch und konstruiert erschien.
2) Der *konservative „Mainstream"* war in der Regel „status-quo-orientiert". Einige Wandlungen seit der Revolution waren nicht mehr rückgängig zu machen. Es sollte möglichst rational gerettet werden, was noch zu retten schien und vor allem sollte weiteren progressiven Einbrüchen vorgebeugt werden.
3) *Reformkonservative* haben nach der Devise gehandelt, dass man vieles verändern müsse, wenn man alles bewahren wolle. Diese Gruppe hatte einen wacheren Sinn für die neuen sozialen Herausforderungen als die klassischen Liberalen.

4) *Christliche Konservative* waren den Reformkonservativen, soweit sie sich als „christlich-sozial" verstanden, eng verwandt. Bei dieser Gruppe gab es jedoch die größten Widersprüche zwischen einem religiösen Traditionalismus und einer sozial progressiven Radikalität. Lamennais war das klassische Beispiel.

5) *Konservative Revolutionäre* hatte es bis zu einem gewissen Grade schon bei den Status-quo-ante-Theoretikern gegeben, die sich mit den Veränderungen der französischen Revolution nicht abfinden wollten. Die Ähnlichkeit bezog sich jedoch nicht auf die christliche Grundlage des Denkens, sondern nur auf die Methoden im politischen Kampf, die empfohlen wurden. Die mittlere Generation der Konservativen um die Zeit der 1848er Revolution, wie Balmes oder Donoso Cortés entwickelten bereits Gedanken über eine Königsdiktatur. Sie waren aber von der traditionellen Kirche noch nicht so losgelöst wie später Barrès oder Maurras.

Diese Gruppe ist wiederum in sich stark heterogen. Seit ein militanter Spätmarxismus die gesamte extreme Rechte unter dem Etikett „*Faschismus*" zusammengewürfelt hat, wurden von ihren Gegnern starke Differenzierungen vorgenommen. Als der Neo-Marxismus zerfallen war, konnte über „Faschismus" wieder entspannter gesprochen werden. Die angelsächsische Literatur, die von der neomarxistischen Welle weniger erfasst worden ist, hat immer ganz unbekümmert „Faschisten" zusammengefasst – unbekümmert von der deutschen Debatte zwischen Nolte, Bracher und der Linken. Diese Debatte muss hier nicht erneut referiert werden. Ein Oxford-Reader faschistischer Texte (Griffin 1995) hat Jünger oder Spengler als „Non-Nazi German fascism" eingeordnet. Gottfried Benn stand neben Goebbels und Carl Schmitt sogar unter „Nazi-Faschismus". Bei den Italienern wurde in einem anderen Werk (Lyttelton 1973) der Faschismus auch auf Pareto ausgeweitet.

Vielen Theoretikern der extremen Rechten wird schwerlich Unrecht getan, wenn man sie „faschistoid" nennt. Aber jede Detailanalyse wird die Differenzen zwischen den Ländern stark empfinden. Einige Gemeinsamkeiten lassen sich gleichwohl aufzeigen. Nolte hat sogar Maurras unter Faschismus subsumiert. Genüsslich zählte er viele Punkte auf, in denen Hitler Maurras theoretisch näher zu stehen schien als Mussolini. Letztlich blieb diese „Eingemeindung" der Action française schon deshalb problematisch, weil Maurras nicht an die Macht gekommen ist, sondern nur im Vichy-Regime erneute faschistoide Anpassungsleistungen erbrachte. Hier zeigten sich die Grenzen eines Vergleichs von Bewegungen, der sich vor allem auf die Theorien konzentrierte.

Die Grenzen zwischen der „konservativen Revolution" und dem heimischen „Faschismus" lassen sich allenfalls in Deutschland säuberlich ziehen, weil der Nationalsozialismus sie selbst mit totalitärer Unduldsamkeit gezogen hat. In Italien haben Faschismus und Nationalismus zum „nationalfascismo" fusioniert. In Spanien wurde die Falange zum „adoptierten Faschismus" einer Militärdiktatur, dem auch noch die Fusion mit dem Traditionalismus verordnet wurde.

Neu an der konservativen Revolution war das Vorherrschen einer vitalistischen Philosophie, die nicht mehr religiös gestimmt war. Selbst dort, wo die katholische Religion noch ein Eckstein des Selbstverständnisses der extremen Rechten war, wie bei Maeztu in Spanien, mischten sich bereits heidnische Elemente in das Denken. Der Faschismus hat diese nichtchristlichen Bruchstücke der Legitimation noch ausgebaut – bis hin zum Rassenkult.

Extreme Bewegungen wie der Faschismus haben die scharfe analytische Definitionsarbeit stärker herausgefordert als ein Allerweltsphänomen wie der Konservatismus. Autoritäres Gedankengut hatte den Konservatismus in vielen Ländern durchdrungen, längst ehe faschistische Bewegungen aufkamen. Am stärksten war dies in Deutschland der Fall, am wenigsten in Großbritannien, wo der britische Konservatismus die ultra-reaktionären Theorien eher dem „lunatic fringe" zuordnete (Blinkhorn 1990: 4). Autoritäre Tendenzen haben sich in England häufig auf den Imperialismus und die Kolonialpolitik ableiten lassen, wo man sich mit „der Bürde des weißen Mannes" (R. Kipling) beweihräuchern konnte. In anderen Ländern waren die autoritären Tendenzen entweder theokratisch-religiös verbrämt, wie in Russland, oder wenigstens mit einer religiös gefärbten Blut-und-Boden-Mystik aufgeladen, wie bei Barrès in Frankreich und bei den konservativ gewordenen Mitgliedern der Generation von 1898 in Spanien. Konservative hatten es leichter, sich dem Faschismus anzunähern, wo dieser kleriko-faschistisch auftrat wie in Österreich oder Portugal. Konfliktreicher war das Verhältnis von Konservatismus und Faschismus in Ländern, wo die Modernisierungs- und Technisierungsmythologie mit einer paganen A-Religiosität verbunden wurde, wie bei der „konservativen Revolution". Die spanische CEDA fühlte sich nicht als faschistisch, hat aber wie andere erzkonservative Parteien milizförmige Jugendorganisationen und paramilitärische Organisationsformen gepflegt, die an den Faschismus erinnerten. Klerikofaschisten haben sich gelegentlich dem aufsteigenden Faschismus angepasst, wie im März 1924 in Italien, als viele Ex-Popolari (Christdemokraten) die Faschisten mit Wahlaufrufen unterstützten. Der entschiedene Kern der Christdemokraten war andererseits – neben einigen Linksliberalen – in den meisten Ländern die einzige Gruppe des bürgerlichen Lagers, die standhaft gegen die faschistische Flut blieb.

Literatur

M. Blinkhorn (Hrsg.): Fascists and Conservatives. London, Unwin Hyman, 1990.
L. G. de Bonald: Théorie du pouvoir. Lyon, Le Clere, 1854, Bd. 1.
K. Epstein: Die Ursprünge des Konservatismus in Deutschland. Frankfurt, Propyläen, 1973.
R. Griffin (Hrsg.): Fascism. Oxford, Oxford University Press, 1995.
V. A. Huber: Über die Elemente, die Möglichkeit oder Notwendigkeit einer konservativen Partei in Deutschland. Marburg, 1841.
K. von Klemperer: Konservative Bewegungen zwischen Kaiserreich und Nationalsozialismus. München, Oldenbourg, 1962.
J. Laponce: Left and Right. The Topography of Political Perceptions. Toronto, University of Toronto Press, 1981.
Th. Mann: Betrachtungen eines Unpolitischen. München, S. Fischer, 1920, 18. Aufl.
K. Mannheim: Konservatismus (1927). Frankfurt, Suhrkamp, 1974.
Th. G. Masaryk: Zur russischen Geschichts- und Religionsphilosophie. Soziologische Skizzen. Jena, Eugen Diederichs, 1913, 2 Bde.
C. W. L. Fürst Metternich: Denkwürdigkeiten. München, Georg Müller, 1921, 2 Bde.
E. Nolte: Der Faschismus in seiner Epoche. München, Piper, 1963, 1979 5. Aufl.
F. Rohmer: Lehre von den politischen Parteien. Bd. 1. Zürich, Frauenfeld, 1844.
F. Valjavec:Die Entstehung der politischen Strömungen in Deutschland 1770–1815. München, Oldenbourg, 1951.
R. Vierhaus: Konservativ, Konservatismus. In: O. Brunner u. a. (Hrsg.): Geschichtliche Grundbegriffe. Historisches Lexikon zur politisch-sozialen Sprache in Deutschland. Stuttgart, Klett-Cotta,1982, Bd. 3: 531–565.
(H. Wagener) Anonym: Grundzüge der conservativen Politik. Berlin, 1856.
H.-D. Wendland: Der Begriff Christlich-soziale. Seine geschichtliche und theologische Problematik. In: Arbeitsgemeinschft für Forschung des Landes Nordrhein-Westfalen. Geisteswissenschaften, Heft, 104. Köln, Westdeutscher Verlag, 1962.

II. Konservative Theorie gegen die Französische Revolution

Frankreich war naturgemäß am stärksten von seiner Revolution betroffen und hat die entschiedenste konterrevolutionär-konservative Publizistik hervorgebracht. Die Emigranten kehrten zurück und verlangten die Rückgabe ihrer verlorenen Liegenschaften und Genugtuung für 80 000 Tote. Der Konservatismus war jedoch keineswegs einig, wie weit die Restitution und die Restauration gehen sollte. Der König Louis XVIII, der Bruder des hingerichteten Königs Louis XVI, kam aus dem englischen Exil zurück und war relativ liberal gesonnen. Die materiellen Veränderungen der Revolution wurden weitgehend respektiert. Die Feudallasten blieben abgeschafft. Bürgerlicher Besitz an Kirchen und Adelsgütern wurde nicht wieder enteignet. Die spirituellen Errungenschaften der Revolution gingen in ein Konkordat von 1817 ein, welche die Macht der Kirche beschränkte. Gegen diese Liberalität haben die Theokraten rebelliert und das Papsttum als Macht von außen gegen die Nationalkirche unter der Kontrolle des Staates zu stärken versucht. Der „Gallikanismus" wurde von den Ultrakonservativen als ein Übel gebrandmarkt. Bonald und Maistre als Theoretiker einer theokratischen Restauration gingen weit über das hinaus, was bei Hofe angestrebt wurde. Selbst die europäische Ordnung, welche die Heilige Allianz schuf, ging ihnen schon zu weit, weil sie das Legitimitätsprinzip nicht strikt respektierte.

Literatur
H. Barth: Der konservative Gedanke. Ausgewählte Texte. Stuttgart, Koehler, 1958
F.-G. Dreyfus: Histoire de la démocratie chrétienne en France. De Chateaubriand à Raymond Barre. Paris, Albin Michel, 1988.
M. H. Ellbow: French Corporative Theory. 1789–1948. A Chapter in the History of Ideas. New York, Columbia University Press, 1953.
K. Epstein: Die Ursprünge des Konservatismus in Deutschland. Berlin, Propyläen, 1973

R. Girardet: Le nationalisme français. Paris, Colin, 1966.
W. Gurian: Die politischen und sozialen Ideen des französischen Katholizismus 1789–1914. Mönchen Gladbach, Volksverein Verlag, 1929.
R. Rémond: Les droites en France. Paris, Aubier, 1982, 4. Aufl.
D. P. Resnick: The White Terror and Political Reaction after Waterloo. Cambridge/ Mass, Harvard University Press, 1966.

1 Der Status-quo-ante-Konservatismus: Maistre, Bonald, der junge Lamennais

Joseph Vicomte de Maistre (1753–1823)

Der führende Kopf des Status-quo-ante-Konservatismus in Frankreich war de Maistre, obwohl er nicht einmal französischer Staatsbürger war. Er stammte aus einer savoyardischen Familie, die erst kürzlich geadelt worden war. In seiner Jugend hatte er Sympathien für die Freimaurer gezeigt, obwohl er aus einer tief religiösen Familie stammte. Er folgte seinem Vater mit einer Karriere im Rechtssystem und führte bis zur Revolution ein eher gemächliches Beamtenleben. Als die französischen Truppen 1792 in Savoyen einfielen, gab er seine anfänglich positiven Gefühle gegenüber der Revolution auf. Er floh nach Lausanne, wo er die piemontesische Krone, zu der Savoyen gehörte, vertrat. 1796 kamen seine „Considérations sur la France" heraus und wurden zum intellektuellen Fanal der Konterrevolution. 1803–1817 war er Botschafter der Turiner Regierung in St. Petersburg. Dort schrieb er weitere wichtige Werke, wie den „Essai sur les principes générateurs des constitutions politiques (1809) und „Du pape" (1819).

In seinem „Essay" von 1809 ging Maistre davon aus, dass die Politik die gefährlichste aller Wissenschaften sei (Essai: IIIf). Geschichte war für ihn experimentelle Politik. Das war nicht empirisch gemeint. Politische Theorie war für Maistre eher Religionsphilosophie. Es war eigentlich erstaunlich, dass ein Denker, der das ganze aufklärerische Jahrhundert aus der Geschichte ausradieren wollte, so stark auf seine Wissenschaftlichkeit pochte. Dies schien umso verwunderlicher als seine Arbeitsweise eher vage war – wie bei Burke. Viele Zitate sind falsch. Rousseau und Montesquieu, die einzigen Werke, die er permanent verarbeitet, sind planmäßig missverstanden worden. Seine Bewunderung für die englische Verfassung war auf ein geschöntes Bild der Realität aufgebaut. Burke war da weit realistischer, aber er hatte den Vorteil des Akteurs in diesem System.

Maistre setzte sich mit den Autoren der Aufklärung auseinander, die an die Machbarkeit der Politik glaubten und Vertrauen in die politische Aktion setzten. Sein Grunderlebnis war religiös. Der Mensch war nach dem Bilde Gottes geschaffen worden, fiel aber aus der Gnade, weil er sich gottähnliche Attribute anmaßte, wie den „freien Willen". Diese Depravationstheorie war jedoch mit einer optimistischen Erlösungsvision verbunden. Gottes Wege setzen sich letztlich in der Geschichte durch. Das unrühmliche Ende der französischen Revolution war ihm Beleg für seine These. Ein religiöses Hauptproblem war für ihn, der aus dem Herzen vieler Emigranten sprach, warum Unschuldige unter der Revolution leiden mussten, und durch Kollaboration schuldig gewordene „Königsmörder" zu Reichtum und Ansehen gekommen waren. Der Vernunftkult der Revolution hatte zur Entchristianisierung Europas geführt. Die Bibel des Materialismus von Adam Smith – die Burke auch als Konservativer akzeptierte – war für ihn eine der Ursachen des Niedergangs. Die Arbeitsteilung der Marktgesellschaft zerstörte die Landgesellschaft und vereinzelte die Menschen im Individualismus. Sein Christentum war von alttestamentarischer Härte. Von anderen Gläubigen ist es gelegentlich als „heidnisch" empfunden worden. Es fehlte der Gedanke der Liebe. Maistres Lob der Inquisition in Spanien, die er einem russischen Aristokraten näher bringen wollte, zeigte diesen kalten Funktionalismus einer Staats- und Kirchenräson, ohne Empathie für die Gefolterten. Er behauptete, die Inquisition habe nie ein Fehlurteil gefällt, habe die Juden nicht verfolgt, wenn sie sich zum Christentum bekannten, und habe sich zum „sanftesten und weisesten Instrument" der Glaubenssicherung entwickelt (Let: 34, 109). Die Spanier beglückwünschte er zu ihrem Bestreben, sich gegen Europa abzuschotten (Let: 109). Die spanischen Konservativen wie Menéndez Pelayo haben diese Botschaft später begierig aufgegriffen (vgl. Kap.VI. 5). Einige Kritiker haben Maistre wegen solcher Passagen sogar ein „terroristisches Christentum" vorgeworfen.

In seinen Betrachtungen über Frankreich vertrat er die Deutung, dass die Revolution eine Strafe für menschliche Hybris sei, die geglaubt habe, alles „machen" zu können, und erkennen muss, dass sie nicht steuere, sondern vom Strom der Geschichte mitgerissen werde (Cons.: 5). Der Terror hat seine Erfinder vernichtet. Nur mittelmäßige Geister hätten die Französische Revolution positiv beurteilt. Menschen „mit Genie" hätten keine Angst vor der „Konterrevolution" gehabt (Cons: 7). Jeder Tropfen des Blutes von König Ludwig XVI hat Frankreich Ströme von Blut gekostet. Vier Millionen Franzosen hätten mit ihrem Kopf das nationale Verbrechen einer „antireligiösen und antisozialen Rebellion" bezahlt. Aber diese Verbrechen waren kein Zufall. Sie sind „Instrument der Vorsehung" gewesen (Cons.: 26).

Maistre polemisierte scharf gegen das „Repräsentativ-System", auf das alle Neuerer so stolz gewesen seien. Es war für ihn eine Errungenschaft der feudalen Zeit. Es existierte keineswegs nur in England, sondern in vielen Monarchien, wenn es dort auch gelegentlich eingeschlafen sei (Cons.: 52 f). Die Revolution war für Maistre der höchste Grad der Korruption, die „reine Unreinheit" in der Geschichte. Maistre war nicht gegen jedes Repräsentativsystem, sondern nur gegen ein „künstlich erdachtes". Institutionen müssen gewachsen sein, Rechte können nicht einfach deklariert werden. Hier variierte er nur Burke. Er habe nie einen Menschen getroffen, sondern immer nur Franzosen, Italiener oder Russen. Dank Montesquieu wisse er, dass es auch „Perser" gebe. Aber der Mensch, falls es diesen Träger von angeblichen Menschenrechten gebe, existiere „à son insu", ohne sein Wissen. Die Einrichtungen müsse jedes Volk nach seinen Sitten, nach seiner Religion, seiner geographischen Lage und seinen Reichtümern nach Bedarf schaffen (Cons.: 88 f). Der Machbarkeitswahn glaube aber, dieses durch Gesetze zu bewirken. Dabei wurde er sogar empirisch und wollte 1789–1791 über 15 000 Gesetze in Frankreich entdeckt haben, die er einzeln aufschlüsselte. Maistre war im Gegensatz zum trockenen Bonald ein wortgewaltiger und gelegentlich ironischer Schriftsteller. Er mokierte sich über diese legislatorische Arbeitswut der Franzosen, die sonst eine Neigung zum angenehmen Leben gezeigt hätten. Eine Volkssouveränität könne es nicht geben, weil die Revolution gezeigt habe, dass sie in Faktionen zerfallen sei. Es sei zudem eine „Republik ohne Republikaner" entstanden (Cons.: 94). Das Volk jedenfalls habe mehrheitlich den Tod des Königs nicht gewollt. Man könne in der Provinz immer wieder feststellen, das Volk rufe weiter: „vive le roi!".

Während ein englischer MP eine Respektsperson sei, sei ein französischer Abgeordneter mit seiner Absicherung durch Neologismen wie „Indemnität" nichts als eine lächerliche Figur. Die Entwicklung zur Republik war ein ubiquitärer Prozess. Selbst in Amerika sei die republikanische Staatsform aber dem Land nicht bekommen (Cons.: 103). Die Parteien und Städte wachten eifersüchtig über ihre Prärogativen. Man könne sich nicht einmal auf eine Hauptstadt einigen, und müsse daher eine neue auf der grünen Wiese bauen. Eine Republik brachte in seinen Augen nur Nachteile. Frankreich als Republik sei ohne Verbündete, während die Monarchien sich zu Koalitionen zusammenschlössen.

Maistre schloss sein Werk mit Betrachtungen über die angeblichen Gefahren der „Konterrevolution" (Kap. X). Er hielt die Gefahren angesichts der internationalen Konstellation für gering – eine grobe Fehleinschätzung nach dem Baseler Frieden, mit dem Preußen aus der konterrevolutionären Koalition ausschied.

In seinem „Essai" (:IV) von 1809 stellte Maistre zwölf Prinzipien auf. Das erste lautete, dass keine Verfassung je aus einer Beratung entstanden sei. Die Rechte des Volkes seien nie geschrieben worden, und wenn, dann allenfalls als Niederschrift von schon bestehenden Rechten. Rechte konnten für Maistre nur Konzessionen des Souveräns sein. Die Rechte des Souveräns und des Adels hätten weder Urheber noch Geburtsdatum. Je mehr eine Institution schriftlich fixiert werde, umso schwächer erweise sie sich. Eine Nation könne ohnehin keine parlamentarische

Versammlung der Welt konstituieren. Maistre hat 1809 bekräftigt, dass er nichts von seiner Theorie von 1796 zurücknehmen müsse. Auch Anfang des neuen Jahrhunderts galt für ihn: das Volk wird seine Herren immer akzeptieren, aber niemals wählen (Essai: 38).

Die Status-quo-ante-Konservativen konnten in dieser Weise argumentieren, solange das Ende der Revolution nicht absehbar war. Denn auch das napoleonische Regime galt noch als Fortsetzung der Revolution mit anderen Mitteln. In der Restaurationszeit ab 1814 änderten sich die Grundlagen der Argumentation. Die Ultaroyalisten wurden vom König zunächst von der Macht ferngehalten. Sie wurden aber dadurch stark, dass sie sich im Gegensatz zu den Theokraten auf den Boden der oktroyierten Verfassung, der Charte, stellten. Die konservativen Vordenker liebten die Charte nicht, aber der König hatte sie erlassen und dynastische Loyalität zwang dazu, sie anzunehmen. Eine Veränderung des ungeliebten Status quo wäre einer Revolution gleich gekommen. Ein Wandel konnte jetzt allenfalls noch von der Kirche ausgehen. Die Kirche wurde somit von Maistre funktionalisiert. Er hat sie vor allem als Element der Legitimitätsstiftung bemüht, wie in dem Werk „Du pape" von 1819. Ansonsten hat Maistre eher die Sitten und Gebräuche des Volkes beschworen. Die universelle Kirche war für Maistre (Pape: 19) eine Monarchie, moderiert durch eine Aristokratie. Das Buch begann mit Gedanken über die Unfehlbarkeit des Papstes im Amt. Die Doktrin wurde erst ein halbes Jahrhundert später von einem vatikanischen Konzil dogmatisiert, nachdem der Vatikanstaat sein weltliches „imperium" durch das Risorgimento in Italien verloren hatte.

Maistre (Pape: 169) glaubte, dass die beste Beschränkung der Souveränität der Fürsten sei, wenn man die Macht im Interesse der Menschheit dem „souveränen Pontifex" anvertraue. Er konstruierte eine Art „Übersouveränität" des Papstes über die Fürsten. Der Papst sollte die Fürsten anleiten, damit ihre Macht nicht in Despotismus ausarte. Im Gegensatz zu seinen Schriften über Frankreich, die Revolution und die Verfassungen war das Papst-Buch schlecht geschrieben und unübersichtlich angelegt – mit langen historischen Exkursen, die zum Hauptargument kaum etwas beitrugen. Das Bekenntnis, dass er den Papst am meisten liebe, kann nicht einmal seinem König in Turin gefallen haben, denn religiöse Eiferer auf den Thronen waren selten geworden. Das theoretische Element der Papstsouveränität in seiner Doktrin klang wie eine latente Herausforderung an das „monarchische Prinzip", denn es untergrub tendenziell die Souveränität der Fürsten.

Maistres Doktrin wurde einflussreich bei Lamennais in Frankreich und bei Gioberti in Italien (vgl. Bd. 1, Liberalismus). Aber selbst der Hegemon in Italien, Österreich, und der Neben- und Überhegemon Russland, der nicht katholisch war, hat eine solche Doktrin nicht akzeptiert und verließ sich lieber auf das Legitimitätsprinzip, auf das die europäische Staatengemeinschaft sich geeinigt hatte. Man wundert sich, dass der Botschafter Maistre in Russland nicht schärfer die Machtverhältnisse und Machtideologien erkannt hat.

Russland war für einige westeuropäische Traditionalisten – wie Baader in Deutschland – zur Hoffnung und zum Garanten des Legitimismus geworden. Maistre hat zu lange in Russland gelebt, um nicht kritisch gegen solche Hoffnungen zu bleiben. Er argumentierte in „Du pape" man müsse nicht lange in Russland gelebt haben, um die Mängel seiner Bewohner zu kennen. Selten hätten Reisende mit „Liebe" über Russland berichtet. Er wollte die üblichen Vorurteile aber nicht verstärken. Er nannte die Russen ein Volk, das „hervorragend tapfer, spirituell, gastfreundlich, unternehmend, glücklich und imitativ" sei, mit einer schönen Sprache und eleganter Rede ausgestattet. Aber er glaubte dennoch nicht, dass Russland sich auf das Niveau der Zivilisation und Wissenschaft Europas heben könne (Pape: 388). Es fehlte Russland in seinen Augen vor allem eins für eine welthistorische Mission: die Religion. Russland sei antikatholisch gesonnen. Es wurde der Orthodoxie eine Annäherung an den Protestantismus unterstellt. Tatsächlich lagen allenfalls ein paar Konzessionen an die lutherischen Balten vor, deren Oberschicht in der Hauptstadt überproportional repräsentiert war. Baaders Idee einer ökumenischen Vereinigung der drei großen christlichen Kirchen waren für Maistre eine Konzeption des pietistischen Sektengeistes, die er ablehnte. Diese Hoffnung sollte nur bei einigen Neoslawophilen wie Solov'ëv Nachwirkungen haben, während Maistres Ansichten einflussreich für die vatikanische Politik wurden, z. B. in der päpstlichen Enzyklika „Mirari vos" und in der Unfehlbarkeitserklärung von 1870. Maistre hatte zudem kein Vertrauen in Russland. Er fürchtete, dass Russland nicht stabil sei und jederzeit vom „Geist der Revolution" angesteckt werden könne – was sich als prophetisch erweisen sollte. Wenige Jahre nach diesen Äußerungen, 1825, kam es durch die Dekabristen zum ersten russischen Revolutionsversuch. Maistre war einer der ersten, die einen globalen Konflikt in der Welt voraussahen, bei dem Russland schon eine prominente Rolle spielte. Das manichäische Denken Maistres mündete in die Alternative Katholizismus oder Revolution, die Donoso Cortés in Spanien später noch zuspitzte. Schon bei Maistre wurde in dieser apokalyptischen Situation die „Entscheidung" zum Wert an sich. Sie war jedoch noch eine Entscheidung für christlich-katholische Werte und nicht die laizistische gleichsam wertfreie Entscheidung der späteren konservativen Revolution. In dieser Situation war vor allem das liberale Dialog-Prinzip nicht mehr gefragt. Entscheidung erlaubte keine langen Diskussionen mehr. Der Status-quo-ante-Konservatismus bekam so bei Maistre ein überraschend modernes Gesicht. Einerseits war er so reaktionär, dass schon Metternichs Neuordnung Europas von 1814 als unzulässige Verletzung des Legitimitätsprinzips schien. Andererseits kam durch den katholischen Dezisionismus eine Komponente in die ultra-konservative Theorie, die spätere Anhänger einer konservativen Revolution – etwa in der Action française – faszinierte. Der Eifer, mit dem Maistre die Tradition der Nationalkirche in Frankreich bekämpfte (De l'église: 353) hatte etwas unzeitgemäßes an sich. Das explosive Gemisch von „katholischer Revolution" und monarchischer Souveränitätsdoktrin wurde erst geschichtsmächtig, als der Konservatismus am Ende des Jahrhunderts auch in Frankreich in Richtung „konservative Revolution" drängte. Maurras hat sich ständig auf Maistre berufen. Ein Urenkel, Rodolphe de Maistre, hat 1910 attestiert: „Joseph wäre heute Mitglied der Action Française". Carl Schmitt war nicht zufällig von Maistre und Bonald fasziniert und beeinflusst. Maistre ist freilich von Maurras einseitig interpretiert worden. Er hätte sicher keine Bedenken gehabt, sich mit den späteren Republiken anzulegen. Aber eine Rebellion gegen den Papst, als welche die Doktrinen Maurras' schließlich verurteilt worden sind, hätte Maistre schwerlich geduldet.

Literatur
D. Bagge: Les idées politiques en France sous la Restauration. Paris, PUF, 1952.
J. Godechot: La contre-révolution. Doctrine et action. 1789–1804. Paris, PUF, 1961.
J. J. Oechslin: Le mouvement ultra-royaliste sous la restauration, 1814–1830. Paris, LGDJ, 1952.

Quellen
Maistre: Œuvres complètes. Lyon, Pélagaud, 1884–84, 14 Bde. Reprint: Genf, Slatkine,1979. Bd.III: Du pape (1819). 1863, 3. Aufl. (zit.Pape)
Maistre: De l'église gallicane dans son rapport avec le souverain pontif (1826). Lyon, Pélagaud, 1860.
Maistre: Considérations sur la France (1809). Lyon, Pélagaud, 1860, 2. Aufl. (zit: Cons)
Maistre: Essai sur le principe générateur des constitutions politiques (1809).Lyon, Pélagaud, 1860. (zit: Essai)
Maistre: Lettres à un gentilhomme russe sur l'inquisition espagnole (1815). Lyon/Paris, E. Vitte, o. J. (zit. Let)
X. de Maistre (Hrsg.): Les carnets du Comte Joseph de Maistre. Livre Journal 1790–1817. Lyon/Paris, E. Vitte, 1923.
Ph. Barthelet: Joseph de Maistre: Les Dossiers. Genf, L'Age d'homme, 2005.

Literatur
C. Armenteros: The French Idea of History. Joseph de Maistre and his Heirs 1794–1854. Ithaca, Cornell University Press, 2011.
C. Armateros/R. Lebrun: Joseph de Maistre and his European Readers. Leiden, Brill, 2011.

F. Bayle: Les idées politiques de Joseph de Maistre. Paris, Montchrestien, 1945.
Th. Bokenkotter: Church and Revolution. Joseph de Maistre and his Heirs 1794–1854. Ithaca, Cornell University Press, 2011.
E. M. Cioran: Über das reaktionäre Denken. Frankfurt, Suhrkamp, 1980.
C. G. Gignoux: Joseph de Maistre. Prophete du passé, historien de l'avenir. Paris, Nouvelles éditions latines, 1963.
H. Laski: Studies in the Problem of Sovereignty (1917). London, Allen & Unwin, 1968: 211–266.
R. A. Lebrun: Throne and Altar: The Political and Religious Thought of Joseph de Maistre. Ottawa, Ottawa University Press, 1965.
W. Schmidt-Biggemann: Politische Theologie der Gegenaufklärung. Saint Martin, de Maistre, Kleuker, Baader. Berlin, Akademie Verlag, 2004.
R. Triomphe: Joseph de Maistre. Genf, Droz, 1968.

Louis Gabriel Vicomte de Bonald (1754–1840)

Bonald hat keine spektakuläre politische Karriere gemacht. Nach Studien der Philosophie und der alten Sprachen wurde er Bürgermeister seiner Heimatstadt Millau (1776). 1790 wurde er in das Direktorium seines Departements gewählt. In diesem Amt fiel er erstmals durch seine Opposition gegen eine von der Nationalversammlung beschlossene zivile Kirchenverfassung auf. Als die Revolution sich radikalisierte, emigrierte Bonald und diente eine Weile der konterrevolutionären Armee der Fürsten. Anschließend verbrachte er eine Übergangszeit mit Studien in Heidelberg. Die Emigration hat er später als „traurige und stolze Ehre" der Nichtangepassten verherrlicht (Mél, II: 376). Im Gegensatz zu Maistre, der die „Emigration" in einem Amt in Russland als Botschafter Savoyen-Piemonts in Petersburg verbrachte, und sich dort liebend in das Land versenkt hat, ließ Bonald sich kaum innerlich auf sein Gastland ein. Seine Urteile über Deutschland fielen entsprechend harsch aus. Er witterte vor allem überall einen heimlichen Protestantismus, selbst bei den deutschen Katholiken. Sie neigten seiner Ansicht dazu, in „privaten Gebetbüchern" zu lesen, statt brav der katholischen Liturgie zu folgen. In Heidelberg entstand sein Hauptwerk zur politischen Theorie „Théorie du pouvoir". Es wurde in Konstanz in einer Emigrantendruckerei herausgegeben (1796). Napoleon hat als Konsul eine Neuauflage des Buches angeregt. Bonald lehnte ab, weil er von seiner Prognose, dass die Bourbonen zurückkehren würden, nicht Abstand nehmen wollte. Die Literaturbasis dieser Arbeit war schmal. Montesquieu und Rousseau wurden zur Widerlegung, Bossuet zur Inspiration herangezogen.

1798 kehrte Bonald heimlich nach Frankreich zurück. In Paris entstand ein Buch über die „Législation primitive" (1802). Napoleon versuchte ihn zur Mitarbeit zu bewegen – vergeblich. Nach dem Sturz des Kaisers wurde er Mitglied des königlichen Rates für öffentlichen Unterricht und 1823 Mitglied der Pairskammer. Er kämpfte dort vor allem gegen die Ehescheidungsgesetze. Unter dem Direktorium hatte er bereits ein ganzes Buch zu diesem Gegenstand publiziert (Du divorce, 1801). Seine Gegnerschaft gegen die Scheidung wurde nicht nur religiös sondern auch sozial begründet: Die Ehescheidung stellte nach seiner Ansicht die Frauen schlechter und sei ein Rückfall in die Barbarei. Die Einehe sei das einzige Mittel, die natürliche Stärke des Mannes zu neutralisieren, und die schwächere Frau zu schützen (Essai 1847: 244). Als Konservativer verband er die religiöse Kritik mit einer Kritik an der „Über-Gesetzgebung", die alle gesellschaftlichen Verhältnisse mechanisch regeln wolle. Sein gefürchtetster Auftritt in der Kammer war die Rede gegen die Pressegesetze von 1817. Hier trat er inkonsequenter Weise für eine starke Regulierung auf: die Presse hätte er gern mit allen Druckerzeugnissen in einem Gesetz reguliert. Er wünschte sich gesetzliche Regeln, welche die Journalisten „moderieren" sollten, denn sie neigten seiner Ansicht nach zu Fälschungen und Verdrehungen. Originell war der Vorschlag eines speziellen Amtes bei Verstößen (Essai 1847: 490). Kein Wunder, dass die Krone ihn 1827 zum Chef der Zensurbehörde ernannte. Dies entzweite Bonald mit den Status-quo-Konservativen wie Chateaubriand, obwohl sie im „Conservateur" harmonisch zusammen gearbeitet hatten. Aber die Ultra-Royalisten als politische Gruppe, welche sich auf die Machtübernahme vorbereitete, konnte kein Interesse mehr haben, dass auch ihre Propaganda dem Rotstift der Zensur zum Opfer fiel. In anderen Fragen war Bonald als Abgeordneter wiederum liberaler als mancher Ultra. Dies zeigte sich bei seiner Gegnerschaft gegen allzu scharfe Anti-Juden-Gesetze (Mél. I 1852: 374). 1830 zog er sich anlässlich der Julirevolution grollend auf seine Güter zurück und widmete sich der Landwirtschaft und seinen Studien.

Die „Theorie der Macht" von 1796 wurde für die konterrevolutionäre Publizistik nicht weniger einflussreich als Maistres Werk über Frankreich. Das Buch schloss mit einem Aufruf an alle Franzosen: „wer ihr auch sein möget, unglücklich oder schuldig". Die frohe Botschaft lautete: „Gott wird der Gesellschaft, der König wird Frankreich, und der Frieden dem Universum zurückgegeben werden" (TdP II: 596). Bonald kämpfte gegen den Individualismus und die Atomisierung der Gesellschaft. Die Quelle des Übels war für ihn die religiöse Spaltung Europas und der Protestantismus. Als Landjunker idealisierte er das Landleben und schilderte den verderblichen Einfluss der Städte die Menschen und ihre Familien.

Die Macht des Königs wurde von Bonald mit einem mystischen Nimbus umgeben. Als Stützkonstruktion hat Maistre ihr den Souveränitätsbegriff beigegeben. Er diente gleichsam als Ersatz für die verloren gegangene religiöse und politische Einheit. Diesen Souveränitätsbegriff übernahm Bonald nicht. Es gab eigentlich wenig Differenzen in den Werken beider Exponenten des Status-quo-ante-Konservatismus. Maistre hat einmal an Bonald geschrieben: „Ich habe nichts gedacht, was sie nicht gedacht hatten". Später soll Bonald die Bemerkung eingeschränkt haben: „Die für mich so schmeichelhafte Versicherung muss sich allerdings einige Ausnahmen gefallen lassen" (zit. Spaemann 1959: 81). Zu diesen Ausnahmen galt Bonalds kritischeres Verhältnis zum Souveränitätsbegriff. Er sah die Gefahr eines Umschlags in die Volkssouveränität. Diese aber war für ihn ein „Widerspruch in sich". Die Gesellschaft war auf Selbsterhaltung angelegt. Eine rousseauistische Komponente schlich sich in seine konservative Theorie ein. Die volonté générale bekam eine zentrale Rolle zugewiesen. Sie garantierte für Bonald die Erhaltung der Gesellschaft. Mit dieser Setzung der Gesellschaft über den Staat wurde Bonald vielfach als Vorläufer der Soziologie empfunden. Comte, der Erfinder dieses Wortes, hat sich mit zunehmend konservativer Entwicklung häufig auf Bonald berufen.

Bonald wurde aber in einem entscheidenden Punkt kein Rousseauist: der allgemeine Wille wurde nicht mit dem Volkswillen gleichgesetzt. Die souveräne Macht lag für Bonald (Essai 1847: 23) in Gott. Mit dieser religiös-naturrechtlichen Begründung wurde das Rechtssystem mit der Theologie verbunden. Was die Liberalen zur Erweiterung der Freiheitsspielräume getrennt hatten, wurde wieder entdifferenziert. Zentralbegriff der Restaurationsepoche war der Legitimitätsbegriff. Legitimität wurde erst zum theoretischen Problem, als die religiöse und soziale Ordnung, die sie unhinterfragt getragen hatte, zerstört wurde. Die Macht hatte aufgehört, persönliche Macht zu sein. Für Bonald konnte es Legitimität nur in zivilisierten Ländern geben. Wo Herrscher noch ständig umgebracht würden, wie in der Türkei, lag für ihn keine Legitimität vor. Richtiger wäre im Sinne Max Webers zu sagen: der Legitimitätsglaube war nicht hinreichend verbreitet. Legitimität und Legalität wurden begrifflich getrennt, um die bloß „legalen" revolutionären Systeme herabzusetzen. Carl Schmitt hat diese Botschaft auf die Weimarer Republik übertragen. Nur das ancien régime war legitim gewesen. Aber die Epoche Ludwig XVI hatte bereits Legitimitätsverluste gezeigt, die zur Revolution führen konnte. Das alte Regime war eine ständische Gesellschaft. Der Mensch war in seinem Stand aufgehoben. Die revolutionäre Gleichheit hat diese Bindungen zerstört. Schon Montesquieu mit seiner „fiktiven" Gewaltenteilungslehre habe damit begonnen, die Bindungen zu untergraben. Der Adel („La considération sur la noblesse, Mél. II: 23 ff) hatte für Bonald wichtige Funktionen bei der Erhaltung der Gesellschaft. Er vertrat gleichsam eine funktionalistische Schichtungstheorie: Gesellschaften brauchen einen herausgehobenen politischen Stand. Dieser wurde gerechtfertigt, weil er niemals kastenhaft abgeschlossen sei. Jeder könne in diesen Stand aufsteigen, falls er auf den Gelderwerb verzichtet und in den Dienst öffentlicher Aufgaben tritt. Der Adel kooptiert ständig neue Familien. De Maistre

oder Lamennais als Denker aus unlängst geadelten Familien konnten diesen Befund bestätigen.
   Bonalds Variante eines Status-quo-ante-Konservatismus war gegen eine evolutionistische Philosophie gerichtet, welche die Revolution als unvermeidliches Produkt des Geschichtsprozesses wertete. Den Fortschrittsgedanken der Aufklärer von Diderot bis Condorcet nannte er „blind". Geschichte kann sich nicht blind als Selbstlauf vollziehen. Sie existierte für Bonald nur dort, wo Vernunft im Geschehen waltete. Sein Weltbild war dabei extrem euro-zentrisch. Die außereuropäischen Kulturen hatten in seinen Augen keine Entwicklung. Sie stagnierten. Fortschritt in Europa sah er an das Christentum gebunden. Die Revolution mit ihrer Ideologie hat die Lebensverhältnisse „abstrakt" werden lassen: Moral wird in Frankreich durch „Moralität" und Religion wird in Deutschland durch „Religiosität" abgelöst (O II: 1355).
   Die Konterrevolution war für Bonald etwas natürliches: eine „Revolution der Natur" (O I: 338). Natürlich war sie, weil sie ohne das Chaos auskam, das die Revolution hinterlassen hatte. Ordnung wurde so zum Zentralbegriff, was romantischen Konservativen wie Chateaubriand in ihrer undisziplinierten Stimmungsphilosophie vielfach missfiel. In der starken Betonung einer zentralen Kirche geriet er ebenfalls in Konflikt mit den Status-quo-Konservativen, welche keine Bedenken hatten, die gallikanische Tradition der Bourbonen zu akzeptierten. Bonald, Maistre und Lamennais waren vor allem in dieser Ablehnung gegen den „Gallikanismus" einig, auch wenn es bei ihnen Unterschiede hinsichtlich des Stellenwerts des Papstes im System gegeben hat. Angesichts dieser Differenzen kann man Bonald kaum einen Chefideologen der Ultraroyalisten nennen, die sich nach einigen Bedenken auf den Boden der Verfassung, der vom König oktroyierten „Charte" gestellt hatten. Parteiführer Villèle begann sogar Geschmack an einer parlamentarischen Mehrheitsherrschaft zu finden, die Bonald verabscheute. Bonald blieb am Status quo ante orientiert. Seine Machttheorie war auf den Gedanken gegründet, dass die „principes conservateurs des sociétés" erschüttert worden seien (TdP I: 121). Wo der „pouvoir général conservateur" nicht mehr wirke, habe die Gesellschaft nicht nur ihre Macht verloren, sondern sogar aufgehört, eine Gesellschaft zu sein. Es sei eine Art Naturzustand wieder eingetreten (TdP I: 322).
   Diese Entzweiung der Gesellschaft ließ sich am Gezänk der Parteien festmachen. Dem Liberalen Constant wurde nachgesagt, dass er die Parteien ja nur akzeptiere, weil sie aus dem Protestantismus hervorgegangen seien, dem er anhänge. Neben den Religionsspaltern waren jedoch auch ständisch egoistische Aristokratien für diese Entwicklung verantwortlich, wie die Ständeparlamente in Polen oder Schweden, die schrittweise die Monarchie untergraben hätten (TdP I: 333).

Die Denunziation des Protestantismus durchzog viele der Werke Bonalds. Eine protestantische Innerlichkeit hat er auch hinter den Irrtümern der liberalen Madame de Staël (1766-1817) gewittert. Ihre „Considérations sur les principaux événements de la révolution française" (posthum 1818 erschienen), hat er mit aller Schärfe „verrissen". Das Werk ist auch sonst wegen seines Subjektivismus nicht immer ganz ernst genommen worden. Bonald sah zwei subjektivistische Obsessionen in dem Werk dieser großen Frau, der er literarische Verdienste ansonsten keineswegs absprach: eine Überschätzung ihres Vaters, M. Necker, und eine „Affenliebe" zu England (Mél. I: 530). Germaine de Staël vertrat eine Variante der These von der Unvermeidbarkeit der Revolution. Ihre Gefühle hinsichtlich der Revolution waren jedoch ambivalent. Bonald sah diese Ambivalenz vor allem in de Staëls (1967: 203 ff) Verhältnis zu Napoleon. Bis 1810 hatte sie eine Art „Waffenstillstand" mit dem Usurpator geschlossen. Aber er hielt die spätere Opposition für eine Ungereimtheit, die typisch für die Liberalen sei. Alle „liberalen Schriftsteller" seien gegen Napoleon. Aber man solle sich nicht täuschen lassen: sie sind nicht gegen ihn, weil er Frankreich unterdrückte, sondern weil er die Revolution unterdrückte. Sie hassen ihn nicht, weil seine Verwaltung tyrannisch war, sondern weil seine Verfassung nicht „liberal" gewesen sei. Bonald warf der Autorin gleichsam „weibliche Naivität" vor. Sie habe das „blutige Spektakel" ja nur „von einer Art Balkon aus" verfolgt, und war dem Geschehen entrückt: als Frau, als Gemahlin eines ausländischen Botschafters, als Ausländerin und als Tochter eines berühmten Mannes wie Necker, der die Anfänge der Revolution diskret „gemanaged" (ménagé) habe (Mél. I: 592). Diese Argumentation ad hominem lag unter dem Niveau seiner sonstigen theoretischen Bemühungen. Der Leidensdruck eines Emigranten brach sich Bahn. Er warf ihr vor, nichts verloren zu haben. Bonald hatte große Teile seiner Liegenschaften in der Revolution eingebüßt. Aber seine Frau hat zum Teil diskret schon unter dem Direktorium wieder zurückgekauft, was die Revolution verschleudert hatte. Im Rückblick wirkt die Debatte wie ein Gezänk unter einstigen Emigranten. Statt offener Auseinandersetzungen in der Theorie wurde ohne Namensnennung bei de Staël und mit unverblümter Anspielung auf Persönliches bei Bonald darum gestritten, wer sich unter Napoleon am stärksten an das Regime angepasst hatte. Madame de Staël (1967: 249) hatte darauf hingewiesen, dass viele Emigranten nach Frankreich zurückgekehrt seien und „passiven Gehorsam" geleistet hätten. Immerhin konnte Bonald geltend machen, dass er den Avancen des Usurpators stärker widerstanden hatte als Germaine de Staël und ihr Freund Constant.

Die Argumentation Bonalds blieb vor allem widersprüchlich hinsichtlich des Restaurationsregimes. Er hatte das alte Regime gerechtfertigt, „ohne den Respekt zu versagen, den man neuen Institutionen schuldet" (Mél. I: 593). Er hat aber dieses Regiment innerlich nicht voll angenommen und sich doch zur Mitarbeit entschlossen, und sei es auch nur auf der repressiven Seite, etwa als Chef der letzten Zensurbehörde des Regimes. Diese Inkonsequenz hatte jedoch einen Vorteil: die Status-quo-ante-Konservativen haben sich nicht in der Form radikalisiert, wie es die späteren „konservativen Revolutionäre" taten. Sie konnten ihren Frieden mit einem ungeliebten System machen, solange die Loyalität zur Dynastie ihnen diese „Friedenspflicht" aufzuerlegen schien. Diese letzte Bindung entfiel erst, als die Republik sich ab 1871 dauerhaft in Frankreich etablierte. Kein Wunder, dass nun die Ultra-Rechte, die sich auf Bonald und Maistre berief, wie Maurras, nun zu einer „konservativen Revolution" drängte, welche das bestehende System untergraben sollte.

Quellen
Bonald: Œuvres complètes. Paris, Migne, 1864, 15 Bde. (zit. O), Reprint: Genf, Slatkine, 1982.
Bonald: Œuvres. Bd. 1 und 2: Théorie du pouvoir. Paris, Adrien Le Clere, 1854, 2 Bde. (zit.: TdP).
Bonald: Législation primitive, ebd. 1847, 4. Aufl. (zit.Lég)
Bonald: Bd. 8 und 9: Recherches philosophiques. ebd. 1826, 2 Bde.
Bonald: Essai analytique de l'ordre social. Du divorce, pensées sur divers sujets, discours politiques. Ebd. 1847 (zit. Essai).
Bonald: Mélanges littéraires, politiques et philosophiques. ebd. 1852, 2 Bde.3 Aufl. (zit. Mél)
G. de Staël-Holstein: Oeuvres posthumes (1861). Nachdruck: Genf, Slatkine, 1967.
Band ohne Bandzahl: Considérations sur les principeaux événements de la révolution française (1818) und Dix années d'exil).

Literatur
J. Alimbert: Les triangles d'or d'une société catholique. Louis de Bonald, théoricien de la contre-révolution. Paris, Téqui, 2002.
J. Godechot: The Counter-Revolution .Doctrine and Action 1789–1804. London, Routledge & Kegan, 1972.
G. Lorenz: De Bonald als Repräsentant gegenrevolutionärer Theoriebildung. Frankfurt, Lang, 1997.
W. Schmidt-Biggemann: Politische Theologie der Gegenaufklärung. Berlin, Akademie Verlag, 2004.
R. Spaemann: Der Ursprung der Soziologie aus dem Geist der Restauration. Studien über L. G. A. de Bonald. München, Kösel, 1959.
M. Toda: Louis de Bonald. Théorician de contre-révolution. Etapes, Éditions Clovis, 1997.

Félicité Robert de Lamennais (1772-1854; sein Werk bis 1829)

Lamennais gehört zu den seltenen politischen Denkern, die von der extremen Rechten zur extremen Linken überwechselten. Seine Behandlung musste daher zwischen Liberalismus und Konservatismus geteilt werden (vgl. Bd. 1, Kap. III.1. In der Regel liefen Konversionen eher in die umgekehrte Richtung. Lamennais entstammte einer erst 1788 geadelten Bürgerfamilie aus der Bretagne. 1804 wurde er Priester. Schon in seiner Jugend galt er als Spiritualist, der zu maximalistischen Ansichten neigte. Er stand unter dem Eindruck von Chateaubriands „Génie du christianisme" und den Werken de Maistres. Anfangs unterschied sich seine Positionen kaum von denen des savoyardischen Philosophen. Maistre war jedoch von Anfang an politischer. Bei Lamennais stand die Kirche im Mittelpunkt der Betrachtung. Ähnlich wie Bonald und Maistre konnte er sich eine Gesellschaft ohne Kirche nicht vorstellen. Er folgte Maistre in der ultramontanen Lehre von der päpstlichen Übersouveränität. Aber er hat die königliche Souveränität weniger betont (SM: 282). Rein fürstliche Souveränität schien ihm gefährdet, denn jederzeit konnte eine Anarchie entstehen, wie 1792 in Frankreich. Mit Maistre verband ihn der Antigallikanismus. Er wurde Mitarbeiter am ultraroyalistischen Kampforgan „Conservateur" (1819/20). In jener Zeit trat er noch kaum als Kritiker des Restaurationsregimes hervor. Die Umorientierung zum liberalen Katholizismus erfolgte in den 1820er Jahren.

Der frühe Lamennais war im Vergleich zu Maistre und Bonald wenig originell. Auch für ihn war die Revolution der Ausgangspunkt der Kritik: die Revolution war für ihn die fundamentale Negation der Wahrheit (OC VII: 105). Daher schien ihm, dass sowohl Theologie als auch Philosophie neu gegründet werden müssten. Revolution und Restauration waren für Lamennais keine bloßen Systemwechsel, sondern eine Umwälzung des Bewusstseins. Die Restauration sollte die politische Gesellschaft mit Hilfe der religiösen Gesellschaft wieder herstellen (OC II: XIX). Die theokratische Deutung des Geschehens hatte den Vorteil, dass er nicht die üblichen Verschwörungstheorien reproduzierte, nach denen die Revolution von kleinen Intellektuellengruppen in geheimen Gesellschaften planmäßig vorbereitet worden sei. Revolutionen konnte man daher auch nicht mit Waffengewalt bekämpfen. Er hat freilich eine bewaffnete Intervention anfangs nicht immer abgelehnt, wie im Fall des spanischen Bürgerkriegs, als Außenminister Chateaubriand die Einmischung französischer Truppen planmäßig vorbereitet hatte (SM: 263ff). Wie bei der Revolution der Reformation waren nicht die Anführer – damals Luther oder Calvin – verantwortlich zu machen. Eine „allgemeine Disposition der Geister" erklärte den Erfolg solcher Bewegungen (OC VI: 21). Wie konnte diese Disposition der Geister verändert werden? Seine Hoffnung richtete sich auf die Überwindung der Glaubensspaltung in Europa. Das Metternichsche System, in dem sich das katholische Österreich mit dem protestantischen Preußen und dem orthodoxen Russland verbündete, um mit Waffengewalt die Revolution nieder zu halten, war für Lamennais keine Garantie der Ordnung, sondern eher ein weiterer Beleg für die Zerrissenheit und Orientierungslosigkeit der Christen (OC VIII: 271). Besonders negativ bewertete er dabei das Vorherrschen „materieller Kalküle".

Unter Napoleon hatte eine Zensur die Auseinandersetzungen um die Französische Revolution verhindert. Sie brachen in der Restauration umso heftiger aus. Es bildeten sich „zwei Frankreichs" heraus (Guizot), wie schon in der Ära der Revolution, nur dass die Waffen diesmal die Feder waren.

Lamennais wurde zunehmend kritischer gegen das System der Restauration. Es stellte für ihn keine „christliche Monarchie" dar, sondern nur ein administratives Mittel zur Herstellung der Ruhe. 1825 ist er in der Schrift „De la religion considérée dans ses rapports avec l'ordre politique et civil" hinsichtlich der Kirchenpolitik in Frankreich sowohl mit dem Staat als auch mit der Kirche in Konflikt geraten. Das gallikanische System hat die Kirche „nationalisiert" und damit die „Indifferenz" gefördert, die er in einem Essay früher angegriffen hatte. Die Indifferenz war schon eine der Ursachen für den Untergang des alten Regimes gewesen. Er entwickelte eine Art Verfolgungswahn gegen die Dynastie. Die „Nationalisierung der Kirche" war in seinen Augen ein Mittel der Bourbonen, um langfristig den Katholizismus abzuschaffen. Die Souveränität der Könige war daher in seinen Augen noch gefährlicher als Bonald sie geschildert hatte. Sie führte schließlich dazu, dass Lamennais sich zu der liberalen Doktrin einer Trennung von Kirche und Staat durchrang, so sehr er auch den Liberalismus verabscheute. Mit dieser Forderung verband er die Illusion, dass der Staat ohne die Stütze des Altars wieder christlich werden könnte. Lamennais' Ultramontanismus steigerte sich in eine apokalyptische Haltung gegen eine als „scheinkatholisch" gewertete Restauration (Gurian 1929: 105).

Statt einer Einheit von Thron und Altar trat er für eine Allianz der Kirche mit den nach Freiheit strebenden Völkern ein. Der Aufstand der Griechen gegen die Türkei wurde zum Prüfstein: die Legitimisten seiner Zeit waren innerlich für die Griechen, konnten dies aber aufgrund ihrer Legitimitätsdoktrinen nicht offen bekennen, ohne sich in theoretische Widersprüche zu verwickeln. Lamennais konnte hingegen paradoxer Weise aus Kirchen-Konservatismus die Rebellion der freiheitsliebenden Völker unterstützen. In Lamennais' theokratischem Weltbild bekamen die Rebellionen draußen und die Oppositionen im Inneren des Landes einen neuen Stellenwert. 1823 schrieb er eine Rechtfertigung der „Opposition" (SM: 268 ff). Opposition war eigentlich bei den Konservativen verpönt, bis die Ultraroyalisten selbst zu diesem Mittel griffen, um den König zu veranlassen, ihre Mehrheit mit der Regierungsmacht zu betrauen. Lamennais sah jedoch Opposition nicht als ein parlamentarisches Parteiphänomen an. Die Religion war in seinen Augen die „große und permanente Opposition gegen alle Irrtümer und Unordnungen". Die Regierung selbst sollte sich zu dieser Opposition gesellen. Der Oppositionsbegriff steigerte sich in chiliastische Dimensionen und wurde somit politisch unbrauchbar. Nichts zeigte das Dilemma von Lamennais' politischer Theorie drastischer als die Überziehung des Oppositionsprinzips. Er wurde buchstäblich „päpstlicher als der Papst" – bis er schließlich kirchlich exkommuniziert und politisch isoliert wurde. Nur in der Revolution von 1848 hatte er ein kurzes Comeback. Er vollzog einen weiteren Sprung nach links: vom liberalen Katholizismus zum Sozialismus.

Quellen
Lamennais: Œuvres complètes. Paris, Cailleux 1836–1837, 12 Bde. Reprint: Genf, Slatkine, 1980/81 (zit. OC) Bd VII: De la religion considérée dans ses rapports avec l'ordre politique et civil (1825/26)
Lamennais: Réflexions sur l'état de l'église en France pendant la dix-huitième siècle, et sur sa situation actuelle, suivies des mélanges religieux et philosophiques. Paris, Méguignon/Lyon, Périsse, 1821, 3. Aufl.
Lamennais: Second mélanges. Paris, Daubrée et Cailleux, 1835, 2. Aufl. (zit. SM).
Lamennais: Gesammelte Werke. Leipzig, Goetz, 1843, 2 Bde.
Lamennais: Worte eines Gläubigen. Straßburg, Treuttel & Würtz, 1843.
Lamennais: Politisches Glaubensbekenntnis. In: F.Kool/W.Krause (Hrsg.): Die frühen Sozialisten. Olten, Walter, 1867: 264–274.

Literatur
W. Gurian: Die politischen und sozialen Ideen des französischen Katholizismus 1789–1914. Mönchengladbach, Volksverein-Verlag, 1929.
K. Jürgensen: Lamennais und die Gestaltung des belgischen Staates. Der liberale Katholizismus in der Verfassungsbewegung des 19.Jahrhunderts. Wiesbaden, Steiner, 1963.
J. Lavoué: La prophétie de Féli. Aux sources de l'évangile social de Lammenais. Lyon, Golias, 2011.
A. Philibert: Lacordaire et Lamennais. Paris, Cerf, 2009.
O. Valerius: Deutscher Katholizismus und Lamennais. Mainz, Grünewald, 1983.
A. Verhülsdonk: Religion und Gesellschaft: Félicité Lamennais. Frankfurt, Lang, 1991.

2 Der Status-quo-Konservatismus in Großbritannien: Edmund Burke

Ein locker gearbeitetes Pamphlet hat selten so nachhaltig auf die Theorie der Politik eingewirkt wie Burkes Reflexionen über die Französische Revolution. Erst in Burke verdichtete sich so etwas wie eine Theorie des Konservatismus, obwohl der Autor – wie so viele Konservative bis hin zu Donoso Cortés – als Liberaler angefangen hatte. 1765–1794 war er politisch als Unterhausabgeordneter und Privatsekretär Rockinghams, eines Führers der Whig-Partei tätig. Burke entwarf die berühmte Fox'sche India Bill, die sich als folgenreich erwies. Das Kabinett Portland-Fox-North wurde entlassen. Der König hätte die Bill passieren lassen, war aber vom Oberhaus zur Ablehnung angestiftet worden. Dies zeigte, dass die Grundsätze der parlamentarischen Regierungsweise, für die Burke eintrat, auch in Großbritannien noch keineswegs gefestigt waren. Burke hat – wie viele Konservative – gegen die theoretisierenden Literaten in der Politik Stellung genommen, obwohl er selbst zu diesem Typ von Politiker gehörte. 1790, als die „Reflections" erschienen, trennte Burke sich von Fox. Die Konservativen bejubelten die Schrift und es kam im Kampf gegen die Auswirkungen der französischen Revolution zu einer Koalition mit dem jüngeren Pitt gegen die Proteste von Fox.

Als Whig war Burke die größte intellektuelle Potenz seiner Partei, wurde aber gleichwohl als Außenseiter behandelt, der nur mit dem Posten eines Paymaster-Generals ohne Sitz im Kabinett belohnt worden ist. Als Redner auf politischer Bühne entsprach er dem negativen Literatenbild durchaus. Oft redete er ausufernd und ohne Selbstkontrolle, aber seine moralische Integrität war über jeden Zweifel erhaben, zumal er immer für die Unterdrückten Stellung nahm. Sein politischer Instinkt führte ihn immer auf die richtige Seite, etwa als man gegen Georg III und seine Hof-Kamarilla kämpfte, als er zur Mäßigung gegenüber dem rebellischen Amerika riet und als er zum Kampf gegen die Französische Revolution aufrief und die Politik wieder von den Tories dominiert wurde.

Burke war keineswegs ein Opportunist, sondern hielt einige Grundsätze in allen politischen Lagen durch. 1756 erschien das Werk „A Vindication of Natural Society, or a view of the miseries and evils arising to mankind from every species of artificial society". Die Schrift enthielt in nuce eine konservative Theorie auf der Basis einer Liebe zur gewachsenen Verfassung, verbunden mit der Ablehnung einer rationalistischen politischen Philosophie mit rigider Verfassung und Grundrechtskatalog. Seine „Thoughts on the present discontents" (1770) wurde als Fanal der Whigs gegen die konservative Hof-Partei verstanden. 1791 wurde die Rechtfertigung seines Seitenwechsels unter dem Titel „An appeal from the New to the Old Whigs" veröffentlicht. Diese Erklärung war die Folge seines berühmtesten Werkes „Reflections on the Revolution in France" (1790). Anlass dieses Buches waren noch nicht die Schrecken der Revolution. Zunächst wäre Burke durchaus bereit gewesen, Frankreich sich selbst zu überlassen. Aber er befürchtete die außenpolitische Dynamik des neuen Regimes. 1793 hat Burke in einem Brief an Portland sogar den Interventionskrieg befürwortet: „I considered a general war against Jacobins and Jacobinism as the only possible chance of saving Europe" (W III: 467).

Die Grundthese seiner Reflexionen ging von der zweifelhaften Annahme aus, dass das Bourbonen-Regime grundsätzlich gesund war. Fehler wurden nur vereinzelt ausgemacht. Hauptfehler lag beim Adel, der als herrschende Schicht versagt hatte, da er nicht mehr auf der Scholle lebte wie die englische Gentry. In den Einzelheiten war Burke recht ungenau. Er zitierte nur aus dem Gedächtnis und war zu bequem, sein Lexikonwissen zu verifizieren. Für Studenten geradezu abschreckend war der Satz, er habe die Bücher nicht bei sich, und wisse auch nicht, wo man sie besorgen könne. Er müsse daher Angaben aus dem Gedächtnis machen, glaube aber die Bevölkerung Frankreichs wurde damals auf 22 Millionen Einwohner geschätzt (R.: 124). Er sicherte sich durch die Behauptung ab, dass er sich in Frankreich nicht so gut wie andere auskenne, aber er habe vor allem versucht, sich mit der menschlichen Natur bekannt zu machen. Niemand erwartete von Burke eine exakte Reisebeschreibung im Stil von Arthur Youngs „Travels in France" (1791). Burke wollte mit seinem Buch vor allem die grassierende Bewunderung der französischen Revolution in die Schranken weisen. Die britischen Radikalen waren freilich nur in der Minderheit für eine ähnliche Revolution in England, wie Paine oder Godwin. Price als gemäßigter Radikaler war für die Menschenrechte, aber gegen die Revolution und die Utilitarier wie Bentham waren sogar gegen die Menschenrechtskataloge, aber traten für radikale Reformen aus Nützlichkeitserwägungen ein. Das konservative Menschenbild war ihm wichtiger als die empirische historische Bestandsaufnahme. Als Archetypus tauchte die konservative Annahme über die sündhafte Natur des Menschen auf. Wenig liberal war seine Ansicht, dass der Mensch kaum besserungsfähig sei, weshalb alle rationalistischen Umgestaltungspläne hinsichtlich der Gesellschaft von Übel seien. Der Geist des Menschen neigte nach Burke zur Unzufriedenheit und Rastlosigkeit. Er bezweifelte, dass der Schöpfer den Menschen für den „state of happiness" vorgesehen habe, was sich klar gegen den vorherrschenden Utilitarismus wendete (W. I: 7). Konservative Theorie enthielt generell eine große Skepsis gegen die Vorstellung, dass Menschen schon im Diesseits glücklich werden könnten. Liberale sahen diese Möglichkeit zum Glück gegeben, wenn man die Menschen in Ruhe ließe und sie ihren Wünschen und Eigeninitiativen überließe. Erst die Sozialisten haben die Vorstellung lanciert, dass der Staat durch Transformation der Gesellschaft das Glück der Bürger aktiv befördern müsse.

Revolution als gewaltsame Veränderung war für Burke der zweite Sündenfall (R: 37). Die Theorie über das „right of people" verwechselte nach Burke das

Recht mit der Macht (R: 60). Die Entwicklung der Sittlichkeit war für Burke nicht identisch mit den „idealen Linien der Mathematik" (W III: 16). Die Intellektuellen, die an einer rationalistischen Politik arbeiteten, waren für ihn „plenipotentiary sophisters" (W III: 17, R: 86). Die historische Vernunft wurde gegen die abstrakte Vernunft ausgespielt. Die historische Rechtsschule auf dem Kontinent hat sich gern auf Burke berufen, etwa bei Ranke gegen Michelets Revolutionsbegeisterung wurde betont, dass nicht nur die „fortschrittlichen Epochen" der Geschichte „gleich nah zu Gott" seien wie die progressiven Zeiten der Umwälzung. Metaphysisch konnte für Burke eine Aussage richtig sein, und war gleichwohl moralisch und politisch falsch. Politische Vernunft war für ihn mit Kompromissen verbunden. Kompromisse setzte er der rationalistischen Beglückung der Menschen entgegen. Sie hatten seiner Ansicht nach England gegen Revolution bisher erfolgreich immun gemacht. Diese Einschätzung ist nicht ganz falsch. Es ist kaum ein Zufall, dass nur eine Variante des Progressismus in England Fuß fasste, der – wie der Utilitarismus – gegen abstrakte Theorien von Gesellschaftsvertrag und Menschenrechte auftrat, und empirisch auf der Grundlage von Nutzenvorstellungen der Individuen argumentierte. Die historischen Bräuche, die ein durchaus nicht radikaler Denker wie Bagehot später despektierlich „cake of custom" nannte, mussten für Burke gegen die destruktive Kraft rationalistischer Konstruktionen geschützt werden.

Zu den rationalistischen Irrlehren gehörte die Vertragslehre, die Lehre von der Gleichheit, die Menschenrechtstheorie und die Annahme einer Souveränität des Volkes. In der Polemik gegen die Vertragstheorie hielt sich Burke fast wörtlich an Hume. Soweit es einen Vertrag gab, resultierte er nicht aus der Natur des Menschen, sondern aus der Konvention, aus historisch gewachsenen Abmachungen. An Rousseau wurde die Aufgabe des Individuums kritisiert, dass in der Vorstellung liege, dass das Kollektiv des „corps politique" das Recht habe, über alles zu beschließen. Die Mehrheit der Toten bindet die Minderheit der Lebenden. Bei Conrad Ferdinand Meyer nahm diese konservative Grundannahme später die Form an: „Wir Toten, wir Toten, sind größere Heere, als ihr auf dem Lande, als ihr auf dem Meere". Erst in der ökologischen Politik wurde dieser Gedanke weniger auf die Toten als auf die noch Ungeborenen zugespitzt. Ein Vertrag konnte für Burke nicht ein voluntaristischer Akt sein, sondern allenfalls einen permanenten „standing covenant" darstellen, unter Ausschluss des menschlichen Willens. Ein Vertrag war für ihn – wie in der calvinistischen Tradition, die sich bis zu Althusius zurückverfolgen ließ – noch religiös im Sinne der Idee eines Bundes mit Gott begründet. Eine Verfassung konnte daher auch kein einheitlicher künstlich gemachter Text sein, sondern umfasste die gesamte „polity", die „lebende Verfassung".

Die Idee der Gleichheit stellte für Burke eine ungeheure Fiktion dar, die trügerische Hoffnungen erwecken musste, da die natürliche Ungleichheit durch diese

Fiktion nicht aufgehoben werden könne. Die wahre Gleichheit war für ihn die moralische Gleichheit. Seit Aristoteles wurde in der Theorie der Politik die arithmetische gegen die geometrische Gleichheit ausgespielt. Gleichheit wurde für den Menschen sogar als Nachteil angesehen, weil dann kein sozialer Aufstieg möglich sei. Der Gedanke ist als Ausdruck von Burkes eigenem sozialen Aufsteigertum interpretiert worden, als die Idee des bürgerlichen Parvenüs, der mit dem Hochadel verkehrte (Hilger 1960: 29). Die Ablehnung der abstrakten Gleichheitstheorien hinderte ihn nicht, im Namen einer Menschenwürde, die gegen die Fiktion der Menschenrechte einer homogenen Masse gesetzt wurde, für mehr Gleichberechtigung zu kämpfen. Er tat dies für die irischen Katholiken oder die indischen Moslems, mit dem Argument, dass sie schließlich auch Steuern zahlten. Er trat für mehr Gleichberechtigung der Dissenter ein, aber war gegen die generelle Regelung von 1789 im „Test and Corporation Act". Burke kämpfte im Namen des Rechts auf Selbstregierung für die Rechte der Bürger in den Kolonien. Die Begründung lag in den Blutsbanden, die sie mit England verbänden. Diese seien zwar „dünn wie die Luft aber dennoch stark wie Eisenketten". Über diesen Kampf für die Rechte von „Engländern" hinaus sah er bereits das moralische Problem eines jeden Imperialismus: die Verantwortung für die unterworfenen Völker. Burke war nicht für die Aufgabe Indiens, aber er schien zu zweifeln, dass es weise gewesen sei, diesen Subkontinent zu erobern. Dabei zeigte sich, dass Burke nicht alles Gewachsene für gut hielt, als er gegen die Misswirtschaft des „company rule" in Indien auftrat und ein Impeachment gegen Hastings unterstützte. Es zeigte sich, dass er trotz seiner Polemik gegen die Utilitarier einiges mit dieser Schule gemeinsam hatte, etwa wenn es als Aufgabe des Regiments in Indien angesehen wurde „to promote happiness of the natives" (W. IV: 1).

Die Idee der Menschenrechte hat in England die heftigste Kontroverse in jenen Revolutionsjahren ausgelöst. Die Menschenrechtserklärung wurde mit Recht als Auftakt zu Revolution angesehen. Burke verlangte Freiheiten und Rechte von Engländern, aber nicht Menschenrechte. Die liberties, die Burke verlangte, waren eine Frucht der gewachsenen Verfassung. Sie waren die „real rights of man" im Gegensatz zu den rationalistisch-fiktiven, die Paine verlangt hatte. Zu diesen Rechten gehörte das Recht auf Leben und das Recht, die Früchte seines Fleißes zu ernten, das Recht auf Erziehung und das Recht auf die Erbschaft der Eltern. In einer solchen Partnerschaft haben alle Menschen Rechte je nach Einlage. Wer fünf Shilling in eine Aktiengesellschaft einbringt, bekommt schließlich auch eine kleinere Dividende als der, der 100 Pfund investiert hat. In dieser Auffassung des Staates als Aktiengesellschaft (R: 56) war Burke weiterhin eher ein Liberaler. Die romantischen Konservativen auf dem Kontinent haben solche Äußerungen geflissentlich überlesen, um ihr Burke-Bild nicht zu gefährden. Die Deklaration von Menschenrechten konnte durch eine bloße Deklaration die „Natur der Menschen" nicht verändern. Die Rechte des Menschen sind nicht gleich, sondern wurden schichtenspezifisch konzipiert. Gleich waren für Burke die Menschen hinsichtlich des Rechtsschutzes. Der Inhalt der Rechte, die geschützt waren, sind jedoch ungleich konzipiert worden. Die Haltung zu den Menschenrechten war in der Debatte, welche die Französische Revolution auslöste, sehr verschieden. Für Burke waren Menschenrechte ein Naturrecht. Aber schon für Godwin waren sie nicht allgemein gültig. Aktive und passive Rechte wurden unterschieden, und selbstsüchtige Rechtsforderungen sollten ausgeschlossen sein. Bentham schließlich erklärte Menschenrechte für „Unsinn auf Stelzen" (Bd. 1, III, 2). Rechte waren für ihn nicht natürlich, sondern Ausfluss der Gesetzgebung, die nach vernünftigen Gesichtspunkten gestaltet werden sollte. Für die „Konservativen" von Hume bis Burke waren die Rechte hingegen Ausfluss der Bräuche des Landes.

Die bloße Verbindung der Begriffe „Volk" und „Souveränität" wurde von Burke kritisiert. Er kannte allenfalls eine Parlamentssouveränität die den „king in parliament" umfasste, aber auch das Parlament war Schranken gegen die Tyrannei der Mehrheit unterworfen. Legitimität – auf dem Kontinent ein Grundbegriff der konservativen Staatstheorie – war für ihn ein Ausfluss der Gerechtigkeit. Diese führte nicht zu der Devise „jedem das Gleiche", sondern „jedem das Seine". Die Berufung der französischen Radikalen auf das Volk wurde nach Burke nur von einer Minderheit nachvollzogen. De facto wurde Frankreich als Oligarchie eingeschätzt, was mit der Radikalisierung der Revolution nach Burkes Buch täglich zutreffender wurde.

Frankreich war für Burke nur noch eine „Ansammlung von Republiken", die der König nicht mehr zusammenhalten konnte (R: 50). Obwohl Burke kein genereller Gegner der Parteien war, stellte für ihn die Demokratie, auf die sich das französische System hin entwickelte, eine „Partei Tyrannei" dar (R: 122). Er nahm gegen jede Gruppe Stellung, die versuchte, sich als „das Volk" zu deklarieren. Als Liberaler war er gegen die „Hof-Faktion" gewesen, als Konservativer machte er Front gegen die „demokratische Partei".

Die wünschenswerte Regierungsform fand er in der gemischten Verfassung Englands, bei dem kein Element vorherrschte (W. I: 33). In England war die Gefahr eines Überhandnehmens der aristokratischen Komponente gegeben. Er selbst deklarierte sich als „kein Freund der Aristokratie" (W. I: 323), aber das aristokratische Element war zum Gleichgewicht nötig. Er sprach zur Charakterisierung des Systems von „executory government". Der Ausdruck „parlamentarische Regierung" war noch nicht geläufig, und hätte auch seiner Konzeption nicht entsprochen. De facto hat er jedoch die parlamentarische Mehrheitsherrschaft befürwortet: die erste Pflicht des Parlaments war es für ihn, der Regierung die Unterstützung zu verweigern, „bis die Macht in den Händen von Personen ist, die für das Volk akzeptabel sind" (W. I: 333). Der König hat freie Ministerwahl, aber das Parlament konnte die Unterstützung der Regierung verweigern. Die rechtliche Ministerverantwortlichkeit beurteilte er im Licht der englischen Geschichte nicht als sehr wirksam. Er trat für eine politische Verantwortlichkeit der Minister ein. Eine Allparteienregierung war ihm suspekt. Sein System lebte von der Anerkennung der Opposition (W. I: 335). Abgelehnt wurde hingegen die französische Versammlungsregierung, in der der „erste Exekutivbeauftragte eine Maschine darstellt, ohne deliberativen Spielraum". Die Eigenständigkeit der Regierung war nötig, um eine gewisse Vorausschau der nötigen Maßnahmen zu gewährleisten (R: 195).

Burkes Vorstellungen eines balancierten parlamentarischen Systems mit gemischter Verfassung beruhten auf seiner Repräsentationsidee. Er nahm Stellung gegen die gleichmacherische Repräsentation in Frankreich, die nicht besser sei als wenn das Los entschiede (R: 48). Repräsentation war für ihn mit Führung verbunden. Das Repräsentativsystem sollte die Besten auslesen. In Frankreich sah er nur kleine Advokaten und Journalisten auf parlamentarischer Bühne. Berühmt wurde sein Brief an die Wähler von Bristol im Jahre 1774. Er trat für eine enge geistige Gemeinschaft mit den Wählern ein. Wähler haben eine respektable Meinung, die der Repräsentant anhören muss. Aber autoritative Instruktionen und Mandate lehnte Burke ab. Das Parlament war für ihn kein Kongress von Botschaftern verschiedener feindlicher Interessen, sondern die beratende Versammlung der Nation (W. I: 447). Die Wähler hörten die Botschaft nicht gern und verweigerten ihm die Wiederwahl. Für Burke war die „virtuelle Repräsentation" oft besser als die tatsächliche Repräsentation mit fest umrissenen Aufträgen, denn das Volk kann irren (W. III: 335). Auch der Vertreter eines überwiegend schon im Meer versunkenen „rotten borough" repräsentiert ganz England.

Diese ganzheitliche Auffassung der Repräsentation musste mit den Vorstellungen zur Parteiregierung harmonisiert werden. In keinem Land gab es eine so alte Tradition der Anerkennung von Parteien. 1684 hatte Halifax den Trimmer erdacht, der die Kunst der Umgehung von Parteien beherrscht, um zur Entscheidung zu kommen. Parteien wurden nominalistisch konzipiert: „Whig and Tory throwing labels at one another, as boys do snowballs". Er sah die Nützlichkeit der Parteien, aber auch die Gefahr, dass Menschen in der Partei aufgehen. (Halifax: Complete Works. Harmondsworth, Penguin 1912: 48).

Ähnlich hat Bolingbroke 1749 in „Letters on the Spirit of Patriotism" argumentiert. Hier ging es weniger neutral zu als bei Halifax. Die gegnerische Partei wurde als „Faktion" gebrandmarkt. Die wahren Patrioten sollten sich um den König scharen. Aber auch bei ihm kam es zur Anerkennung der Opposition, die oft besser das Gemeinwohl erkennen könne als die Regierung. 1752 hat Hume im „Essay on Parties in General" die nominalistische Deutung der Parteien weiter entwickelt. Parteien bestanden laut Hume auch dann weiter, wenn der ideologische

Gegensatz, der sie schuf, längst Vergangenheit war. Er unterschied schon Prinzipien-, Interessen- und Affektionsparteien. Alle Parteien erinnerten ihn an Sektenstreitigkeiten. In dieser Tradition schrieb Burke 1770 seine Schrift über die „Present discontents". Die Hof-Kabale hatte für ihn selbst den König versklavt. Seine Parteidefinition klang modern wie bei Max Weber. Parteien beruhten auf Interessen und Prinzipien, welche die Mitglieder einte. (W. I: 375). Bolingbroke wurde zitiert, obwohl dessen Werke bei ihm keinen großen Eindruck hinterlassen hatten, weil er ihn für einen „anspruchsvollen und oberflächlichen Schriftsteller" hielt. Aber hinsichtlich der Gefahr der Partei-Tyrannei gab er ihm Recht (R: 122).

Man hat im Nachhinein gefragt, warum Burke sein Pamphlet gegen die Französische Revolution so scharf ausfallen ließ. Die Schärfe wurde aber durch die Folgeereignisse gerechtfertigt, die Burke noch nicht kennen konnte. Warum war er so schroff gegen diese Revolution, während er die von 1688 gelobt hat, und für rebellische Polen, Korsen, Iren, Inder oder Amerikaner eintrat? Die einfachste Erklärung war denunziatorisch: Burke habe seine liberalen Ansichten für eine Pension von Georg III aufgegeben, dem sein Buch sehr gefiel. Die französische Presse hat das Buch eher herablassend als indigniert behandelt. Die englischen Radikalen waren sehr viel härter in der Kritik. Fox sprach von „Rhapsodien" mit einem sehr schlechten Geschmack. Andere hielten Burke geradezu für verrückt und erklärten den Konservatismus aus seinem Kryptokatholizismus, der auf seine katholische Mutter zurückgeführt wurde (Cobban 1973: 71). Cartoons erschienen, die Burke als Don Quichotte darstellten. Sinnvoller war die ausgewogene Erklärung, dass er sich isoliert fühlte und seine intellektuelle Autorität in der Whig-Partei wieder herstellen wollte, nachdem er durch den Tod seines Gönners Rockingham 1782 in der Partei marginalisiert worden war. Was immer Burke unter der Isolierung in seiner Gesellschaft gelitten hat, es wurde nach seinem Tod durch eine ungeheure Breitenwirkung in ganz Europa kompensiert.

Quellen
R. J. White (Hrsg.): The Conservative Tradition. London, Adam & Black, 1950, 1964, 2. Aufl.

Literatur
R. Eccleshall: English Conservatism since the Restoration. London, Unwin Hyman, 1990.
F. J. C. Hearnshaw: Conservatism in England. London, 1933.
R. Kirk: The Conservative Mind from Burke to Eliot. Chicago, Henry Regnery, 1953, 1960. 2. Aufl.
F. O'Gorman: The Whig Party and the French Revolution. London, Macmillan, 1967.

Edmund Burke (1729-1797)

Quellen
Burke: The Works of the Right Honourable Edmund Burke. London, Bohn, 1854, 1854, 8 Bde (zit: W).
Burke: Correspondence of the Right Honourable Edmund Burke. London, Rivington, 1844, 4 Bde.
Burke: Reflections on the Revolution in France. London, Dent (Every Man's Library), 1910, 1960 (zit: R).
Burke: The Writings and Speeches of Edmund Burke (Hrsg.: P. Langford). Oxford, Oxford University Press, 1981. 9 Bde.

Literatur
St. Ayling: Edmund Burke. London, Murray, 1988.
F. Braune: Edmund Burke in Deutschland. Heidelberg, 1917.
A. Cobban: Edmund Burke and the Revolution against the 18th Century. London, Allen & Unwin, 1973.
C. B. Cone: Burke and the Nature of Politics. The University of Kentucky Press, 1957, 1964, 2 Bde.
R. Eccleshall: English Conservatism since the Restoration. London, Unwin, Hyman, 1990.
F. A. Dreyer: Burke's Politics. A Study in Whig Orthodoxy. Waterloo/Ont., Laurier University Press, 1979.
M. Freeman: Burke and the Critique of Political Radicalism. Oxford, Blackwell, 1980.
M. Fuchs: Edmund Burke, Ireland and the Fashioning of Self. Oxford, Voltaire Foundation, 1996.
D. Hilger: Edmund Burke und seine Kritik an der französischen Revolution. Stuttgart, G. Fischer, 1960.
R. Kirk: Edmund Burke. Peru, Ill., Sugden, 1988.
J. P. Lock: Edmund Burke. Bd. 1 1730-1784. Oxford, Clarendon, 1999, Bd. 2 1784-1797. Oxford, Clarendon, 2006.
C. M. Macpherson: Burke. Oxford, Oxford University Press, 1980.
F. O'Gorman: The Whig Party and the French Revolution. London, Macmillan, 1967.
A. M. Osburn: Rousseau and Burke. New York, Russell & Russell, 1964.
Ch. Reid: Edmund Burke and the practice of political writing. Dublin, Gillard and Macmillan, 1985.
H.-G. Schumann: Edmund Burkes Anschauungen vom Gleichgewicht in Staat und Staatensystem. Meisenheim, Hain, 1964.
J. M. Welsh: Edmund Burke and international relations. Basingstoke, Macmillan, 1995.

R. Wecker: Geschichte und Geschichtsverständnis bei Edmund Burke. Bern, Lang, 1981.
J. Whale (Hrsg.): Edmund Burkes Reflections on the Revolution in France. New interdisciplinary essays. Manchester, Manchester University Press, 2000.
St. White: Edmund Burke: modernity, politics and aesthetics. Thousand Oaks, Sage, 1994.
R. Zimmer: Edmund Burke zur Einführung. Hamburg, Junius, 1995.

3 Der Status-quo-Konservatismus im Frankreich der Restauration: François René Vicomte de Chateaubriand (1768–1848) und die Ultraroyalisten

Chateaubriand hat nach kurzem Militärdienst die Flucht aus einer freudlosen Jugend in einem düsteren Schloss, mit einer psychopathischen Schwester als Hauptbezugsperson, nach Amerika angetreten (1791). Sein romantischer Subjektivismus hat auch das Erlebnis der neuen Welt geprägt. Ob er die Realitäten wahrgenommen hat, wenn er noch im Rückblick der „Mémoires d'outre tombe" (I: 351) es für möglich hielt, dass die USA einst die Monarchie einführen würden, da die Westausdehnung dieses erforderlich mache? Auch Rom wurde Monarchie, als es seine Herrschaft über die Alpen ausdehnte. Hegel hat einmal ähnlichen Unsinn verkündet, aber er war nie in Amerika gewesen.

Nach seiner Rückkehr aus Amerika diente er eine Weile im konterrevolutionären Heer der Emigranten unter dem Prinzen Condé. Aufgrund einer Verwundung schied er aus und führte ein kümmerliches Leben als Emigrant in England, der zu stolz war, seine Dienste anzubieten. 1798 wurde er Erlebnischrist. Das Buch „Génie du christianisme" prägte eine ganze Generation von Konservativen. 1800 kam er nach Frankreich zurück. 1803 wurde Chateaubriand Gesandtschaftssekretär und Minister Napoleons. Er brach aber 1804 mit dem Diktator nach der Erschießung des Herzogs von Enghien. In seinen Memoiren (Mém II: 137) beschrieb er den Schock, den dieser politische Mord auslöste. Nicht wenige befürchteten, die Schreckensherrschaft Robespierres habe erneut begonnen. Chateaubriand verbrachte die Zeit auf Reisen nach Griechenland und in den nahen Orient. Nach dem Sturz Napoleons wurde er Mitglied der Pairskammer, Botschafter in Berlin (1822), in London (1823) und Außenminister (1824). Als Außenminister betrieb er die Intervention gegen die Revolution in Spanien, um Frankreich im Kreis der Großmächte zurückzumelden. Nach der Julirevolution 1830 zog er sich aus der Politik zurück, da er den Orleanismus verabscheute. Er schrieb in der Schrift „Frankreich seit dem Juli 1830" (1831: 38): „Ich glaube nicht an das göttliche Recht der Herrscher, aber ebenso wenig an die Souveränität des Volkes". Er bekannte sich als Royalist, der den Königen so wenig wie dem Volk zutraute, und daher für eine Verfassungsordnung eintrat. Aber ein Wahlkönig à la Louis Philippe 1830 war für ihn nicht akzeptabel. Die Restauration zu einem frühen Zeitpunkt – um 1796–97 – hätte er sich ohne Verfassung vorstellen können. Napoleon aber vernichtete die Freiheit, und doch hat er der Freiheit soweit genutzt, als er die Revolution zähmte (ebd: 6). In barbarischen Zeiten sah er die Wahl eines neuen Staatsoberhaupts für normal an. Aber in einer „vorgerückten Zivilisation", in der ein König selbst die Gesetze respektieren müsse, sei die Wahl eines neuen Königs ein schreiendes Unrecht.

Sein erster Beitrag zum politischen Denken war der „Essai sur les révolutions" (1797). Man stellt sich etwas anderes unter einem „Essay" vor. Es war kein knapp pointierter Gedanke in diesem Buch, sondern eine wortreiche, langatmige Abhandlung über Revolutionen seit den Griechen. Chateaubriand stellte am Schluss des Werkes (OC I: 613) die Frage, was die Revolutionen durch Geist, Sitte und Aufsehen, das sie erregten, mit der französischen Revolution gemeinsam hätten. Aber dieser Vergleich ist nicht geleistet worden. Er stellte in diesem Buch noch ketzerische Fragen, wie die Frage nach der Religion, die das Christentum ersetzen werde (OC I: 610). Es war für ihn ausgemachte Sache, dass das Christentum im Niedergang begriffen sei. Die Alternative einer „Naturreligion" hielt er jedoch nicht für gangbar. Der Essay war ein unausgereiftes und konfuses Buch mit wenig soliden Recherchen über seine historischen Exkurse. Der Autor wirkte wie ein unentschlossener Halb-Schüler von Rousseau, wie sein Biograph sich ausdrückte (Villemain 1858: 71).

Wenige Jahre später veröffentlichte er das Buch „Genie des Christentums" (1802, OC II), das seine Bekehrung zum Christentum enthielt. Er hatte sich in wenigen Jahren zum scharfen Kritiker der Aufklärung entwickelt. Statt Aufklärung förderte er die ästhetische Geschmacksentwicklung in Literatur und Kunst. Von seinen orthodoxen Gegnern wurde diese Wende als „Stimmungsreligion" beargwöhnt. Bonald hatte ja bereits die Gefühlsrevolution als einen heimlichen Protestantismus geächtet. Die eingeschobene Novelle „René" wurde zum französischen „Werther", die einen Weltschmerz à la Byron in der französischen Literatur heimisch machte. Chateaubriand wurde zu einem der meist gelesenen Schriftsteller seiner Zeit. Er war der Literat, der einen Ausflug in die Theorie der Politik unternahm und in der „Monarchie selon la charte" ein Meisterwerk schuf, während sein Gegenspieler Constant, der politische Publizist war, der einen Ausflug in die Literatur machte, und ein Meisterwerk hinterließ: „Adolphe" (Bagge 1952: 168).

Das Buch zur Charte stellte eine erstaunliche Wende zum Status-quo-Konservatismus dar. Die Ultraroyalisten hatten die „Charte" anfangs als „Maschine englischen Imports" verunglimpft. Villèle, der spätere Führer der Partei, forderte die

Franzosen auf, zur Verfassung der Väter zurückzukehren (1814: 15). Der spätere König Charles X soll damals erklärt haben, „lieber Holz zu sägen als englisch regieren" zu wollen. Wie die Radikalen sahen die „Ultras" die englische Verfassung als ein Zufallsprodukt der insularen Sonderentwicklung ohne Vorbildwirkung an. Auguste Comte hat diese Ansicht später mit großem Aufwand untermauert. Nur wenige waren für die englische Verfassung eingenommen, wie der Baron de Vitrolles (1884 II: 228), der behauptete, diese sei so allgemein akzeptiert, dass vom russischen Zaren bis zum letzten Angestellten seines Büros sich niemand eine andere auch nur vorstellen könne. Soweit diese Äußerung nicht falsch war, ging sie wenigstens von einem überholten Bild der englischen Verfassung aus. Ein Bekenntnis zur parlamentarischen Regierung war damit nicht verbunden – außer bei Vitrolles (1815: 26), der wenigstens wichtige Prinzipien dieses neuen Systems richtig analysierte – einschließlich des Regierungssturzes durch Misstrauensvotum, den nicht einmal Constant akzeptierte. Schon die freie Auswahl der Minister nannte Vitrolles (1815: 31) „ein bisschen illusorisch". Kein geringerer als Guizot hat daher 1816 in der Schrift „Du gouvernement représentatif" versucht, Vitrolles zu widerlegen (vgl. Bd. 1, Kap. III.1).

Chateaubriand ging noch einen Schritt weiter. Er sah ein Repräsentativsystem parlamentarischen Typs in England, Frankreich und den Niederlanden bestehen – in den zwei letzten Systemen eher noch eine Übertreibung (OC VII: 158). Chateaubriand billigte dem König nur formal ein freies Auswahl- und Abberufungsrecht zu. Die Minister handeln in eigener Verantwortung. Bei Fehlern, die von der Parlamentsmehrheit aufgedeckt werden, müssen sie zurücktreten (OC VII: 164). Auch die parteiliche Grundlage der Regierungen wurde bei Chateaubriand stärker als bei Constant betont. Die Gesetzesinitiative des Monarchen wird als kompromittierend angesehen, was den Kritikern im eigenen Lager zu weit ging (Marmet 1816: 25 ff). Die Doktrinäre warfen ihm Verfälschung des gewaltenteiligen Systems, die Konservativen hingegen Despotismus vor. Constant kämpfte gegen die „falschen Freunde" von rechts. Einmal beanspruchte er die Priorität für gewisse Gedanken zum Repräsentativsystem, die Chateaubriand als seine eigenen ausgab. Das 12. Kapitel des Buches war für Constant nur eine Paraphrase seiner Ideen. Constant gab dem König eine stärkere Stellung. Er dürfe nicht zusehen, wie Minister Fehler machten und warten, bis die Mehrheit sie stürzten (Cours I: 218). Constants kleine Schrift „De la doctrine qui peut réunir tous les partis en France" von 1816 enthielt einen noch schärferen Angriff auf Chateaubriands Zuspitzung seiner Gedanken. Den Konservativen sprach Constant jede Fähigkeit ab, alle Parteien zu sammeln. Er scheute nicht vor persönlichen Angriffen: das Buch müsse nicht „Monarchie" sondern „Aristokratie nach der Charte" heißen, und warf Chateaubriand eine „heilige und obskure Sprache" vor, die nur von einer bevorzugten Kaste verstanden werde (Cours II: 135).

Der Vorwurf des Aristokratismus war nicht ganz gerechtfertigt. In der Wahlrechtsfrage waren einige Konservative eher für eine Erweiterung als die Liberalen, um Teile der bäuerlichen Schichten zu integrieren, von denen sie sich konservatives Wahlverhalten versprachen. In der Testfrage des Aristokratismus waren sie sogar einer Meinung: beide waren für eine erbliche Pairie. Chateaubriand hat dabei allerdings die Adelsprivilegien stärker betont als Constant.

Die Ultrakonservativen entwickelten sich in paradoxer Weise. Als Feinde des Parteiwesens entwickelten sie die strafffeste Parteiorganisation der Restaurationsmonarchie. Die einstigen Anhänger des Absolutismus wurden zu Befürwortern einer parlamentarischen Mehrheitsregierung, als sie die Mehrheit in der Kammer erlangten, aber vom König von der Macht ferngehalten wurden. Häufig war diese Wende taktischer Natur. Sie trugen Chateaubriand auf den Lippen – aber Bonald im Herzen (Barthélemy). Viele ließen die parlamentarische Maske fallen, als Polignac mit dem Ausnahmerecht zu regieren begann. Die Ultras waren in der Theorie nicht alle einer Meinung. Chateaubriand war auch in der praktischen Politik ein Außenseiter, der sich bald mit seinem Parteichef, Villèle, überwarf. Einige, wie Vitrolles (II: 460), die eine Weile mit Chateaubriand einig schienen, haben ihn später desavouiert und die bizarre Mischung von unvereinbaren Positionen als Produkt seiner maßlosen Eitelkeit erklärt. Selbst die Liberalen und Doctrinaires empfanden es gelegentlich peinlich, dass Chateaubriand ihren Ideen den Hof mache (Gentile 1957: 15).

Als Chateaubriand im Kabinett untragbar geworden schien, kam der Testfall für seine theoretischen Ansichten. Hätte Villèle ihn gegen den König halten müssen, um dem Prinzip der Ministersolidarität zu genügen? Parlamentarische Regierungen sind nicht vor Intrigen gefeit. Der Ministerpräsident war wohl froh, den schillernden Intellektuellen loswerden zu können, und ließ ihn fallen. Die Stimmung bei den Ultraroyalisten schlug um. Sie sagten sich von den parlamentarischen Ideen Chateaubriands los. Dieser konnte auf Zustimmung nur noch bei den Liberalen hoffen. Nach dem Bruch mit dem konservativen Ministerium steigerte sich Chateaubriand in eine Rolle des Märtyrers für die Repräsentativverfassung.

Quellen
Chateaubriand: Œuvres complètes. (Kritische Ausgabe von L.Louvet). Paris, Garnier, 1939, 12 Bde.
Bd.I: Essai sur les révolutions.
Bd.II: Génie du christianisme.
Bd. VII: Mélanges politiques, La monarchie selon la charte, De la presse (zit.VII).
Bd.XII: Congrès de Vérone, Guerre d'Espagne (1823).
Chateaubriand: Du système politique suivi par le ministère. Paris, Le Normant, 1817.

Chateaubriand: Mémoires d'outre-tombe. Editions centainaire intégrale et critique. Paris, Flammarion, 1961, 1982 4 Bde. (zit. Mém.)
Chateaubriand: Ansichten über Frankreich seit dem Juli 1830. Leipzig, Allgemeine niederländische Buchhandlung, 1831, 2. Aufl.
B. Constant: Cours de politique constitutionnelle. Paris, Plancher, 1818 ff, 8 Bde.
L. C. H. Marmet:Réfutation des erreurs de M.le Vicomte de Chateaubriant (sic). Paris, Plancher, 1816.
J. de Villèle: Observations sur le projet de constitution. Toulouse, Manavit, 1814.
Baron de Vitrolles: Mémoires et relations politiques. Paris, Charpentier, 1884, 3 Bde.

Literatur
A.Cassagne: La vie politique de Francois de Chateaubriand. Paris, Plon-Nourrit, 1911.
J.-P. Clément: Chateaubriand. Biographie morale et intellectuelle. Paris, Flammarion, 1998.
E. Costadura: Der Edelmann am Schreibpult. Zum Selbstverständnis aristokrtischer Literaten zwischen Renaissance und Revolution. Tübingen, Niemeyer, 2006.
M. Crépu: Le souvenir du monde. Essai sur Chateaubirand. Paris, Grasset, 2011.
M. Deslandres: Histoire constitutionnelle de la France de 1789 à 1870. Paris, Colin, 1932, 1933, 2 Bde.
G. de Diesbach: Chateaubriand. Paris, Perrin, 1998.
P. H. Dubé: Bibliographie de la critique sur François René de Chateaubriand. Paris, Nizet, 1988
P. Gentile: Chateaubriand politico. Studi politici. 1957: 5–30.
F. Sieburg: Chateaubriand. Romantik und Politik. Stuttgart, DVA, 1959; Neuaufl.: Berlin, Ullstein, 1988.
M. Villemain: M. de Chateaubriand. Sa vie, ses écrits, son influence littéraire et politique sur son temps. Paris, Michel Lévy, 1858.

4 Konservatismus der Revolutionszeit in Deutschland: von Rehberg bis Haller

Der Konservatismus konnte sich in Deutschland zunächst nur in intellektuellen Gruppen organisieren, da es in der Zeit der französischen Revolution kein nationales Parlament gab, wie in Frankreich, Großbritannien und selbst in Spanien. Zum Kristallisationskern des romantischen Konservatismus wurde die „Christlich-Teutsche Tischgesellschaft", die 1811 von Adam Müller und Achim von Arnim gegründet worden ist. In ihr verkehrte die preußische Adelsopposition gegen die Reformen und Intellektuelle wie Kleist, Brentano, Savigny, Clausewitz und Fichte.

Viele der konservativen Theoretiker wurden später als „politische Romantik" zusammengefasst, ein Schlagwort, das Carl Schmitt populär gemacht hat. In ihr verbanden sich Restauration, Gegenrevolution mit alt- und neuständischen Idealen. Adam Müller, Gentz oder Friedrich Schlegel waren als bürgerliche Aufsteiger für diese Richtung typischer als die konservativen Aristokraten von Chateaubriand bis Haller und Novalis, die noch mit der alten ständischen Ordnung verwachsen schienen, und nicht in bürgerlicher Subjektivität eine erdachte konservative Ordnung schaffen mussten. Der romantische Konservatismus fühlte sich als Reaktion auf den Rationalismus der liberalen Aufklärer – und war doch selbst stark vom Rationalismus geprägt.

Quellen

H. Barth: Der konservative Gedanke. Ausgewählte Texte. Stuttgart, Koehler, 1958.
V. A. Huber: Ausgewählte Schriften über Socialreform und Genossenschaftswesen. (Hrsg.: K. Munding). Berlin, Verlag der AG Pionier, 1894.
W. E. von Ketteler: Liberalismus, Sozialismus und Christentum. Mainz, Kirchheim, 1871, 2. Aufl.

Literatur

K. Epstein: Die Ursprünge des Konservatismus in Deutschland. Frankfurt, Propyläen, 1973.
R. Faber (Hrsg.): Konservatismus in Geschichte und Gegenwart. Würzburg, Königshausen & Neumann, 1991.
M. Greiffenhagen: Das Dilemma des Konservatismus in Deutschland. München, Piper, 1977.
K. von Klemperer: Konservative Bewegungen zwischen Kaiserreich und Nationalsozialismus. München, Oldenbourg, 1961.
H. Kesting: Geschichtsphilosophie und Weltbürgerkrieg. Heidelberg, Winter, 1959.
P. Koslowski (Hrsg.): Die religiöse Dimension der Gesellschaft. Tübingen, Mohr, 1985.
P. Koslowski: Gesellschaft und Staat. Ein unvermeidlicher Dualismus. Stuttgart, Klett-Cotta, 1981.
A. Langner (Hrsg.): Katholizismus, konservative Kapitalismuskritik und Frühsozialismus bis 1850. Paderborn, Schöningh, 1975.
K. Mannheim: Konservatismus (1927). Frankfurt, Suhrkamp, 1984.
Th. Meyer: Stand und Klasse. Kontinuitätsgeschichte korporativer Staatskonzeptionen im deutschen Konservatismus. Opladen, Westdeutscher Verlag, 1997.
H.-J. Puhle: Conservatism in Modern German History. Journal of Contemporary History, Bd. 13, 1978: 689–720.
H. Reiss: Politisches Denken in der deutschen Romantik. Bern, Francke, 1966.

W. Ribhegge: Konservative Politik in Deutschland. Von der Französischen Revolution
bis zur Gegenwart. Darmstadt, Wissenschaftliche Buchgesellschaft, 1989.
A. Schildt: Konservatismus in Deutschland. Von den Anfängen im 18.Jahrhundert bis
zur Gegenwart. München, Beck, 1998.
F. J. Stahl: Die Schriftsteller der Kontrerevolution. In: Ders.: Die Philosophie des
Rechts (1830-37). Darmstadt, Wissenschaftliche Buchgesellschaft, 1963, Bd. I:
548-570.
D. Stegmann u. a. (Hrsg.): Deutscher Konservatismus im 19. und 20. Jahrhundert.
Festschrift für Fritz Fischer. Bonn, Verlag Neue Gesellschaft, 1983.
R. Vierhaus: Konservativ, Konservatismus. In: O. Brunner u.a (Hrsg.): Geschichtliche
Grundbegriffe. Stuttgart, Klett-Cotta, 1982, Bd. 3: 531-565.
P. Waldrich: Der Staat. Das deutsche Staatsdenken seit dem 18. Jahrhundert.
München, Olzog, 1973.

August Wilhelm Rehberg (1757-1836)

Rehberg kam nach einem Medizinstudium aus der staatsrechtlichen Schule von
Johann Stephan Pütter (1725-1807) in Göttingen. Dort wurde er der beste Freund
des Freiherrn vom Stein. Nach dem Studium fristete er eine Weile sein Leben
als Deutschlehrer für Engländer, bis er 1783 Sekretär des Bischofs von Osnabrück
wurde. In Osnabrück nahm er die Lehren von Justus Möser (1720-1794) auf, der
dort als Leiter der Verwaltung wirkte. Er wurde jedoch kein unkritischer Bewunderer seines Lehrers. Mösers Vergleich des Staates mit einer Aktiengesellschaft
und seine Idealisierung des Mittelalters konnte er nicht nachvollziehen (SS II:
20-24). Rehberg wurde 1792 „geheimer Canzley-Sekretär" in Hannover. Durch
die Personalunion von Hannover und Großbritannien waren die führenden Persönlichkeiten mit England aufs engste vertraut. England mit seiner differenzierten
Ständestruktur wurde ständig als Alternative zur Repräsentation der Gleichen in
Frankreich bemüht. Insofern dachte Rehberg doppelt rückwärtsgewandt, da er die
Hannoversche Geschichte häufig durch die Brille einer idealisierten englischen
Vergangenheit interpretierte. Epstein (1973) hat Rehberg dem „Reformkonservatismus" zugerechnet. Zweifellos war er kein hoffnungslos rückwärtsgewandter
Theoretiker wie Haller und bemühte sich auch in der Kritik an der französischen
Revolution um distanzierte Sachlichkeit. Er war nach Brandes einer der ersten, die
sich in substantieller Weise mit der französischen Revolution auseinander setzten.
Mit seiner kleinen Schrift über „Theorie und Praxis" (1794) wurde er sogar für die
Diskussion mit Kant von Bedeutung. 1787 hat Rehberg sich noch als „Liberaler"
für religiöse Toleranz und Pressefreiheit eingesetzt. Nach dem Ausbruch der Revolution hat er diese Haltung jedoch widerrufen (SS I: 172 ff).

Hannover war damals ein Land, in dem die ständischen Rechte und die persönliche Freiheit stärker respektiert wurden als in anderen deutschen Staaten. Der Freiherr vom Stein hat einmal über das „deutsche China" gewitzelt (zit. Vogel 1972: 142), während Brandes und Rehberg sich glücklich schätzten, gerade in diesem Lande dienen zu dürfen. Durch die Abwesenheit des Monarchen hatte sich in Hannover die ständische Freiheit unabhängiger von der Macht des Neoabsolutismus halten können als anderwärts – mit der Folge einer beispiellosen Vorherrschaft des Adels, wie es sie sonst in Deutschland allenfalls noch in Mecklenburg gab.

Ernst Brandes (1758–1810) war Kurator der Universität Göttingen und Freund Edmund Burkes. Er hat in der Universitätsverwaltung einen diskussionsoffenen Stil auch nach dem Ausbruch der Revolution zugelassen. Die Schrift von Brandes ist so früh erschienen, dass die Radikalisierung der Revolution erst in Ansätzen sichtbar war. Daher fiel das Urteil gegenüber den ersten Maßnahmen des revolutionären Regimes milder aus als bei später publizierten Versuchen der Konservativen. Brandes (1790: 27) hatte die Einberufung der Stände für nötig befunden – während viele reaktionäre Konservative dies für einen kapitalen Fehler der französischen Krone gehalten haben. Das imperative Mandat, dass Lally-Tollendal und andere gefordert hatten, hielt er als „Schranke gegen den hereinbrechenden Strom der Demokratie" für keinen Schutz. Durch die Ausbreitung der revolutionären Ideen sah er allerorten die Instruktionen von „dreisten Deputierten mit dem Beyfalle der Nation überschritten" (1790: 28). Die Verselbständigung des Dritten Standes zur Nationalversammlung war für ihn ein Übel. Das Arrangement der Gewaltenteilung durch ein bloß suspensives Veto empfindlich gestört (ebd. 72 f).

Rehberg (1793 I) setzte sehr viel abstrakter an als Brandes und zeigte die Prinzipien des Systems in Frankreich auf – mit seinen „Rechten als bloße Erdichtung", seiner Vertragskonstruktion und seinem Vernunftkult. Selbst die Gewaltenteilung Montesquieus erklärte er für „träumerische Spekulation" (SS I: 100 f). Wie Burke kritisierte er die Unfähigkeit des französischen Adels, der nur noch „Titel ohne reellen Wert" besaß (SS I: 248). Als Gegenmodell wurde ein Projekt, nach englischem Muster entworfen, vorgestellt (SS II: 19 ff). Rehberg war ein Bürger, dem das Streben des Bürgertums nach Stärkung seiner Stellung verdächtig war. Die Pauperisierung der Unterschichten wurde auf dieses Streben zurückgeführt. Rehberg übersah nicht, dass in England die Stellung der Unterschichten prekär war. Während der Beamtenliberalismus seine Hoffnungen auf die Hebung des Bildungsstandes im Volk setzte, lehnte Rehberg dieses gerade ab. Die „Lesesucht" des Volkes barg für ihn revolutionäre Gefahren. Den gesellschaftssprengenden Konflikt mit den verarmten Massen in England hat er nicht zu Ende gedacht. Das war umso merkwürdiger als Rehberg auch gewisse Mängel des Repräsentationssystems in Großbritannien nicht übersehen hat.

Rehbergs Antirevolutionsschrift löste eine lebhafte Debatte aus. Am schärfsten reagierte der junge Fichte (1793 vgl. Bd. 1, Kap. II. 5.b) und schlug einen polemischen Ton an, der eigentlich erst bei den Junghegelianern üblich wurde. Die einzig scharfsinnige Bemerkung im ganzen Buch von Rehberg habe diesen – nach Fichtes Ansicht (1973: 83 f) – zu falschen Schlüssen geführt. Fichte (1973: 49) bemängelte letztlich den historischen Ansatz der Konservativen – Brandes kam etwas besser weg – den er in diesem Pamphlet explizit ablehnte: „Statt jenes Recht entweder anzuerkennen, oder seinen Ungrund aus ursprünglichen Grundsätzen der reinen Vernunft darzutun, erzählt uns Herr R. eine Menge Dinge, die wir einandermal anhören wollen. Wir fragten ihn: Fremdling, von wannen bist du? und er erzählt uns ein paar Märchen darüber, was er sei, damit wir indessen jene unbequeme Frage vergessen". Besser konnte man die Differenzen zwischen den Radikalen, die aus der Vernunft heraus argumentierten und den konservativen Ableitern kleinerer historischer Entwicklungsschritte nicht auf den Punkt bringen.

Rehberg profilierte sich als Reformkonservativer in der Schrift über den Adel (1803: 6 f) durch den Angriff auf jene Konservativen, die keinerlei Reformen zuließen: „Ist alles ruhig, so scheint es ihnen ein Verbrechen, schlagende Vorstellungen und Leidenschaften zu wecken. ... Ist das Ungewitter endlich vorüber, und erzeugt allgemeine Ermattung einen Stillstand, der nur bei schlechten Beobachtern für einen Frieden gelten kann ... so wird jeder, der es nur der Mühe werth hält, darüber zu reden, von allen denen, die sich wieder sicher glauben, mit Gleichgültigkeit, mit Hohn oder mit Bedauern zur Ruhe verwiesen". Diese resignierten Worte klangen wie die Geschichte eines subalternen Beamten, der sich gegen die hohen Herren der Aristokratie nicht durchsetzen konnte. Rehberg (1806: 89 ff) hielt eine Monarchie für besser reformierbar als eine Republik. Aber seine Reformhoffnungen waren auf die Illusion aufgebaut, dass es zur Kooperation von Fürsten und Landständen in Deutschland kommen werde. Voraussetzungen dazu sollten eine Verbesserung der Verwaltung sein, die damals als dilettantische Honoratiorenverwaltung organisiert war, und die Aufgabe der Selbstsucht bei den Adelscliquen in den Landständen. Rehberg wandte sich gegen den Kastengeist des deutschen Adels und verlangte eine enge Verbindung von Aristokratie und Bürgertum, wie sie die englische Gentry verkörperte.

Die Haltung zum Adel war ein wichtiger Prüfstein für den Reformkonservatismus. In dieser Frage zeigte sich eine ambivalente Haltung bei Rehberg. Der Adel sollte nicht durch Reformen Privilegien verlieren, sondern sogar noch gestärkt werden – wenn auch nicht in dem Ausmaß, wie bei Haller, der die Patrimonialgerichtsbarkeit und andere staatliche Kompetenzen gern an den Adel zurück delegiert hätte. Rehberg erkannte immerhin, dass die Gerichtsbarkeit und Polizeigewalt der Gutsherren ein Risiko für die allgemeine Sicherheit bedeutete. Aber für die Aufhebung der Steuerfreiheit des Adels ist Rehberg nicht eingetreten, wenn er – außer bei Rittergütern – auch keinen erblichen Anspruch auf Steuerfreiheit des Adels anerkannte. Nach der Veröffentlichung der Schrift „Über die Staatsverwaltung" von 1806 erkaltete die Freundschaft zum Freiherrn vom Stein, weil Rehberg heftig gegen Preußen und seinen Absolutismus polemisierte und die Vorteile der altständischen Verfassung pries. Preußenhass – Stein hatte ihn nicht für den Dienst in Preußen gewinnen können – und ein gewisser Neid auf die glänzende Karriere des adligen Freundes, während er aufgrund geringer sozialer Herkunft in subalternen Stellungen blieb, mögen zu dieser Haltung beigetragen haben.

Das Pamphlet gegen den Code Napoleon legte trotz mancher reformkonservativer Züge dar, dass Rehberg (1814: 3) von dieser Übernahme eine „gänzliche Vernichtung alles Nationalen" befürchtete. Er optierte nicht nur für Deutschland für den Status quo ante, sondern vor allem für Frankreich: „Die französische Nation, die durch eine furchtbare Combination verkehrter Grundsätze mit ehrgeizigen Plänen und frecher Raubsucht, ihrer alten Verfassung und öffentlichen Anerkennung christlicher und vernünftiger Gesinnungen beraubt worden ist, kann in den Rang einer civilisierten Nation nicht anders wieder eintreten, als wenn dem moralisch bessern Theile der Nation das Übergewicht wieder verschafft wird." (1814: 115). Es blieb jedoch bei der appellativen Reaktion. Bei den deutschen „Contrerevolutionären" fehlt in der Regel der Aufruf zur gewaltsamen Reaktion. Rehberg blieb der deutschen Aufklärungstradition seiner Jugend treu. Er zitierte lediglich Burke und forderte ein „Heer von Missionaren", um dem besseren Teil der Nation Gehör zu verschaffen.

Während Liberale wie Kant jedes Widerstandsrecht ablehnten, haben gerade die Status-quo-ante-Konservativen von Rehberg bis Haller ein Widerstandsrecht nicht ausgeschlossen und es gegen die revolutionäre Obrigkeit für einsetzbar angesehen. Das Volk hatte für Rehberg kein Recht zu entscheiden wie regiert werde – wohl aber wer regieren dürfe. Rehberg wandte sich in der Theorie und Praxis-Schrift explizit gegen Kants Vorstellung eines unbedingten Gehorsams. Rehberg war gegen überspannte Freiheitsideale – aber auch gegen Hallers Vorstellung, dass die Mächtigen ein Privatrecht auf ihre Herrschaft besitzen und keinerlei positive Staatsziele zu verfolgen hätten (SS IV: 145). Eine aufgeklärte „Revolution von oben", wie die der Glorious Revolution von 1688 wurde im Anschluss an Burkes Interpretation ohnehin für legitim erachtet. Da eine Überhöhung der Rolle der katholischen Kirche für den Protestanten Rehberg nicht – wie bei Maistre und Bonald – in Frage kam, fehlte ein wichtiges Element des restaurativ-revolutionären Denkens und ermöglichte eine Verteidigung des Status quo ante ohne Ruf nach einer Königsdiktatur. Es war kein heroischer Dezisionismus in diesem Denken angelegt, wie bei einigen katholischen Denkern, die später Carl Schmitt fasziniert haben. Es blieb bei gutgemeinten kleinen, manchmal sogar pedantischen Schritten des Reformkonservatismus.

Die Nüchternheit des Niedersachsen, mit seinem Misstrauen gegen intellektuelle Brillanz und seinem praktischen Sinn für den Amtsbetrieb, bei engherzigen regionalen Bindungen, haben ihn gegen eine romantische Staatsauffassung à la Adam Müller ebenso wie gegen einen religiösen Spiritualismus immunisiert. Während sein Lehrer Justus Möser selbstzufrieden das Neue verdammte und selbstgenügsam das Alte verklärte, aber den Epochenwechsel der Revolution nicht mehr wirklich begriff, hat Rehberg versucht, vom Alten zu retten, was noch zu retten war, ohne die Augen vor allem Neuen zu verschließen. Seine tiefe regionale Bindung machte ihn immun gegen den Nationalismus, der in der Zeit Napoleons aufkam. Er hielt diesen für eine Propagandawaffe des preußischen Expansionismus, nachdem Preußen vorübergehend sein Land besetzt hatte.

Mit dem Versuch, durch die Reform eines veralteten Ständesystems die moderne Repräsentativverfassung zu verhindern, hat Rehberg letztlich den Anschluss an die tragenden Ideen des Reformkonservatismus verpasst. Friedrich Gentz (1764–1832) kam aus ähnlich kleinen Verhältnissen und musste sich für subalterne Arbeiten verdingen. Aber er zeigte in versatiler Anpassungsfähigkeit als Propagandist und Organisator des Systems Metternich, wie man mit einem Blick für die überregionalen Verhältnisse wesentlich erfolgreicher sein konnte als Rehberg.

Quellen
Rehberg: Sämmtliche Schriften. Hannover, Hahn, Bd. 1 1828, Bd. 2, 1831, Bd. 4 1829 (zit:SS).
Rehberg: Untersuchung über die Französische Revolution nebst kritische Nachrichten von merkwürdigen Schriften, welche darüber in Frankreich erschienen sind. Hannover, Christian Ritscher, 1793, 2 Bde.
Rehberg: Über den deutschen Adel. Göttingen, Röwer, 1803
Rehberg: Über die Staatsverwaltung deutscher Länder und die Dienerschaft der Regenten. Hannover, Hahn, 1807.
Rehberg: Über den Code Napoleon und dessen Einführung in Deutschland. Hannover, Gebr. Hahn, 1814.
J. G. Fichte: Beitrag zur Berichtigung der Urteile des Publikums über die Französische Revolution (1793). Hamburg, Meiner, 1973
D. Henrich (Hrsg.): Kant, Gentz, Rehberg. Über Theorie und Praxis. Frankfurt, Suhrkamp, 1967.
E. Brandes: Politische Betrachtungen über die Französische Revolution. Jena, Mauke, 1790.

Literatur
K. Epstein: Rehberg und die hannöversche Schule. In: Ders.: Die Ursprünge des Konservatismus in Deutschland. Berlin, Propyläen, 1973: 633–687.
U. Vogel: Konservative Kritik an der bürgerlichen Revolution. August Wilhelm Rehberg. Darmstadt, Luchterhand, 1972.
E. Weniger: Stein und Rehberg. Diss. Göttingen, 1922.

Carl Ludwig von Haller (1768–1854)

Haller, Enkel eines berühmten Arztes aus einem Berner Patriziergeschlecht, der in Göttingen zum großen Organisator der Medizin geworden war, kann kaum unter „Deutschland" verbucht werden. Aber wenn Constant und Madame de Staël unter Frankreich auftauchen, muss Deutschland sich Haller anrechnen lassen, wo er seinen tiefsten theoretischen Einfluss ausgeübt hat. Er wurde 1795 Sekretär des Berner Rates. 1798 kämpfte er gegen die Revolution und ging ins Ausland. Von Österreich aus schürte er die Opposition gegen die „Helvetische Republik". 1806 ist er als Professor für Staatsrecht nach Bern berufen worden. Nach der Wiederherstellung des Großen Rates wurde er Mitglied dieser Institution. 1821 verlor er alle Ämter nach einer heimlichen Konversion zum Katholizismus. Er bedauerte später, nicht den Mut gehabt zu haben, diesen Schritt in aller Offenheit zu vollziehen (zit. Reinhard 1915: 59). Haller ging nach Paris und trat in den Dienst Karl X. Nach der Julirevolution kehrte er in die Schweiz zurück.

Haller gab einer ganzen Epoche ihren Namen durch den Titel „Restauration der Staatswissenschaften". Auf dem Wartburg-Fest der damals liberalen Burschenschaften 1817 wurden Hallers Schriften daher symbolisch verbrannt – kein gutes Omen für Liberalität. Metternich hat Haller (Briefe: 151) noch verehrt, als sein System längst gestürzt worden war. Nur das Buch über die „Restauration der Staatswissenschaften" machte ihn bekannt. Haller war weit mehr als Rehberg und Müller ein Status-quo-ante-Konservativer. Sein oberstes Ziel war die Wiederherstellung der Verhältnisse in der Schweiz. Zunächst ging es jedoch darum, das *ancien régime* in Bern zu retten. Als 1798 die alte Republik in Auflösung begriffen war, bekam Haller als Schriftführer der Berner Regierung den Auftrag, eine Verfassung zu entwerfen, um den revolutionären Druck zu mindern. Das Projekt wurde durch die revolutionären Ereignisse rasch überholt, Haller hat es gleichwohl veröffentlicht als „Projekt einer Constitution für die schweizerische Republik Bern". Das Grundgesetz verfehlte seinen Zweck, da es einem Lehrbuch ähnlicher war als einem Gesetzestext. Die freisinnigen Grundprinzipien dieses Entwurfs sind Haller später als Heuchelei angekreidet worden. Es ist wahrscheinlich, dass sie schon damals nicht seine eigene Meinung darstellten und das trug – wie sein heimlicher

Religionswechsel – zum Ruf der Bigotterie bei. Haller hat jedoch durchgehend bestimmte konservative Prinzipien verfolgt. Gegen den grassierenden radikalen Republikanismus konnte Haller (I: XXXIII) geltend machen, dass er kein Fürstendiener sei, sondern einer Republik gedient habe. Das „wahre natürliche Staatsrecht" einer Republik fand er nirgendwo besser verwirklicht als in der Schweiz.

In einem „Handbuch der allgemeinen Staatenkunde" (1808) hat Haller seine Prinzipien weiter entwickelt. Das Buch wurde kein Erfolg. Nur Rehberg hat es besprochen. Scharf hat Haller die spanische Cortes-Verfassung (1821) kritisiert. Dass der spanische König diese Verfassung in der Restaurationszeit ignorierte, wurde ihm als Verdienst angerechnet – wegen der angeblich revolutionären Prinzipien in dieser Verfassung.

Hallers Hauptwerk über die „Restauration der Staatswissenschaften" (1816–1825) hat dem Autor die Aufmerksamkeit eingebracht, die früheren Büchern versagt war, obwohl – oder weil – es umfangreich, polemisch, apodiktisch und voller haarsträubender historischer Einschätzungen war. Haller steigerte sich in eine Verschwörungsthese, nach der die Enzyklopädisten, die Jakobiner und die Freimauer die Revolution planmäßig angezettelt hatten. Selbst bei Maistre und Bonald lag mehr historische Analyse der sozialen Gründe für die Französische Revolution vor. Diese simple Erklärung ging selbst seinem deutschen Bewunderer Rehberg zu weit.

Im Zentrum des Werkes stand eine Kritik der Vertragstheorie zur Entstehung des Staates. Auch ein Konservativer wie Stahl (1963: 560) hat Haller als „Rationalisten" unter den „konterrevolutionären Schriftstellern" empfunden. Die rationalistische Konstruktion seiner Theorie war recht einfach: Staaten entstehen nicht durch die Vernunft gegenüber einem Naturzustand, sondern durch die Natur selbst. Das Naturgesetz, dass Haller wirksam sah, war reichlich brutal: der Schwächere gehorcht dem Stärkeren, ob es sich um den Vater, den Lehrer, den Arzt oder den Herrscher handele. Was passiert, wenn der Stärkere nicht mehr stärker ist – vor allem im Vater-Kind-Verhältnis – wurde von Haller nicht zu Ende gedacht. Nur eine Stützkonstruktion konnte den Mangel dieser Machttheorie der Herrschaft retten: Herrschaft wurde auf das Privatrecht gegründet. Haller sah Herrschaft daher als so unverletzlich wie das Eigentum an. Einen Herrscher zu entthronen wurde wie Raub beurteilt.

Man hat Hallers Machttheorie als neoabsolutistisch verketzert – zu Unrecht. Paradoxerweise war Haller zu reaktionär, um Absolutist zu sein. Das Herrschaftsverhältnis dachte er alles andere als unbegrenzt. Es war keineswegs so, dass nur der Herrscher Rechte und die Untertanen nur Pflichten hatten, wie ihm die Liberalen vorwarfen. Im Vergleich zu der autoritären Grundstimmung in Hallers Gemeinwesen hatten die Bürger erstaunlich wenig Pflichten. Nicht einmal die Pflicht zur Steuerzahlung und zum Wehrdienst wurde anerkannt – es sei denn auf freiwilliger Basis. Da Haller keine öffentlichen Zwecke des Staates billigte, war der Umfang des Herrschaftsverhältnisses eher beschränkt. Nicht absolutistisch schien auch das Widerstandsrecht, dass Haller den Bürgern gewährt, falls der Herrscher die Rechte der Untertanen verletzt. Der Bürger hatte nicht nur das Recht zur Auswanderung wie bei Hobbes, sondern ein Widerstandsrecht, das ähnlich wie die Abwehr von Übergriffen auf das Eigentum privatrechtlich konstruiert wurde. Die Verklärung des Mittelalters führte bei Haller zur Verklärung des privaten Fehderechts, obwohl dies nach mittelalterlichen Traktaten die problematischste Seite der damaligen Herrschaftsverhältnisse gewesen ist. Absolutistisch war Hallers Konzeption nicht. Da er aber rechtsstaatliche Schutzgarantien ablehnte, konnte die Konsequenz seiner Konstruktion eigentlich nur autoritär sein. Auch ein privatrechtlicher Monopolanspruch kann nicht weniger repressiv sein als ein staatlich definierter, weil er in der Regel weniger an Rechtsgrenzen gebunden ist.

Hallers Hauptwerk trug den Untertitel „Theorie des natürlich-geselligen Zustands, der Chimäre des künstlich-bürgerlichen entgegengesetzt". Die „Chimäre" war für Haller die liberale Staatsidee. Aber sein privatrechtlich konstruierter Patrimonialstaat war nicht weniger künstlich. Er verherrlichte ein Mittelalter, das es so nie gegeben hatte. Das Mittelalter wurde von Haller als aufgeklärt und vernünftig dargestellt – während die Aufklärer es als das „finstere Mittelalter" ebenso ungerecht beschrieben. Obwohl seine Staatswissenschaft auch eine rationale Konstruktion darstellte, waren die Motive für die Schrift seltsam irrational. Gott wurde angerufen und Haller (I: XXXI) rühmte sich eines „prophetischen Geistes". Er feierte sich als Gottes Werkzeug, „um der jakobinischen Schlange den Kopf zu zertreten, und auf den Trümmern von Menschen-Grillen die Ehrfurcht für seine Macht und sein Gesetz herzustellen".

Für Haller (I: 463) stellte der Staat nur die „höchste Gradation natürlicher Dienst- und Societäts- oder Privatverhältnisse" dar. Sie unterschieden sich von anderen Privatverhältnissen nur durch die höhere Macht und Freiheit ihres Oberhaupts. Ein Fürstentum wurde mit einem Hauswesen (magna familia) verglichen. Staatszwecke gab es für Haller (I: 516 f) nur als reine Einbildung. Wer sich auf sie berief, war in den Augen des Berner Patriziers gefährlich, weil Staatszwecke die Einladung zu Unrecht waren. Sie dienten vor allem den Repräsentanten als Vorwand, Gewalt über das Eigentum der Bürger zu erlangen.

Hallers Staatslehre war eine seltsame Mischung von rückwärtsgewandter Utopie in Verbindung mit geradezu libertär-liberalen Elementen. Er hatte eine tiefe Abneigung gegen jede Intervention des Staates in der Gesellschaft. Gegen den romantischen Holismus einiger seiner Epigonen hat er Stände nicht als Ganzheiten betrachtet. Sein Ansatz war individualistisch. Jeder standfähige Bürger vertritt sich selbst. Eine moderne Repräsentativverfassung lehnte er ab. Stände haben nur dienende Hilfsfunktionen der Selbstorganisation von Individuen (II: 338). Zu ihnen gehört die Bewilligung von Steuern aus dem eigenen Vermögen der Repräsentanten. Der Fürst hat kein Besteuerungsrecht. Eine dualistische Konzeption der konstitutionellen Monarchie war ihm fremd (I: 473 f). Der Fürst ist so glücklich „vollkommen frei zu sein" und „wird eben dadurch Fürst" – eine seltsam zirkulär-tautologische Legitimitätstheorie. Der Fürst bedarf der Dienste anderer. Aber die Konzeption des Monarchen als des ersten Dieners seines Staates, die vor allem im lutherischen Spätabsolutismus aufkam, lehnte Haller ab. Der Fürst dient niemandem.

Hallers Staatslehre hat ihre Wirkung teils beeinträchtigt, teils gesteigert durch die Maßlosigkeit der Polemik, die den sonst trockenen Stil auflockerte. Seine liberalen Gegner waren daher in der Erwiderung nicht weniger zimperlich (z. B. Krug 1817). Haller (I: XXI) bekannte sich zu seiner polemischen Ader und behauptete, sie richte sich nur gegen den Irrtum – nicht gegen den Irrenden. Aber selbst nicht religiöse Liberale wie Mohl (II: 560) haben Haller die Härte seiner Polemik gegen die Protestanten und alle anders denkenden nicht verziehen, und haben seinen Übertritt zum Katholizismus als „unehrlich" empfunden. Das abschließende Urteil lautete daher: „Als ein ehrenwerther und achtungswürdiger Mann kann er also nicht anerkannt werden".

Quellen
Haller: Über den Patriotismus. Bern, Voß, 1795.
Haller: Projekt einer Konstitution für die Schweizer Republik Bern, 1798.
Haller: Politische Religion oder biblische Lehre über die Staaten. Winterthur, Steiner, 1811.
Haller: Restauration der Staatswissenschaften. Winterthur. 1816–1825, 6 Bde. Nachdruck: Aalen, Scientia, 1964 (zit. Rest).
Haller: Über die Konstitution der spanischen Cortes. Winterthur, Steiner, 1820.
Haller: Satan und Revolution. Luzern, Räber, 1834
G. Studer: K. L. von Hallers Brief an seine Familie. Bern, Jenni, 1821.
Briefe Karl Ludwig von Hallers an David Hurter und Friedrich von Hurter. Sarnen, L. Ehrli, 1914/1915, 2 Teile.

Literatur
Ch. Ph. Dijon de Monteton: Die Entzauberung des Gesellschaftsvertrags. Ein Vergleich der Anti-Sozialvertragstheorien von Carl Ludwig von Haller und Joseph Graf de Maistre im Kontext der Ideengeschichte. Frankfurt, Lang, 2007.
O. Friedländer: C. L. von Haller und die Gesellschaftslehre der Romantik. Diss. Freiburg, 1922.
W. T. Krug: Die Staatswissenschaft im Restaurazionsprozesse der Herren von Haller, Adam Müller und Consorten betrachtet. Leipzig, Fleischer, 1817.

R. von Mohl: Geschichte und Literatur der Staatswissenschaften. Graz, Akademische Druck- und Verlagsanstalt, 1960, Bd. II: 529–560.

R. Roggen: „Restauration" – Kampfruf und Schimpfwort. Eine Kommunikationsanalyse zum Hauptwerk des Staatstheoretikers Karl Ludwig von Haller (1768–1854). Freiburg/Schweiz, Universitätsverlag, 1999.

F. J. Stahl: Philosophie des Rechts. Darmstadt, Wissenschaftliche Buchgesellschaft, 1963, Bd. 1.

E. Reinhard: C. L. Haller: Ein Lebensbild. Köln, Bachem, 1915.

W. H. von Sonntag: Die Staatsauffassung Carl Ludwig von Hallers. Jena, G. Fischer, 1929.

III. Romantischer Konservatismus

1 Der romantische Konservatismus in Deutschland: Novalis, Schelling, Müller, Görres, Baader

Der romantische Konservatismus war überwiegend am *Status quo ante* orientiert, wenn man nicht – wie vor allem in der ausländischen Literatur vielfach geschehen – Fichte hinzu rechnet. Der Nationalismus hatte jedoch immer einen vorwärtsgerichteten, ja revolutionären Aspekt, da er der bestehenden Legitimitätsdoktrin zuwider lief. Etwa bei Ernst Moritz Arndt gingen rückwärts- und vorwärtsgewandte Elemente eine eigenartige Mischung ein. Vielfach fußt der romantische Konservatismus auf der Philosophie Schellings – so wenig diese sich auch direkt mit politischer Theorie befasste.

Politische Romantik wurde von Carl Schmitt (1925: 13) zum Schlagwort erhoben. Es verband sich mit dem Begriff Restauration, Feudalität, ständische Ideale und Gegenrevolution. Adam Müller war als bürgerlicher Aufsteiger typischer für das romantische politische Denken als die alten Aristokraten wie Novalis oder Chateaubriand, die noch mit der alten ständischen Ordnung verwachsen schienen, während die bürgerliche Subjektivität – als Reaktion auf den Rationalismus der Aufklärung – eine erdachte Ordnung schuf, die dennoch die Merkmale des rationalistischen Denkens in paradoxer Weise konservierte.

Literatur
R. Aris: History of Polical Thought in Germany from 1789 to 1815 (1936). London, Frank Cass, 1965: 207–341.

R. Benz: Die deutsche Romantik. Stuttgart, Reclam, 1956.

G. Dischner/R. Faber (Hrsg.): Romantische Utopie – utopische Romantik. Hildesheim, Olms, 1979.

F.-L. Kroll: Friedrich Wilhelm IV und das Staatsdenken der deutschen Romantik. Berlin, Colloquium Verlag, 1990.
H. Reiss: Politisches Denken in der deutschen Romantik. Bern, Francke, 1966.
C. Schmitt: Politische Romantik. München, Duncker & Humblot, 1925, 2. Aufl.
V. Stanslowski: Natur und Staat. Zur politischen Theorie der deutschen Romantik. Opladen, Leske & Budrich, 1979.

Novalis (Friedrich Freiherr von Hardenberg) (1772-1801)

Novalis hat nur am Rande Stellung zur Politik genommen. In dem posthum veröffentlichten Fragment „Die Christenheit und Europa" (1790) war jedoch die romantische Philosophie der Politik mit ihrer Status-quo-ante-Orientierung in Reinkultur enthalten. Die Schrift begann schon im ersten Satz in rückwärtsgewandten Lyrismen: „Es waren schöne glänzende Zeiten, wo Europa ein christliches Land war, wo eine Christenheit diesen menschlich gestalteten Weltteil bewohnte; ein großes gemeinschaftliches Interesse verband die entlegendsten Provinzen dieses weiten geistlichen Reichs ... Ohne große weltliche Besitztümer lenkte und vereinigte ein Oberhaupt die großen politischen Kräfte". Die beschönigende Rückschau des Konvertiten kümmerte sich dabei nicht um historische Fakten. Die Religion des Protestantismus, der Novalis (I: 279) den Rücken gekehrt hatte, wurde scharf attackiert. Die Untergrabung des kosmopolitischen Denkens und die „Einschließung der Religion" auf „irreligiöse Weise" in Staatsgrenzen durch den Grundsatz „cuius regio - eius religio" hatte in seinen Augen die „Revolutionsregierungen permanent" gemacht (I: 286). Novalis war stark von Fichte beeinflusst, mit dem er sich auch theoretisch auseinandergesetzt hat (III: 234 ff). Im Gegensatz zu Fichtes analytischer Denkweise war jedoch die Sicht bei Novalis eine poetische. Politik erklärte er zu einer „historischen Wissenschaft und Kunst" (II: 407), aber die Kunst überwog eindeutig den wissenschaftlichen Anteil. In den Aphorismen von „Glauben und Liebe" (1798) schrieb er anlässlich der Thronbesteigung des preußischen Königs Friedrich Wilhelm III und seiner Gemahlin Luise über das „Idealpaar", von dem er eine geistige und politische Bewegung sowohl gegen den Absolutismus wie gegen die Demokratie erwartete. Der Fürst sollte ein „Künstler der Künstler" sein. „Wahre Wunder der Transsubstantiation" erwartete der Neukatholik (I: 367) von dem Herrscherpaar. Der König - ein eher hölzerner Realist ohne Poesie - reagierte missgestimmt auf diese Anmutung. Er soll geäußert haben, dass der Herrscher mit dieser ihm zugedachten Rolle überfordert sei - eine weise Selbstbeschränkung. Der „Apokalyptiker der Politik" Novalis (Kuhn 1961) hätte vermutlich auch einen phantasievolleren Herrscher überfordert.

Antiliberal war die Klage bei Novalis, dass unsere Staaten „als rechtliche Institute nur Defensionsanstalten" seien. „Erziehungsinstitute" sollten sie sein, und fehlende „Polizeianstalten" sollte man durch Privatverbindungen ersetzen. Alle Kultur entsprang in dieser Konzeption dem Staat. Ohne Staat blieb der Mensch in den Augen von Novalis (II: 413f) ein Wilder. Die Menschen sah er weder als gleich noch als frei an. Sie waren vielmehr gebunden. Paradox waren Äußerungen über die Menschenrechte, die er als „äußerst unschicklich" deklarierte. Der Primat der Innerlichkeit, den der lutherische Pietismus offenbar selbst auf der Flucht in einen Gefühlskatholizismus mittransportiert hatte, schlug sich in Äußerungen nieder wie: „Seid Menschen, so werden euch die Menschenrechte von selbst zufallen" (II: 414). Einklagbare Rechte lehnte Novalis ab. Die vollkommene Konstitution als „Staatsseele" und „Staatsgeist" machten in seinen Augen sogar Gesetze überflüssig. Nur solange die Glieder noch nicht vollkommene Glieder seien, müsse es noch Gesetze geben.

Der Protestantismus wurde von Novalis mit der Demokratie gleichgesetzt (II: 417) – ähnlich wie bei den französischen Theokraten. Die Ständeverfassung, die er bevorzugte, sollte nicht unter allen Umständen erhalten werden. Er sah Missverhältnisse und „Ausartungen der ursprünglichen Stände" als Grund für den Untergang der alten Ständeverfassung an. Staat und Kirche sollten in seinem System zusammenfallen. Der Staat wurde, wie die Ehe, unter kirchlicher Sanktion geschlossen und als „Personalverbindung" aufgefasst (II: 418). Der Status quo ante ist abgesehen von der Schwärmerei für das Mittelalter weniger als konkreter staatlicher Zustand anvisiert worden, sondern als Wiederherstellung des Prinzips der Liebe als ein einigendes Band in einer heillos zerfallenen Welt. Kunst und Wissenschaften verschwammen. Letztlich blieb es jedoch bei antirationalen Aphorismen, die sich vielfach widersprachen – wie etwa sein Monarchismus bei einigen schmeichelhaften Äußerungen über den Patriotismus der Republiken.

Quellen
Novalis: Werke, Briefe, Dokumente (Hrsg.: E. Wasmuth). Heidelberg, Lambert Schneider, 1953, 4 Bde.

Literatur
F. Braune: Edmund Burke in Deutschland. Heidelberg, Winter, 1917.
W. Hädecke: Novalis. Biographie. München, Hanser, 2011.
Th. Haering: Novalis als Philosoph. Stuttgart, Kohlhammer, 1954.
H. W. Kuhn: Novalis. Der Apokalyptiker und die Politik. Freiburg, Rombach, 1961.
H. Kurzke: Romantik und Konservatismus. Das „politische" Werk Friedrich von Hardenbergs (Novalis) im Horizont der Wirkungsgeschichte. München, Fink, 1983.

M. Preitz (Hrsg.): Friedrich Schlegel und Novalis. Darmstadt, Wissenschaftliche Buchgesellschaft, 1957.
G. Schulz: Novalis. München, Beck, 2011.

Adam Heinrich Müller, Ritter von Nittersdorff (1779-1829)

Adam Müller entstammte einer Berliner Beamtenfamilie. Er studierte zunächst Theologie und später auf Rat seines Freundes Friedrich Gentz Rechtswissenschaften in Göttingen. 1805 ließ Gentz ihn nach Wien kommen. Dort konvertierte er heimlich zum Katholizismus, wie viele Exponenten der Romantik (Friedrich Schlegel, Novalis und einige Maler der Nazarener-Schule). 1806 hielt er in Dresden Vorlesungen über Literatur. 1808 redigierte er ein Jahr lang ein Kunstjournal („Phöbus"), das sich nicht halten konnte. 1809 kam es zum Zerwürfnis mit Kleist aus privaten Gründen. Als Prinzenerzieher des zweiten Sohnes von Karl August von Weimar wandte er sich der „Staatsbürgerkunde" zu. Müller wurde anfangs von Hardenberg unterstützt, geriet jedoch bald in Opposition und verbündete sich mit den ultrakonservativen Frondeuren um Ludwig von der Marwitz. Müller profilierte sich als Gegner des Wirtschaftsliberalismus, was ihn einen Ruf nach Berlin auf den Lehrstuhl für Kameralwissenschaft kostete, den ein Liberaler erhielt. In der „Christlich-Teutschen Tischgesellschaft" verkehrte Müller mit Arnim, Brentano und Kleist. 1811 weilte er wieder in Wien bei Gentz und Friedrich Schlegel, die ihre Feder in den Dienst Metternichs gestellt hatten. Müller diente als Landeskommissar in Tirol und als österreichischer Generalkonsul in Leipzig (1815-1826). 1816-1818 erschienen „Deutsche Staatsanzeigen" als Propaganda-Organ der Restauration. In Schlegels Zeitschrift „Concordia" veröffentlichte Müller 1820 „Die innere Staatshaushaltung auf theologischer Grundlage". Mit diesem Versuch verdarb er es mit Gentz und Metternich, weil er gegen die Marktwirtschaft und für den Ausschluss der Mehrheit der Bürger vom Grundeigentum plädierte. 1826 geadelt, fiel er in Wien bald in Ungnade, weil er seinen Dienst quittiert hatte. Gentz besorgte ihm jedoch noch einmal einen Posten in der Wiener Staatskanzlei.

Müllers Hauptwerk, „Die Elemente der Staatskunst" entstand aus einer Vorlesung, die 1808-1809 in Dresden gehalten wurde. Die didaktische Kunstform wurde im Druck des Werkes beibehalten. Vordergründiger Anlass war ein liberales Pamphlet von Paul Friedrich Buchholz (1768-1843): „Untersuchungen über den Geburtsadel und die Möglichkeit seiner Fortdauer im 19. Jahrhundert". Die Möglichkeit der Fortdauer wurde von Buchholz bestritten. Gentz, eine Art Chefideologe des Systems, regte bei Müller eine Widerlegung der Schrift an. Müller schuf aber keine Streitschrift, die seinem Temperament zuwider gewesen wäre, sondern eine umfangreiche Weiterentwicklung der traditionalistischen Gedanken, die Justus Möser noch naiv vorgetragen hatte – ohne diesen jedoch auch nur ein einziges Mal zu zitieren. Die Gedanken des Autors der „Patriotischen Phantasien" wurden bei Müller ins „Sentimentalische" gewendet und in einer bewussten Komposition im Geist der Romantik dargeboten.

Neu an diesem Ansatz war eine originelle Auffassung über das Verhältnis von Theorie und Praxis. Er war kein Möser-Schüler in der Genügsamkeit des Denkens von der Praxis her. Müller übersah nicht, dass die Verhältnisse des Osnabrücker Vordenkers „kleinlich beengt" gewesen waren. Aber er wandte sich auch – in der für Konservative üblichen Kritik an den Intellektuellen – gegen den „Überfluß an literarischen Communications-Anstalten", die idealistische Höhenflüge ohne Bezug zum „wirklichen Staatsmann" unternahmen (EdS I: 15). Das Leben wurde dem toten Denken in Begriffe entgegengesetzt. Aber es blieb weitgehend Deklamation, die historisch und politisch rückwärtsgewandt war. Um den Anschluss an die Realität nicht zu verlieren, hat Müller sich in Preußen mit der ständischen Fronde um Ludwig von der Marwitz verbündet. Als diese keine Durchsetzungsfähigkeit zeigte, ist er gleichsam „geflohen" – und stellte sich in den Dienst Österreichs.

Müllers romantische Staatsphilosophie unternahm den ehrgeizigen Versuch, im Geist der Philosophien von Fichte und Schelling das Verhältnis des Ganzen zu den Teilen neu zu durchdenken. Schon in einer Frühschrift über „Die Lehre vom Gegensatz" (1804) hat Müller sich mit der Erfahrung auseinandergesetzt, dass es eine Einheit des Ganzen nicht mehr gab. Die Revolution hatte das natürliche Sein verändert. Nur durch denkende Vermittlungsleistungen konnte die Einheit wieder hergestellt werden. Die heile Welt des irrationalen Lebens, die Müller zu retten versuchte, war jedoch nicht wieder herzustellen. Denn der bewusste Denkprozess, den Müller anregte, war ein weiterer Schritt der Rationalisierung der Lebenswelt. Müller dachte in dichotomischen Gegensätzen, aus denen die Einheit hervorgeht. Karl Mannheim (1984: 85) hat dies aufgrund seiner Faszination, die sein ungarischer Landsmann Georg Lukács damals in Heidelberg auf ihn ausübte, ein „dialektisches Denken" genannt. Das Denken in Antinomien war bei Hegel offen für radikale wie konservative Ausdeutungen. Bei Müller blieb nur die konservative Option. Der spätabsolutistische Staat bekam die Funktion, aus den fragmentierten Teilen der Gesellschaft eine neue Einheit in der Dynamik des Entwicklungsstromes zu schaffen.

Neben dem Staat war die Kirche für den Konvertiten Müller eine tragende Säule der Gesellschaft. Aber sie wurde nicht wie bei den französischen Theokraten als Institution verstanden, sondern religionsphilosophisch konzipiert. Der Pantheismus der Aufklärung hatte auch bei den romantischen Neukatholiken seine Wirkung nicht verfehlt. Die mythisch-transzendente Einstellung war ein „konstruierter Glaube" – im Gegensatz zum individualistischen pietistischen „Erlebnischristentum". Die Religion als das Ur-Bindeglied der Gesellschaft war nicht weniger rationalistische Rekonstruktion im Namen eines vorgeblichen Anti-Rationalismus als die neugotischen Kirchen, die in jener Epoche von Schinkel und anderen Baumeistern bevorzugt wurden. Der Preuße Müller wurde durch die religiöse Mobilisierung mehr und mehr in die Großmachtinteressen Österreichs – das sich als Hüterin der *„una sancta"* aufspielte – eingebunden.

Müllers Staatslehre war der Versuch, die Revolution philosophisch zu widerlegen. Der Sündenfall des radikalen Staatsdenkens war für ihn die „Abstraktion des Staates", dem der einzelne atomistisch gegenüber gestellt wurde. Müller (EdS I: 20) ging davon aus, dass es keinen Begriff vom Staat gebe. In einem vitalistischen Lebensgefühl versuchte er, das „starre Denken" in Begriffen und das fließende „Sein des Lebens" im Ideal des „bewegten Denkens" zu vermitteln. Damit wurde der Glaube an die Vernunft nicht überwunden, sondern nur die schematische Art des Aufklärungsdenkens kritisiert. An seine Stelle ist das romantische prozesshafte Denken gesetzt worden, das den Wandel des gedachten Gegenstandes im Prozess des Denkens jeweils mit erfasst. Auch die Idee des Staatsvertrages wurde von Müller (EdS I: 147) nicht in der apodiktischen Art Hallers verworfen. Der Grundvertrag war für Müller keine historische Realität, sondern die „Idee des sich immerfort und an allen Stellen schließenden Vertrages, der in jedem Moment durch die neue Freiheit, die sich neben der alten zu regen beginnt, an allen Stellen erneuert, und eben dadurch erhalten wird."

Müllers Denken war auf den Status quo ante gerichtet, aber im Vergleich zu Haller war er ein „sanfter Reaktionär". Er schrieb nach seinem Bekenntnis für sein Zeitalter, fand aber gerade deshalb, dass man sich der „unterdrückten geistlichen und feudalistischen Elemente des Staates wärmer annehmen" müsse. Zugleich beteuerte Müller (EdS I: IX), kein „Götzendiener des Mittelalters" zu sein. Der französischen Revolution warf Müller vor, dass sie „den Staat entfleische", während sie vorgebe, ihn bloß einiger veralteter Unwesentlichkeiten zu entkleiden. Keine der vorhandenen Staatstheorien genügte ihm. Nur Burke, „ein Gottesdienst der Freiheit", erhielt uneingeschränktes Lob. Zugleich warnte er davor, Burkes Werke „zu destillieren". „Es lassen sich von ihnen keine Begriffe abziehen, in versiegelten Flaschen aufbewahren" und weiter vererben (EdS I: 19). In der Kritik der bestehenden Staatstheorien kam Müller (I: 37) zu dem Schluss, dass der Staat „nicht eine bloße Manufactur, Meierei, Assecuranz-Anstalt, oder mercantilistische Societät" sei, sondern die „innige Verbindung der gesammten physischen und geistigen Bedürfnisse" zu einem lebendigen Ganzen. Dabei übersah Müller, dass sein Vorbild Burke den Staat durchaus mit einer Aktiengesellschaft verglichen und kein so ganzheitlich-romantisches Staatsbild gezeichnet hatte. Die romantische Theorie des Staates hat zudem mit wesentlich mehr biologistischen Metaphern gearbeitet als die rationalistische Konstruktion Carl Ludwig von Hallers.

Das Bild, das Müller von der Wirtschaft der Gesellschaft zeichnete, war vorindustriell und „antikapitalistisch". In seiner Jugend hatte Müller die Marktwirtschaft von Adam Smith gegen Fichtes illiberalen „Geschlossenen Handelsstaat" verteidigt (1801). Unter dem Einfluss von Burke hat sich Müllers Verhältnis zu Smith grundlegend gewandelt. Archaisch war das Lob der Landwirtschaft als den ruhenden Pol der Natur. In der Verbindung von Nährstand und Wehrstand fiel in Müllers Konstruktion dem Adel eine Schlüsselstellung zu. Er sollte das „Unsichtbare, die Macht der Sitte und des Geistes im Staate repräsentieren" (EdS I: 109). Der Staat wurde mit einer großen Ehe verglichen. Der Adel übernahm in ihr die Rolle der Frau, der Verkehrsstand, die Händler die Rolle des Mannes. Die Frauenrolle des Adels blieb angesichts des Lobes eines aristokratischen Wehrstandes unklar und widersprüchlich.

Das Denken in Antinomien war bei Müller letztlich auf romantische Weise harmoniesüchtig. Die Versöhnungsideologie steigerte sich zu einer Liebesphilosophie, nach der Christus auch „für den Staat gestorben" sei. Dieser habe daher die Aufgabe, die Menschen in christlicher Liebe zu vereinen. Kein Wunder, dass selbst Konservative von „Lyrik" bei Müller und „Prosa" bei Haller sprachen (Otmar Spann in: EdS II: 267). Die Staatslehre Müllers war nicht das Werk eines studierten Juristen, sondern atmete den Geist des romantischen Dilettanten, der lieber über Kunst und Literatur las – darin Edmund Burke durchaus vergleichbar. Die Staatslehre Müllers wurde so zu einer Art Kunstwerk, das sich in einer dunklen und metaphorischen Sprache erging. Selbst ein Konservativer wie Stahl (1963: 569) bekannte, dass dies kein Buch sei, „um jetzt einen Staat einzurichten und zu regieren".

Spätere konservative Korporativisten in der Schule von Othmar Spann haben der romantischen Theorie der Politik den Ehrentitel „antiabsolutistisch" verliehen, weil sie die Macht des Fürsten durch ständische Gliederung der Gesellschaft einschränken wollte (Baxa 1923). Bei Novalis wurde der Absolutismus genauso scharf kritisiert wie die Demokratie. Aber solche Schranken gegen den Absolutismus mussten unwirksam bleiben, weil es den Romantikern an einer Theorie der Institutionen und an einem Repräsentationsmodell mit klaren Rechten der Repräsentanten fehlte. Erst Stahl hat beides entwickelt. Es wurden hingegen die ständischen – insbesondere die adligen – Sonderrechte verteidigt und idyllisiert. Antimodernistisch war die romantische Theorie durch das Lob der landschaftlichen und ständischen Vielfalt. Sie fiel damit jedoch den Zentralisierungstendenzen der preußischen Reformer in den Arm. Reformpolitik à la Hardenberg wurde nahezu mit Jakobinismus identifiziert. Erst ein realistischer Reformkonservativer wie Lorenz von Stein hat später gesehen, dass Preußen trotz der vereinheitlichenden Reformen noch fern von den Grundbedingungen für einen normalen repräsentativen Verwaltungsstaat gewesen ist. Als ein Konservativer des Übergangs sollte sich Joseph Görres erweisen, der zwar den preußischen vereinheitlichenden Verwaltungsstaat ablehnte, aber wenigstens für eine landesweite ständische Repräsentation eingetreten ist.

Quellen

Müller: Die Elemente der Staatskunst. Berlin, 1809, 3 Teile. Neuausgabe (Hrsg.:
J. Baxa): Jena, G. Fischer, 1922, 2 Bde.(zit. EdS)
Müller: Versuch einer Theorie des Geldes. Leipzig 1816. Neuausgabe (Hrsg.:
H. Lieser): Jena, G. Fischer, 1922.
Müller: Von der Nothwendigkeit einer theologischen Grundlage der gesammten Staatswissenschaften und der Staatswirtschaft insbesondere. Leipzig, Vogel, 1819.
Müller: Ausgewählte Abhandlungen (Hrsg.: J. Baxa). Jena, G. Fischer, 1921, 1931, 2. Aufl.
Müller: Schriften zur Staatsphilosophie (Hrsg.: R. Kohler). München, Theatiner-Verlag, 1923.
Adam Müllers Lebenszeugnisse (Hrsg.: J. Baxa). München, Schöningh, 1966.
Müller: Nationalökonomische Schriften (Hrsg.: A. J. Klein). Lörrach, Kern, 1983.

Literatur

R. Aris: Die Staatslehre Adam Müllers in ihrem Verhältnis zur deutschen Romantik. Tübingen, 1929.
J. Baxa (Hrsg.): Gesellschaft und Staat im Spiegel deutscher Romantik. Jena, G. Fischer, 1924.
J. Baxa: Einführung in die romantische Staatswissenschaft. Jena. G. Fischer, 1923, 1931, 2. Aufl.
F. Braune: Edmund Burke in Deutschland. Heidelberg, Winter, 1917.
B. Köhler: Ästhetik der Politik: Adam Müller und die politische Romantik. Stuttgart, Klett-Cotta, 1980.
K. Mannheim: Konservatismus. Frankfurt, Suhrkamp, 1984.
H. E. Reiss: The Political Thought of the German Romantics. 1793–1815. Oxford, Blackwell, 1955.

Friedrich Wilhelm Joseph von Schelling (1776–1854)

Schelling hat kein großes Werk zur politischen Theorie hinterlassen, und doch wurde er einflussreich für das politische Denken. Die Einflüsse reichen von Lamennais in Frankreich bis zu Kireevskij in Russland. Stahls Rechtsphilosophie (1963 I: 411) lobte das Schellingsche System und bedauerte, dass er sich später nicht mehr mit Rechts- und Staatsphilosophie befasst habe, weil noch großes von ihm erwartet wurde. Er wurde seither als der Antipode Hegels aufgefasst – mit einer viel „menschlicheren Rechtsphilosophie".

Schellings Denken hat in Wellen immer wieder neu angesetzt, was vielfach als Scheitern einer jeden Phase gedeutet worden ist. Es begann als Naturphilosophie, die von kurzsichtigen Adepten in veritablen Universitätsskandalen gegen die Wissenschaft ausgespielt worden ist. Das Denken ging später zur Identitäts- und Weltalterphilosophie über. Die Abwendung von der Naturphilosophie ist vielfach dem Einfluss der Theosophie zugeschrieben worden. Baader hat diese Tendenzen bei Schelling verstärkt. Aber Schelling ging für Baader 1830 in einem Brief an Hegel (Briefe, Hamburg, Meiner, 1969, 3. Aufl.: 312) nicht weit genug in der Annäherung und er urteilte abschätzig: „Herr Geheimrat Schelling, welche von seinen alten und jüngern Philosophemen nicht loswerden und darum nicht vorwärtsgehen kann, geht in die Breite. Seine junge Naturphilosophie war ein saftiger Wildbraten. Jetzt aber gibt er ihn als Ragout mit allerhand auch christlichen Ingredenzien gebrüht."

1793 begann Schelling als Anhänger der französischen Revolution. Zeugenbefragungen haben die Legende, Schelling habe mit Hölderlin und Hegel Freiheitsbäume an Ufer des Neckar gepflanzt, nicht bestätigen können. Aber fest steht, dass Freiheitslieder gedichtet und deklamiert wurden. Schelling soll die Marseillaise ins Deutsche übertragen haben, was zu einer Untersuchung durch den Herzog von Württemberg führte (Plitt I: 31). In einem Brief an Hegel (Br. I: 13) erinnerte Schelling den Freund an gemeinsame Revolutionserlebnisse: „Wir erwarteten alles von der Philosophie und glaubten, dass der Stoß, den sie auch den Tübinger Geistern beigebracht hatte, nicht so bald wieder ermatten würde". Schelling sah sie aber bereits „mit akzeleriertem Falle" untergehen.

Die Anfänge nach dem Studium im Stift Tübingen waren bescheiden: Aushilfe in der Pfarrei des Vaters und das übliche Los der Großen dieser Zeit, Hauslehrer adliger Zöglinge. Ab 1798 in Jena widmete er sich ganz der Philosophie, von der er sich größere Wirkung als von der Politik versprach. Die Tagespolitik hat ihn jedoch weiterhin nicht kalt gelassen, wie seine schwankenden Stellungnahmen in zahllosen Briefen dokumentieren. In München galt er um 1806 als gemäßigter Konstitutionalist. Selbst in der Restaurationszeit fühlte er sich nicht als Reaktionär. Die Karlsbader Beschlüsse lehnte er ebenso entschieden ab – wie die „Umtriebe der Demagogen" (Fischer 1923: 172). 1827 erhielt er einen Ruf nach München. Mit Baader, Görres und Döllinger waren eine Reihe verwandter Geister an die von Landshut verlegte Universität berufen worden.

Dennoch wurde es stiller um Schelling. Missverständnisse mit Freunden häuften sich. Mit Fichte und Hegel war es längst zum Bruch gekommen. In seinem letzten Brief an Hegel vom 2. November 1807 (Plitt II: 124) hieß es noch versöhnlich: „Das, worin wir wirklich verschiedener Überzeugung oder Ansicht sein mögen, würde sich zwischen uns ohne Aussöhnung kurz und klar ausfindig machen und entscheiden lassen; denn versöhnen lässt sich freilich Alles, Eines ausgenommen. So bekenne ich, bis jetzt Deinen Sinn nicht zu begreifen, in dem Du den Begriff der Anschauung opponirst. Du kannst unter jenem doch nichts andres meinen, als was Du und ich Idee genannt haben, deren Natur es eben ist, eine Seite zu haben, von der sie Begriff und eine, von der sie Anschauung ist". Der Brief bat noch um weitere Korrespondenz, konnte also noch nicht als endgültiger Bruch vom Schreiber gemeint sein. Von einem anderen Freund wurde Schelling ernsthaft gefragt, ob er zum Katholizismus übergetreten sei, was den schwäbischen Pastorensohn nicht wenig kränkte. Schelling litt unter der zunehmenden Gängelung der Universität und den Beschränkungen, die den Protestanten auferlegt wurden. Selbst sein gutes Verhältnis zum Kronprinzen, dem späteren König Maximilian II von Bayern, den er 1835–1840 in Philosophie unterrichtete, konnte seine Isolierung nicht mindern. 1840 mit dem Regierungsantritt Friedrich Wilhelm IV in Preußen konnte eine lang geplante Berufung nach Berlin durchgesetzt werden. Man hoffte, Schelling werde die „Drachensaat des Hegelschen Pantheismus" und die „flache Vielwisserei" bekämpfen – die er einmal gebrandmarkt hatte. Schelling erklärte, das Hegelsche System nicht anzugreifen. Die Hörerschaft – sie umfasste später berühmte Namen wie Engels, Kierkegaard, Burckhardt oder Bakunin – verhielt sich abwartend. Auf die Dauer hat jedoch der Anspruch, der Vollender der Philosophie zu sein, nicht wenige abgeschreckt. Auch in Berlin blieb Schelling trotz eines Freundeskreises, der die Brüder Grimm und Ranke umfasste, letztlich ein Fremder. Die 48er Revolution hatte er noch mit Hoffnungen verbunden. Die Enttäuschung dieser Hoffnungen trieb ihn in einen Alterspessimismus. Selbst das Abendland schien ihm nun bedroht durch die „Skythen" (= Russen).

Als politischer Denker konnte Schelling nur durch eine starke Erweiterung des Begriffes zu einer Kultur- und Gesellschaftsphilosophie gerechnet werden. Seine Jugendschrift „Neue Deduktion des Naturrechts" enthielt wenigstens Ansätze zu einer Rechts- und Staatsphilosophie. Schelling hat sie nicht einmal für Wert befunden, in den 1809 edierten ersten Band seiner Gesammelten Schriften aufzunehmen. Wo der junge Fiche, der anfangs starken Einfluss auf Schelling ausübte, die Grundlage des politischen Gehorsams in der Anerkennung eines Vertrages der Bürger sah, hat Schelling ein Verhältnis freier Willen in weit abstrakterer Form gewählt. Die Deduktion begann hoffnungsvoll: „Was ich theoretisch nicht realisieren kann, soll ich praktisch realisieren". Aber die Hoffnung auf eine konkret werdende praktische Philosophie wurde schon im zweiten Satz enttäuscht: „Nun ist das Unbedingte, dem die Vernunft entgegenstrebt, durch die theoretische Vernunft unerreichbar, denn es kann nie Objekt für mich werden". Objekte können nur „erscheinen", sobald sie mehr als Erscheinung seien, sah Schelling (GL:

118) seine Freiheit als vernichtet an. Die Konklusion klang schwer nachvollziehbar voluntaristisch: „Sei! im höchsten Sinne des Wortes; höre auf, selbst Erscheinung zu sein; strebe ein Wesen an sich zu werden – dies ist die höchste Forderung der praktischen Philosophie." Dem Wesen an sich könne niemand mehr seine Freiheit beschränken. Es sei „absolut-frei". Der Einsatz von Ausrufungszeichen an grammatisch nicht vorgesehenen Stellen war bereits ein Indiz für die Denkweise eines Predigers. Eine Vereinbarung auf der Basis der Kalkulation des gegenseitigen Nutzens als Grundlage des Staates lehnte Schelling ab. Er entwich in eine gewagte Konstruktion der Intersubjektivität: „Nur durch den Beitritt des Willens aller übrigen zu meinem Willen, wird mein Wille Wille aller, nur durch den Beitritt meines Willens zum Willen aller übrigen wird ihr Wille Wille jedes Individuums, wie Einheit nur durch Hinzusetzung der Vielheit, und Vielheit nur durch Hinzusetzung der Einheit – Allgemeinheit wird (GL: 116). Der Ausgangspunkt dieses fast anarchoid gesetzten Individuums ist alles andere als „liberal" in seiner „dialektischen" Einbettung in Totalitätsbegriffe. Das Naturrecht hebt sich nach dieser Konzeption in letzter Konsequenz selbst auf: „Denn das letzte, dem es die Erhaltung des Rechts anvertraut, ist physische Übermacht" (GL: 142).

Ein Staat wird in dieser frühen Konzeption weitgehend ignoriert und im reifen Werk Schellings (W VII: 461f) wird er verketzert: als Folge des Verlustes der sanften Einheit der Natur durch menschliche Schuld. Der Staat als Notprodukt des Sündenfalls, „eine Folge des auf der Menschheit ruhenden Fluchs", erhielt eine weitere konservative Variante. Utopisch erscheint die Hoffnung, das Vernunftrecht müsse das geltende Recht verdrängen. Große Männer sah Schelling so überflüssig werden, wie die Persönlichkeit. Ein „Paradies der Mittelmäßigkeit" musste die Folge sein (W XI: 538ff). Vorübergehend vertrat er eine Konzeption des organischen Staats als Ausgleich der Kollision von Freiheit und Notwendigkeit, von der er 1810 wieder abrückte. Die Natureinheit, eine zweite Natur, zu der der Mensch Zuflucht sucht, war in dieser mittleren Epoche der Staat. Die Umkehrung des Säkularisationsprozesses zur Identität mit Gott wurde für Schelling (W VIII: 10, 11, VII: 462) durch eine „Remigration des Politischen ins Religiöse, des Staats in die Kirche" (Sandkühler 1968: 212) zur Möglichkeit, den Staat seines Charakters als Fluch der Menschheit zu entkleiden.

Empirisch-analytische Politikwissenschaftler haben Schelling immer gemieden. Aber auch unter Philosophen machte sich Hilflosigkeit angesichts von „Größe und Verhängnis" Schellings breit. Jaspers (1986: 250) brach die Analyse der politischen Theorie schon nach einer halben Seite ab und urteilte altväterlich unnachsichtig: „Der Grundzug seiner Auffassung ist der Unwille, der sich bald entschließt zur Anerkennung dieser Wirklichkeit, die als das Außervernünftige und Widervernünftige im Staat zur Geltung kommt. Mit der positiven Philosophie vollends wird an Stelle der Verachtung des Staates vielmehr seine Wirklichkeit als

Bedingung persönlicher Größe behauptet" – für einen Altliberalen wie Jaspers ein unerträglicher Gedanke. Es folgte die Kritik an Schellings „fragloser Einmütigkeit mit den konservativen Mächten", vor allem der Monarchie. Freiheitskämpfe, demokratische Repräsentation, Mehrheitsbeschlüsse lehnte Schelling (W XI: 541 ff) strikt ab.

In den Vorlesungen von 1802 „Über die Methode des akademischen Studiums" hofft der Leser doch noch fündig zu werden. Im Kapitel VIII „Über das Studium der Historie und der Jurisprudenz" wurde immerhin ein Bekenntnis Schellings zur „Wissenschaft vom Staat" gesichtet. Schelling (GL: 382 f) empfahl, Universalhistorien, „die nichts lehren" zu meiden. Der Gegenstand der Historie im engeren Sinne wurde auf „die Bildung eines objektiven Organismus der Freiheit oder des Staates" ausgerichtet: „Es gibt eine Wissenschaft desselben, so notwendig es eine Wissenschaft der Natur gibt". Aber die Hoffnung, der Staat werde nun empirisch-theoretisch oder wenigstens empirisch-historisch angegangen, wird wiederum enttäuscht. Die Idee des Staates konnte empirisch nicht erfasst werden, da diese selbst für Schelling „erst nach Ideen geschaffen" sei und der Staat „als Kunstwerk erscheinen soll". Der Vorwurf, Schelling habe in seiner Jugend gesellschaftliche Probleme in Ästhetik und ab 1804 in religiöse Ethik aufgelöst (Lukács 1955: 125) war nicht ganz unberechtigt. Der Staat war für Schelling nach dem Urbild der Ideenwelt geformt. Die Wissenschaften, sofern sie durch oder in Bezug auf den Staat Objektivität erlangten, wurden „positive Wissenschaften" genannt (GL: 347). Einerseits setzte der Übergang in die Objektivität die Ausdifferenzierung von Wissenschaften voraus, „da sie nur im Urwissen eins sind". Andererseits galt ihm die Trennung der Wissenschaften nur als äußerer Schematismus. Die Vereinigung des Wissens „muss doch wieder nach dem Bild des inneren Typus der Philosophie entworfen sein" (GL: 348). Mit dieser vorzeitigen Flucht in die Vereinigung allen Wissens konnte die eingehendere Beschäftigung mit dem Staat erneut vermieden werden. Dem Staat erging es in Schellings Philosophie nicht anders als Gott. In der elitären Konzeption Schellings und Baaders konnte er letztlich nur von „Auserwählten" erkannt werden.

Die Freiheitsschrift von 1809 hat schließlich die Freiheit ganz außerhalb des Staates angesiedelt (W: XI: 551). Die durch die Reformation zerstörte Einheit Deutschlands war in Schellings Tröstungsphilosophie kein Unglück, weil es die geschichtliche Bestimmung der Deutschen sei, „die höhere Einheit zu erkennen und zu verwirklichen" (W XI: 546) – ein Gedanke, der im deutschen Idealismus weit verbreitet war. Diese Abfindung mit der Realität wäre unbedenklich gewesen, hätte sie sich nicht mit dem Gefühl einer moralischen Höherwertigkeit gegenüber anderen Nationen – die sich wie England imperial ausdehnten – verbunden. Verhängnisvoll war das Lob des unpolitischen deutschen Volkes (W XI: 549 f). Diese Botschaft wurde von den slawophilen Hörern Schellings den Deutschen entrissen – die in einem rationalistischen Einheitsbrei Westeuropas untergingen – und auf die Slawen übertragen. In beiden Ländern trug diese Lehre von der negativen Sendung des Unpolitischen zu einem folgenreichen politischen Quietismus des Bürgertums bei.

Äußerungen zur konkreten Politik fanden sich in Schellings Briefen. Sie waren starken Schwankungen unterworfen. Auch mit seinem Lob von 1806 über Napoleons Sieg gegen die Preußen war Schelling nicht sonderlich originell. Der „Untergang der Convenienzwelt" war mit apokalyptischen Hoffnungen verbunden. Das Natürliche schien eine Möglichkeit zu bekommen, wieder stärker hervorzutreten. Die Philosophie wurde ermahnt, nicht über den Untergang von Zuständen zu klagen, deren Nichtigkeit sie längst erkannt hatte. Im Dezember 1806 schrieb Schelling an Windischmann: „Die Dummheit von oben her, die tiefe Gemeinheit der Regierungen, die wir fallen sehen, haben wir uns nicht vorstellen können; jetzt ist sie klar, und ich möchte nicht klagen, sondern wo möglich selbst noch helfen, dass das Alte vergehe" (Plitt II: 108). Eskapistische Töne wurden laut, wie in einem Brief an Goethe vom November 1806: „In diesen Tagen des Zerfalls kehrt sich unsere Liebe fast von dem Oeffentlichen ab, das doch Keiner zu retten vermag, und wendet sich ganze den einzelnen Herrlichen zu, in denen wir ein harmonisches Ganzes lebendig und gegenwärtig sehen" (Plitt II: 105). Gemeint war der Dichterfürst selbst. Die „Revolution", die nun erwartet wurde, war keine politische, sondern allenfalls eine „Revolution des Geistes". Das Umbruchpathos schlug sich in dem Ausruf nieder: „Geht Deutschland nicht unter, so darf alles Hohe und Schöne ans Licht treten und offenbar, völksmäßig werden, was bis jetzt geheim war" (Plitt II: 104).

In seiner Berliner Antrittsrede bekannte Schelling sich in wolkigen Formulierungen erneut als Deutscher. Aber noch im Februar 1849 machte Schelling klar, dass er sich nie mit dem Gedanken befreunden konnte, „aus Deutschland eine strenge Monarchie, oder uns Deutsche zu einem Volk in dem engen und abschließenden Sinn zu machen, wie z. B. die Franzosen eines sind; war dies unsere Bestimmung, so müsste ich längst jedes Gefühl der Achtung für die eigene Nation aufgeben." Nach Schellings Ansicht (Plitt III: 215) hatte „kein ächter Deutscher die Herren der Nationalversammlung bevollmächtigt", ein homogenes Deutschland und „einen Scheinkörper" zu schaffen. Die Mission der Deutschen war für Schelling hingegen „ein Volk von Völkern zu sein" und „wieder die Menschheit darzustellen". 1848 bejammerte er die „Zustände in Berlin" und träumte – wie viele andere frühere Preußen-Gegner auch – von der antirevolutionären Mission Preußens. Mit der Niederwerfung der Revolutionen von Dresden bis Baden sei „das preußische Volk seiner geschichtlichen Bedeutung und Bestimmung wieder bewusst geworden und wird sich zu demokratischen Wählereien nicht mehr hergeben." (Plitt III: 220).

Die eschatologische Attitüde haben spätere Philosophen bei Schelling nicht ganz ernst genommen. Sie blieb Reflexion, nirgends ursprüngliche Prophetie, die zu Ende gedacht war. Sie blieb „existentiell folgenlos" (Jaspers 1986: 255). Der Praxisbegriff dieser politischen Philosophie war auf kurzschlüssige Deduktionen von Handlungsmaximen von spekulativen Vorgaben ausgerichtet. Dies zeigte sich in penetranter Weise in den Briefen an seinen königlichen Zögling Maximilian von Bayern (1890).

Quellen
Schelling: Werke. Historisch-kritische Ausgabe (Hrsg.: H. M. Baumgartner u. a.) Stuttgart, Frommann-Holzboog, 1976 ff
Schelling: Sämmtliche Werke, 2 Abteilungen (Hrsg.: F. F. A. Schelling). Stuttgart, Cotta, 1856–1861, 1956–61, 14 Bde (zit: W).
Schelling: Briefe und Dokumente (Hrsg.: H. Fuhrmans). Bonn, Bouvier, 1962–1975, 3 Bde.
Schelling: Schriften zur Gesellschaftsphilosophie (Hrsg.: M. Schröter). Jena, G. Fischer, 1926 (zit. GL).
Schelling: Ausgewählte Schriften. Frankfurt, Suhrkamp, 1985.
Aus Schellings Leben in Briefen (Hrsg.: G. L. Plitt).Leipzig, Hirzel, 1869–70, 3 Bde. (zit: Plitt).
Schelling: König Maximilian II von Bayern und Schelling. Briefwechsel. (Hrsg.: L. Trost u. F. Leist). Stuttgart, Cotta, 1890.

Literatur
H. M. Baumgartner (Hrsg.): Schelling. Einführung in seine Philosophie. Freiburg, Alber, 1975.
St. Dietzsch: F. W. J. Schelling. Köln, Pahl-Rugenstein, 1978.
G. Dischner/R. Faber (Hrsg.): Romantische Utopie – Utopische Romantik. Hildesheim, Gerstenberg, 1979.
K. Fischer: Schellings Leben, Werke und Lehre. Heidelberg, Winter, 1923, 4. Aufl.
H. Fuhrmans: Philosophie der Weltalter. Düsseldorf, Schwann, 1954.
K. Jaspers: Schelling. Größe und Verhängnis. München, Piper, 1955, 1986.
G. Lukács: Die Zerstörung der Vernunft. Der Weg des Irrationalismus von Schelling zu Hitler. Berlin, Aufbau-Verlag, 1955.
W. Marx: Schelling. Geschichte, System, Freiheit. Freiburg, Alber, 1977.
H.-J. Sandkühler: Freiheit und Wirklichkeit. Zur Dialektik von Politik und Philosophie bei Schelling. Frankfurt, Suhrkamp, 1968.
W. Schulz: Die Vollendung des deutschen Idealismus in der Spätphilosophie Schellings. Stuttgart, Kohlhammer, 1955. 2. Aufl. Pfullingen, Neske, 1975.

W. Wieland: Schellings Lehre von der Zeit. Grundlagen und Voraussetzungen der Weltalterphilosophie. Heidelberg, Winter, 1956.

Joseph von Görres (1776-1848)

Auch Görres begann als Anhänger der französischen Revolution. Seine politischen Ansichten änderten sich unter dem Eindruck der Willkür Napoleons in seiner rheinländischen Heimat. Görres wurde zum gemäßigten Anhänger der konstitutionellen Monarchie. Er wirkte mehr durch seine politische Publizistik als durch eigenständige Theorien, z. B. im „Rheinischen Merkur", 1814-1816, einem Organ der antinapoleonischen Propaganda. Um 1800 (1927: 24 ff) hatte er Napoleons Wirken noch als mutiges Beenden der Revolution beurteilt. Der Druck auf die Rheingrenze aber entfremdete ihn schon damals. Görres wurde zum nationalen Patrioten und Romantiker, der Grenzen nicht nach Flüssen, sondern nach Sprachen, Kulturen und Völkern abgesteckt wissen wollte. Später hat er in der Restaurationszeit mit Gentz (siehe unten) gehadert, weil dieser das Elsaß den Franzosen überlassen wollte. Eine Reise nach Frankreich hatte Görres gründlich ernüchtert und er wandte sich in seiner Zeit als Privatdozent in Heidelberg der Romantik zu, die damals (1806-08) ihre Blütezeit erlebte.

Als Reformkonservativer bewährte sich Görres in der Konfrontation mit Preußen in der Schrift „Teutschland und die Revolution" (1819), die in seiner Geburtsstadt Koblenz erschien. Er musste eine Verhaftung befürchten und floh nach Straßburg. Görres war als Katholik geboren und musste im Gegensatz zu den Konvertiten den katholischen Staatsgedanken nicht magisch überhöhen. Daher haben seine politischen Ansichten mehr Kontinuität bewahrt als die von Müller, Schlegel, Gentz oder Novalis. Im Gegensatz zu den Neukatholiken kannte er die Realität des katholischen Lebens. Er übersah keineswegs die Gefahren eines politisierten „Pfaffentums", das „unter dem Vorwande des Heiligen bloß irdische Zwecke verfolgt, gemeine Leidenschaften für Eingebungen eines höheren Geistes geltend zu machen versucht, verschmitzter Herrschsucht frönt oder in feistem Wohlleben sich gefällt." Aber Görres (1927: 359) setzte seine Hoffnungen auf ein „würdiges Priestertum". Der Vorwurf eines Chiliasmus, der ihm entgegenschlug, hat Görres nicht erschreckt. Wenn dieser eine Torheit sei, so sei das Christentum auf dieser Torheit aufgebaut worden. Eine „teutsche Republik" war für ihn keineswegs eine phantastische Idee. Er plädierte für einen Bundesstaat, den er den Vereinigten Staaten ähnlich gestalten wollte (1927: 359). Das Wort „liberal" war für Görres kein Schimpfwort wie für fast alle Konservativen. Er plädierte aber dafür, dass die Freiheit in der Mitte „nicht bloß liberal im Nehmen, sondern auch im Gestatten" sei (1927: 351). Im Gegensatz zu den reaktionären Romantikern hat Görres den Adel nicht verklärt. Er las ihm sogar ganz unkonservativ die Leviten, weil er nur auf Bereicherung aus sei, und nach Steuerfreiheit rief, wo er doch seinen Stolz drein setzen müsse, mehr beizutragen, da er ja auch sonst mehr gelten wolle (1927: 362). Der Ruf nach Steuergerechtigkeit hob sich positiv von Adam Müllers ökonomischen Ansichten ab.

In der Schrift „Europa und die Revolution" (1821) hat Görres die Autokratie angegriffen und die „Deutschvergessenheit" der Stände und Klassen angeprangert, die zum Ruin des Vaterlandes beigetragen habe. Die Repräsentation aller Stände, in „einfacher oder in doppelter Kammer" wurde erneut angemahnt (1927: 390). Seine Repräsentationsidee blieb jedoch ständisch. Trotzdem brachte dies Görres in Konflikt mit den preußischen Behörden, die seine Zeitschrift verboten. Er kämpfte einen Zweifrontenkrieg gegen Traditionalisten und Radikale. Seine Theorien waren in konkreten Forderungen konservativ mit liberalen Elementen. Nur in der abstrakten Begründung hat sich sein organischer Staatsgedanke nicht weniger in verquaste Mythen geflüchtet als bei anderen Romantikern. Das Totalitätsdenken, dem auch Görres anhing, hat das Individuum in den „organischen Einheiten" seine Kontur verlieren lassen.

Der späte Görres wurde im Kölner Kirchenstreit (1837) zu einem immer entschiedeneren Verteidiger der Rechte der katholischen Kirche in einem dominant protestantischen Preußen. In vergleichenden Bemerkungen hatte er alle protestantischen Mächte – auch England – schon 1821 kritisiert. Preußen war diesem engagierten Rheinländer fern wie „Litauen".

1827–1848 hatte er eine Professur in München inne. Der Görres-Kreis mit Döllinger, Lasaulx und Baader wurde einflussreich im katholisch-sozialen Konservatismus. Die theoretischen Schriften der Münchener Zeit wurden zunehmend mystisch-verstiegen. 1839 wurde Görres geadelt, war aber schon weitgehend publizistisch isoliert. In den „Historisch-politischen Blättern für das katholische Deutschland" hat er weiter für die Freiheit der Kirche gekämpft. 1840 wurden dem neuen preußischen König Friedrich Wilhelm IV unmissverständliche Mahnungen auf den Weg hinsichtlich des katholischen Volkes unter seiner Herrschaft auf den Weg gegeben: „Der Staat, mit dem es sich findet (er sprach nicht von „verbunden fühlt"), muß also ihm gegenüber aufrichtig allen jenen ausschweifenden Gedanken von seiner Omnipotenz ... entsagen, und mit dem Rechte allgemeiner Aufsicht begnügen" (1927: 550). Wie in Frankreich (Lamennais) und in Italien (Gioberti, Rosmini) kam auch der politische Katholizismus in Deutschland mit seinen ultrakonservativen Grundannahmen zu liberalen Gedanken und zu einem Reformkonservatismus, um die Kirche zu schützen. Im Risorgimento Italiens wäre Görres vermutlich wie die genannten Denker als „Liberaler" eingestuft worden.

Görres starb im Revolutionsjahr 1848. Sein Geist lebte jedoch in der 1876 gegründeten Görres-Gesellschaft fort, die zum Zentrum des Widerstandes im Kulturkampf werden sollte. Görres' stark anlassgebundene Publizistik hatte daher eine größere Nachwirkung als diesem Genre der politischen Schriftstellerei sonst gemeinhin vergönnt ist.

Quellen
Görres: Gesammelte Schriften (Hrsg.: W. Schellberg u. a). Köln, Bachem, 1936.
Görres: Gesammelte Schriften (Hrsg.: W. Schellberg u. a.). Köln, Bachem, 1926–1939, 16 Bde. Bd. 17 und 2 Ergänzungsbände, Paderborn, Schöningh, 1985–2006.
Görres: Ausgewählte Werke und Briefe (Hrsg.: W. Schellberg). Kempten, Kösch, 1911, 2 Bde.
Görres: Eine Auswahl aus seinen Werken und Briefen (Hrsg.: W. Schellberg). Köln, Gilde-Verlag, 1927.
Görres: Teutschland und die Revolution. Koblenz, Hölscher, 1819, abgedruckt in: Gesammelte Schriften, Bd. 13.
Görres: Europa und die Revolution. Stuttgart, Metzler, 1821.

Literatur
M. Berger: Görres als politischer Publizist. Bonn, Schroeder, 1921.
U. Daher: Die Staats- und Gesellschaftsauffassung von Joseph Görres im Kontext von Revolution und Restauration. München, Kösel, achs,2007.
R. Habel: J. Görres. Wiesbaden, Steiner, 1960.
W. Schellberg: Joseph Görres. Köln, Gilde, 1926, 2. Aufl.

Franz von Baader (1765–1841)

Nach einem Studium der Medizin und des Bergbaus arbeitete Baader als Bergwerksingenieur in England. 1797 wurde er Bergrat in München, 1808 erwarb er eine Glashütte im Bayerischen Wald. 1826 trat er sein Amt als Professor der Philosophie in München an. Nach pietistischen Jugenderlebnissen geriet er seit 1806 in den Bann Schellings. Später wurde das Verhältnis distanzierter. An Hegel (Briefe. Hamburg, Meiner, 1969, 3. Aufl. Bd. III: 312) schrieb er 1830 despektierlich über Schelling, weil dieser von seiner alten Naturphilosophie nicht losgekommen sei und nichts neues mehr biete. Sein Erlebnischristentum eines persönlichen Gottes richtete sich gegen den Rationalismus der Aufklärung. Der Pantheismus, dem auch er sich zeitweise verschrieb, wurde zugunsten einer theistischen Auffassung revidiert, die auch für Schelling wichtig geworden ist. Politik und Religion sollten versöhnt werden. 1814–15 richtete er Denkschriften an die Herrscher von Österreich-Ungarn, Preußen und Russland. Er galt als spiritus rector der Heiligen Allianz und als Promotor der Aussöhnung der drei christlichen Religionen. In Ostpreußen erlebte er das dogmenfreie Privatchristentum des Pietismus, das Kirche und Wissenschaft negierte. Später wandte er sich der katholischen Restauration zu und betonte die Kirche als Institution – aber auch die Verantwortung der Laien in Kirche und Theologie.

Baader trat in Kontakt mit S. S. Uvarov, dem berüchtigten Erziehungsminister des Zaren Nikolaus. In einem Essay über die Mission der russischen Kirche argumentierte Baader, dass die Religion des Westens im Niedergang begriffen sei. Den Katholizismus sah er als Diktatur und den Protestantismus als Anarchie an. Slawophile Kreise haben in Russland diese Verstärkung ihrer Ansichten nur allzu gern aufgegriffen. Die russische Kirche hatte für Baader die Mission, den Spiritualismus in die Religion zurückzuführen.

In Baaders konservativer Romantik mischten sich so ziemlich alle Quellen des Irrationalismus seiner Zeit, wie Pietismus, Rosenkreuzer, konservative Freimaurerei und Theosophie Saint-Martins, sodass Baader zur beliebten Inspirationsquelle aller Obskuranten wurde – vor allem in Russland. Diese Gemengelage irrationaler Einflüsse hinderte freilich weder Baader noch seinen Freund Schelling, den romantischen Irrationalismus als höhere Vernunft zu preisen und gegen die reine Innerlichkeit der Pietisten und Sekten auszuspielen. Diesem „erdachten Christentum" konnte die Ekstase der Erlebnischristen nur wie ein „himmlisches Auge als Silberblick" erscheinen (Baader 1984: 58). Die rechte Art des Glaubens musste für Baader (1984: 63) zwischen zwei Extremen hindurch steuern, die er als Servilismus und „frechen Liberalismus" bezeichnete. Die Vermeidung solcher „Verderbtheit" sah Baader in der damaligen Jugend in ihrer Kombination von „Demut und Erhabenheit" angelegt.

Baader hatte – wie so viele Denker seiner Zeit – als „Radikaler" begonnen. 1792 war er in Edinburgh nach eigener Aussage (SW XI: 201) vom „Genius der Zeiten" getroffen und geriet in den Bann von Godwin und Mary Wollstonecraft (vgl. Bd. 1, Kap. III. 2). Nach chronischer Erschlaffung der Despotie, seien die Menschen an das „Geführt-, Regiert- und Gouverniert-werden gewöhnt", so dass sie jeden für einen Schwärmer oder einen Bösewicht hielten, der wagte, ihnen zu zeigen, wie man auf eigenen Füßen steht: „Anarchie ist das Mittel, welche sie auf kürzere oder längere Zeit doch wirklich nötigt, sich einstweilen selbst zu regieren" (SW XI: 265). Baader hat Godwin bald vergessen, aber mit dem Werk von Rousseau und Kant – dem er seine erste unvollendete philosophische Schrift widmete – hat er sich zeitlebens auseinander gesetzt.

Vor Adam Müller hat Baader die Kritik an Adam Smiths liberaler Ökonomie für die Konservativen vorangetrieben. Die „Wirtschaftsanarchie" wurde nun als Grundlage der gesellschaftlichen Anarchie angesehen, von einem Autor, der einige Jahre zuvor der Anarchie positive Seiten abgewonnen hatte. Baader sah durch die Ausbreitung der Marktwirtschaft die Stände unterminiert durch das Gewinnstreben der Menschen und den Rückzug des Staates aus der Regulierung von Handel und Wirtschaft. Baaders Bild der Stände war dem Status quo der „erfundenen Stände" als Berufsstände für Steuer- und Wählergruppen der Restaurationsepoche ähnlicher als Adam Müllers historische Reminiszenzen an die Geistlichkeit, den Adel und das Bürgertum. Wie später bei Friedrich List war das Ideal nicht mehr der feudale Agrarstaat sondern ein System, das Manufakturen und Handel förderte. List stand 1827 in Kontakt mit Baader, als er an seinem „Neuen System" arbeitete. Der Einfluss auf List blieb freilich begrenzt, da List liberal und national gesonnen war. Baader war ihm aber an Hellsicht hinsichtlich der sozialen Fragen überlegen.

In der Restaurationszeit wurde Baader neben Jung-Stilling und der Baronin Krüdener zum Inspirator der Heiligen Allianz. Im Sommer 1814 und im Frühjahr 1815 schickte er den drei Kaisern seine Schrift: „Über das durch die Französische Revolution herbeigeführte Bedürfnis einer neuen und innigeren Verbindung der Religion mit der Politik", die 1815 bei Campe in Nürnberg erschien. Der preußische König schickte sie mit einer Empfehlung an Hardenberg. Der alte Skeptiker dürfte wenig Zugang zu dieser Schrift gefunden haben, als ihm klargemacht wurde, dass „alle wahre Despotie und Sklaverei" aus der Sünde hervorgehe (GL: 8). Den Verfall der Staaten erklärte Baader aus dem Niedergang der Liebe als dem „wahren Gemeingeist". Übermut und Niedertracht konnten seiner Ansicht nach herrschend werden – im Ancien Régime bei den höheren Ständen, seit der französischen Revolution bei den niederen Ständen. Der Niedergang war nach Baader nicht durch die bloße Form, d. h. eine Verfassung, aufzuhalten, sondern nur durch den Gemeingeist der Religion (GL: 80). Die Prinzipien der Revolutionsregierung wurden in den Augen von Baader durch Napoleon nicht abgemildert, sondern noch konzentriert. Mit diesen hehren Prinzipien Baaders konnten die Slawophilen ihre politische Philosophie entwickeln, aber keine konkrete Politik gestalten. Immerhin war bemerkenswert, dass Baader nicht zu den Konservativen gehörte, die alte Formen wieder herstellen wollten. In seiner Polemik gegen den „geistlichen Despotismus" schien er noch Pietist geblieben zu sein.

Gegen solche Tendenzen war das vierte Kapitel in Maistres „Du pape" (1863: 411) gerichtet, wo er bei den „falschen Religionen", wie dem englischen Protestantismus und der russischen Orthodoxie die Neigung zu ausufernden Sekten angelegt sah. Die Kircheneinigung war auch für de Maistre ein Fernziel. Aber gegen die Art wie Baader als literarischer Korrespondent des Fürsten Golicyn, der im Ruf stand, pietistischen Gedanken gegenüber offen zu stehen, die ökumenische Einigung der Kirchen betrieb, war Maistre verdächtig, da er den Primat des Papstes mit Recht in Gefahr witterte. Baader hat immer offener gegen den päpstlichen Despotismus agitiert. Im Gegensatz zu Maistre war er kein „Ultramontaner". Maistres Theorie ging in die päpstliche Lehre, etwa in der Enzyklika „Mirari vos" und in die Unfehlbarkeitserklärung des Papstes von 1870 ein. Baaders Ökumenismus zeitigte Folgen allenfalls im Werk des versponnenen Religionsphilosophen Solov'ëv in Russland.

Baaders Bemühungen schienen der russischen Kirche zu schmeicheln und doch wurden sie den offiziellen Kreise in Russland bald verdächtig. Baader erhielt keine Einreisegenehmigung. Sein Gönner Golicyn wurde bald gestürzt. Baader (GS XV: 75–101) hat 1814 eine „Apologie der Reise nach Russland" geschrieben. Er sah in seiner Rechtfertigung einen wachsenden Zwiespalt von Wissenschaft und Religion in den fortgeschrittenen westeuropäischen Ländern. Den „tiefsinnigeren Bemühungen" der deutschen Gelehrten wurde die Mission zugedacht, eine Theorie der Religion neu zu entwickeln, während andere Völker unchristlich oder gar antichristlich geworden waren. Der protestantische Klerus sei gottesleer in seiner Weltweisheit und seinem Staatskirchentum – der katholische Klerus hingegen habe die traditionelle Verbindung von Priesterschaft und Gelehrtentum verkommen lassen (GL: 88 f). Um solche Missstände zu überwinden, sei er in Kontakt mit Golicyn getreten. Er hoffte der Wiedervereinigung der Kirchen durch die Gründung einer religiösen Akademie in Russland näher zu kommen. Vorbild sei der französische Enzykopädistenbund oder der bayerische Illuminatenbund gewesen – keine Empfehlung bei den Reaktionären. Er musste sich auch mit Maistre auseinander setzen, der doch auch die Wiedervereinigung der Kirchen als Vorbedingung einer „gründlichen Contrerevolution" angesehen habe. Maistre machte für Baader jedoch den Fehler, sich auf einen „deus ex machina", den Papst, zu verlassen, während er das gleiche Ziel durch die „Verbindung mehrerer" erreichen wolle (GL: 99). Warum sollte die Förderungseinrichtung gerade nach Russland verlegt werden, fragten sich die Kritiker? Baader hoffte, „dass Russland auf solche Weise seine alte und neue literarische Schuld besonders an Deutschland auf die rühmlichste Art abzutragen beginnen konnte" (GL: 100). Warum scheiterten Baaders Bemühungen? Sein Freund Yxküll, mit dem er reiste, wurde demokratischer Tendenzen verdächtigt. Der eigentliche Grund, warum die russischen Behörden Baader nicht einreisen ließen, war ihm noch unklar. Er vermutete, dass er der Unruhestiftung in Verbindung mit einigen Sektierern verdächtigt wurde, die nach der Ausweisung der Jesuiten aus Russland starke Aktivitäten entfaltet hatten.

Der späte Baader wurde immer stärker antirömisch gesonnen. Dass er seine Agitation im Auftrag und unter Bezahlung für Russland leistete, hat Zweifel an seiner Integrität selbst bei alten Freunden wie Döllinger erweckt (Baumgardt 1927: 53). Mochte Baader in diesem Fall noch argumentieren, dass bei ihm die spirituellen Motive dominierten, so hat er doch als Praktiker gezeigt, dass er der Agententätigkeit nicht abgeneigt war. Als er Österreich ein Patent zur Glasherstellung verkaufte, hat Baader nebenbei „Industriespionage" in der Tabakproduktion des Landes betrieben.

Baaders Propaganda diskreditierte sich aber vor allem durch ein geschöntes Bild der russischen Kirche. In der Schrift „Der morgenländische und der abendländische Katholizismus" von 1841 (GL: 257 ff) hat er die katholische Kirche für ihre Entwicklung zum Kirchenstaat und zur Staatskirche hart kritisiert. Das cäsaro-papistische Verhältnis von Kirche und Staat in Russland hingegen wurde nicht analysiert.

Der Konservatismus jener Zeit wurde tief erschüttert, als Frankreich eine zweite Revolution hervorbrachte, die Julirevolution von 1830. So harmlos-bürgerlich sie schien, hat sie bei vielen Konservativen der Restaurationszeit den Alterspessimismus verstärkt. Die Hoffnungen auf eine einheitliche christliche Gesellschaftsordnung wurden immer unrealistischer. Baader geriet in den Bann von Lamennais' liberalem Katholizismus. Zur Enttäuschung einiger katholischer Freunde wurde er im Kölner Kirchenstreit zum Gegenspieler von Joseph Görres, und vertrat die Freiheit gegen die kirchliche Hierarchie.

Baaders romantische Wurzeln haben ihn nicht zum Nationalismus geführt wie Arndt oder Fichte. Er war nur in diesem Aspekt ein Status-quo-ante-Konservativer, der an der alten Reichsidee festhielt. Sie ging jedoch über das untergegangene Reich „deutscher Nation" hinaus. Baader war ein Verteidiger der Besitzrechte des Adels, aber diese hatten in seiner Theorie ihren Preis: der Adel und die Priester sollten zum Rechtsbeistand des aufkommenden Proletariats werden. Der Einfluss von Lamennais wurde damit deutlich. Frühere Ideen, die er bei Godwin übernommen hatte, wurden revitalisiert.

Die Julirevolution zwang die Konservativen zur Revision ihrer alten Revolutionstheorien. Mit Verschwörungstheorien ließ sich wenig erklären, wie auch die Konservativen zunehmend einsahen. Sie wandten sich daher verstärkt den sozialen Ursachen zu – von Lorenz von Stein bis zu den Vorkämpfern des sozialen Katholizismus. Ursache der Revolutionen wurde nach der neueren Analyse Baaders nicht in den Missständen der Regierungsformen, sondern in den Missverhältnissen der Besitzstände der Klassen gesehen. Saint-Simon und Fourier hatte Baader für seine Schrift „Über die Proletairs" von 1835 studiert. „Fiat justitia et conservetur societas" („es walte Gerechtigkeit, auf dass die Gesellschaft konserviert werde") stand als Motto über der Schrift. Der Konservierungsbegriff erhielt eine neue sozialpolitische Dimension. Baader (GL: 235) grenzte sich von den Liberalen wie den Servilen ab, die beide für ihn „Absolutisten" darstellten, um eine „wahre Conterrevolution" einzuleiten. Die beiden Parteien hätten bisher die vermögenslosen Klassen „gleichsam als stehende Armee in ihren Angriffen auf die Ruhe und den Bestand der Societät" missbraucht. Demagogen redeten den Proletairs die Meinung ein, dass sie nur durch „Revolutionierung des positiven Rechts" – wie eine Schrift von ihm genannt wurde – d.h. durch Unrecht zu ihrem Recht kommen könnten (GL: 237). In konstitutionellen Staaten hätte die Lage der Proletarier sich nicht gebessert, weil das Repräsentativsystem nur auf Gut und Geldbesitz gegründet sei. England, das er in seiner Jugend mit seinem sozialen Elend durch die Brille Godwins sehen gelernt hatte, war nun das Negativbeispiel, weil dieses Land jede Arbeiterassoziation wie eine Verschwörung behandelte. Baader (GL: 241) entwickelte dagegen ein System der Repräsentation als Advokatie. Diese Vertretung müsse den Proletariern bei Landräten und Ständeversammlungen durch selbstgewählte Sprecher eingeräumt werden. Vor allem die Priester sollten die Proletarier durch das Amt des Diakonats dem Einfluss der Demagogen entziehen. Baaders frühe Kritik am englischen System der Marktwirtschaft wurde hier im Lichte der Sozialpolitik wieder aufgenommen – während die Liberalen weiterhin Großbritannien verklärten und die sozialen Missstände aus ihrer Analyse verdrängten.

Baaders Ideen über die Vereinigung der Kirchen waren seltsam anachronistisch. Seine sozialen Gedanken aber waren einflussreich für die katholische Soziallehre in Deutschland, wenn es auch eine Übertreibung darstellt, Baader als den Erfinder der Arbeiterpriester zu feiern. Priester waren für ihn Advokaten – sie sollten nicht – wie die späteren Arbeiterpriester – im blauen Overall mit den Arbeitern in die Gruben einfahren.

Quellen
Baader: Sämtliche Werke (Hrsg.: F. Hofmann u. a.). Leipzig, Bethmann, 1851–1860, 16 Bde. Nachdruck: Aalen, Scientia, 1963 (zit:SW).
Baader: Schriften zur Gesellschaftsphilosophie (Hrsg.: J.Sauter) Jena, G. Fischer, 1925.
Baader: Gesellschaftslehre (Hrsg.: H. Grassl).München, Kösel, 1957 (zit:GL).
Baader:Vom Sinn der Gesellschaft. Schriften zur Social-Philosophie (Hrsg.: H. A. Fischer-Barnikol). Köln, Hegner, 1966.
Baader: Über den Begriff der Zeit. Darmstadt, Wissenschaftliche Buchgesellschaft, 1984.

Literatur
D. Baumgardt: Franz von Baader und die philosophische Romantik. Halle, Niemeyer, 1927.
F. Hartl: Franz von Baader. Graz, Styria, 1971.
S. Helberger-Frobenius: Macht und Gewalt in der Philosophie Franz von Baaders. Bonn, Bouvier, 1969.
P. Koslowski (Hrsg.): Philosophien der Offenbarung. Antiker Agnostizismus, Franz von Baader, Schelling. Paderborn, Schöningh, 2001, 2. Aufl.
J. Sauter: Die Sozialphilosophie Franz von Baaders. Innsbruck, Tyrolia, 1926.
K. Spreng: Studien zur Entstehung sozialpolitischer Ideen in Deutschland aufgrund der Schriften Franz von Baaders und F. J. von Buß: Gießen, Phil. Diss., 1932.
E. Susini: Franz von Baader et le romantisme mystique. Paris, Vrin, 1942.

2 Der romantische Konservatismus in Großbritannien: Samuel Taylor Coleridge (1772–1834)

Die Romantik in England war mit Byron, Wordsworth, Shelley und Keats mehr auf die Literatur konzentriert und hatte weniger philosophischen Ehrgeiz als die deutsche Romantik. Aber politisch waren die meisten dieser Dichter durchaus profiliert: Byron in den Befreiungsaktionen für Griechenland, Shelley im Kreise des Schwiegervaters William Godwin im Anarchismus (vgl. Bd. Sozialismus) und Wordsworth als exponierter Konservativer.

Coleridge war als der prominenteste Dichter der englischen Romantik bekannt. Verdrängt wurde hingegen, dass er weit mehr Zeit auf die Entwicklung seiner Philosophie und seiner Theorie der Politik verwandt hat. Er galt für einige Analytiker (Kondylis 1986: 396) als der letzte Engländer, der unter dem Einfluss von Burke und von kontinentalen Theorien eine umfassende konservative Theorie vorlegte. Seine politische Theorie nahm den deutschen Idealismus zum Ausgangspunkt, den er während einer Deutschland-Reise 1798 kennen lernte. Wie viele Konservative hatte er in seiner Jugend radikale Neigungen und begrüßte die Französische Revolution. Die britische Verfassung und die Institutionen der anglikanischen Kirche wurden in dieser Frühphase in Satiren lächerlich gemacht. Wie Godwin glaubte er, dass das Böse ein Ergebnis des Eigentums und der sozialen Institutionen sei. Mit seinem Schwager Southey plante er eine Idealrepublik in Amerika. „Pantisokratie" sollte sie heißen und alle Menschen sollten in ihr die gleichen Rechte genießen. In seinen „Political Lectures" (1795) und in seiner Zeitschrift „The Watchman" hat Coleridge trotz des frühen Radikalismus im Stil des deutschen Idealismus auf moralische und religiöse Erziehung des Volkes und nicht auf die Revolutionierung der Institutionen gesetzt. Eine Regierung, in der das Volk keine Souveränität besitze, nannte Coleridge (Pol: 44) 1795 noch eine Despotie und mokierte sich über die Selbstbeweihräucherung der Engländer hinsichtlich ihrer Verfassung. Nach ihrer Güte gefragt, wichen sie immer in historische oder normative Betrachtungen aus – und schilderten, was die Verfassung sein sollte.

Um 1798 sagte er sich vom Radikalismus und vom Whiggismus los. 1798 sah er im Licht der Entwicklung der französischen Revolution die Möglichkeit des politischen Wandels als begrenzt an. Die gegenwärtige britische Regierung hielt er zwar für schwach und prinzipienlos, glaubte für ihren Sturz votieren zu können (Pol: 50). 1799 in einem Artikel „On The French Constitution" definierte er eine Regierung gut, wenn das Eigentum sicher sei und das Regierungssystem sei am besten, wenn jeder proportional zu seinem Eigentum Teil an der Macht habe. In kleinen, weniger bevölkerten Ländern als England – wie in Amerika – so jeder ein bisschen Eigentum hat, sah Coleridge (Pol: 54) die Möglichkeit für ein allgemeines Wahlrecht, jedoch nicht in großen volkreichen Staaten.

In seinen späteren politischen Schriften in der Zeitschrift „The friend" und in zwei „Lay sermons" (1816, 1817) kritisierte Coleridge Rousseau und propagierte wie die französischen Theokraten die Bibel als die beste Inspirationsquelle der Staatsmänner. „The friend" wurde in dritter Auflage zu einem „Essay on Method", der als Vorwort zu einer Enzyklopädie 1817 konzipiert worden war. Es handelte sich um eine Art Grundlegung des philosophischen und politischen Denkens des Dichters. Wer freilich eine politische Theorie erwartete, wurde enttäuscht. Coleridge (Meth: 101) verlor sich in Paradoxen: „Mittels des abstrakten Wissens unterscheidet der Verstand das Behauptete vom Behauptenden. Wenn er unterscheidet, ohne gleichzeitig zu teilen, so hat man allen Grund zur Freude. Dann nämlich fügt er der ganzheitlichen Fülle Klarheit hinzu und bereitet auf diese Weise die intellektuelle Wiedervereinigung des Ganzen mit dem Einen vor, die Wiedervereinigung in jener ewigen Vernunft nämlich, deren ganzheitliche Fülle ohne Dunkelheit, deren Transparenz ohne Leere ist". Er glaubte damit eine Methode gefunden zu haben, die tiefer sei als Wissenschaft und zuverlässiger als jeder Beweis. Das antianalytische Bekenntnis, verbunden mit Sehnsucht nach Totalität, hat kein intersubjektiv transmissibles Wissen sondern nur noch Offenbarung produziert, die geglaubt werden musste. Die vielfach dunklen und hymnischen Äußerungen bei Coleridge wurden in England vielfach als „deutscher Tiefsinn" abgetan, so sehr der Dichter sich auch bemühte, seinen Platonismus mit dem englischen Empirismus zu versöhnen. Die stakkato-artige Entwicklung der Gedanken ist zu Recht mit Kleists „Allmählicher Verfertigung der Gedanken beim Reden" verglichen worden.

Als Kritiker der Gesellschaft hat Coleridge die industrielle Revolution bekämpft. Er beklagte die Kommerzialisierung des Lebens und die Pauperisierung der arbeitenden Bevölkerung durch den Kapitalismus. Sein einflussreichstes Werk wurde das Buch „On the Constitution of Church and State according to the Idea of Each" (1830). Grundlegend war in dieser Theorie der Politik die Unterscheidung von „reason", die auf Ideen gerichtet war und „understanding", das auf sinnlicher Erfahrung beruhte. Coleridge bekämpfte vor allem den herrschenden Empirismus und Utilitarismus. Der Staat sollte zwei Kräfte umfassen: die Dauer und den Fortschritt. Beide Prinzipien sah er institutionell in den beiden Kammern des britischen Parlaments verwirklicht. Grundlage des Zusammenwirkens der Kräfte war für Coleridge die nationale Kirche, welche die gesamte Weisheit der Nation und ihrer Kultur umfasste.

Die nationale Kirche, „clerisy of the nation" genannt (Pol: 177 ff) sollte frei von staatlicher Einmischung und zugleich reich sein, um sich auch de facto unabhängig zu behaupten. Coleridge fürchtete den staatlichen Aneignungsdrang gegenüber den Kirchengütern, der in England seit Heinrich VIII periodisch wach wurde. Fern von dieser „ideellen Kirche" stand die reale anglikanische Kirche, die er durchaus realistisch in ihrer unspirituellen und intoleranten Haltung sah. Die dissentierenden Sekten, die glaubten, solche Übelstände der Staatskirche überwunden zu haben, kamen aber in der Wertung nicht besser weg. Die Wissenschaft, die Teil der „Clerisy" sein sollte, schien für Coleridge in einem deplorablen Zustand. Die Universitäten waren für ihn zu reinen „Vorlesungsbasaren" degeneriert. Sie demoralisierten die Unterschichten und brachten auch keine Eliten aus den Oberschichten hervor (W VI: 669).

Coleridge stellte sich gegen die herrschende Doktrin der Parlamentssouveränität. Er bestritt, dass selbst die Formel „king in parliament" mit dem Souveränitätsbegriff verbunden werden könne. Souveränität war in seinem System in keiner Einrichtung institutionalisiert. Coleridge wollte nicht Macht maximieren, wie die Souveränitätstheoretiker, sondern die „potentielle Macht" der Gruppen und Institutionen ausbalancieren. Der absoluten Monarchie wie der demokratischen Republik sprach er die Fähigkeit ab, diese Balance zu bewirken. Sein Bild eines Pluralismus zielte auf eine aristokratische konstitutionelle Monarchie. Dieser Pluralismus sollte im 19. Jahrhundert einflussreich sein – bis hin zu den Gildensozialisten.

Wie alle Konservativen trat Coleridge gegen abstrakte Theorien auf. Es galt sie nicht nur in Frankreich zu bekämpfen, wie die Schule Burkes das propagierte. Er polemisierte gegen die englischen abstrakten Theorien der Politischen Ökonomie ebenso wie gegen den Utilitarismus. In wirtschaftlichen Fragen war er schon aus sozialer Gesinnung gegen den modernen Kapitalismus der Smith-Ricardo-Schule. In der Steuerpolitik war er erstaunlich progressiv und kritisierte die staatlichen Praktiken, welche die Menschen verarmen ließen (Lay Sermons Pol: 142 ff). In der Ökonomie hing Coleridge einer Nachfrageökonomie an, die bis auf Keynes einflussreich gewesen sein soll (Calleo 1966: 20). Die Verteilung der Güter war für ihn wichtiger als die Produktion. Coleridge betonte die kulturellen Faktoren im Prozess der Industrialisierung. Sein Hass galt der neuen Bourgeoisie und seine Bewunderung galt dem Adel, der angeblich das religiöse Gefühl und den Respekt für die Philosophie am stärksten entwickelt habe (W VI: 183). Aber der Adel bei Coleridge war nicht der empirisch vorfindbare Adel, sondern eine erdachte Geistesaristokratie.

Coleridge wollte den „Geist des Staates" als Gegengewicht zum „Handelsgeist" entwickeln. Er fasste den Staat in idealistischer Weise als „moralische Partnerschaft" auf. Er sollte keine überregulierende Gesetzgebungsmaschine sein, wie im „benevolenten Despotismus", der sich immer wieder am Eigentum seiner Bürger vergreife. Aber Coleridge war auch kein laissez-faire-Liberaler. Er betonte nicht nur die Rechte sondern auch die Pflichten der Bürger. Das Eigentum war als soziale Verpflichtung gedacht. Die Vorväter hätten das unverpflichtende Eigentum als „jüdisch" oder „ausländisch" empfunden. Es stehe nicht im Einklang mit den

Werten eines englischen „gentleman" (W VI: 50). Die Überschätzung der aristokratischen Tugenden war bei Coleridge mit einer Höherbewertung des Landes vor der Stadt verbunden.

Die Reform, die Coleridge durch Erziehung fördern wollte, sollte auf der Philosophie beruhen, welche die Aufgabe zugewiesen bekam, das soziale Ideal des Gemeinwesens neu zu formulieren. Die „reine Vernunft" der bestehenden Staatstheorien waren dazu nach seiner Ansicht nicht in der Lage. Ihr System tendierte zu monistischen Utopien, während Coleridge die Vielfalt betonte. Der zeitgenössische Vernunftglaube war für ihn „Metapolitik" statt „Politik". Als Utopiker wurden die Rousseauisten, Tom Paine und die Physiokraten mit ihrem aufgeklärten Despotismus bezeichnet. Coleridge glaubte nicht, dass ein Volk als Ganzes einen gemeinen Willen entwickeln könne (W II: 178). Bemerkenswert an dieser konservativen Position war jedoch, dass Coleridge auch gegen die Revolutionshysterie Stellung nahm, die er in England grassieren sah. Pitt und die Tories hätten sich zur Aufgabe des traditionellen Konstitutionalismus provozieren lassen. Während Rousseau die Menschen zu Engeln stilisiere, hätten die Tories in ihrem Misstrauen gegen das Volk den Menschen verteufelt. Hobbes war für ihn der Inbegriff einer Theorie der Gewalt, deren Renaissance in der Revolutionszeit der Dichter beklagte.

In der Repräsentation der Bürger sah er zwei Modelle: Repräsentation der Interessen oder Delegation von Menschen. Wenn die zweite Formel gelten sollte, könne man ein allgemeines Wahlrecht, das sogar die Frauen einschlösse, nicht vermeiden (Writings II: 87). Wie bei Tocqueville waren solche Gedanken eher Ausdruck der Furcht über das, was vielleicht kommen werde als eigene Wünsche. Solche Konzessionen in Gedankensplittern verdichten sich bei Coleridge nicht zu einer demokratischen Repräsentation in der Theorie der Politik. In dieser blieb es beim Zensuswahlrecht. Partizipationsrechte waren an das Eigentum gebunden.

Man könnte Coleridge in Deutschland mit Novalis vergleichen. Wie dieser hinterließ er kaum ein fertiges Werk, sondern viele Fragmente. Der Konservatismus bei Coleridge ließ sich nicht so eindeutig einordnen wie bei Novalis. Auch er war ein romantischer Visionär, auch er träumte vom Geistesadel. Aber ein Hauch von Reformkonservatismus lag in seiner Vorstellung der Allianz von Aristokratie und Unterklassen. Sein Konservatismus hatte einige radikale Züge. Trotz der Verklärung mancher Elemente der vergangenen Gesellschaft wollte er keineswegs den Status quo ante wieder herstellen. Coleridge suchte unter dem Einfluss von Herder und Schelling nach den idealen Prinzipien des Gemeinwesens. Da der Konservatismus in Großbritannien nüchtern und pragmatisch auftrat, ist Coleridge übel genommen worden, dass Leben und Lehren so wenig harmonierten, weil er seine Familie verlassen hatte und drogenabhängig geworden ist. Coleridge war ein Außenseiter der Gesellschaft in einer Ära der Vorherrschaft liberaler Ideen. Aber er wurde gleichwohl einflussreich für eine spätere Generation der Neohegelianer der Oxford-Schule bis hin zu Bosanquet. Aber auch Mill wurde von Coleridge beeindruckt. In seinem Werk über die Repräsentative Demokratie hat Mill sich zwar von der politischen Philosophie des Dichters distanziert. Für einen Positivisten war der Staat als „Idee in den Köpfen der Bürger" und als „Prinzip der Einheit in sich selbst" (W VI: 37 ff) zu metaphysisch. Dass Menschen ohne Patriotismus keine wahren Menschen sein könnten (W II: 184) war mit der utilitaristischen Philosophie ebenfalls nicht recht vereinbar. Mill hielt die Gegenüberstellungen bei Coleridge von „Ordnung und Fortschritt", „Kirche und Staat" für „unwissenschaftlich und inkorrekt" (ULRG: 186, RD: 41, Kap.2). Ordnung in einer engen Definition bedeutete für Mill „Gehorsam" und in einer weiteren Definition „das Ende der privaten Gewalt". Aber beide Definitionen waren für ihn nur isolierte Bedingungen von Herrschaft. Mill bezweifelte, dass die Erwartungen, welche die Bürger an ihre Regierung herantrügen, in das Schema „Fortschritt und Ordnung" gepresst werden könnten. Diese Kritik in seinem Standardwerk hat nicht verhindert, dass Mill in seinen Aufsätzen (Dissertations and Discussions. London 1859 I: 330 f) Coleridge neben Bentham als einen der zwei größten epochemachenden Köpfe seines Zeitalters ehrte.

Quellen

Coleridge: The complete works (Hrsg.: W. G. T. Shedd). New York, Harper, 1958–69, Bd II, Bd. VI (zit: W).
Coleridge: The collected works (Hrsg.: K. Coburn). London, Routledge & Kegan/ Princeton, Princeton University Press, 1969 ff.
Coleridge: The Notebooks. London, Routledge & Kegan, 1957 ff, 5 Bde.
Coleridge: Writings (Hrsg.: A. Taylor). Basingstoke, Macmillan, 1994, 2 Bde. (zit.: Writings).
Coleridge: Writings. Bd. I: On Politics and Society (Hrsg.: J. Morrow). Basingstoke, Macmillan, 1990 (zit: Pol).
Coleridge: Versuche über die Methode (Hrsg.: H. Schrey). Sankt Augustin, Hans Richarz, 1980 (zit: Meth).

Literatur

D. L. Calleo: Coleridge and the Idea of the Modern State. New Haven, Yale University Press, 1966.
J. Colmer: Coleridge: Critic of Society. Oxford, Clarendon, 1959.
R. Holmes: Coleridge. Oxford, Oxford Univesity Press, 1982.
L. Orr (Hrsg.): Critical Essays on S.T .Coleridge. New York, Hall, 1994.
A. Richardson: British Romanticism and the Science of Mind. Cambridge, Cambridge University Press, 2001.

D. Vallins: Coleridge and the Psychology of Romanticism. London, Macmillan, 2000.

C. R. Woodring: Politics in the Poetry of Coleridge. Madison, University of Wisconsin Press, 1961.

IV. Nationalistischer Reformkonservatismus und die konservative Gegenmacht der Auftragspublizistik

1 Nationalistischer Reformkommunismus: der späte Fichte und Ernst Moritz Arndt

Nur zwei der sechs hier behandelten Länder hatten zur Zeit der französischen Revolution keinen Nationalstaat. In Italien lief die Entwicklung mit dem Wohlwollen der Großmächte glücklich. Selbst Konservatismus und Nationalismus verbanden sich im Risorgimento zu einer Theorie der Politik, die mit dem liberalen Grundkonsens vereinbar blieb. Insofern war Italien dem viel zitierten Großbritannien nicht nur verbal am nächsten.

Deutschland war in einer weniger glücklichen Lage. Das Reich blieb Domäne des Hochadels und war Ausdruck einer steckengebliebenen Staatsbildung (Dann 1993: 51). Es konnte mit den modernen Nationalstaaten nicht mehr konkurrieren. 1804 legte der Kaiser die deutsche Kaiserkrone nieder. Die napoleonische Fremdherrschaft in Deutschland wurde zur doppelten Herausforderung für die politische Theorie. Der nationale Protest verband sich mit dem Drang nach Partizipation in einem Repräsentativsystem. Dennoch kam eine weit weniger einheitlich-progressive politische Theorie in diesem Prozess zustande als in Italien. Von Goethe bis Hegel bewunderte man anfangs Napoleon als den „Verderber des Reiches", dem keine Träne nachgeweint wurde. Bei anderen Exponenten der Kultur schlug die Bewunderung in Hass um. Beethoven soll das Widmungsblatt zur „Eroica" wütend zerrissen haben. Schleiermacher warnte in Halle vor der Vernichtung des liberalen Protestantismus und weniger bedeutende Geister schrieben Flugblätter, wie der arme Johann Philipp Palm aus Nürnberg mit dem Titel „Deutschland in seiner tiefen Erniedrigung". Zwei Wochen später wurde er von den Besatzungstruppen hingerichtet. Der Nationalismus hatte seinen ersten Märtyrer.

Der deutsche Nationalismus begann einzusehen, dass er auf Fürsten und Adel nicht zählen konnte. National-revolutionäre Massen aber waren nicht in Sicht. Sie mussten erst durch Nationalerziehung herangebildet werden, wie Fichte, Jahn und Arndt nicht müde wurden zu predigen. Deutschland war behindert durch ein dreifaches Angebot der Loyalitäten:

- Nur eine Minderheit orientierte sich im konservativen Lager noch an der Reichsidee wie Baader.
- Ein deutscher Nationalstaat war nicht in Sicht und musste als Idee konstruiert werden.
- Der größte deutsche Einzelstaat, der nach den Enttäuschungen mit dem Vielvölkerstaat Österreich, das lieber um seine italienischen Besitzungen kämpfte als das Elsass zurückzugewinnen, war Preußen. Aber gerade die liberalen und demokratischen Träger des Nationalismus hatten außerhalb Preußens wenig Bewunderung für dieses Land. Die glühendsten Patrioten in der Theorie der Politik haben Preußen zunächst abgelehnt. Fichte hat sich um 1806 und Arndt – der sich lange als Schwedischer Pommer fühlte – hat sich erst 1813 an Preußen „herangeliebt", um die Hoffnungen auf nationale Einheit zu befördern. Arndt verhielt sich wie seine Landsleute, die beim Abzug der Schweden geweint haben sollen. Seit dem 18. Jahrhundert kursierte der Vers:

„Niemand wird Preuße, denn aus Not –
ist er's geworden, dankt er Gott".

Dieser Gottesdank hielt sich lange in Grenzen. Von den durch Preußen eroberten Gebieten zeigten allenfalls die östlichen, wie Schlesien, eine „gewisse Geneigtheit sich erobern zu lassen". Die Rheinlande blieben vielfach widerstrebende Beutepreußen. Noch Görres sprach von Preußen wegwerfend als „Litauen".

Die Stellung von Konservatismus und Nationalismus war regional verschieden. Die Faustregel sagte, dass Norddeutschland „nationaldemokratisch" und Süddeutschland mit Österreich „national-konservativ" gewesen sei. Aber diese Spaltungslinie wurde überlagert: Die Länder des Rheinbundes, die Reformen erlebt hatten, waren weniger anti-napoleonisch als der Osten, der ganz andersartige Reformen in Preußen in Gang setzte. Stein wurde dafür von Napoleon zum Feind erklärt und seine Entlassung wurde erzwungen. Nur beim reaktionären Nationalismus der „Lohnschreiber" im Dienst Metternichs wie Friedrich Schlegel, Gentz, Müller oder Jarcke war keinerlei Modernisierung mit dem Anti-Napoleanismus verbunden. Sie bekämpften Napoleon nicht im Namen der Nation sondern in einer Status-quo-ante oder günstigstenfalls – wie bei Gentz – in einer Status-quo-Ideologie. Aber auch hier verwischten sich die Fronten; als Österreich

1809 den Konflikt mit Napoleon wieder aufnahm, wurde das als nationaler Befreiungskrieg empfunden. Erzherzog Karl eröffnete den Feldzug mit einem Aufruf „An die deutsche Nation". Es entspann sich der erste Guerilla-Krieg, der von Spaniens Erhebung ausging. Bei Andreas Hofer war er regional-patriotisch, bei Lützows wilder verwegener Jagd preußisch-deutsch-patriotisch. Die Französische Revolution sollte nun mit ihren eigenen Waffen geschlagen werden: mit der Organisation nationaler Solidarität durch die politische Theorie. Wenn Karl Deutsch den Nationalismus spöttisch als „gemeinsamen Irrtum hinsichtlich einer gemeinsamen Herkunft" und eine „gemeinsame Abneigung gegen andere Länder" definierte, so galt das ganz sicher für die Geburtsstunde des kontinentalen Nationalismus um 1808/09.

Für die Synthese von Nationalismus und Konservatismus war es von Bedeutung, dass es erstmals zu einer Gegenrevolution kam, die sich auf das Volk stützte. Spanien probte den konservativen Aufstand zur Wiederherstellung der alten Ordnung (Schulze 1994: 192 f). Aber die Verkünder der nationalen Belange in Deutschland waren keine klerikalen Traditionalisten wie überwiegend in Spanien.

Ideologisch kam es zum „renversement des alliances". Der Preuße Kleist hat im Auftrag der österreichischen Propaganda den spanischen „Catecismo civil" 1813 als „Katechismus der Deutschen" adaptiert. Er ließ sich wie das spanische Vorbild auf ein populäres Niveau herab, das auch Kinder verstehen sollten:

„Sprich Kind, wer bis du?
Ich bin ein Deutscher.
Ein Deutscher? Du scherzest. Du bist in Meißen geboren, und das Land dem Meißen gehört, heißt Sachsen.
Ich bin in Meißen geboren und das Land heißt Sachsen, aber mein Vaterland, das Land dem Sachsen angehört, ist Deutschland".
... wo ist es? Hier auf der Karte.
Die Karte ist vom Jahr 1805.
Napoleon der korsische Kaiser hat es durch eine Gewalttat zertrümmert und gleichwohl wäre es noch vorhanden?
Gewiß ... seit wann?
Seit Franz der Zweite, der alte Kaiser der Deutschen wieder aufgestanden ist, um es herzustellen, und der tapfere Feldherr, den er bestellt, das Volk aufgerufen hat, sich an die Heere, die er anführt ‚zur Befreiung des Landes anzuschließen"
(Kleist: 1952: 856 f).

Sinngemäß hieß die Devise: „Von Spanien lernen heißt siegen lernen".

Ultrareaktionäre wie Metternich entdeckten die „öffentlich Meinung". Wie wirksam war die Propaganda? Umfragen gab es noch nicht. Eine Quelle waren die Zahlen derer, die sich als Freiwillige meldeten. Die Handwerker stellten 40 % aller Freiwilligen. Die Akademiker und Studenten waren fünffach überrepräsentiert. Bei der Landbevölkerung jedoch war die Bereitschaft gering. Sie machten nur 18 % der Freiwilligen aus. Urbanisierung und Bildung waren die Indikatoren, die über die Bereitschaft sich mobilisieren zu lassen, entschieden haben.

Ein Novum war die Grausamkeit des Krieges: „Pardon wird nicht gegeben". Es sollten keine Gefangenen gemacht werden. Der Gegenterror wurde mit dem Terror der Revolution Frankreichs gerechtfertigt. Der preußische König rief dazu auf: Preußen und Deutsche zu sein". Die Rheinbundfürsten haben das bereits als Jakobinismus empfunden. Die Mobilisierung wurde durch Turn- und Gesangvereine auf Dauer gestellt. Internationalismus wie der des „Jungen Europa" (vgl. Kap. Mazzini) blieb einflusslos. Erst in der Rheinkrise 1840 wurde der Massennationalismus zur selbständigen Kraft, als eine Invasion Frankreichs zu drohen schien. Nikolaus Beckers „Sie sollen ihn nicht haben, den freien deutschen Rhein" wurde eine inoffizielle Nationalhymne.

In der Zeit der Erhebung kam es zu neuen Organisationsformen wie dem „Tugendbund" (1808), der „Turnbewegung" Jahns oder der „Deutschen Tischgesellschaft" von Arnim, Müller und anderen (1811). Erst 1813 kam es in der Kriegserklärung Friedrich Wilhelm III und in der Erklärung „An mein Volk" zu einem Bündnis von Fürsten und Volk. Aber das Landsturmedikt wurde nach drei Monaten bereits zurückgenommen, weil die besitzenden Kreise die Aufforderung zum sozialen Volksaufstand wittern. Das Echo war unterschiedlich: Bayern ließ sich erst einmal seine Souveränität sichern, Sachsen blieb an Napoleons Seite, Mecklenburg schloss sich dem Appell an und Österreich unter Metternich sorgte dafür, dass aus dem Volkskrieg wieder ein traditioneller Kabinettskrieg wurde. Preußen als Kernland der nationalen Bewegung war zugleich paradoxer Weise das ethnisch am wenigsten deutsche Gebiet.

Die deutsche Sonderentwicklung des Nationalismus war auch durch religiöse Eigenart des deutschen Protestantismus bedingt. Die Oberschichten hatten – vor allem in Norddeutschland – ein lebendiges undogmatisches Verhältnis zur Religion entwickelt. Auch bei liberalen Denkern gab es kaum Antiklerikalismus, der die Liberalen der romanischen Länder vielfach in einen Radikalismus trieb. Kant und Fichte im Atheismusstreit haben sich immer vehement gegen den Vorwurf des Atheismus zu Wehr gesetzt.

Konservatismus und Liberalismus hatten in diesem Punkt fast einen Grundkonsens. Der Einfluss des Pietismus wirkte auf die Vergeistigung der Sinnlichkeit ein. Der Pietismus in Verbindung mit der Aufklärung – beide hatten ihren Sitz in Halle – erlaubte es, die persönliche Frömmigkeit und die institutionalisierte Religion zu trennen. Selbst der deutsche Katholizismus war davon beeinflusst, wie sich am Werk Baaders zeigen lässt. In der religiösen Grundlage des Denkens lag eine Neigung zur sozialen Selbstdisziplinierung. Was dabei an Gesellschaftsanalyse in der Erforschung des Seins fehlte, wurde mit Erziehungsoptimismus im Sollensbereich kompensiert. Die Betonung von Kultur und Bildung – als säkularisierte Begriffe pietistischen Ursprungs (Bollenbeck 1994) – hat ebenfalls die Konservativen wie die gemäßigten Liberalen in Deutschland vereint.

Im Spannungsbogen von „Weltbürgertum" und „Nationalstaat" können alle Philosophen und Dichter der Zeit der Befreiungskriege behandelt werden (vgl. Meinecke 1915). Aber nur zwei Exponenten des nationalen Denkens wurden – vor allem im Ausland – überwiegend unter „Nationalismus" behandelt: Ernst Moritz Arndt und der späte Fichte. Beide kamen aus eher bescheidenen sozialen Verhältnissen. Die Oberschicht in jener Zeit tendierte noch mehr zum „Weltbürgertum" als zum „Nationalstaat". Beide bewahrten in ihrem Denken ein egalitäres Element, das die Idee der Gleichheit von Bürgern einer Nation zum Kummer der Erzkonservativen immer gefördert hat. Die Entwicklung bei Arndt und Fichte verlief jedoch gegenläufig: Fichte kam von einem radikalen Liberalismus zu konservativ-nationalen Gedanken, Arndt begann als Konservativer und hat sich zur Förderung der nationalen Befreiung liberalen Gedanken geöffnet (Krieger 1957: 192 ff). Beide Denker zeigten, dass der Nationalismus nicht traditionell-konservativ sein konnte, sondern eine reformerische und gelegentlich sogar eine revolutionäre Komponente in sich barg.

Quellen
H. von Kleist: Sämtliche Werke. München, Droemer, 1952.

Literatur
H. Berding (Hrsg.): Nationales Bewusstsein und kollektive Identität. Frankfurt, Suhrkamp, 1994.
G. Bollenbeck: Bildung und Kultur. Glanz und Elend eines deutschen Deutungsmusters. Frankfurt, Insel, 1994.
W. Conze: Die deutsche Nation. Ergebnis der Geschichte. Göttingen, Vandenhoeck & Ruprecht, 1963.
O. Dann: Nation und Nationalismus in Deutschland. 1770–1990. München, Beck, 1993.
D. Düding: Organisierter gesellschaftlicher Nationalismus in Deutschland (1808–1847). München, Oldenbourg, 1984.
B. Giesen: Die Intellektuellen und die Nation. Ein deutsche Achsenzeit. Frankfurt, Suhrkamp, 1993.
H. James: Deutsche Identität 1770–1990. Frankfurt, Campus, 1991.

P. Joachimsen: Vom deutschen Volk zum deutschen Staat. Eine Geschichte des deutschen Nationalbewusstseins. Göttingen, Vandenhoeck & Ruprecht, 1967, 4. Aufl.

L. Krieger: The German Idea of Freedom. Boston, Beacon Press, 1957: 174–215.

F. Meinecke: Weltbürgertum und Nationalstaat. Studien zur Genesis des deutschen Nationalstaats. München, Oldenbourg, 1915, 3. Aufl.

G. L. Mosse: Die Nationalisierung der Massen. Politische Symbolik und Massenbewegungen in Deutschland von den Napoleonischen Kriegen bis zum Dritten Reich. Frankfurt, Ullstein, 1976.

N. Reiter: Gruppe, Sprache, Nation. Wiesbaden, Harrassowitz, 1984.

H. Schulze: Der Weg zum Nationalstaat. Die deutsche Nationalbewegung vom 18.Jahrhundert bis zur Reichsgründung. München, Beck, 1994.

H. Schulze: Wir sind, was wir geworden sind. Vom Nutzen der Geschichte für die deutsche Gegenwart. München, Piper, 1987.

Johann Gottlieb Fichte (1762–1814)

Nach den üblichen Durchgangsstadien als Hauslehrer mit den ebenso üblichen Kränkungen verbunden (Briefw. I: 229 ff, vgl. Bd. 1, Liberalismus, Kap. II.5.b) war Fichte seit Mai 1794 Professor in Jena. Seine „Wissenschaftslehre" erregte einiges Aufsehen. Der Versuch des noch unerfahrenen Professors, sich mit randalierenden Studentenorden anzulegen, führte zu Tätlichkeiten gegen Fichte, der sich ein Semester in Ossmannstedt verborgen halten musste. Schelling berichtete in einem Brief an Hegel (Br I: 28) von der Affäre und nahm den damals noch bewunderten Fichte gegen die „Torheiten der Jenaischen Studenten" und die „Kabale neidischer Kollegen" in Schutz. Die Wissenschaftslehre wurde noch als Appell zur „Systemveränderung" in Richtung „Freiheit" verstanden. Der Erfolg eines Außenseiters, der vor seiner ersten Vorlesung noch schnell promoviert werden musste, rief Neider auf den Plan. Fichte stand bei vielen Kollegen noch in dem Ruf des Jakobiners. Als der sozial außerordentlich empfindliche Aufsteiger aus kleinen Verhältnissen auch den nächsten Universitätskonflikt nicht gerade behutsam behandelte, wurde der „Atheismus"-Streit von der Obrigkeit als Anlass genommen, den Philosophen zu entlassen. Selbst der für Jena mit Verantwortliche Goethe bekam eine Rüge vom Großherzog. Fichte ging nach Berlin und lebte zunächst recht zurückgezogen. Der nächste Schicksalsschlag war die Kritik Kants an der Wissenschaftslehre. In dem Philosophenstreit, der sich anschloss, kam es zum Bruch mit Kant, Jacobi und Schelling.

Nach mehreren öffentlichen Vorlesungen Fichtes in Berlin begann die preußische Regierung über eine Verwendung des Philosophen nachzudenken und berief ihn an die damals preußische Universität Erlangen. Im Krieg mit Frankreich hat Fichte 30 Taler für die Sammlung von Soldatenmänteln gestiftet. Nach der Niederlage Preußens im Oktober 1806 bei Jena und Auerstedt floh Fichte nach Königsberg. Dort wurde er zum Professor ernannt und mit der Zensur der Zeitungen betraut, um über eine patriotische Berichterstattung zu wachen. Als die französischen Truppen sich Ostpreußen näherten, floh Fichte erneut, diesmal nach Kopenhagen und kehrte erst nach dem Frieden von Tilsit nach Berlin zurück. Der Kabinettsrat Carl Friedrich Beyme konsultierte ihn für den Plan einer Universität Berlin. In seiner preußisch-fiskalisch-trockenen Art war weniger von der großen Idee, der „Lieblingsidee des Königs" die Rede als von den beschränkten finanziellen Mitteln. Die Staatsmacht appellierte an den Idealismus des Philosophen, der nur das „bisherige Gehalt" zugesichert bekam. Fichte hatte genau diesen erforderlichen Idealismus und sah in seinem Antwortbrief bereits ein „organisches Ganzes" vor seinem geistigen Auge, das er „ohne Säumen ergreifen werde" (Gedenkschrift: 28 f). Im Dezember 1807 begann Fichte die „Reden an die deutsche Nation" zu lesen, während noch französische Besatzung in der Stadt stationiert war. Im Herbst 1810 konnte der Lehrbetrieb der Universität Berlin beginnen. Fichte wurde mit einer Stimme Mehrheit zum Rektor gewählt, weil seine Kollegen ihm die nötige Widerstandskraft gegen die Interventionen der Kultusbürokratie zutrauten. Fichte nahm auch in Berlin den Kampf gegen Duelle und Trinkzwang der studentischen Orden und Landsmannschaften wieder auf. Aus Anlass studentischer Händel trat er 1812 vorzeitig vom Amt zurück (Briefw. II: 571 ff). Obwohl in seinem Frühwerk (vgl. Bd. 1, Liberalismus Kap. II, 5, b) bereits antisemitische Äußerungen über die Juden als „Staat im Staate" gesichtet wurden, die er aber genauso gegen den Adel schleuderte, konnte er nicht ertragen, dass ein Jude aus kleinen Verhältnissen gegenüber einem Studenten aus den gehobenen Ständen gegen das geltende Recht verurteilt werden sollte.

In Vorlesungen „Über die Bedeutung des wahrhaften Krieges" (1813) brandmarkte er Napoleon als Verräter der Revolution und bekräftigte die sittliche Berechtigung der französischen Revolution aufs Neue. In den letzten nachgelassenen Schriften schien er den nationalen Konservatismus wieder verlassen zu haben und kehrte zu einem eher radikalen „Verfassungspatriotismus" zurück.

Fichtes Egozentrik hat seine Zeitgenossen vielfach abgestoßen. Die Benennung von Wissen und Wollen als „Ich" und seine Klassifikation von einem absoluten Ich, einem endlichen Ich und einem Nicht-Ich hat spöttische Wortspiele provoziert. Kein geringerer als Goethe, der ein distanziertes Verhältnis zu dem Philosophen niemals überwinden konnte, kalauerte gegenüber Jacobi: „Möchtest du liebes Nichtich gelegentlich meinem Ich etwas von deinen Gedanken darüber mitteilen. Leb wohl und grüße alle guten und artigen Nichtichs um dich her". Fichte (AW VI: 425) selbst musste sich gegen den Vorwurf wehren, in der Wissenschaftslehre nur eine auf ihn selbst zugeschnittene Spezialterminologie zu vertreten. Gewichtiger als die Kritiken ad hominem waren die Vorwürfe, dass Fichte die Rolle des Gelehrten überhöhe. Seit Friedrich Nicolais Kritik kam immer wieder die Behauptung auf, Fichte habe sich selbst als eine Art Philosophenkönig verstanden (Reiss 1966: 25). Als Hybris wurde dem Philosophen ausgelegt, dass der Philosoph „a priori" den fortlaufenden Faden des Weltplans kenne. Historische Einwände ließ er nicht gelten. Der Faden des Weltplans war dem Philosophen „klar ohne alle Geschichte" (AW IV: 534). In „Einige Vorlesungen über die Bestimmung des Gelehrten" von 1794 (AW I: 217 ff) bis zu den Vorlesungen über die Bestimmung des Gelehrten von 1811 (AW V: 631 ff) wurden die Sollenssätze Fichtes über die „sittlich Besten" als Feststellungen im Seinsbereich missdeutet. Sein subjektivistischer Patriotismus hat selbst die Behörden verwundert, als er sich 1806 und 1813 als eine Art „philosophischer Prediger" für die Truppe anbot, um seinen patriotischen Beitrag zur Kriegführung zu leisten. Der Antrag wurde abgelehnt. „Ruhe ist die erste Bürgerpflicht" – Fichte hat diesen Erlass nach der Niederlage von 1806 in sein Werk als Maxime übernommen. Vom Studentenstreit über die Atheismuskontroverse bis zur Affäre um den Prozess gegen einen jüdischen Studenten in seiner Rektorzeit hat Fichte sich durch ein schroffes Wesen immer wieder Feinde gemacht und die Wirkung der Thesen, die er vertrat, selbst beeinträchtigt.

Fichte war der älteste der Theoretiker, die hier aus Gründen der Zuordnung von Gedanken zu politischen Ideologien zweigeteilt behandelt werden mussten. Es wurde bereits erwähnt (Bd. 1, Liberalismus, Kap. II.5.b) dass die Fichte-Forschung sich über die Einordnung des Philosophen uneins war. Ein Extrem sah die radikalen Frühschriften als „unreife Werke" an, die außerhalb der Editionen und der Analyse bleiben konnten. Das andere Extrem sah bei Fichte ein durchgängiges Motiv des Denkens wirksam – in einer „Philosophie der totalen Freiheit" (Willms 1967). „Freiheit" war zweifellos ein Grundbegriff, der sich durch Fichtes gesamtes Werk zog. Aber der Begriff wandelte sich. „Totale Freiheit" konnte allenfalls für die radikale Frühperiode gelten. Später wurde der Begriff „total" oder „absolut" eher für neue originelle Formen des Staatsdespotismus verwendet. Durchgängig ließ sich bei Fichte auch die Ablehnung ungerechtfertigter Ungleichheit finden. Der Vorrang der sittlichen Bestimmung vor den historischen Gegebenheiten, die Konstruktionen „a priori", die gegen historische Einwände immunisiert worden sind, wurde von Fichte in allen Phasen seines Denkens vertreten.

Ab wann lässt sich die Einordnung Fichtes unter „Konservatismus" rechtfertigen? In der „Sittenlehre" von 1798 (AW II: 641) scheint eine Wende des Denkens angebahnt. Nicht mehr das Individuum hatte Vorrang vor dem Staat. Es bekam sogar die Pflicht auferlegt, sich staatlich zu organisieren. Die Pflichten des Bürgers gingen im konstituierten Staatswesens außerordentlich weit: „Ich soll, was die

Staatsverfassung anbetrifft, nach ihr mich richten, und sie sogar, wenn es meines Amtes ist, ausüben helfen. Ich darf demnach auch über sie meine Privatüberzeugung, wenn sie der bei der Gemeine vorauszusetzenden Überzeugung entgegen ist, gleichfalls nicht vortragen, weil ich ja dadurch am Sturz des Staates arbeitete." Nicht einmal die Redefreiheit war garantiert – allenfalls die Gedanken blieben frei.

Die rigorose Pflichtenlehre Fichtes (AW II: 689) hatte jedoch ihre sozial positive Kehrseite. Der Staat hatte Sorge zu tragen, „dass jedermann ein Eigentum" habe. Der Satz ist vergessen worden, wenn Fichte später als Sozialist vereinnahmt wurde. Aus der unbedingten Pflicht des Staates resultierte eine „bedingte Pflicht" für jedermann, „den ihm bekannten Eigentumslosen ein Eigentum zu verschaffen". Wohltätigkeit wurde so zu mehr als einer christlich-moralischen Pflicht erhoben. Sie war auch nicht auf das gewöhnliche Geben von Almosen beschränkt, die Fichte (AW II: 690) als „ein sehr zweideutig gutes Werk" ansah. Die Palette der Wohltätigkeitsoptionen war breit gefächert. Längst ehe eine staatliche Arbeitsmarktpolitik wie im „Geschlossenen Handelsstaat" in Erscheinung trat, wurde es zur Pflicht des Bürgers deklariert, „dem Arbeitslosen Arbeit" zu verschaffen, dem in seiner Nahrung Herabgekommenen zu leihen oder zu schenken und Erziehungshilfe für Waisen anzubieten.

Die Staatsverfassung als Resultat des gemeinsamen Willens, der durch ausdrücklichen oder einen stillschweigenden Vertrag geäußert wurde, schafft in den Staatsbeamten nach Fichte Sachwalter dieses „gemeinsamen Willens". Sie sind allen Ständen verpflichtet und haben sich an die Verfassung zu halten (AW II: 750). Die verschiedenen Stände haben ihre Pflichten in diesem Modell: „Gelehrte forschen, Volkslehrer lehren, Staatsbeamte regieren". Aber auch die „niederen Volksklassen" haben ihre Aufgabe und Teil an der „Würde des Menschen, die davon abhängt, dass sein Geschäft auf den Vernunftzweck, auf den Zweck Gottes mit dem Menschen sich beziehen". Zu diesem Pflichten gehörte (AW II: 756f) „ihr Gewerbe zu vervollkommnen" und „die Mitglieder der höheren Klassen zu ehren". In dieser „deference" wie das im englischen Konservatismus genannt wurde, sah Fichte jedoch nicht einen stummen sklavischen Respekt, sondern die Anerkennung, dass die höheren Klassen mehr können und wissen. Diese hatten jedoch die Pflicht, die „Freiheit" der Unterklassen zu respektieren, „denn zu befehlen hat man ihnen doch nichts, wenn man nicht, und inwiefern man nicht ihre Obrigkeit ist, sondern nur zu raten". Soziale Ungleichheit sollte sich in möglichst geringem Maße in soziale Abhängigkeit umsetzen. Fichte schloss sein Buch mit einem Appell zugunsten der zweckmäßigen Wechselwirkung der höheren und der niederen Klassen.

Die nächste politische Schrift Fichtes, „Der geschlossene Handelsstaat" (1800) brachte ihn vollends in den Ruf eines illiberalen, ja fast totalitären Denkers. Diese Zuspitzung der Gedanken der Sittenlehre scheint aus der Kriegsfurcht geboren zu sein. Vielleicht ahnte Fichte, dass Preußens Lage in einer Konfrontation mit dem Korsen prekär sein würde. Der Freiheitsbegriff wurde in dieser Schrift umgedeutet. Der ewige Ruf nach Freiheit wurde sogar lächerlich gemacht (AW II: 541). Auch Handlungen unter Zwang wurden nun als Freiheit definiert. Staatsintervention hat im geschlossenen Handelsstaat das Chaos der Wirtschaft zu regulieren. Dazu ist wirtschaftliche Autarkie die Voraussetzung. Der Staat legt die Preise fest. Luxusproduktion – frei nach Rousseau – war verboten. Der Mensch sollte „angstlos und mit Lust" arbeiten. Spätere Sozialisten faszinierte der Gedanke, dass schon an die Muße für die geistige Betätigung der Arbeitenden bei Fichte gedacht worden ist. Die Autarkie ist für Kleinstaaten nicht denkbar. Daher hatten die Staaten nach Fichte das Recht, an ihre „natürlichen Grenzen" vorzurücken (AW III: 510). Damit widersprach er seiner sonstigen Definition der Nation als Kultur- und Sprachgemeinschaft. Musste das Konzept der natürlichen Grenzen nicht Tor und Tür zu Kriegen öffnen? Historische Einwände – etwa die „natürliche Rheingrenze", die Frankreich seit langem beanspruchte – ließ er nicht gelten. Fichte floh in die Hoffnung, dass die Staaten sich langfristig schon friedlich arrangieren würden. Fichte knüpfte wieder an die Lehre der Staatsräson und die Theorien Machiavellis an. Daher glaubte er, dass jeder Staat danach trachte, sich nach außen und nach innen zu vergrößern (AW IV: 604). Immerhin sah er die Gefahr, dass ein Staat, der sich kräftig vergrößert hatte, das Gleichgewicht der Kräfte störte. Er musste daher ständig auf der Hut sein. Entspannung gab es in diesem latenten Dauerkonflikt der Staaten nur als Appell des guten Willens: der Stärkere soll schwächere Staaten schützen.

Die innere Sicherheit bekam in diesem Staatswesen des Handelsstaates einen fatalen Vorrang. Nicht einmal Tourismus und Verkehr sollte Privatleuten noch erlaubt sein, die ihre „Langeweile durch alle Länder herumtragen" (AW III: 514). Nur für Gelehrte und „höhere Künstler" – die Grenze zu den kleinen Schaustellern war nicht klar gezogen – wurden Ausnahmen zugelassen. Export sollte minimiert werden. Für den Wein, der im Norden nicht gedieh, ließ Fichte wiederum eine Ausnahme zu. Sozialisten wie Max Adler haben an dieser Konzeption keine Deutschtümelei erkennen können, sondern das erste sozialistische System gelobt. Ein sozialistischer Erziehungsplan schien im Handelsstaat bereits entwickelt. Ein Recht auf Arbeit war bereits gefordert. Die Idee der Arbeitsplatzquoten für Berufsgruppen und die Preisregulierung für die Waren war schon entwickelt. Planung war vorgesehen. Fichte benutzte vornehmlich das Wort „regeln" (AW III: 495). Es fehlte zum Sozialismus nur das wichtigste Kriterium: das kollektive Eigentum. Jean Jaurès (1974: 73) hat daher in seiner Dissertation über den frühen deutschen Sozialismus nur von der „unvollkommenen Idee des Kollektivismus" gesprochen. Lassalle (Werke, III: 279) hat weniger die Suche nach Indikatoren für den Sozialismus anhand des Handelsstaates betrieben, um Fichte für den Sozialismus zu vereinnahmen. Er rekurrierte vor allem auf die Fragmente von 1813. Dabei störte einen „nationalen Sozialisten" auch nicht, dass den Deutschen nach dem Weltplan aufgetragen schien, ein „Reich der Freiheit" zu errichten. Bahnbrechend war die Idee, dass das „wahrhafte Reich des Rechts" schließlich jede Zwangsgewalt überflüssig mache. Politiker haben Fichte nicht ohne ideologische Scheuklappen adaptiert. Daher ist eher den Fachphilosophen wie Rickert (1923: 164) zuzustimmen, dass Fichte den Freiheits- und Eigentumsbegriff durchgängig so eng verknüpfte, dass man kaum von Sozialismus sprechen könne.

In den „Grundzügen des gegenwärtigen Zeitalters", die Fichte in Berlin 1804–05 vortrug, hat er vom „absoluten Staat" gesprochen (AW IV: 537f). Seiner Form nach sah er diesen als eine „künstliche Anstalt" an, da die Individuen, „die gar keine Lust, sondern vielmehr ein Widerstreben empfinden, ihr individuelles Leben der Gattung aufzuopfern, so versteht es sich, dass diese Anstalt eine Zwangsanstalt sein werde". Der individualistische Ansatz des jungen Fichte war damit in sein Gegenteil umgeschlagen. Die Vernunft, die sich in der Geschichte entfaltet, wurde nicht mehr in der einzelnen Person sondern im Staat verkörpert. Dennoch enthielten die „Grundzüge" keine konservative Theorie im Sinne der üblichen Depravationstheorien. Fichte bot ein optimistisches Bild auf einen Weltplan der Geschichte, in dem der Zweck des Daseins als Einrichtung ihrer „Verhältnisse mit Freiheit nach der Vernunft" postuliert wurde (AW IV: 401). Fünf Stadien hat Fichte unterschieden – wie später auch Engels. Im ersten herrscht die Vernunft durch den Instinkt. Es ist der Stand der Unschuld des Menschengeschlechts. Der zweite ist der Stand der anhebenden Sünde, die dritte Epoche ist der Befreiung unmittelbar von gebietender Autorität, und mittelbar von der Botmäßigkeit des Vernunftinstinkts gewidmet und führt nach Fichte zum „Stand der vollendeten Sündhaftigkeit". Es folgte eine vierte Epoche der Vernunftwissenschaft, in der die Wahrheit als das höchste anerkannt wurde und ein „Stand der Rechtfertigung" eintrat. Die Epoche der Vernunftkunst schließlich führte zum Stand der vollendeten Rechtfertigung und Heiligung (AW IV: 405). Wie bei Hegel handelte es sich in diesem Ablaufschema um eine laizisierte Eschatologie, in der das Stadium der Sündhaftigkeit notwendig durchlaufen werden muss. Die Staaten seiner Zeit befanden sich nach Fichte in der vierten Epoche. Erst in der fünften Phase werde jeder Bürger souverän. Staatsverfassung, verbunden mit persönlicher und bürgerlicher Freiheit wurde streng von der Regierungsverfassung und der mit ihr zusammenhängenden politischen Freiheit geschieden. Das klang wie ein Auftakt zu einer demokratischen Theorie. Dennoch wollte Fichte die Macht auch dann in die Hände weniger legen. Der Staat hat die Aufgabe, die Tugend der Bürger indirekt zu befördern. Aber Tugend ist kein Staatszweck, wie bei den Jakobinern (AW IV: 562). Nur „Vernünftler, die sich auch wohl Philosophen nennen" sahen nach Fichtes Ansicht im angestrebten Endzustand keine Tugend mehr walten. Im „vollendeten Staat" aber „findet der Tugendhafte alles auf die Gesellschaft sich Beziehende, was er liebt und allein zu tun begehrt, auch schon äußerlich geboten, und alles, was er verabscheut und nie tun möchte, auch schon äußerlich verboten" (AW IV: 563). Wahre Tugend wird dermaleinst nicht mehr Heldentum suchen sondern „Liebe des Guten" anstreben. Eine kommunistische Endzeiterwartung konnte sich an dieser Übereinstimmung von Staatspflicht und Bürgerneigung ohne Herrschaftszwang immer wieder inspirieren.

Die „Reden an die deutsche Nation", die Fichte nach der Niederlage von Jena hielt, um die Deutschen aus ihrer Lethargie wachzurütteln, haben seinen Ruf als Chauvinist vor allem in der ausländischen Literatur bestärkt. Sogar die preußische Zensur verweigerte ursprünglich aus Angst vor Repressalien der französischen Besatzungsmacht den Druck. In diesen Reden wurde die Sprache zum Kriterium der Abgrenzung von Nationen. Sie sollte rein gehalten werden und war von ausländischen Lehnworten zu säubern (AW V: 381). Begriffe wie Humanität, Liberalität und Popularität schienen ihm nun als Weichlichkeit verdächtig. In der Abgrenzung der Gebiete, die deutsch genannt werden konnten, war er nicht so wissenschaftlich orientiert wie selbst der Barde des deutschen Nationalgefühls Ernst Moritz Arndt. Die Skandinavier wurden „hier unbezweifelt für Deutsche genommen". Sie haben es in einer Epoche des aufkommenden Skandinavismus nicht gern gehört (AW V: 423). Je größer das Territorium eines Nationalstaats, umso weniger war das Bewusstsein reif für die Führungsaufgabe, die den Deutschen angedient wurde. „Nationalerziehung" sollte daher diese Diskrepanz überbrücken. Das Konzept hat ihm die Aufmerksamkeit der Regierung bei den Plänen zur Gründung der Universität Berlin gesichert (AW V: 391ff): „Der vernunftgemäße Staat lässt sich nicht durch künstliche Vorkehrungen aus jedem vorhandenen Stoffe aufbauen, sondern die Nation muss zu demselben erst gebildet und heraufgezogen werden". Der hierarchische Neologismus „heraufziehen" (AW V: 464) ließ wenig Gutes ahnen. Fichte war selten ganz konsequent. Einerseits sollten sich die Deutschen „Charakter anschaffen", andererseits behauptete er: „Charakter haben und deutsch sein, ist ohne Zweifel gleichbedeutend" (AW V: 557). Es tat sich ein Widerspruch auf zwischen der Notwendigkeit zur Erziehung einerseits und zur Typologie der Nationalcharaktere, die ein für alle Male historisch fixiert zu sein schienen. Frankreich war für Fichte um 1813 (AW VI: 478) „der Freiheit unfähig", weil Parteien das Land zerrissen und die freie Persönlichkeit dem Lande angeblich fehlte. Immer wieder wurde selbst bei den Großen des deutschen Idealismus – Kant nicht ausgenommen – mit nationalen Stereotypen operiert. Zugleich wurde aber die Nationalerziehung zum deus ex machina, die aus der Misere führen sollte. 1871 haben die französischen Intellektuellen unter direkter Anspielung auf Preußens Erniedrigung 1806 eine ähnliche Tröstungsphilosophie entwickelt.

„Der König hat eine Bataille verloren – Ruhe ist die erste Bürgerpflicht" lautete die Devise Preußens nach der Niederlage von 1806. Fichte hat den Ruheparagraphen in den zweiten Teil seiner Schrift „Über den Begriff des wahrhaften Krieges" von 1813 übernommen (AW VI: 456). Den ersten Teil der Devise hat Fichte hingegen nicht geglaubt. Er wusste genau, dass Preußens Niederlage mehr war als eine verlorene Schlacht. Es war der plötzliche Verlust des Mythos einer unbesiegbaren preußischen Armee. Noch Napoleon hat dem Mythos am Sarg Friedrich des Großen gehuldigt mit der These, wenn er noch lebte, er wohl nicht hier in Potsdam wäre. Preußens Desaster wurde apokalyptisch gedeutet: das Zeitalter der vollendeten Sündhaftigkeit hatte seinen Höhepunkt erreicht. Statt zu jammern sollte man dies jedoch als Chance für einen Neuanfang werten. Ursache für die Niederlage waren der sittliche Verfall, die oberflächlich bleibende Verstandesaufklärung, die träge Ruhe, die traurige Täuschung der Selbstsucht, dass sie Frieden habe, wenn nur die eigenen Grenzen noch nicht angegriffen erscheinen. Das war zugleich eine Kritik an Preußens „Verrat" im Baseler Frieden von 1795, als das Land aus der Koalition ausschied, und die Reichsinteressen dem eigenen Egoismus opferte. Eine weichliche Führung der Zügel des Staats wurde schon an der Sprache festgemacht, die er „Schlaffheit und ein Betragen ohne Würde" nannte (AW V: 381). Diese Passage war gegen die Flucht des Königs aus Berlin gedeutet. Seine Inkonsequenz ließ Fichte vergessen, dass er sich dieser Flucht nach Königsberg angeschlossen hatte und seine Familie in arge Existenznöte brachte. Trotz der markigen Sätze gegen „schlappen Staat" blieb Fichte (Briefw.II: 502) in Fragen des Schutzes der Rechte durchaus liberal. 1808 hat er mit dem Kabinettsrat Beyme die Aufhebung der Zensur diskutiert. Dieser gab vor, Fichtes Meinung zu teilen. Die Zensur war umso drückender, als sie einmal sogar eine von Fichte verfasste Schrift verloren hatte, was Fichte veranlasste, sich sogar beim König persönlich zu beschweren (Briefw. II: 510).

Die Nationalerziehung sollte nach Fichte die sittliche Bildung durch Abbau der Abhängigkeiten von sinnlichen Trieben mildern. „Vernichtung der Selbstsucht" war ihr oberstes Ziel. Die Deutschen wurden in den Stand eines „Urvolks" erhöht, welches das Ewige in sich trage, das durch Nationalerziehung zu vervollkommnen sei. Zweck des Staates wurde damit die „Kultur zur Freiheit", Selbst vom „Kulturstaat" – der in Deutschland bis 1871 und nach 1949 zur Tröstungsphilosophie wurde – war bereits die Rede (AW VI: 474, 562). Der Staat war für Fichte (AW IV: 560) schon 1805 genötigt, „die allgemeine ... schöne Kunst sich zum Zwecke zu machen". Der Kulturstaat diente auch dem Nachweis der Höherwertigkeit der Deutschen im Vergleich zu den Angelsachsen, die den Staat nur zur Sicherung des Eigentums benutzten. Bis zu Sombarts Kriegspropaganda über „Helden und Händler" hat diese Dichotomie das politische Denken der Nationen vergiftet. Dennoch war die Deutung Fichtes als Protofaschisten falsch, so sehr ihn die Nationalsozialisten später auch in Anspruch zu nehmen versuchten (Bergmann 1933). Die welthistorische Mission war bei Fichte auf sittliche Entscheidung gebaut und resultierte nicht aus einer rassischen Überlegenheit. Die Nationalerziehung hatte für Fichte zugleich sozialpolitisch erwünschte Folgen, weil sie die Kosten für Polizei und Armenanstalten verringere.

Seit dem „Handelsstaat" schien Fichte die weltbürgerlichen Ansichten seines Frühwerks aufgegeben zu haben. Die Menschheit verdünnte sich zur „Deutschheit" (Willms 1967: 148). Diese Entwicklung wurde jedoch durch das Spätwerk wieder abgemildert, das an kosmopolitische Tendenzen des Frühwerks wieder anknüpfte. Der „Zwingherr der Deutschheit" durfte in der Staatslehre, die sich im Nachlass fand, „nur zum Rechte zwingen". Jeden anderen Zwang fand Fichte (AW VI: 485) auch weiterhin „widerrechtlich (abscheulich, teuflisch)". Auch diese Schrift ist protofaschistisch gedeutet worden – zu Unrecht. Sozialisten wurden in ihr fündig: „Auf diese Weise wird irgend einmal irgendwo im Reiche des Christentums die hergebrachte Zwangsregierung allmählich einschlafen, weil sie durchaus nichts mehr zu tun findet". Der „gute und wackere Mensch" wird die Dinge allein regeln, „und so wird denn die Obrigkeit jahraus jahrein kein Geschäft mehr finden" und: „So wird der dermalige Zwangsstaat ohne alle Kraftäußerung gegen ihn an seiner eigenen durch die Zeit herbeigeführten Nichtigkeit ruhig absterben, und der letzte Erbe der Souveränität, falls ein solcher vorhanden, wird eintreten müssen in die allgemeine Gleichheit, sich der Volksschule übergebend, und sehend, was diese aus ihm zu machen vermag" (AW VI: 624). Vor Marx wurde somit das „Absterben des Staates" bereits thematisiert, das die Leninisten später als Herrschaftsideologie pervertierten und Chruščev sogar als Realität ausgab – bei einer uneingeschränkt erhaltenen Herrschaft der Partei. Die Zwingherren-Metaphern dürfen nicht Anlass werden, die egalitär-demokratische Grundkomponente dieser Schrift zu übersehen.

Fichtes Nationalismus ist vor allem im Ausland als aggressiv verstanden worden. Fichte war weder ein Status-quo-ante- noch ein Status-quo-Konservativer. Sein dynamischer, fast jakobinischer Nationalismus schien mehr als Reformkonservatismus und tendierte in die Richtung einer „konservativen Revolution". Im Gegensatz zu späteren Ideen der konservativen Revolution aber blieb die Vision auf eine Epoche, in der die Völker sich nicht mehr bekriegen, sondern aufgenommen im Schoß des Christentums leben werden. Der christliche Staat Fichtes war nicht konfessionell gemeint, trug aber in seinem aufklärerischen Impetus durchaus protestantische Züge.

Nationalistischer Reformkommunismus

Quellen

Fichte: Sämtliche Werke (Hrsg.: I. H. Fichte). Leipzig, Mayer & Müller, 1834–1845.
Fichte: Ausgewählte Werke in sechs Bänden (Hrsg.: F. Medicus). Darmstadt, Wissenschaftliche Buchgesellschaft. 1962, 6 Bde (zit: AW).
Fichte: Ausgewählte politische Schriften (Hrsg.: Z. Batscha/R. Saage). Frankfurt, Suhrkamp, 1977.
Fichte: Schriften zur Revolution (Hrsg.: B. Willms). Köln, Westdeutscher Verlag, 1967.
Fichte: Reden an die deutsche Nation. Köln, Atlas-Verlag, o. J.
Fichte: Briefwechsel (Hrsg.: H. Schulz) Leipzig, Haessel, 1925–1930, 2 Bde (zit: Briefw).
Fichte im Gespräch. Berichte der Zeitgenossen (Hrsg.: E. Fuchs u. a.). Stuttgart-Bad Cannstatt, 1978, 3 Bde. (zit: G).
H. Schulz (Hrsg.): Fichte in vertraulichen Briefen seiner Zeitgenossen. Leipzig, Haessel, 1923.
Gedenkschrift der Freien Universität Berlin zur 150. Wiederkehr des Gründungsjahres der Friedrich-Wilhelms-Universität zu Berlin (Hrsg.: W. Weischedel): Idee und Wirklichkeit einer Universität. Dokumente zur Geschichte der Friedrich-Wilhelms-Universität zu Berlin. Berlin, De Gruyter, 1960 (zit: Gedenkschrift).

Literatur

Z. Batscha: Gesellschaft und Staat in der politischen Philosophie Fichtes. Frankfurt, Europäische Verlags-Anstalt, 1970.
B. Bauch: Fichte und der deutsche Staatsgedanke. Langensalza, Beyer, 1925.
E. Bergmann: Fichte und der Nationalsozialismus. Breslau, Hirt, 1933.
M. Buhr: Revolution und Philosophie. Die ursprüngliche Philosophie Johann Gottlieb Fichtes und die Französische Revolution. Berlin, Deutscher Verlag der Wissenschaften, 1965.
W. J. Jacobs: Johann Gottlieb Fichte. Reinbek, Rowohlt, 1984, 1991.
J. Jaurès: Die Ursprünge des Sozialismus in Deutschland. Berlin, Ullstein, 1974: 48–77.
F. Lassalle: Fichtes politisches Vermächtnis und die neueste Gegenwart. In: F. Lassalles politische Reden und Schriften (Hrsg.: E. Blum). Leipzig, Pfau, o. J., Bd. III: 252–279.
A. Lasson: Fichte im Verhältnis zu Kirche und Staat. Berlin, Hertz, 1863.
W. Moog: Fichte über den Krieg. Darmstadt, Falkenverlag, 1917.
H. Rickert: Die philosophischen Grundlagen von Fichtes Sozialismus. Logos, Bd. XI, 1923: 149 ff

H. Schelsky: Theorie der Gemeinschaft nach Fichtes Naturrecht. Berlin, Juncker & Dünnhaupt, 1935.
H. Scholz: Fichtes Staatssozialismus. Diss. Köln, 1955.
W. Schulz: J.G. Fichte. Vernunft und Freiheit. Pfullingen, Neske, 1962.
C. M. Sherover: Introduction to Fichtes „The Science of Rights". In: The science of rights, by J. G. Fichte; translated from the German by A. E. Kroeger. London, Routledge & K. Paul, 1970.
C. Trautwein: Über Ferdinand Lassalle und sein Verhältnis zur Fichteschen Sozialphilosophie. Jena, Fischer, 1913.
H. von Treitschke: Fichte und die nationale Idee. München, Callwey, 1928.
K. Vorländer: Kant, Fichte, Hegel und der Sozialismus. Berlin, Cassirer, 1920.
N. Wallner: Fichte als politischer Denker. Halle, Niemeyer, 1926.
G. A. Walz: Die Staatsidee des Rationalismus und der Romantik und die Staatsphilosophie Fichtes. Berlin, Rothschild, 1928.
B. Willms: Die totale Freiheit. Fichtes politische Philosophie. Köln, Westdeutscher Verlag, 1967.

Ernst Moritz Arndt (1769–1860)

Arndt kam als Sohn eines aufgestiegenen früheren Leibeigenen in Rügen zur Welt. Er studierte Theologie und Geographie in Greifswald. Vorübergehend diente er als Hauslehrer bei Kosegarten, einer regionalen Größe als mystischer Prediger. Der Kontakt mit der kritischen Philosophie entfremdete ihn der Religion. In einer „Geschichte der Leibeigenschaft in Pommern" äußerte sich zum ersten Mal sein Nationalgefühl. Das Werk trug zur Aufhebung der Leibeigenschaft in Schwedisch-Pommern bei. Seit 1800 lehrte Arndt in Greifswald. Das Werk „Germanien und Europa" (1802) war eine Absage an Renaissance, Reformation und Aufklärung. Aber Arndt war ein Konservativer, der sich auch gegen den Absolutismus wandte. 1803 kam es zu einem längeren Aufenthalt in Schweden, dem er sich nicht weniger zugehörig fühlte als zu Deutschland. 1806 in der Schrift „Geist der Zeit" rief Arndt zu einer Allianz gegen Napoleon auf. 1806–08 arbeitete er in einer Gesetzgebungskommission für Schwedisch-Pommern und wurde zur Propaganda gegen Napoleon eingesetzt. Als Gustav V stürzte und Schweden sich Napoleon unterwarf, vollzog Arndt eine doppelte Wende zum deutschen Nationalismus und zur Religion. Von Österreichs Erhebung 1809 erhoffte er die Wiedererrichtung des deutschen Reiches. 1812 folgte er dem Ruf des Freiherrn vom Stein nach St. Petersburg und wurde zum Propagandisten des Volkskrieges gegen Napoleon. Österreich hatte Arndt tief enttäuscht. Er wandte sich daher um 1812 Preußen zu. 1818 bekam er einen Ruf nach Bonn. Zwei Jahre später wurde er bereits sus-

pendiert, weil man ihn als einen der geistigen Väter der Burschenschaften ansah. Arndts letzte Aktivität war ein Mandat für die Nationalversammlung in der Paulskirche 1848. Politisch aber spielte er bereits keine Rolle mehr.
Arndt gilt nicht als einer der Ahnherren des politischen Denkens in Deutschland – mangels Originalität. Man könnte ihn eher als Vorläufer der Volkskunde – heute „europäische Ethnologie" genannt – ansehen. Das wissenschaftliche Interesse am Volkstum hatte bei einem so glühenden Nationalisten immerhin den Vorteil, dass er die Staatsgrenzen nicht so willkürlich auf dem Reißbrett ziehen wollte wie andere Nationalisten von Fichte bis Mazzini. Sonst wären seine Äußerungen über das Volk, das noch nicht „vom jüdischen Internationalismus" verführt worden sei, und eine reine „makellose Rasse" darstelle – im Gegensatz zu den Mischsprachen anderer Völker – noch unerträglicher. Arndts frühe Schwärmerei für die Schweden hat auch bei ihm den Germanenkult geschürt, während schon Herder (IV: 389, 393) in den „Ideen zur Philosophie der Geschichte der Menschheit" (1784) über viele germanischen Stämme zu weit kritischeren Schlüssen gekommen war: „Ein ziemlich tatarisches Leben". Herder räumte ein, dass die „Nationen vom deutschen Stamme" sich hart an den eher friedlich gesonnenen Slawen versündigt hatten. Der Pommer Arndt hingegen hatte wenig Verständnis für die Slawen, obwohl er mit Stein in Petersburg Anschauungen aus erster Hand gewann. Aber zu der glänzenden Hauptstadt des russischen Reiches fiel Arndt (W V: 51f) nur ein: „Ein Wunder wäre es dann, wenn nicht auch in Petersburg viel Asien atmete und lebte, wenn die sogenannte asiatische Einfalt des Lebens sich dort nicht in einer gewissen asiatischen gleichsam unvertilgbaren Einförmigkeit und Rohheit zeigte". Der Entwicklungsstand der Russen kam ihm vor wie bei den Germanen zur Zeit der Merowinger. Nationale Vorurteile mischten sich mit sozialen Vorurteilen des Aufsteigers. Die emigrierten französischen Aristokraten haben sich auch kritisch über Russland geäußert, wie de Maistre. Aber sie haben doch die geschliffenen Formen des russischen Adels als Europa gleichwertig anerkannt. Das galt auch für eine Liberale wie Madame de Staël (Dix années d'exil. In: Oeuvres posthumes. Genf, Slatkine, 1867: 403), die an den sozialen und politischen Zuständen mehr auszusetzen hatte als die Ultra-Reaktionäre. Sie sah aber vor allem die intellektuelle Szene und die Bemühungen der Intelligenz literarisch zu brillieren, fand aber wenig Begabung bei diesem leidenschaftlichen Volk für „die Gedanken der abstrakten Welt".
Arndt wurde zum Prototypen eines politischen Schriftstellers, der vergessen worden ist, weil er – etwa im Gegensatz zu Fichte oder Mazzini – nichts als nationalistische Rhetorik hinterlassen hat, auch wenn er sich gelegentlich zu allgemeineren Themen äußerte. Sein impulsiver Subjektivismus zeigte sich in seinen geistigen Wenden: hatte er 1806 noch Schweden gelobt und Pommern unter schwedischer Herrschaft für den glücklichsten deutschen Landstrich gehalten, so

duellierte er sich kurz darauf mit einem schwedischen Offizier, der sich abschätzig über Deutschland äußerte. Arndts Hass gegen Napoleon hatte sich so gesteigert, dass er sein zweites Vaterland Schweden abschüttelte, als es mit Frankreich zu paktieren begann.

Arndts Nationsbegriff war auf Sprache und Geschichte gegründet. In dem Gedicht „Des Deutschen Vaterland" von 1813 wurde noch die Schweiz dazu gerechnet (W I: 127). Anders als bei Mazzini (vgl. Bd. 1, Kap. III.5) hat Arndt jedoch die Sprachgrenzen korrekter zugrunde gelegt als Mazzini. Das zeigte sich in der Bereitschaft, polnische Gebiete östlich von Posen notfalls zurückzugeben, „wenn sie (die Polen) die Tüchtigkeit und Redlichkeit beweisen, dass sie wieder ein Volk werden können" (W XII: 129). Gegen „Polenlärm und Polenbegeisterung" (1848) hat Arndt die Nation im Bewährungszustand gewürdigt, obwohl „das Weltgericht der Völker, die Weltgeschichte", dazu geführt habe, dass Polen aufgrund seiner staatlichen Unfähigkeit seinen Staat durch eigene Schuld verspielt hatte (W XII: 127). Arndt war für kompakte Nationalstaaten. Sprachinseln waren zur Assimilation durch die umgebende Nation freigegeben, was vor allem viele Deutsche östlich der Bundesgrenzen betroffen hätte (W XI: 42). Arndts Devise von 1813: „Der Rhein ist Deutschlands Strom, aber nicht Deutschlands Grenze" war keineswegs nur auf völkische Argumente aufgebaut. Wie in der Kontroverse „Gentz gegen Görres" spielte auch die Erwägung eines „Gleichgewichts der Völker" eine Rolle – sehr im Gegensatz zum machiavellistischen Ausdehnungsdrang eines jeden Staates bei Fichte. Frankreich am Rhein hätte für Arndt ganz Deutschland schutzlos den französischen Armeen preisgegeben (W XI: 59). Daher musste in seinen Augen das „Elsaß anfangs auch sträubig in diese Verbindung" Preußens mit den Rheinlanden hineingezogen werden (W XII: 22), eine Devise, die 1871 Wirklichkeit werden sollte. Dass Deutschland damit numerisch in der Bevölkerungszahl ein leichtes Übergewicht über Frankreich hätte, war für ihn kein Gegenargument. Der deutsche Bundesstaat war in Arndts Augen weniger aggressiv als der französische Zentralismus. Außerdem besitze Frankreich viele geographische Vorteile gegenüber Deutschland, so dass die bloße Bevölkerungszahl nicht ins Gewicht falle (W XI: 60).

Als Vorpommern nach dem Sieg über Napoleon an Preußen fiel, haben viele Pommern beim Abzug der Schweden geweint und sich vor der preußischen Herrschaft gegrault. Arndt hat wie seine Region empfunden, bis er 1813 in der Schrift „An Preußen" seinen Frieden aus Enttäuschung über Österreichs Führungsrolle gemacht hat (W X: 163 ff). Arndt war als Volkskundler prädestiniert, konservativ-bewahrend zu wirken. Aber auch in der Restaurationszeit wurde er kein Reaktionär. Er blieb ein glühender Föderalist und ein Anhänger eines richterlichen Überprüfungsrechts durch das Reichsgericht – wie er es auf dem Papier in der Verfassung der Paulskirche noch erleben sollte. Arndt war für unbegrenzte Pressefreiheit und trat für eine Verfassung mit ständischen Elementen ein. Den Adel wollte er reformieren, aber nicht abschaffen. Vor allem der Bauernstand lag ihm am Herzen. Dieses Anliegen hatte den Freiherrn vom Stein auf ihn aufmerksam werden lassen, der an der preußischen Befreiung der Bauern gearbeitet hatte. Nach dem Tode Steins hat Arndt dem bewunderten Mann ein rührendes volksbuchartiges Denkmal in der Schrift „Meine Wanderungen und Wandelungen mit dem Reichsfreiherrn Heinrich Karl Friedrich vom Stein" gesetzt (W V: 11 ff).

In der Schrift „Über künftige ständische Verfassungen in Teutschland" (1814) versuchte Arndt an die ständische Tradition des alten Reiches anzuknüpfen (W XI: 90) ohne zum Status-quo-ante-Konservativen zu werden. An Arndt – mehr noch als an Fichte – zeigte sich, dass der Nationalismus als Ideologie quer zu den damals vorherrschenden politischen Strömungen des Liberalismus und des Konservatismus lag. Er konnte erzreaktionäre rückwärtsgewandte Utopien, aber auch demokratische Mobilisierungsregime fördern. Dieser Umstand macht es verständlich, warum jeder nationalistische Propagandist in der Restaurationszeit bei den bewahrenden Kräften, welche die Legitimitätstheorie hochhielten, als „Demagoge" verschrien sein musste. Auch wenn Arndt nicht einige recht fortschrittliche liberale Prinzipien vertreten hätte, wäre seine Sehnsucht nach einem Nationalstaat trotz des föderalistischen Grundgedankens eine Bedrohung der Fürstenlegitimität gewesen.

Quellen

Arndt: Werke (Hrsg.: H. Rösch). Leipzig, Pfau 1892 ff., 16 Bde (unvollständig).
Arndt: Werke. Auswahl (Hrsg.: A Leffson).Berlin, Deutsches Verlagshaus Bong, 12 Teile, o. J. (zit:W).
Arndt: Volk und Staat. Schriften (Hrsg.: P. Requardt). Stuttgart, Kröner, o. J.
J. G. Herder: Werke. Weimar, Volksverlag, 1957, 5 Bde.

Literatur

R. Fahrner: Arndt. Geistiges und politisches Verhalten. Stuttgart, Kohlhammer, 1937.
F. Gundolf: Hutten, Klopstock, Arndt. Heidelberg, Weiss, 1924.
G. Henschel: Neidgeschrei. Antisemitismus und Sexualität. Hamburg, Hoffmann & Campe, 2008.
H. Polag: E. M. Arndts Weg zum Deutschen (1769–1812). Studien zur Entwicklung des frühen Arndt. Leipzig, Eichblatt, 1936.
E. Walter/A. Koch (Hrsg.): Ernst Moritz Arndt (1769–1860). Deutscher Nationalismus, Europa und Transatlantische Perspektiven. Tübingen, Niemeyer, 2007.

2 Konservative Auftragspublizistik: Gentz, Friedrich Schlegel, Jarcke

Die Status-quo-Konservativen haben vielfach die Polemik gegen die Literaten und Intellektuellen eröffnet, obwohl sie selbst zu dieser Gruppe gehörten. Deutschland als Land der nachholenden Modernisierung schien sehr modern in der Organisation einer staatlich alimentierten politischen Publizistik, bei der ehemalige Liberale wie Müller, Gentz, Jarcke oder Friedrich Schlegel in den Dienst der Statusquo-Bewahrer traten. Gentz hat dieses Netzwerk von politischer Theoriebildung ad hoc mit äußerstem Geschick im Auftrag seines Freundes Metternich organisiert. Obwohl – oder weil – Adam Müller der theoretisch eigenständigste dieser Gruppe war und ebenfalls als Propagandist im Dienst der österreichischen Regierung stand, wird er wegen der besonderen Ausprägung seiner Theorien hier unter den „Status-quo-ante-Konservativen" der deutschen Romantik mit Novalis und anderen behandelt.

Friedrich Ritter von Gentz (1764–1832) war der Sohn eines calvinistischen Beamten aus Breslau. Er studierte Rechtswissenschaften und wurde 1786 als Sekretär beim Generaldirektorium in Preußen angestellt. Der ursprüngliche Anhänger der französischen Revolution wurde durch Burke in seinen Ansichten konservativ umgestimmt. In der Opposition gegen Napoleon wurde Gentz Mitgründer einer national-deutschen Gruppe um Louis Ferdinand, Stein und Adam Müller. Als Agent des englischen Staatsmannes Pitt leistete er sich einen extravaganten Lebensstil und festigte seinen Ruf als der korrupteste aller Lohnschriftsteller im Auftrag der Regierung. In den „Fragmenten aus der neuesten Geschichte des politischen Gleichgewichts in Europa" (1806) forderte er zum Durchhalten im Krieg gegen Napoleon auf und wurde zum bestgehasstesten und meistgesuchtesten Gegner des französischen Kaisers.

Gentz war kein Status-quo-ante-Konservativer. Er wollte keine Restauration des untergegangenen Kaiserreichs. Aber nur vorübergehend wurde er vom Nationalismus angesteckt. Nach der fehlgeschlagenen Erhebung von 1809 erfasste ihn Skepsis gegen jeden nationalen Überschwang. Gentz wurde nach eigenem Bekenntnis vom Preußen zum „Stockösterreicher". Im Befreiungskrieg ging ihm selbst die Deutschlandpolitik seines Freundes Metternich noch zu weit. Scharf griff er den nationalistischen Idealismus an und kämpfte gegen die Einheit Italiens und Deutschlands. Ein Ziel seiner Agitation waren die Burschenschaften. Die Auslegung der Bundesakte Art. 13 im Sinne einer Repräsentativverfassung hat er aufs heftigste bekämpft. Sein Hauptanliegen war eine Theorie des Gleichgewichts der Mächte. Er hat daher in einer Polemik mit Görres (1927: 285), der als rheinischer Konservativer die Rückgewinnung des Elsass verlangte, gegen die „eingebildeten Rechte des deutschen Volkes" polemisiert. Gentz (I: 417, 419) machte geltend, dass diese Gebiete, die verloren zu haben, „mit Recht schmerzen mochte", schon über hundert Jahre zu Frankreich gehörten. Frankreich sollte im Interesse des Gleichgewichts nicht durch territoriale Verluste zusätzlich gedemütigt werden. Die Aggressionspolitik Ludwig XIV sei schon unter dessen Nachfolger beendet worden. Das Gleichgewicht der Kräfte werde daher durch den französischen Besitz von Elsass-Lothringen nicht gestört (I: 419).

Gentz als philosophisch geschulter Publizist mit spitzer Feder hat komplizierte Sachverhalte immer wieder in griffiger Form simplifiziert. Ein Meisterwerk politischer Propaganda war seine Apologie der landständischen Verfassungen (1844: 222), die er für „gewachsen" hielt, während Repräsentativverfassungen, welche die Liberalen aus Art. 13 der Bundesakte heraus interpretierten, für Gentz Produkte der Willkür und der Gewalt darstellten, wie in Frankreich und in England. Wo das Repräsentativsystem die Oberhand gewinne, kam es nach der Ansicht von Gentz (1844: 226) zur „doppelten Verantwortlichkeit der Minister" vor dem Monarchen und dem Parlament, zur unbeschränkten Pressefreiheit und zum nicht begrenzten Petitionsrecht der Kammern. Selbst die Öffentlichkeit der parlamentarischen Verhandlungen war ihm ein Dorn im Auge. Das Rechtssystem des Deutschen Bundes war für Gentz unvereinbar mit dem Repräsentativsystem, in dem ein Teil „als constitutionelle Maschinen" regiert werde (1844: 229).

Die pointierte Gegenüberstellung zweier Regime wurde in der damaligen Publizistik hundertfach nachgebetet – bis selbst Konservative wie Stahl sie als zu schematisch erkannten. Die Antithese setzte sich vor allem in Württemberg und Bayern nicht durch. Die Gentz-Metternichsche Interpretation des Artikels 13 war gegen die liberal-konstitutionelle Dynamik in vielen deutschen Staaten nicht zu implementieren (Boldt 1975: 22 ff). Was einige Bevollmächtigte der Länder erboste, war die Unterstellung in einer nachträglichen Interpretation, die Vertragspartner hätten unter dem Begriff „landständisch" 1815 eine altständische Verfassung verstanden. Welcker und andere Liberale haben diese Deutung entschieden zurückgewiesen (Brandt 1968: 57). Richtig an der Gentzschen Antithese war lediglich, dass jenes schöpferische Halbdunkel des Artikels 13 eine Dynamik in Richtung Parlamentssouveränität entfalte. Falsch war jedoch die Hoffnung, durch rigide Interpretationskünste diese Entwicklung aufhalten zu können. Spätestens 1830 wurde in Frankreich und Belgien klar, dass eine gebremste konstitutionelle Dynamik sich notfalls in einer Revolution entlud.

Gentz war jedoch gegenüber der künftigen Entwicklung klarsichtiger als Metternich. Er verlor die Hoffnung, die Einheit Europas künstlich aufrecht zu erhalten. Die Freundschaft zu Metternich begann zu erkalten. Gentz missbilligte die zu enge Anlehnung Österreichs an Russland und war im Gegensatz zu Metternich bereit, den Status quo auch nach der Julirevolution anzuerkennen und mit Louis

Philippe zu kooperieren. Nur das erhaltenswerte Alte sollte konserviert werden. Gentz war gegen eine Status-quo-Politik um jeden Preis. Gentz als kühler Beobachter seiner eigenen Propaganda war sich klar darüber, dass seine Dichotomie von Repräsentativ- und landständischer Verfassung auf die Dauer unhaltbar wurde. Er gab zu, dass es sich um einen Austausch von Schlagworten der politischen Parteien handelte. Aber die Slogans verselbständigten sich. Vollgraff und Jarcke haben die Kontroverse inhaltlich ausgesponnen. Verdienstvoll daran schien einem Konservativen wie Stahl (RP II, 2: 368f) an dieser Gegenüberstellung die Verteidigung des „deutschen Systems" gegen den Geist der französischen Revolution. Aber sie wurde auch für Stahl zunehmend zu undifferenziert, und er distanzierte sich von den „Reaktionären" und ihrem Begriffsrealismus (RP II, 2: 368f). Das preußische Edikt über Provinzialstände war historisch-ständisch gemeint und die Bayerische Verfassung von 1817 als repräsentativ konzipiert. Der faktische Unterschied in der Operation der Einrichtungen war jedoch laut Stahl ziemlich ähnlich. Seine Konklusion lautete daher: „In Wahrheit ist die Mischung der beiden Charaktere, welche sich jetzt überall in neueren ständischen Einrichtungen findet ... grade das unabweisliche Postulat der Zeit" (RP II, 2: 369). Die Radikalisierung der theoretischen Konflikte hat jedoch solche scharfsinnigen Klarstellungen nicht akzeptiert. Die Dichotomie von „monarchisches Prinzip" oder „parlamentarische Regierung" wurde auch von den Liberalen – etwa der Kritik Mohls an Stahl – zunehmend angeheizt. Stahl wurde zwar nicht der „Disraeli Preußens" (L. Bergstraesser), hat aber Bismarcks Praxis im preußischen Budget- und Verfassungskonflikt auch als Rechtfertigung gedient. Sogar die Ultra-Rechte hat später aus der Vorstellung, dass im Konfliktfall der Monarch im Ausnahmezustand entscheide, im Dezisionismus des 20. Jahrhunderts sich immer wieder auch auf Stahl berufen.

Friedrich Schlegel (1772–1829) gehörte ebenfalls zur Gruppe der „Lohnschriftsteller" in den Diensten der deutschen Vormacht Österreich. Er machte eine ähnliche Entwicklung durch wie andere Romantiker. Er war anfangs ein radikaler Rousseauist. In einer Besprechung der Friedensschrift ging ihm Kant nicht weit genug. Damals identifizierte Schlegel (VII: 11ff) noch „republikanisch" und „demokratisch" im Sinne von Robespierre. Auch Schlegel konvertierte zum Katholizismus und wurde zum Propagandisten des christlichen Staates und der Monarchie (VII: 455f) in endlosen Zeitungsartikeln. Die Republik verdammte er weniger als andere Konservative, aber auch er hielt die Monarchie für eine dem christlichen Prinzip angemessene Regierungsform. Seit den 1820er Jahren steigerte sich Schlegel in ein manichäisches Weltbild mit der Konfrontation von „gut" und „böse", des Lebendigen und Organischen im Vergleich zu dem künstlichen und schlechten, aus dem die revolutionäre Unruhe hervorgehe, die im Chaos enden müsse. Autorität –

Glaube – Liebe – sämtliche Versatzstücke des romantischen Konservatismus wurden als Stützen des Staates gepriesen. Originell waren seine politischen Ansichten nicht. Die politische Publizistik war matt wie seine Lyrik. Schlegels eigentliche Bedeutung lag außerhalb der Politik – in der Literaturkritik.

In der Zeit des Vormärz gehörten Jarcke und Vollgraff zum Dreigestirn der antirepräsentativen reaktionären Publizistik. *Friedrich Vollgraff* (1794–1863), Jurist in Marburg, nahm in seinem Pamphlet von 1832 ein paar neuständische Korrekturen der Gentzschen Unterscheidung vor, die in die Richtung der Idee einer Mischung beider Typen deuteten, die Stahl später vornahm. Ebenso wenig originell war *Karl Ernst Jarcke* (1801–1852) aus Danzig, Professor für Strafrecht und einer der Profiliertesten im Kreis um Görres und Baader in München. 1824 konvertierte er zum Katholizismus und wurde 1832 Nachfolger von Gentz als „a. o. Rath der k. u. k. Haus- Hof- und Staatskanzlei" als „Chefideologe" einer ständisch-katholischen Monarchie. Auch er kam durch den Schock der Julirevolution von 1830 zur politischen Schriftstellerei. Er neigte dem Status-quo-ante-Konservatismus von Haller zu. Neu war der Ultramontanismus, den Jarcke publizistisch wirksam vertrat. Politische und soziale Fragen deklarierte Jarcke letztlich als religiöse Fragen. Der Staat hatte für ihn den Schutz der Kirche zu übernehmen. Görres hatte diese Idee bereits entwickelt. Der liberale Mohl (Lit II: 589) richtete daher streng: „Etwas eigentlich neues enthalten Jarckes Aufstellungen auch hier nicht". Selbst Stahl hat seine simple Konfrontation von Repräsentativverfassung und landständischer Verfassung nicht mehr akzeptiert.

Quellen
Gentz: Schriften (Hrsg.: G. Schlesier). Mannheim, Heinrich Hoff, 1838–40, 5 Bde.
Gentz: Ausgewählte Schriften (Hrsg.: W. Weick). Stuttgart & Leipzig, Rieger, 1834, 4 Bde.
F. Gentz: Über den Unterschied zwischen den landständischen und Repräsentativ-Verfassungen. In: Klüber/K. Welcker (Hrsg.): Wichtige Urkunden für den Rechtszustand der deutschen Nation. Mannheim, Bassermann, 1844: 220–229.
J. Görres: Auswahl aus Werken und Briefen. Köln, Gilde-Verlag, 1927.
E. R. Huber (Hrsg.): Dokumente zur deutschen Verfassungsgeschichte. Stuttgart, Kohlhammer, 1961, Bd. 1.
K. E. Jarcke: Die ständische Verfassung und die deutschen Constitutionen. Leipzig, Weygand, 1834
K. von Radowitz: Ausgewählte Schriften. Regensburg, Habbel, 1913, 3 Bde.
F. Schlegel: Sämtliche Werke (Hrsg.: E. Behler). Paderborn, Schöningh, 1958, Bd. VII: Studien zur Geschichte und Politik, 1966.
F. Schlegel: Schriften und Fragmente. (Hrsg.: E. Behler): Stuttgart, Kroener, 1956
K. Vollgraff: Die Täuschungen des Repräsentatif-Systems. Marburg, Elwert, 1832.

Literatur

E. Behler: Friedrich Schlegel. Mit Selbstzeugnissen und Bilddokumenten. Reinbek, Rowohlt, 2004, 7. Aufl.

H. Boldt: Deutsche Staatslehre im Vormärz. Düsseldorf, Droste, 1975.

H. Brandt: Landständische Repräsentation im deutschen Vormärz. Politisches Denken im Einflussfeld des monarchischen Prinzips. Neuwied, Luchterhand, 1968.

G. P. Hendrix: Das politische Weltbild Friedrich Schlegels. Bonn, Bouvier, 1961.

G. Mann: Friedrich von Gentz: Geschichte eines europäischen Staatsmannes. Zürich, Europa-Verlag, 1947.

R. von Mohl: Friedrich von Gentz, Karl Ernst Jarcke. In: Geschichte und Literatur der Staatswissenschaften. Graz, Akademische Druck- und Verlagsanstalt, 1960, Bd. II: 488–511, 578–592.

M. Preitz (Hrsg.): Friedrich Schlegel und Novalis. Biographie einer Romantikerfreundschaft. Darmstadt, Wissenschaftliche Buchgesellschaft, 1957.

P. Schnyder: Die Magie der Rhetorik. Poesie, Philosophie und Politik in Friedrich Schlegel. Frankfurt, Fischer TB, 2011.

R. Volpers: Friedrich Schlegel als politischer Denker und deutscher Patriot. Münster, Univ. Diss., 1917.

B. Wanning: Friedrich Schlegel. Eine Einführung. Hamburg, Junius, 1999.

H. Zimmermann: Friedrich Gentz. Die Erfindung der Realpolitik. Paderborn, Schöningh, 2012.

V. Reformkonservatismus in der konstitutionellen Monarchie

1 Die Apologie des Status quo der konstitutionellen Monarchie in Deutschland: der späte Hegel und Lorenz von Stein

Georg Wilhelm Friedrich Hegel (1770-1831)

Hegel wurde als Sohn eines Rentkammersekretärs in Stuttgart geboren. 1790-91 studierte er im Stift zu Tübingen. Dort verband ihn eine lange Freundschaft mit Hölderlin und (bis 1807) mit Schelling. Dass die drei Freunde einen Freiheitsbaum gepflanzt haben, gehört wohl zur Legende. Aber dass sie die Französische Revolution begrüßten und radikale Schriften lasen, ist unbestritten. Ab 1793 musste Hegel sich als Hauslehrer verdingen, erst in Bern (1893), wo er sich mit der Berner Patriziatsverfassung beschäftigte (vgl. Bd. 1 Liberalismus, Kap. II.5), und später in Frankfurt (1897). Durch Schellings Vermittlung habilitierte er sich 1801 in Jena und wurde schlecht bezahlter außerordentlicher Professor. 1807 diente er als Redakteur der „Bamberger Zeitung" und Rektor eines Gymnasiums in Nürnberg, um seine sinkenden Einkünfte zu verbessern, denn die Studenten blieben nach der Schlacht bei Jena zunehmend weg. 1816 bekam Hegel einen Ruf nach Heidelberg. An seine Frau schrieb er (Br II: 147): „In Heidelberg heißt es jeder für sich und Gott für uns alle. Es sei kein Getue und Getreibe in Gesellschaft, sondern ein stilles liebes Leben". Anfangs war er jedoch enttäuscht von der Stille aufgrund schwacher Hörerzahlen. 1817 schrieb der preußische Minister von Altenstein, dass er die Hoffnung habe, Hegel „nach einiger Zeit dennoch für die Universität Berlin zu gewinnen" (Br II: 170). „Jeder für sich" galt auch für den ehrenvollen Ruf auf Fichtes vakanten Lehrstuhl und Hegel feilschte gehörig – bis in die Details eines Vergleichs von Mieten und Lebensmittelpreisen (Br II: 173). 1829 wurde Hegel Rektor an der Universität Berlin. 1831 starb er aber nach kurzer Krankheit überraschend und wurde neben Fichte auf dem Dorotheenstädter Friedhof beigesetzt.

Hegel ist der zweite Denker, der bei der Zuordnung zu Großfamilien der Weltanschauungen zweimal behandelt werden muss. Bei ihm ist die Trennung der radikalen Frühschriften und dem Spätwerk eines konstitutionellen Statusquo-Konservativen leichter als bei Fichte, dessen Konservatismus immer von „jakobinischen Elementen" durchsetzt blieb, und der in seiner letzten Spätphase zu einigen Positionen seines Jugendwerks zurückkehrte. Lange ist darum gestritten worden, ob Hegel von einer Ideologie vereinnahmt werden könnte. Er selbst hat die „Ideologen" gehasst, die Napoleon zu seiner Genugtuung vertrieben hatte. Seine antiliberalen Ausfälle in der Geschichtsphilosophie haben jedoch nicht verhindert, dass vor allem in der Literatur der romanischen Länder (de Ruggiero 1964, Fleischmann 1964), – die auch sonst mit den politischen Ansichten deutscher Philosophen von Nietzsche bis Heidegger vielfach toleranter umging als die deutsche Forschung – Hegel zum „Ehrenliberalen" ernannt worden ist.

Hegels politische Ansichten haben trotz gelegentlich beißender Polemik von Fehlurteilen im Ganzen eine rationalere Grundlage bewahrt als die Theorien der impulsiven Freunde wie Schelling oder Fichte. Schelling hat noch 1795 in höchsten Tönen über den Impetus geschwärmt, den die Freunde in Tübingen von der geistigen Revolution empfangen hatten: „Es ist ein Wonne, den Triumph dieser philosophischen Helden mit anzusehen.. Kant hat alles weggeräumt. ... Fichte wird die Philosophie auf eine Höhe heben, vor der selbst die meisten bisherigen Kantianer schwindeln werden" (Br I: 14f). Hegel (Br: 16) blieb wesentlich kühler im Hinblick auf die Verquickung von Ideen und Machtinteressen: „Die Orthodoxie ist nicht zu erschüttern, solange ihre Profession mit weltlichen Vorteilen verknüpft, in das Ganze eines Staats verwebt ist". Das Bestehende hatte schon für den jungen Hegel immer den „zahlreichsten Truppe von gedanken- und höherem Interesse-losen Nachbetern oder Schreibern auf ihrer Seite". Dennoch war auch seine Hoffnung auf eine Revolution des Geistes noch nicht ganz verflogen: „Vernunft und Freiheit bleiben unsere Losung, und unser Vereinigungspunkt die unsichtbare Kirche". Hegel (Br I: 23) hoffte gegenüber Schelling noch im gleichen Jahr auf eine „Revolution im Ideensystem von ganz Deutschland" und eine Revolution, die vom Kantischen System ausgehen werde. In der Frankfurter Zeit wurde dieser Enthusiasmus zugunsten der resignativen Einsicht abgebaut, dass das Sollen gegenüber der Wirklichkeit ziemlich wirkungslos sei. Von Schelling erhoffte er nach dem Wandel seiner Ansichten, dass er ihn als Freund, der „rein, d.h. im ganzen Gemüte und ohne Eitelkeit" verstehen werde, dass er die „untergeordneten Bedürfnisse" hinter sich gelassen habe, und das „Ideal des Jünglingsalters" zur Reflexionsform in ein System verwandele (Br I: 59f).

Die Abkehr von den Jugendidealen und die Hoffnungen auf Napoleon

Obwohl Hegel seinem Freund Hölderlin die Hauslehrerstelle in Frankfurt verdankte, entfernte er sich in der Frankfurter Zeit rasch von den einst gemeinsamen Idealvorstellungen der antiken Polis. Eine Abkehr von den Idealen der Revolution war in seiner Berner Zeit durch den Thermidor 1794, der das ganze Ausmaß des Terrors der Jakobiner offenbar werden ließ, schon erfolgt. Aber Hegel hat sich damals zu den Ereignissen nicht publizistisch geäußert. Der Wandel der Überzeugungen ging nicht ohne schwere innere Krise vor sich (vgl. Lukács 1947: 131 ff). Mit zwei politischen Schriften, die damals unveröffentlicht blieben: „Über die neuesten inneren Verhältnisse Württembergs" (1798) und die „Kritik der Verfassung Deutschlands" (1802, vgl. Bd. 1, Kap. II.5.b) hatte Hegel kein Glück, weil sie durch die politischen Ereignisse zu schnell überholt wurden.

In der Jenaer Zeit erschien 1807 die „Phänomenologie des Geistes", die den Durchbruch zu seiner eigenen, von den Vorläufern unabhängigen Position brachte. Die Kriegsereignisse von 1806 zwangen Hegel sich wegen der schwindenden Hörerzahlen in Jena einen einträglicheren Posten zu suchen. Er fand ihn bei der „Bamberger Zeitung". Politische Bedenken, ein frankophiles Blatt, das Rheinbund-Politik vertrat, zu redigieren, hatte Hegel nicht. Aber die „niedere Zeitungsschreiber-Politik" (Br I: 187), bei der kaum je ein grundsätzlicher Leitartikel anfiel, hat ihn naturgemäß gelangweilt. Hegel blieb skeptisch gegen die Freiheitsbewegung wie Goethe. Im Gegensatz zu dem Weimarer „Olympier", der mit Hegel die Abneigung gegen romantischen Überschwang gemein hatte (vgl: Löwith 1953: 201 ff), hat er jedoch die deutschtümelnde Sammlerwut von Monumenten deutscher Vergangenheit grundsätzlich lächerlich gemacht. Hegel erwartete Reformen. Aber der „Theseus", der in der deutschen Verfassungsschrift noch ein Deutscher hätte sein können, war nun eindeutig auf Napoleon fixiert. Sein Attentismus wurde jedoch auf eine harte Geduldsprobe gestellt: „Immer scheint die letzte Entscheidung von Paris noch nicht ausgegangen zu sein, welche, wie aus mancherlei Umständen zu vermuten, nicht nur äußerliche Länderzuteilungen betreffen, sondern zum Heil der Völker, auch auf die innere Organisation Einfluss haben wird". (Br I: 92). An seinen Freund Niethammer schrieb er im November 1807, dass die „Nachahmungen des Französischen immer nur die Hälfte aufnehmen und die andere Hälfte weglassen, diese andere Hälfte, welche das edelste, die Freiheit des Volkes, Teilnahme desselben an Wahlen, Beschließungen oder wenigstens Darlegung aller Gründe der Regierungsmaßregeln vor die Einsicht des Volkes enthält! – eine Weglassung, wodurch jene erste Hälfte zum Verkehrten, zur Willkür, Grobheit, Rohheit, vornehmlich Stummheit, Hass der Publizistik, Aussagung, Verschwendung – und auf der anderen Seite zur Dumpfheit, Missmut, Gleichgültigkeit gegen alles Öffentliche, Kriecherei und Niederträchtigkeit wird" (Br I:

197). Die Imitation Frankreichs schien um diese Zeit erwünscht. Es wurde nur die halbherzige Rezeption beklagt, wobei er das Ausmaß der Freiheit im ersten Empire gröblich fehl einschätzte. Man erwartete in Deutschland die Erfüllung von Minimalforderungen und eventuell sogar eine „Reichsständeversammlung". Nach Hegels Ansicht schrieben die deutschen Staatsrechtslehrer eine Menge überflüssiges über die Souveränität im Sinne der Bundesakte. Aber: „Der große Staatsrechtslehrer sitzt in Paris" (Br I: 185). Hegel nahm nicht den geringsten Anstoß, dass die Deputierten aller Stände nach Paris wie Schuljungen einbestellt wurden. Die Bereitschaft zu repräsentativen Einrichtungen schloss Hegel aus einem Bonmot Napoleons, der nach der Aufhebung der Landstände in Württemberg von dem König, den er im Stande erhöht hatte, gesagt haben soll: „Ich habe Ihren Herren zu einem Souverän, nicht zu einem Despoten gemacht". Mit der Bewunderung für Napoleon Hand in Hand ging die Häme über das geschlagene Preußen. „Den Kaiser – diese Weltseele" – sah er durch die Stadt zum Rekognoszieren hinausreiten; „es ist in der Tat eine wunderbare Empfindung ein solches Individuum zu sehen, das hier auf den Punkt konzentriert, auf einem Pferde sitzend, über die Welt übergreift und sie beherrscht" (Br I: 120). Die Flucht in einen absoluten Idealismus als Kompensation für die deutsche Misere führte zu einer fatalen Anpassungsbereitschaft. Die Unterwerfungsbereitschaft schien der national gesinnten folgenden Generation umso verwerflicher, als Hegel immer voller Verachtung gegen die Ideologen geblieben ist (Haym 1857: 259). Aber Ideologen sind immer die Vertreter der Gegenposition – im Falle Hegels die Nationalisten und nicht die Frankreich-Kollaboranten im Namen der Freiheit einer durch Napoleon gebändigten französischen Revolution. Die Kritiker übersahen in ihren Anklagen, dass Hegel im Grund durchaus deutscher Patriot war, aber er suchte einen „Zwingherren der Deutschheit" in anderer Weise als Fichte, der das Wort geprägt hat, und der im Gegensatz zu Hegel nie ein Freund der napoleonischen Herrschaft gewesen ist. Man muss Hegel zubilligen, dass jede Hoffnung auf den Kaiser von Österreich, der die deutsche Kaiserkrone niedergelegt hatte, vergeblich war. Daher schien es weise, die Einheit von Staat und Nation, welche die Nationalisten unterstellten, aufzulösen.

Kant ist mit Sieyès, Fichte mit den Jakobinern und Hegel mit Napoleon verglichen worden. Napoleon wurde zum Werkzeug des Weltgeistes, als dessen verstehender Deuter sich Hegel empfand. Die Akzeptanz der Realität in Deutschland schien es zu gebieten, die deutschen Mittelstaaten zum Hoffnungsträger zu erklären, nachdem Österreich ausfiel und Preußen geschlagen war. Wie andere Geistesgrößen verspürte Hegel den Drang sich in dem hoffnungsvollsten und sich modernisierenden Rheinbundstaat nämlich in Bayern nieder zu lassen. Das süddeutsche Regionalbewusstsein brach sich Bahn. An Schelling schrieb Hegel (Br I: 132), dass er vom „nördlichen Deutschland" nichts mehr erwartete. Der ethische Individualismus Kants und Fichtes wurde in einem heranreifenden Selbstbewusstsein von Hegel zur Vorstufe des absoluten Wissens degradiert, das sich mit der „Phänomenologie des Geistes" Bahn brach. Die „deutsche Erhebung" 1809 in Österreich hat Hegel mit Missfallen kommentiert. Seine Jesuiten- und Katholiken-Furcht ließ ihn vor allem gegen die konvertierten Lohnschreiber in Österreichs Diensten wie Friedrich Schlegel, Gentz und Adam Müller Position beziehen. Der Protestantismus, der Hegel immer am Herzen lag, schien von Österreich her stärker bedroht als durch Napoleon, weil dieser in den eroberten und verbündeten Gebieten keinerlei Anstalten traf, den Katholizismus zu fördern. „Vaterland, Fürsten, Verfassung und dergl. scheinen nicht der Hebel zu sein, das deutsche Volk emporzubringen" stellte Hegel (Br I: 136) resigniert fest. Bewegung könnte allenfalls entstehen, wenn die Religion gefährdet werde. Aber: „Die Führer sind vom Volk getrennt, beiden verstehen sich gegenseitig nicht". Der aufgeklärte Despotismus der Satrapien Napoleons – wie sie Montgelas' System in Bayern darstellte – schien in der Phase dieses Pessimismus die beste Möglichkeit, ein Staatswesen zu ordnen. Weiterreichende Hoffnungen waren auf das „Reich des Geistes" verwiesen. Die französische Nation, „durch's Bad der Revolution" gegangen, schien bereits seine Fackelträgerrolle einzubüßen, weil sie keinen rechten Halt in sich mehr habe. So blieb die Hoffnung für die Deutschen, dass sie endlich gezwungen sein könnten, ihre „Trägheit gegen die Wirklichkeit aufzugeben, in diese herauszutreten, und vielleicht, indem die Innerlichkeit sich in der Äußerlichkeit bewahrt, ihre Lehrer übertreffen werden". In der aktuellen Wirklichkeit aber hatten die deutschen Fürsten den Begriff der „freien Monarchie" noch nicht begriffen. Es bedurfte eines Demiurgs von außen: „Napoleon wird dies alles zu organisieren haben" (Br I: 185). Den „Allemands" – wie er sich in seltsamer Frankophilie ausdrückte – wurde eine langsame Natur nachgesagt, die aber mit der Zeit noch manches von Frankreich profitieren werde. Trotz dieser herablassenden Äußerungen kam immer wieder ein seltsames Sendungsbewusstsein in Hegels Analyse. Eine Verfassung zu machen, dünkte ihn zwar groß. Aber gegenwärtig sei es vielleicht noch größer, dass „in Deutschland – ohne Verfassung zu regieren und fertig zu werden möglich und sogar vortrefflich scheint!" (Br I: 198).

Anpassungen an den Geist der Restaurationsepoche

Die nationale Geschichtsschreibung hat Hegel in der Rheinbund-Zeit vielfach Unrecht getan, weil wenig andere Optionen als die von dem Philosophen für sein Ziel in Sicht waren. Peinlich wurde die Fixierung auf Napoleon erst, als Hegel partout nicht glauben wollte, dass die Allianz gegen den Usurpator siegen könne. Er flüchtete sich in die Theatermetaphern, die ja sein ganzes Werk durchziehen, weil der Weltgeist nur gelegentlich aus den Kulissen hervortritt: „Es ist ein ungeheures Schauspiel, ein enormes Genie sich selbst zerstören zu sehen". Die Befreier, vor allem die „russischen Befreiungsbestien", die „wilden Soldaten, Kosaken, Preußen alles durcheinander, bei Paris" (Br II: 233 f) nahm er nicht ernst. Die Befreiung hatte er von einer großen Idee gehofft. Sie war in dieser zusammengewürfelten Allianz nicht in Sicht, und die nachträgliche Ideologisierung als „heilige Allianz" hat Hegel nicht mitgemacht, auch wenn er ihre Repressionen weitgehend billigte. Hegel flüchtete in die Prophezeiung im Nachhinein und behauptete, er habe in der „Phänomenologie des Geistes", „in der Nacht vor der Schlacht von Jena vollendet", – womit er der Legende Vorschub leistete, das Werk sei unter dem Kanonendonner von Jena und Auerstedt beendet worden – habe er auf Seite 547 vorausgesagt, dass „die absolute Freiheit ... es ist die abstrakte formelle der französischen Republik" aus „ihrer sich selbst zerstörenden Wirklichkeit in ein anderes Land" übergehe (Br II: 28). Das war eine eher peinliche Selbstdarstellung, da die Prophezeiung nicht sehr konkret auf Napoleon zugeschnitten war und Hegel Prophezeiungen in seiner Geschichtsphilosophie ausdrücklich abgelehnt hat. Die Ansicht, dass der Geist notwendiger Weise dermaleinst über die Macht triumphieren werde, gehörte zu Hegels Philosophie. Aber wenn er schon 1807 nicht mehr an Napoleon geglaubt hätte, wären eine Menge der oben zitierten Lobeshymnen vermutlich ungeschrieben geblieben.

Trotz der mangelnden Vorausschau auf die Niederlage von Waterloo passte sich Hegel den Sprüngen des Weltgeistes rasch wieder an. In der Heidelberger Antrittsvorlesung wurden einige Verbeugungen vor der deutschen Nation, dem „Grund allen lebendigen Lebens" gemacht, obwohl er in Briefen abgeraten hatte, sich der Befreiungsbewegung von 1813 anzuschließen. In der Berliner Antrittsvorlesung vom 22.10.1822 wurde der Weltgeist schließlich zur Karikatur des zerstreuten Professors: „Der Weltgeist, in Wirklichkeit so sehr beschäftigt, nach außen gerissen, war abgehalten, sich nach innen und auf sich selbst zu kehren". Dieser Strom hatte sich nun an der Wirklichkeit gebrochen, „und die deutsche Nation überhaupt ihre Nationalität, den Grund alles lebendigen Lebens gerettet" (Gedenkschrift: 310 f). Aber noch immer war ihm das „Reich des Gedankens" wichtiger als das „Regiment der wirklichen Welt", denn das geistige Leben machte das Grundmoment in der Existenz eines Staates aus. Der „Geist des Volkes" war aber noch immer nicht nationalstaatlich und noch nicht einmal staatlich gemeint. Erst mit der Beschäftigung der Ereignisse in seinem Heimatland Württemberg hat Hegel die staatliche Dimension wieder entdeckt.

Die Württemberg-Schrift

1798 hatte Hegel in den Streit zwischen dem Herzog und den Ständen in Württemberg einzugreifen versucht, die nicht publiziert worden ist. Damals konzentrierte sich sein ganzes Misstrauen auf den Herzog, welcher die Stände auflöste, sich auf die Seite Napoleons schlug und ein vergrößertes Königreich Württemberg in den Rheinbund einbrachte. Ein Volk sah Hegel (Pol: 11) nur dort, wo ein Staat existierte. Hegel hatte damals gegen die und für eine „geduldige Ergebung" und für ein „Bild besserer gerechterer Zeiten" gekämpft. In der Frühschrift sollten die Württemberger eine gerechte Entwicklung nur von der Versammlung ihrer Landstände erwarten. In der Schrift von 1817 über „Verhandlungen in der Versammlung der Landstände des Königreichs Württemberg im Jahre 1815 und 1816" (Pol: 142) hat Hegel hingegen die kalte Staatsräson des Königs unterstützt. Der König von Württemberg hatte Anfang 1815 die Flucht nach vorn angetreten, da er wusste, dass die Bundesakte landständische Verfassungen festschreiben würde. Er wollte eine „Verfassung aus eigenem Antrieb und ohne fremde Einwirkung" schaffen. Dabei spekulierte er auf die Zustimmung des Landes und war tief enttäuscht, als die Liberalen sich auf die Seite der das Projekt ablehnenden Stände schlugen, die ihr „gutes altes Recht" forderten, das später Uhland besang. Hegel griff offenbar in Geschäftsführung ohne Auftrag in den Konflikt ein und wurde gouvernementaler als die Regierung von Württemberg (Rosenzweig 1962 II: 38). Noch immer bekannte er sich zu den Werten der französischen Revolution, aber er sah nun die Konfliktparteien seitenverkehrt kämpfen. Der König vertrat das „vernünftige Staatsrecht", die Landstände hingegen warfen sich zu Verteidigern des „Positiven und der Privilegien" auf. Sie gaben dabei das „verkehrte Schauspiel", dass sie dieses im Namen des Volkes tun, gegen dessen Interesse noch mehr als gegen das des Fürsten jene Privilegien gerichtet sind" (Pol: 185).

In dieser Kontroverse, in der Hegel ja in manchen Punkten nicht unrecht hatte, nur seine Position mit maßloser Polemik und haarspalterischer Spitzfindigkeit belastete, wurde das Problem der Einordnung von Denkern und Positionen in das Liberalismus-Konservatismus-Schema deutlich: das progressive Prinzip, das die Regierung und Hegel vertraten, wurde als „reaktionär" und das Status-quo-ante-Denken der ständischen Opposition als „freisinnig" in der Auseinandersetzung hingestellt, nur weil es eine Mehrheit hinter sich hatte. Beide Seiten beriefen sich auf „das Volk". Was dieses wollte, hat niemand erforscht und eine Meinungsumfrage hätte keinen Sinn gehabt, weil es nicht unvoreingenommen informiert worden ist. Hegel verglich die württembergischen Landstände mit den französischen Remigranten, die die letzten 25 Jahre verschlafen und „nichts vergessen und nichts gelernt hätten". Er sprach sich in dieser Schrift nicht gegen das demokratische Prinzip eines gleichen Wahlrechts aus. Aber am königlichen Entwurf von 1815 kritisierte Hegel das Zensussystem und die Altersgrenzen. Er proklamierte, dass man „die französischen Abstraktionen von bloßer Anzahl und Vermögensquantum" verlassen müsse, weil solche atomistischen Prinzipien in der Wissenschaft wie im Politischen „das Tötende für allen vernünftigen Begriff, Gliederung und Lebendigkeit" seien (Pol: 161). Stattdessen sollte ein korporatives System gewählt werden, indem die bestehenden Zünfte, Genossenschaften und Gemeinden zur Basis des Wahlverfahrens gemacht würden. Auch Tagegelder hat Hegel – wie später Bismarck – abgelehnt, um das Übergewicht des Eigentums in der Versammlung sicher zu stellen.

Hegel hat derart etatistisch argumentiert, dass ein Gerücht entstand, es handele sich um eine Auftragsarbeit des Ministeriums von Wangenheim in Stuttgart. Das ließ sich nicht nachweisen, aber feststand, dass das Ministerium die Schrift begrüßte und verbreiten ließ. Die Einmischung, die aus seiner Heidelberger Zeit stammte, konnte auch im Licht von Hegels Abschiedsbrief an das badische Ministerium gedeutet werden, mit dem er seine Heidelberger Lehrverpflichtungen aufkündigte. Er deutete an, dass er in „weiter vorrückendem Alter von der prekären Funktion, Philosophie auf einer Universität zu dozieren, zu einer andern Tätigkeit" überzugehen hoffte (Br II: 182). Es wurde gerätselt, ob er nur Politikberatung oder wirklich eine staatliche Aufgabe anstrebte. Für die letzte Deutung gab es keinen Ansatzpunkt, und Hegel ist in Berlin auf solche Bestrebungen, das Aktivitätsfeld politisch zu erweitern, nicht zurückgekommen. Im Gegenteil, er hat sich in den politischen Kontroversen eher zurückgehalten. Kritiker wie Haym fanden Hegels rationalistischen Konservatismus, der aus der Württemberg-Schrift sprach, in weitgehender Übereinstimmung mit den Ideen der damals führenden aufgeklärten Technokraten an der Macht in den deutschen Einzelstaaten. Soweit sich das Pamphlet gegen die Restauration vorrevolutionärer Verfassungsvorstellungen richtete, schien es sich sogar um einen Reformkonservatismus zu handeln. Aber es wurde ihm gleichwohl verübelt, dass sein vorgeblicher Vermittlungsversuch mit solcher Schärfe geschrieben worden ist, dass er seinen Zweck verfehlen musste und dass Hegel „das Zaunkönigtum mit asiatischer Lobberedsamkeit" verherrlicht habe (Haym 1857: 355, 353). In der Entwicklung seines philosophischen Werkes kann man den Etatismus der Württembergschrift auch schlicht als neue Stufe des Denkens empfinden, die in die Rechtsphilosophie überleitete. In deren Vorrede (XIX) stand der berüchtigte und zu Tode zitierte Satz: „Was vernünftig ist, das ist wirklich; und was wirklich ist, das ist vernünftig". Der Statusquo-Konservatismus wurde an seinem Heimatland erstmals durchgespielt. Sollte Hegel weitere Hintergedanken gehabt haben, so sind diese Hoffnungen getäuscht worden. Er verdarb es mit alten Freunden und sein Schritt wurde günstigstenfalls wie von seinem Freund Niethammer milde getadelt, weil Hegel eine „schlechte Sache geistreich verteidigt" habe. Hegels Grundgedanken in seinem Alterswerk waren in diesem rationalistischen Ansatz schon voll entfaltet. Aber angesichts der Ambiguität der Position Hegels geschah das, was sich später zwischen Rechts- und Linkshegelianern nach seinem Tod ereignete: jede Seite nahm sich die Punkte heraus, die ihrer Sache diente. Die oppositionellen Bürgerfreunde in Württemberg fanden in der Schrift auch einige nützliche Gedanken, wie die Ablehnung eines Verfassungsvertrages, die Freiheit des Einzelnen gegen den Staat, der Kampf gegen die Aristokratie und ihre Privilegien oder die Freiheit der Gemeinden. Die Schrift enthielt liberale und bürokratisch-autoritäre Elemente zugleich. Selbst eine Konzession an die nationale Erhebung wurde eingeflochten mit dem Hinweis, dass 1813 junge Menschen für den Zweck, dass die deutschen Länder Verfassungen erhielten, ihr Leben gelassen hätten. Solche Anspielungen waren jedoch besonders deplatziert, weil die Schrift das hohe Lied der Souveränität der Einzelstaaten sang. Die Prinzipien, die Hegel zunehmend auf Großstaaten beschränkt sah, wollten nicht recht zu einem mittleren Kleinstaat passen, für den Hegel eine Lanze gebrochen hatte. Vielleicht hat Hegel dieses selbst empfunden, als er von Heidelberg nach Berlin ging und sich schrittweise an ein großes Staatsgebilde „heranliebte", das bessere Voraussetzungen für sein bonapartistisches Staatsverständnis aufwies als das behäbige kleine Württemberg oder auch Baden.

Annäherung an Preußen und die „Rechtsphilosophie"

Das Preußen, das Hegel einst als „ledernen geistlosen Staat" verunglimpft hatte, schien bei Jena 1806 untergegangen zu sein. Ein neues Preußen war entstanden, obwohl er 1807 (Br I 132) für Preußen und Norddeutschland wenig Hoffnung auf geistige Innovation gesetzt hatte. Die Annäherung an den preußischen Staatsgedanken ist durch die Enttäuschung über Österreich begünstigt worden, die bei Hegel noch zusätzlich durch Jesuitenfurcht genährt worden ist. Hegel erkannte in Preußen das lang gesuchte Bündnis von Staat und Bildung, von Gesinnung und Staat. In seiner Berliner Antrittsrede trat der Neuberufene nicht eben bescheiden auf, er wollte aus dem Mittelpunkt der Hauptstadt, eine „Wissenschaft des Mittelpunkts" betreiben. An Freund Niethammer schrieb er 1821: „Sie wissen, dass ich hierher gegangen bin, um in einem Mittelpunkt und nicht in der Provinz zu sein" (Br II: 271).

1821 erschien die „Philosophie des Rechts". Die früher eher beiläufig erwähnte Staats- und Rechtsphilosophie trat als Unterpunkt des Systems in die monographische Behandlung ein. Methodisch war das Werk auf die „Architektonik der Vernünftigkeit" ausgerichtet. In der Vorrede (XII) kämpfte Hegel gegen die „Heerführer dieser Seichtigkeit", die Wissenschaft statt auf die Entwicklung des Gedankens und Begriffs auf die unmittelbare Wahrnehmung und zufällige Einbildung stellen und „diesen gebildeten Bau in den Brei des Herzens, der Freundschaft und

Begeisterung zusammenfließen lassen". Dieser Hohn richtete sich vor allem gegen *Jakob Friedrich Fries* (1773–1843), der 1818–24 wegen der Teilnahme am Wartburgfest suspendiert worden war. Die harte Polemik gegen einen Kollegen, der schon durch die Reaktion hart gestraft schien, ist auch von den Konservativen in Berlin nicht positiv aufgenommen worden. Die Polemik war umso denunziatorischer als Hegel es billigte, dass neuerdings die Regierungen „auf solches Philosophieren endlich die Aufmerksamkeit gerichtet haben". Seichtigkeit (Vorrede XV) schien Hegel solange unbedenklich, als sie verträglich mit „äußerer Ruhe und Ordnung" bleibe. Aber die falschen Lehren waren in seiner Konzeption Anstiftungen zur Tat. Auch mit *Schleiermacher* kam es wegen eines Suspendierungsfalles gegen einen Kollegen, bei dem Hegel die staatliche Zuchtrute verteidigte, rasch zu einer dauerhaften Gegnerschaft, die sich anfangs in Briefen nur in verhaltener Ironie äußerte (Br II: 221), bald aber zu veritablem Kathedergezänk wurde. Schleiermachers Gefühlstheologie war für Hegel ein weiterer Fall der Seichtigkeit. Auch *Savigny,* der einst für Hegels Berufung eingetreten war, wurde zunehmend feindseliger über Hegels philosophische Ausflüge in die Geschichte. Die Feindschaft der Historiker hat dazu beigetragen, dass Hegel niemals Mitglied der Preußischen Akademie der Wissenschaften geworden ist. Savigny formulierte in einem Brief an Creuzer 1821 mit wachsender Bitterkeit: „Überhaupt wird mir die ganze Wirksamkeit von Hegel immer bedenklicher. Fichte hatte und erzeugte nicht weniger Anmaßung, aber es war doch in ihm und seinen Erzeugnissen mehr frischer lebendiger Geist, hier kommt es mir weit philisterhafter vor, was auch von der sonderbaren versöhnenden Weltklugheit gilt, womit er, wenn von den unangenehmen Ereignissen und Einrichtungen der neueren und neuesten Zeit die Rede ist, auftritt" (Gedenkschrift: 320). Das war keine schlechte Einschätzung der Neigung des späten Hegels, die tatsächlichen Konflikte mit Abstraktionen zu harmonisieren. Schleiermacher (Gedenkschrift: 315, 322) steigerte seine Abneigung sogar von „Klagen über Unverständlichkeit" bis zum Gefühl der Verfolgung durch Hegels Vorlesungen, in denen der neue Kollege ihm „tierische Unwissenheit über Gott" nachsagte.

Das Vorwort zur Rechtsphilosophie – das auch laut Hegel „saure Gesichter" erzeugte – wurde von den Liberalen als wissenschaftlich verbrämte Rechtfertigung des Karlsbader Polizeisystems und der Demagogenverfolgungen gewertet. Die Vorrede sei das „klassische Wort des Restaurationsgeistes, die absolute Formel des politischen Conservatismus, Quietismus und Optimismus". Haym (1857: 367) ging in seinen Angriffen noch weiter und fand im Vergleich zu dieser Vorrede „alles, was jemals die Hobbes und Filmer, die Haller oder Stahl gelehrt haben, verhältnismäßig freisinnige Lehre". Die Gottesgnadentheorie, die er herauslas, schien ihm naiv-harmlos im Vergleich zu Hegels „furchtbarer Doctrin, welche das Bestehende als Bestehendes heilig spricht". Er formulierte die Kritik so überspitzt – als Literaturwissenschaftler wohl wissend, dass der Satz interpretiert werden musste und nicht wörtlich zu nehmen war. Besonders übel wurde es Hegel genommen, dass er gegen die Kritik an seiner Vorrede sogar die Staatsmacht seines Ministers Altenstein in Anspruch nahm, der die „Rechtsphilosophie" nach brieflichen Äußerungen wie eine Art preußischer Staatsphilosophie bewunderte (Br II: 287). Einer Zeitschrift, die in Halle böse rezensierte, wurde mit Lizenzentzug gedroht. Der Streit um die Deutung der Wirklichkeitsmetapher hat niemals aufgehört. Wollte er sich bei den Behörden einschmeicheln? Immerhin traf ein Dreivierteljahr nach Altensteins Lob der Rechtsphilosophie als „die einzig richtige Stellung zur Wirklichkeit" wieder ein Brief mit finanziellen Forderungen des Philosophen ein (Br II: 287, 310). Auch wenn man keine Nebenabsichten unterstellt, und nur einen Gesinnungswandel konstatiert, so bleibt bemerkenswert, dass der Philosoph, der die Theorie einst als Sturmbock gegen die Wirklichkeit propagiert hatte, nun die Theorie der Wirklichkeit nachlaufen ließ (Heiss 1963: 166 f). Der Vorwurf, Hegel habe die Rechtsphilosophie geschrieben, um sich in Preußen bei den Herrschenden einzuschmeicheln, erwies sich als haltlos angesichts der Vorleistungen an ähnlichem Gedankengut, die in der „Enzyklopädie" und in anderen Schriften längst dokumentiert waren. So blieb nur das Vorwort zu interpretieren. Es ist auch dahingehend gedeutet worden, dass Hegel – nach den Karlsbader Beschlüssen war auch er von der Vorzensur nicht ausgenommen – nur die Zensur irreführen wollte (Kaufmann 1970: 15).

Staat und Gesellschaft

Der Staat wurde von Hegel in der Rechtsphilosophie als Teil einer Philosophie des Sittlichen behandelt. Dieses war wiederum ein Teil der Philosophie des objektiven Geistes, der seinerseits in seinem System – seit der „Enzyklopädie" entwickelt – Teil einer Philosophie des Geistes darstellte. Geist war die übergreifende Einheit von Denken und Gegenstand, Logik und Natur. Der Staat war in einer solchen Konzeption weder bloßer Gedanke noch bloße Wirklichkeit. Das antike Staatsverständnis mit seiner Betonung des Vorranges, den das Ganze vor den Teilen genoss, wurde bei Hegel abgewandelt in eine Wechselbeziehung des Ganzen und der Teile. Das Individuum erhält innerhalb der Teile, der Gesellschaft und ihrer Stände mehr Autonomie als in der antiken Staatsauffassung. Entscheidender Unterschied war die Trennung von gesellschaftlicher und politischer Freiheit. In der Moderne gab es keine erblichen Stände mehr, sondern eine freie Berufswahl. Sie bietet dem Individuum einen Spielraum für die Gestaltung des eigenen Stellenwerts im Ganzen, den es in keiner früheren Gesellschaft besessen hat. Familie, bürgerliche Gesellschaft und Staat wurden als Teile eines Gesamtsystems konzipiert. Die Familie wurde als Ort der „reinen Moralität" aufgefasst. Die bürgerliche Gesellschaft war mit dem abstrakten Recht verbunden. In dieser Systemkonstruktion konnte der Staat sittlich so stark überhöht gedacht werden, weil nur in ihm die Subjektivität der Moralität und die objektive Vernünftigkeit der Rechtsordnung zusammenfließen.

Die Ständelehre der Rechtsphilosophie hat das Eigentum als negative Vorbedingung des Staates aufgewertet. Der vorpolitische „Bourgeois" schaffte die Grundlage für die Entstehung des „citoyen". Das Recht war noch immer im Vorhof des Staatlichen angesiedelt. Die Wirtschaft hingegen ist in viel engerer Verbindung mit dem Staat behandelt worden. Die Sonderung von Staat und Gesellschaft ist keine Erfindung Hegels. Sie ist in der Theoriegeschichte weit früher anzusetzen, vor allem in England (von Unruh 1928, Angermann 1963). In Deutschland aber hat die Hegelschule entscheidenden Einfluss auf die Durchsetzung dieser Dichotomie gehabt. Im absolutistischen aufgeklärten Polizey-Staat wurden die Interessen der Gesellschaft von oben wohlfahrtsstaatlich geformt. Erst die Entwicklung des Rechtsstaats, der sich an den Interessen der Individuen festmachte, und über ein Repräsentativsystem die Interessen mit dem Staat vermittelte, wurde die Dichotomie von Staat und Gesellschaft entscheidend. Die älteren Theorie der societas civilis waren noch zugleich gesellschaftlich und politisch konstituiert gedacht. Noch Kant hatte in der Naturrechtstradition gestanden, welche den gesellschaftlichen Naturzustand wenigstens als Fiktion annahm und eine Entwicklung der „bürgerlichen Gesellschaft" als notwendige Überwindung des Naturzustandes werte. In der „Metaphysik der Sitten" (1797/98, Werke, 1956, Bd. IV, § 43: 429) wurde das öffentliche Recht durch die Dichotomie des bürgerlichen Zustandes (status civilis) der Einzelnen im Volk und des Ganzen und des Staates eingeleitet. Trotz des naturrechtlich klingenden Vokabulars waren bei Kant zwei Innovationen bemerkenswert: Die Vernunftidee des klassischen Liberalismus führte zu einer Positivierung des Naturrechts. Die bürgerliche Gesellschaft bestand nur dort, wo ein „gemeinschaftlicher Wille" sich verwirklichte (Kant sagte: „actuiert"). Die Gesellschaft ist nicht die Ursache, sondern die Wirkung dieses Zustandes. Die Positivierung der bürgerlichen Grundrechte hatte zudem den Vorteil, bei Kant notwendig zum Friedenszustand zwischen den Völkern zu führen.

Die ältere bürgerliche Gesellschaft hat sich nach dem Selbstverständnis der französischen Revolution als staatsbürgerliche Gesellschaft konstituiert. Man hätte dafür den Terminus „bürgerliche Gesellschaft" oder Republik wie Synonyme behandeln können. Erst mit der Restauration der Monarchien seit 1814 wurde die Dichotomie von Staat und Gesellschaft notwendig. Sie entsprach dem Dualismus von Monarch und Ständen. Die neuen Stände waren konstruierte Einheiten, um das System zu gliedern, und keine „atomistische" Bürgerschaft entstehen zu lassen, die man als das Grundübel der Revolution ansah. Die Revolution hatte den Begriff „citoyen" ins Zentrum gestellt. Um 1800 war der mit politischen Nebenbedeutungen versehene Begriff von bürgerlicher oder ziviler Gesellschaft der dominante. Erst in Hegels Synthese verengte sich der Begriff der Gesellschaft nun auf den privaten Bereich. Der politische Machtstaat und die privatisierte Bürgergesellschaft treten auseinander. „Entzweiung" ist die Metapher (Hegel W VII: 339 ff, Rechtsphilosophie § 182 ff), die von den Linkshegelianern (vgl. Bd. 1 Liberalismus) zu revolutionären Konsequenzen weiter entwickelt wurde.

Gegen die Entzweiung von Staat und Gesellschaft konnte eine rationalistische konservative Philosophie nicht mehr die absolute Macht – wie bei Hobbes – einsetzen, obwohl im „System der Bedürfnisse" bei Hegel die Individuen nicht weniger selbstsüchtig konzipiert waren als bei Hobbes. Hobbes befürchtete noch den Bürgerkrieg, der zum Beleg für ihn wurde, dass die Gesellschaft dem Staat vorausging. Hegel in einer anscheinend konsolidierten Weltlage der Restauration konnte den Staat begrifflich der bürgerlichen Gesellschaft überordnen. Für Hegel konnte die differenzierte bürgerliche Gesellschaft nur existieren, wenn sie den Staat als Selbständiges vor sich hat. Denn das Allgemeingültige ist mächtiger als die Besonderheit in ihrer Vereinzelung. Die Ironie der gesellschaftlichen Logik bewirkte bei Hegel, dass die Sittlichkeit sich ständig in ein Extrem der gesellschaftlichen Zersplitterung oder der staatlichen Übermacht zu verlieren drohte, aber dennoch die Vielfalt in der Einheit immer wieder aufhob. Diese Einheit aber blieb abstrakt. Sie beruhte nicht auf freudiger Zustimmung der Individuen wie in der Theorie des Gemeinwillens bei Kant. Die Versöhnung der Gegensätze war keine totale, sondern nur eine relative Versöhnung zwischen Subjektivität und Objektivität. Der Marxismus sollte den Gedanken weiter entwickeln, sah aber die Versöhnung erst auf einer künftigen Stufe der Entwicklung in der neuen Gesellschaftsformation des Kommunismus. Bei Hegel und den Rechtshegelianern – vor allem bei Lorenz von Stein – war der Staat berufen, dieser Entzweiung der Gesellschaft einerseits mit Polizeigewalt, andererseits mit Regulierung der Stände und Korporationen Einhalt zu gebieten.

Hegel wurde Gouvernementalist – Liberale wie altständische Konservative haben diese Position abgelehnt. Wenn der Gouvernementalismus auch im Ganzen zum Konservatismus gerechnet werden muss, so war er in mancher Hinsicht durchaus ein Reformkonservatismus. Das zeigte sich an der überraschend modernen Auffassung Hegels vom Wirtschaftsleben. Die Staatsökonomie war für ihn die Wissenschaft, die das „Verhältnis und die Bewegung der Massen in ihrer qualitativen und quantitativen Bestimmtheit und Verwicklung" darzulegen hat. Hegel berief sich auf die Bannerträger der Marktwirtschaft wie Smith, Say und Ricardo und rühmte an der Ökonomie, dass sie aus der unendlichen Menge der Einzelheiten die einfachen Prinzipien der Sache und den in ihr wirksamen und sie „regierenden Verstand" herauskristallisiere. Dabei ist in der Sphäre der Bedürfnisse sowohl das „Versöhnende" in seiner Vernünftigkeit als auch die Konflikte zwischen subjektiven Zwecken und unterschiedlichen moralischen Meinungen zu berücksichtigen (§ 189). Die moderne Ausdifferenzierung der Systeme bei Hegel konnte die befreiende Wirkung von Arbeit würdigen. Rousseaus Vorstellung eines bedürfnisarmen Naturzustands war für ihn ein Traum – und nicht einmal ein schöner (§ 194). Smith's „unsichtbare Hand" wurde umformuliert im Hinblick auf die Segnungen, die Arbeitsteilung für Hegel bedeutete: „In dieser Abhängigkeit und Gegenseitigkeit der Arbeit und in der Befriedigung der Bedürfnisse schlägt die subjektive Selbstsucht in den Beitrag zur Befriedigung der Bedürfnisse aller anderen um – in die Vermittelung des Besonderen, durch das Allgemeine als dialektische Bewegung" (§ 199).

In der Ständelehre wurden die besonderen Systeme der Bedürfnisse zusammengefasst (§ 201). Die Stände bestimmen sich als der substantielle oder unmittelbare, als der reflektierende oder formelle und als der allgemeine Stand. Das Bild der Gesellschaft in der Rechtsphilosophie wurde der damaligen Entwicklung in Preußen angepasst. Es herrschten nicht mehr Geburtsrechte, sondern die Individuen wurden seit dem Preußischen Landrecht in Erwerbsgruppen und „erfundene Stände" zusammengefasst. Der Adel wurde durch den Stand des Staatsdienstes ersetzt (§ 205). Der allgemeine Stand vertrat die allgemeinen Interessen. Seine direkten Bedürfnisse müssen entweder durch Privatvermögen oder staatliche Bezahlung befriedigt werden. Der allgemeine Stand war ebenfalls am Preußischen Landrecht orientiert, das Lehrer, Geistliche und Offiziere als Beamte integrierte.

Der Bauernstand, der substantielle Stand, der von Naturprodukten des Bodens lebt, die er bearbeitet (§ 203), war schon vom Grundadel befreit gedacht. Es blieben lediglich grundherrliche Relikte erhalten wie die Patrimonialgerichte. Sie waren für Hegel nur vertretbar, wenn sie als Teile des staatlichen Rechtssystems gedeutet wurden, die aus organisatorischen Gründen an die Gutsherren delegiert wurden.

Der Bürgerstand, der Stand des Gewerbes widmet sich „dem Geschäfte" der Formierung des Naturprodukts. Er wurde in Handwerkerstand, Fabrikanten und Handelsstand untergliedert (§ 204). Einen vierten Stand der Lohnabhängigen gab es bei Hegel noch nicht. Erst Stein hat diese Erwerbsgruppe begrifflich verselbständigt. Das heißt jedoch nicht, dass Hegel die Entstehung eines Proletariats übersehen habe. Der „Pöbel" – als verballhornte Form des Begriffes „peuple" – wurde dem Konzentrationsprozess des Kapitals als unerwünschte Nebenfolge zugeschrieben (§ 244). Auch die Überproduktion an Reichtum machte eine Gesellschaft nicht reich genug, um das Übermaß an Armut und die „Erzeugung des Pöbels" zu verhindern (§ 245). Die „polizeiliche Vorsorge" erhält das Allgemeine als eine äußere Ordnung und Veranstaltung zum Schutz und Sicherheit der Massen. Das scheint die kontinental-europäische Vorsorge. Das direkteste Mittel gegen die Pauperisierung wurde nach Hegel (§ 245) in England und Schottland angewandt, wo die Armen ihrem Schicksal überlassen und auf das öffentliche

Betteln angewiesen würden. Man hat Hegel gegen den Vorwurf des Zynismus in Schutz genommen, der in der Schilderung dieser Version liegt, weil nachgewiesen wurde, dass Bettler mit Berechtigungsschein in Großbritannien angeblich auskömmlich leben konnten. Die andersartige soziale Grundlage in einem Land mit calvinistischer Tradition, wo die private Liebestätigkeit aufgrund der Prädestinationslehre einen ganz anderen Stellenwert erlangte, wurde bei solchen Vergleichen meist ausgeklammert. Das gleiche Modell würde unter kontinentalen Bedingungen nicht in britischer Weise funktionieren. Aber der Zynismus – dessen Hegel auch sonst vielfach durchaus fähig war – relativiert sich bei der Würdigung, was der Philosoph als das eigentlich erwünschte Mittel ansah, die Armut zu bekämpfen. Er zog es vor, die Armut mittels Arbeit zu bekämpfen, weil es das Selbstwertgefühl der Betroffenen steigere. Almosen hatte er auch sonst gelegentlich als ein zweifelhaft „gutes Werk" behandelt. Hegel war jedoch hinreichend ökonomisch informiert, um zu sehen, dass die Arbeitsbeschaffung die Überproduktionskrisen verschärfe, in die eine kapitalistische Wirtschaft zyklisch gleite. Die Überproduktion wurde jedoch durch den Hinweis auf die Möglichkeit des Außenhandels (§ 247) gemildert. Auch die Kolonisation wurde erwogen, „wodurch die bürgerliche Gesellschaft teils einem Teil ihrer Bevölkerung in einem neuen Boden die Rückkehr zum Familienprinzip, teils sich selbst damit einen neuen Bedarf und Feld ihres Arbeitsfleißes verschafft" (§ 248).

Die modernen Anschauungen eines Marktwirtschaftlers Hegel erleiden jedoch eine Trübung durch den archaischen Versuch, Fabrikanten und Arbeiter in einer gemeinsamen Korporation – als gleichsam eine sekundäre Familie – zusammenzufassen (§§ 252 ff). Darin lag aber nicht eine Orientierung am Status quo ante mittelalterlicher Zunftverfassung, sondern es waren neue Organisationsformen, die er zur Erhaltung des Arbeitsfriedens einsetzen wollte. Gleichwohl schien es inkonsequent, ein Recht auf Arbeit als Störfaktor für den freien Arbeitsmarkt abzulehnen, und andererseits den Markt durch die Hintertür vermittels der Korporationen zu gängeln. Die Korporationen sah Hegel als Bausteine des Staates an. Sie resultierten aber nicht aus einem romantischen Organizismus wie bei vielen reaktionären Staatsphilosophen, sondern waren für ihn Stätten der Pflege von Staatsgesinnung und Bekämpfung des Egoismus der Partikularinteressen von Fabrikanten und Arbeitern.

Staat und Recht

Der Staat als Wirklichkeit der konkreten Freiheit (§ 260) wurde laut Hegel von den Naturrechtlern mit der bürgerlichen Gesellschaft verwechselt und nur als Sicherungsanstalt für Eigentum und persönliche Freiheit wahrgenommen. Oder er wurde wie in Hallers „Restauration der Staatswissenschaften" als privatrechtliche patrimoniale Konstruktion zur Überwindung des Gegensatzes von Staat und Gesellschaft eingesetzt. Rousseau hatte auch für den konservativ gewordenen Hegel noch immer das Verdienst, „den Willen als das Prinzip des Staates aufgestellt zu haben". Aber aus der Vertragsidee, welche auf beliebiger Einwilligung beruhe, resultierten für Hegel zerstörende Konsequenzen für „das an und für sich seiende Göttliche und dessen absolute Autorität". Es handelte sich nach seiner Ansicht um Abstraktionen, die zu einem „ungeheuren Schauspiel" geführt hätten. Die bloß vermeintliche Vernünftigkeit der Vertragskonstruktion hatte nach Hegel zur „fürchterlichsten und grellsten Begebenheit" geführt, dem Terror.

Das Rechtssystem sah Hegel egalitär-modern an: „Der Mensch gilt so, weil er Mensch ist, nicht weil er Jude, Katholik, Protestant, Deutscher, Italiener u. s. f. ist". Gesetze sollten in seinem Rechtssystem einerseits ein „fertiges geschlossenes Ganzes sein" (§ 216), andererseits sollten sie offen für das Bedürfnis neuer gesetzlicher Bestimmungen sein. Die Regelungswut – ein Gesetzbuch der Vollendung, „dass es ein absolut fertiges, keiner weiteren Fortbestimmung fähiges sein solle" erachtete Hegel als „deutsche Krankheit" (§ 209) – ebenso wie die Verdunkelung der Kenntnis des Rechts „ in einer fremden Sprache vergraben" (§ 215). Von beiden Krankheiten ist das Rechtssystem auch nach zweihundert Jahren noch nicht genesen.

Linke Demokraten haben später das Recht gegenüber dem Machtstaatsgedanken bei Hegel für unterentwickelt angesehen (Heller 1971: 24). Sie übersahen jedoch, dass Macht kein Selbstzweck für Hegel darstellte, sondern sie diente der Durchsetzung des Rechts, auch der Einzelrechte der Bürger. Von Totalitarismus in seiner Philosophie (Popper 1970 II: 101) konnte daher bei Hegel keine Rede sein.

Eine wichtige Rolle spielte der Begriff der Verfassung in Hegels Rechtssystem. Er hat sich mehrfach gewandelt. Anfangs bezeichnete er die „lebende Verfassung", die gesamte soziale Gliederung des Volkes. Später kam die revolutionäre Bedeutung von Verfassung auf, „das Stück Papier". Den revolutionären Verfassungsbegriff hat er ab 1802 abgelehnt. 1821 bedeutete Verfassung schließlich die Einheit von Staat und Mensch, von Institution und Gesinnung (Patriotismus) (§ 268). Auch die Organisation der staatlichen Gewalten hat sich gewandelt. 1802 kritisierte er Kants Konzeption der Gewaltenteilung. Die Staatsspitze wurde in seiner Staatslehre aus dem niederen Geschehen einer Arbeitsteilung der Gewalten herausgehoben – ähnlich wie bei Constant, nur dass der Monarch bei ihm eine wesentlich schwächere Stellung hat und auf den „pouvoir neutre" beschränkt wurde. Im § 273 wurden die Unterschiede zwischen der gesetzgebenden Gewalt, der Regierungsgewalt und der fürstlichen Gewalt – der „Subjektivität als der letzten Willensentscheidung" , die „Spitze und Anfang des Ganzen, der konstitutionellen Monarchie", herausgearbeitet. In Kants liberaler Rechtsstaatskonzeption war die Rechtsprechung – bei Montesquieu noch „en quelque façon nulle (Esprit des Lois XI, 6) – die höchste Gewalt und die Exekutive wurde auf eine mittlere Position verwiesen. Bei Hegel wurde die Regierungsgewalt ebenfalls als Mittelinstanz konzipiert, aber weit mehr auf Verwaltung zugespitzt, ein Gedanke, den Lorenz von Stein später weiter entwickelte. Der antike Staat, in dem Volk und oberste Gewalt eins sind, schien Hegel nun eine unterentwickelte Staatsform. Die klassische Dreiteilung von Monarchie, Aristokratie und Demokratie bezeichnete nicht gleichberechtigte Staatsformen. In der konstitutionellen Monarchie Hegels enthält die fürstliche Gewalt selbst die drei Elemente der Totalität in sich: die Allgemeinheit der Verfassung und der Gesetze, die Beratung als Beziehung des Besonderen auf das Allgemeine und das Moment der letzten Entscheidung (§ 275). Diese Kompetenzballung sollte aber nicht zur Fürstenwillkür führen. Hegel hatte eine Art „Staatssouveränität" im Auge (§ 279), ein Gedanke, der im 19. Jahrhundert in der Staatslehre einflussreich werden sollte. Nur so ließ sich die Spitzfindigkeit deuten, dass der Staat und nicht der Monarch souverän ist, aber die Souveränität sich nur monarchisch darstellen lasse.

Der Monarch war für Hegel „der schwerste Begriff für das Räsonnement" (§ 279). Marx (MEW I: 235) kommentierte die spekulative Kreation des Monarchen bissig: „Die Geburt des Menschen zum Monarchen lässt sich ebenso wenig zu einer metaphysischen Wahrheit machen wie die unbefleckte Empfängnis der Mutter Maria". Es ging um die Erbmonarchie, und wie sich die natürliche Person eines Thronfolgers in die Verkörperung der staatlichen Souveränität umsetzt. Die Erbmonarchie war die einzige Form der Monarchie, die für Hegel in Frage kam, obwohl die Erfahrung des gewählten Monarchen Louis Philippe in Frankreich, die 1830 viele Konservative schockieren sollte, noch gar nicht vorlag. Nur die Erbmonarchie transzendiert das positive Recht mit seiner Legitimitätsvorstellung. Die Wahlmonarchie wäre wiederum eine „Seichtigkeit des Gedankens", weil sie die Vorstellung vom Monarchen als bloß einem obersten Staatsbeamten birgt. Die Wahlkapitulation, der dieser zustimmen muss, würde in den Augen Hegels (§ 281) die Staatsgewalt wie ein privates Eigentum behandeln, das aus einem partikularen Willen entspringt.

Die Regierungsgewalt (§ 287) war die zweite Schicht der Gewalten. Sie betreibt das Geschäft der Subsumtion. So wird verständlich, dass richterliche und polizeiliche Gewalt unter die Regierungsgewalt definiert werden. Da die bürgerliche Gesellschaft Kampfplatz der individuellen Privatinteressen aller gegen alle ist – erst bei Stein wurde das auch „Klassenkampf" genannt – musste auf dieser Ebene der Konflikt des individuellen Privatinteresses gegen die gemeinschaftlichen Angelegenheiten ausgetragen werden. Die Organisation der Behörden unterliegt einer Arbeitsteilung – wie die Gewalten. Jeder Bürger hat die Möglichkeit, sich im „allgemeinen Stand", der für die Regierungsgewalt zuständig ist, zu betätigen (§ 291). Das System ist bei Hegel meritokratisch – nicht aristokratisch – konzipiert. Positionen erlangt man durch den „Erweis der Befähigung". Auch „soziale

Kompetenz" (modernistisch gesprochen) war bereits erforderlich „im Benehmen und in der Bildung der Beamten" (§ 295). „Die Mitglieder der Regierung und die Staatsbeamten machen den Hauptteil des Mittelstandes aus, in welchem die gebildete Intelligenz und das rechtliche Bewusstsein der Massen eines Volkes fällt". Gegen den Rückfall in aristokratische und oligarchische Abgehobenheit des allgemeinen Standes ist eine doppelte Schranke bei Hegel eingebaut: Die „Institutionen der Souveränität von oben herab" und die „Korporationsrechte von unten herauf" (§ 297) verhindern die Verselbständigung dieser Herrschaftsschicht. Hegels Misstrauen gegen die richterliche Gewalt – die unter Regierung subsumiert wurde – drückte sich in dem Gedanken aus, dass die Rechtspflege durch Gelehrsamkeit und eine eigene Sprache und ihren Formalismus zum Herrschaftsinstrument geworden sei. Dass auch die Regierungsgewalt in unverständlichen Dekreten den gleichen Gefahren in den Augen der Bürger ausgesetzt sein könnte, kam Hegel nicht in den Sinn. Hegel hat den preußischen Begriff des „Staatsbediensteten" expressis verbis verworfen. Er hoffte, dass „Leidenschaftslosigkeit, Rechtlichkeit und Milde des Benehmens" Sitte in diesem allgemeinen Stand werde (§ 296). Das Misstrauen gegen den Kleinstaat, das Hegel seit seiner Kritik an der Berner Oligarchie nicht verlassen hatte (vgl. Kap. Liberalismus), und das er bei der Apotheose des souveränen Württembergs nur kurze Zeit aufgab, kam erneut in dem Gedanken zum Ausdruck, dass die Größe des Staates zum Gelingen dieser „sittlichen und Gedankenbildung" bei den Regierenden wesentlich sei. In größeren Staaten hoffte Hegel, dass die privaten familiären Verbindungen und Gefühle wirkungsloser blieben als in Kleinstaaten. Hegels Lob der Bürokratie ist als Apotheose Preußens ausgelegt worden. Mit Recht wurde von kritischen Schülern wie Marx (MEW I: 250) in der Kritik von Hegels Rechtsphilosophie die Befürchtung geäußert, dass das Staatsinteresse von einem bestimmten, dem stärksten, Privatinteresse „kolonialisiert" werden könne. Trotz aller Modernisierung Preußens war das Privatinteresse des Adels noch lange überproportional unter den Regierenden vertreten, was – wie die Geschichtswissenschaft im einzelnen nachweisen konnte – nicht ohne Folge auf die Entscheidungen dieser angeblich sozial „neutralen" Bürokratie geblieben ist. Constants „pouvoir neutre" mochte als Konstruktion für eine monarchische Einzelperson noch haltbar sein. Eine ganze Herrschaftsschicht zum pouvoir neutre zu definieren, war angesichts der sozialen Realitäten nicht glaubhaft.

Die dritte Gewalt, die gesetzgebende Gewalt schien am konventionellsten definiert. Der junge Hegel hatte die Volksrepräsentation erhöht, indem er sie als „den Willen des Staates" definierte. In der Rechtsphilosophie hatte die Volksvertretung nicht mehr die gleiche hehre Position im System. Alle Gewalten waren nun als Repräsentanten der Macht, der Ordnung und der Gesinnung definiert. Auch die gesetzgebende Gewalt ist Teil der Verfassung (§ 299). Als „Totalität" enthielt sie die beiden anderen Elemente, das monarchische, dem die höchste Entscheidung zukommt, und die Regierungsgewalt, mit ihrer konkreten Kenntnis und Übersicht über das Ganze (§ 300). Der späte Hegel hielt es für irrig, den Repräsentanten eine höhere Weisheit und Einsicht in das Gemeinwohl zuzuschreiben. Diese vermutete er eher bei den Staatsbeamten, die ohne Stände das Beste tun könnten, „wie sie auch fortwährend bei den ständischen Versammlungen das Beste tun müssen". Das heißt im Klartext: die Präsenz der Beamten verhindert Ausferungen der parlamentarischen Debatten. Hegel dachte modern in der Frage, um die in der französischen Nationalversammlung und in den Cortes von Cádiz erbittert gerungen wurde, ob Minister in der Kammer präsent sein dürfen oder sogar Mitglieder derselben sein könnten. Hegel trat für diese Kompatibilität ein, welche von den Gewaltenteilungs-Formalisten in der Montesquieu-Schule abgelehnt wurde. Die Beamten bereiten die Einzelheiten von Entscheidungen vor. Die Repräsentanten stehen ihren Wählern noch zu nahe und daher gilt für sie das Verdikt, dass sie zu sehr Teil des Volkes sind, „der nicht weiß, was er will". Öffentliche Meinung hat Hegel als wichtig erachtet, aber sie verdient ebenso „geachtet wie verachtet" zu werden (§ 318). Die Stände stehen zwischen der Regierung und dem in besondere Sphären und Individuen aufgelösten Volk.

Das ständische Element schien Hegel unerlässlich, um die Vermittlungsfunktion wahrnehmen zu können. Hegel hoffte, dass der Konflikt zwischen den Ständen und der Regierung meist nur um zweitrangige Fragen gehe. Die Parteisucht knüpft an ein besonderes bloß subjektives Interesse an, etwa an die höheren Staatsstellen (§ 302). Das ständische Element war für Hegel Ausdruck der Trennung von Staat und Gesellschaft. Zugleich aber sollte es „die Identität sein, die nicht vorhanden ist", wie Marx (MEW I: 277) bissig bemerkte. In der Tat war die logische Konstruktion der Repräsentation wenig konsequent. Aber die Vorwürfe von radikalen Mandatstheorien hätten sich gegen fast alle damaligen Repräsentationstheorien richten müssen. In diesem Bereich hatten Liberale und Konservative wenig Differenzen. Burkes Rede von Bristol haben sinngemäß auch spätere Liberale gehalten. Immer ist ein geheimer Umschlag mit der Repräsentation verbunden, von der Vertretung konkreter Interessen in einem Sprung über das „Gewissen" in die Verpflichtung auf das Gemeinwohl.

Mit Recht ist jedoch die abschätzige Art kritisiert worden, mit der Hegel das Volk behandelt. Ein „verbissener Catonismus" und die „Eitelkeit des Besserverstehenwollens" habe Hegel dazu getrieben, das Volk mit dem Pöbel zu identifizieren und die preußische Beamtenherrschaft als die Herrschaft der Wissenden und Besten zu „platonisieren" (Haym 1857: 384 ff). Obwohl Hegel Fichtes Polizeistaat kritisierte, in dem er alles „nach der Schnur" gehen sah, sah man in Hegels Freiheitsstaat weniger Freiheit als bei Fichte. Hegels Repräsentationsidee schien der preußischen Realität wiederum nahe: der König hatte eine Verfassung versprochen, aber das Versprechen nicht eingelöst. Immerhin gab es bei Hegel eine Ständevorstellung, die über die Realität Preußens hinausging, welche nur Provinzialstände duldete. Zu den aktuellen Konflikten schwieg Hegel – etwa zu der erbitterten Kontroverse, ob Preußen für eine Nationalrepräsentation reif sei, eine Frage, die noch Lorenz von Stein in der Schrift zur „Preußischen Verfassungsfrage" von 1852 umtrieb. Die innere Organisation der Repräsentation und die Kompetenzen im Einzelnen – etwa die Frage der Budgetbewilligung und Budgetverweigerung, die in Preußen virulent schien – hat Hegel nicht erörtert.

Es ist sogar fraglich, ob es überhaupt ein freies Mandat in Hegels korporativem System gegeben hat (§ 311), denn die Wahl sollte auf der Basis der Korporationen erfolgen, um den Atomismus der Liberalen zu vermeiden. Hegels Konstruktion war ungemein restriktiv, weil er Garantien für Wählende wie für Wähler verlangte. Die Eigentumsgarantie reichte ihm für die Sicherstellung einer geeigneten Gesinnung des Repräsentanten nicht aus. Es sollten „durch die Tat bewährte Gesinnung, Geschicklichkeit und Kenntnis der Einrichtungen und Interessen des Staats und der bürgerlichen Gesellschaft, und dem dadurch gebildeten und erprobten obrigkeitlichen ... Sinn des Staates" als Qualifikation hinzutreten (§ 310). Der Repräsentant war als Beamter konzipiert, der in den damaligen Parlamenten noch penetranter dominierte als in modernen Versammlungen. Die soziale Filterwirkung, welche in den Parlamenten stattfinden musste – von Marx (MEW I: 330) als eine geradezu „ekelhafte" und gedankenlose Inkonsequenz gerügt – hätte vermutlich das Übel verstärkt, das Hegel hellsichtig an damaligen Großstaaten kritisierte: „die Gleichgültigkeit gegen das Geben seiner Stimme" (§ 311). Eine einseitige Kandidatenaufstellung und geringe soziale Repräsentanz hätte gerade nicht zu der hohen obrigkeitlichen Gesinnung geführt, die auf die Dauer auch der Pöbel – und nicht nur die Repräsentanten – entwickeln sollten. Die monographische Literatur über einen Autor ist – vor allem im Fall von Hegel – vielfach ungerecht gewesen. Sie urteilte im Vergleich der Theorieelemente mit später akzeptierten Rechtszuständen, und dabei schneidet fast jeder Publizist, der nicht seiner Zeit vorausgreift, schlecht ab. Die berufsständische Konzeption wurde zu Hegels Zeit auch von einigen Liberalen – Mohl nicht ausgenommen – als Sicherung gegen die Wirkungen eines sich ausdehnenden Wahlrechts genommen. In der Gegnerschaft gegen ein allgemeines Wahlrecht waren einige Liberale weit entschiedener als Hegel.

Wie problematisch alle Pauschalurteile in der Kontroverse „Hegel ein Konservativer oder ein Liberaler?" sind, zeigte sich an seiner Stellung zum Problem Staat und Kirche. In dieser Frage war Hegel fast ein Liberaler. Der Cäsaro-Papismus, die Einheit von Kirche und Staat, den die Reaktionäre verfochten, wie de Maistre, war für Hegel eine überwundene Stufe der Weltgeschichte. In dieser Frage war er zu bewusst protestantisch. Das lutherische Staatskirchentum mit der Nähe von Thron und Altar aber hat Hegel nicht besonders gefördert. Trotz gelegentlicher

Katholizismus-Furcht war für ihn der Pluralismus der Kirchen, die dem Staat gegenüberstanden, wichtig. Er wollte keine Vereinigung der Kirchen mehr wie sie de Maistre unter Führung des Papstes oder Baader in direkter Kooperation der christlichen Religionen anstrebten. Die Kirche hat ihre Lehre – aber auch der Staat weiß was er will (§ 270). Religion sollte nicht gegen den Staat ausgespielt werden, wie bei den Ultrakonservativen und der Staat sollte nicht gegen die Religion eingesetzt werden wie bei den radikalen Liberalen. Religion und Staat waren für Hegel Manifestationen des gleichen geistigen Inhalts. Staat, Kirche und Gedankenfreiheit gediehen für Hegel am besten in einem System des religiösen Pluralismus. Der Staat gewährt den Kirchen Schutz, aber er muss ein von der Kirche getrenntes Dasein besitzen. Hegel war ein Gegner der Gefühlsreligion und ist darin – wie in seiner Auffassung von Natur – mit Goethe verglichen worden (Löwith 1953: 20 ff). Beide entwickelten eine Attitüde rationaler kühler Klassizität gegen romantischen Gefühlsüberschwang. Dies machte Hegel gänzlich immun, in den Sog der Überhöhung der Rolle der Religion im Sinne der Ziele der Heiligen Allianz zu geraten.

Das äußere Staatsrecht wurde verhältnismäßig kurz am Ende der „Rechtsphilosophie" abgehandelt. Jeder Staat – „das Volk als Staat ist der Geist in seiner substantiellen Vernünftigkeit" – ist souverän. Wie Individuen sind Staaten erst durch die Relation zu anderen. Sie bedürfen daher der Anerkennung (§ 331). Es gibt keinen Praetor im internationalen System, sondern höchstens einen Schiedsrichter und Vermittler zwischen den Staaten. Kants Vorstellung eines ewigen Friedens setzte die Einstimmigkeit der Staaten voraus, die immer mit Zufälligkeiten behaftet bleibe und daher unwahrscheinlich sei. Streit kann letztlich nur durch Krieg entschieden werden. Dennoch herrscht kein Hobbesianischer Naturzustand im internationalen System. Der Krieg ist „als ein Vorübergehensollendes bestimmt" (§ 358).

Weltgeschichte und das Weltgericht über die Nationen

Letztlich entscheidet die Weltgeschichte als Weltgericht über die Staaten (§ 340). Staaten, Völker und Individuen sind bewusstlose Werkzeuge und Glieder in der Entwicklung des Weltgeistes. Die Stufen der Entwicklung sind als unmittelbar natürliche Prinzipien vorhanden. Ein Volk kann nur einmal die jeweilige Fackelträgerrolle übernehmen. Vier welthistorische Reiche gab es in Hegels Evolution: das orientalische, das griechische, das römische und das germanische, in welchem das „nordische Prinzip der germanischen Völker" dominiere. Hegels Blick ist eurozentrisch. Indien und China blieben unberücksichtigt. Russland wurde nicht erwähnt, obwohl eine andere Weltmacht im Werden, Nordamerika, in „Die Vernunft in der Geschichte" (SW XVIII A: 207) behandelt worden ist. Nordamerika galt ihm als unreif und noch nicht so weit vorgerückt, um das „Bedürfnis des Königtums" zu haben. Föderativstaaten schienen Hegel im Außenverhältnis ohnehin die „schlechtesten Staaten". Russlands lobende Erwähnung in einem Brief an Uexküll (Br II: 298), bei der dem Land eine „ungeheure Möglichkeit von Entwicklung seiner intensiven Natur" attestiert worden war, blieb theoretisch folgenlos. Damals hatte er eingeräumt, dass andere europäische Nationen ihren Zenit bereits überschritten hatten. Kein Wunder, dass die Slawophilen sich auf diesen Brief zur Rechtfertigung ihrer Position stürzten, als er 1841 erstmals an die Öffentlichkeit gelangte. Zuvor, um 1814, hatte Hegel die russischen „Befreiungsbestien" nur negativ mit Einquartierungen, Trunkenheit, Stehlen, Läusen, Baschkiren und Tschuwaschen assoziiert (Br II: 15, 27). Die Gedanken über die Zukunft Amerikas hat er jedoch abgebrochen, weil die Zukunft den Philosophen nichts angehe. Der Philosoph hatte es nach Hegel (SW XVIII A: 210) nicht mit dem „Prophezeien zu tun".

Die Frage der Prophetie hat in der Auseinandersetzung mit seinen geschichtswissenschaftlichen Kollegen immer wieder eine Rolle gespielt. Gegen Vorwürfe über die apriorische Betrachtung der Geschichte als Spekulation hat Hegel in der „Enzyklopädie" (W X: 347) den Spieß einfach umgedreht: der Plan der Vorsehung und dass überhaupt Vernunft in der Geschichte sei, muss für sich selbst philosophisch und damit als an und für sich notwendig ausgemacht werden. Tadel verdiene nur ein Vorgehen, das willkürliche Vorstellungen voraussetze. Einer solchen apriorischen Verfahrensweise hätten sich die Historiker schuldig gemacht, „die reine Historiker sein zu wollen vorgeben und zugleich ausdrücklich gegen das Philosophieren teils überhaupt, teils in der Geschichte sich erklären". Diese Art der Geschichtsbetrachtung sei in Deutschland stärker eingerissen als in Frankreich und England, wo die Geschichtsschreibung sich zu einem festeren und reiferen Charakter „gereinigt" habe. Als Belege wurden von Hegel Erdichtungen wie der „Naturzustand" oder das „Urvolk" angeführt, das in der Herder-Schule und der Romantik umher spukte. Savigny dürfte dabei vor allem gemeint gewesen sein. Hegel hielt die Weltgeschichte prinzipiell für abgeschlossen. Die höchste Staatsform, die sich entwickelt hatte, die konstitutionelle Monarchie, wurde damit als nicht mehr revidierbar angesehen.

In den „Vorlesungen über die Philosophie der Geschichte" (erstmals 1822) wurde am Ende die jüngste Geschichte in Europa skizziert. Im Zentrum des Geschehens stand – gerechtfertigter Weise wie in diesem Buch – Frankreich. Napoleon hat die Militärgewalt nach dem Schrecken der Revolution und dem permanenten Streit im Direktorium errichtet und die „Advokaten, Ideologen und Prinzipienmänner" auseinander gejagt. Aber die „Gesinnung der Völker, d.h. ihre religiöse und die ihrer Nationalität" hat den Koloss gestürzt und eine konstitutionelle Monarchie errichtet. Es wurde nicht mehr wie einst suggeriert, dass schon Napoleon diese Regierungsform errichtet habe. Die konstitutionelle Monarchie in Frankreich aber war voller Streit und Misstrauen. Der Liberalismus hat auf das atomistische Prinzip gesetzt. Der Wille der Vielen konnte jederzeit ein Ministerium stürzen und die Opposition an die Macht bringen. Die Abstraktion dieses Liberalismus hat die ganze romanische Welt erfasst und vergiftet (W XII: 534 ff). England hingegen blieb selbstgenügsam. Seine Regierung war im Wesentlichen verwaltend. Nirgendwo hatte eine Regierung so wenig zu tun wie in Großbritannien. Das Parlament regierte und – wie bei der Verdorbenheit, die sonst nur in Republiken existiert – wurden die Parlamentssitze vor allem durch Bestechung erlangt. Positive Seiten an England sah er in der Mission der Zivilisation in der ganzen Welt und in seinem Handelsgeist. Später wurde im deutschen Konstitutionalismus der englische Parlamentarismus positiv gegenüber dem französischen bewertet. Bei Hegel war dies anders. England fiel nur positiv auf, weil es den französischen Zentralismus vermied. Sein Parlamentarismus – wie in der Schrift über die Reformbill deutlich werden sollte – war nicht viel besser als der französische und erweckte nicht die übliche Bewunderung, die bei Liberalen und Konservativen auf dem Kontinent grassierte.

Deutschland schien im Vergleich zu den Vorreitern der Modernisierung in Westeuropa auf dem besten Wege. Die „deutsche Nationalität" hat den Druck der einst siegreichen französischen Heere abgeschüttelt. Die „Lüge des Reichs" ist nicht wieder aufgelebt. Die Gesetze des Rechts herrschten in deutschen Staaten. Frankreich wurde allerdings der Hauptkredit dafür eingeräumt, dass die Mängel früherer Einrichtungen angesichts der französischen Beherrschung beseitigt werden konnten. Die Freiheit der Person und des Eigentums seien in Deutschland zu herrschenden Prinzipien geworden. Jeder Bürger habe Zugang zu den Staatsämtern: „Die Regierung ruht in der Beamtenwelt und die persönliche Entscheidung steht an der Spitze" (W XI: 539). Beides scheint Deutschland den westeuropäischen Vorreitern voraus zu haben. Der abstrakte Schwulst der Rechtsphilosophie überwog noch nicht in dieser Darstellung; die deutschen Verhältnisse wurden in allgemeinverständlicher Sprache geschildert. Die deutschen Kleinstaaten wurden nach Hegels Ansicht von den größeren beschützt. Sie hatten daher die Feuerprobe ihrer Souveränität im Krieg nicht zu bestehen. Es regieren die Wissenden und nicht die Ignoranz oder die Eitelkeit des Besserwissens. Das war freilich keine Feststellung. Durch Sollenssätze wurde jedoch suggeriert, dass in Deutschland die Entwicklung in diese Richtung gehe. Die protestantische Kirche wurde gelobt, weil sie die Versöhnung der Religion mit dem Recht bewirkt habe. Der Katholizismus und seine Entwicklung wurden dabei verschwiegen, während er doch früher etwa Bayerns System unter Montgelas durchaus positiv gesehen hatte.

Von den kleineren Ländern war in dieser Vogelschau auf die Geschichte nicht die Rede. Im Dasein eines Volkes ist es der substantielle Zweck, ein Staat zu sein. Ein Volk ohne Staatsbildung – „eine Nation als solche" – hatte in der Enzyklopädie Hegels keine Geschichte. Völker ohne Staatsbildung bezeichnete er als „wilde

Nationen" (W X: 350). Die Bezeichnung „Nation" für a-staatliche Völker ist heute eher ungeläufig. Die Lehre von den „staatsfähigen Völkern" hatte später verhängnisvolle Folgen. Noch Marx setzte kleinere Völker wie die Slowaken oder Slowenen, manchmal sogar die Tschechen, auf den Aussterbeetat und gab sie der Assimilierung der größeren Staatsvölker preis. Aus dieser inferioren Position konnten sie sich nur durch ständige revolutionäre Anstrengungen befreien, wie sie die Iren und vor allem die Polen, die ihre Staatlichkeit verloren hatten, periodisch unter Beweis stellten.

Abrupt – ohne Nennung von Nationen – ging Hegel zur Zusammenfassung über. Die Weltgeschichte als das wirkliche Werden des Geistes ist die wahrhafte Theodizee, die Rechtfertigung Gottes in der Geschichte: „Nur die Einsicht kann den Geist mit der Weltgeschichte und der Wirklichkeit versöhnen, dass das was geschehen ist und alle Tage geschieht, nicht nur nicht ohne Gott, sondern wesentlich das Werk seiner selbst ist" (W XI: 540).

Reform und Revolution

1830 brach das Kartenhaus einer konservativen Ideologie auf der Basis des monarchischen Prinzips zusammen. Frankreich erlebte eine zweite Revolution. Diese breitete sich wie ein Lauffeuer in Europa aus. Selbst konservativ-katholische Regionen wie Belgien wurden erfasst, und die Revolution pochte an Preußens Grenzen. Revolutionsfurcht erfasste den alternden Philosophen. Er hat es einigen Schülern wie Gans nicht verziehen, dass sie die zweite Revolution begrüßten und mit Begeisterung nach Paris fuhren, um ihren Geist zu erleben. Im Vorwort zur dritten Auflage der Enzyklopädie von 1830 (W III: 38) hat Hegel die Philosophie durch die politische Entwicklung schon in Bedrohung gesehen durch das „Lautwerden der Oberflächlichkeit und Eitelkeit". Er wünschte sich in zunehmendem Altersquietismus eine „stillere belohnendere Teilnahme" für sein Buch. In einem Brief an einen Anhänger vom Dezember 1830 wurde der Ton resignativ: „Doch hat gegenwärtig das ungeheure politische Interesse alle anderen verschlungen". Die Krise macht alles, was Geltung zu haben schien, unsicher. Die Philosophie konnte sich der „Unwissenheit, der Gewalttätigkeit und den bösen Leidenschaften" nicht mehr entgegen stellen (Br III: 323, 337). Eskapismus erfasste den Philosophen, weil Philosophie nur „für wenige" sei. Angesichts der französischen Drohungen und Forderungen der Rheingrenze wurden bei Hegel ungewohnte nationale Töne hörbar. Schon der Besitz des Elsass und einiger ehemals niederländischer Gebiete schien ihm nun die Frucht eines politischen Übergewichts Frankreichs zu sein.

Wie sein ganzes Leben passte sich aber auch der alte Hegel den neuen Gegebenheiten rasch an. Die Julirevolution schien ihm nun unausweichlich. In seiner historischen Vorlesung hatte er bereits dokumentiert, wie wenig er vom Regime der Restauration in Frankreich gehalten hatte. Hegels Stellung zur Revolution hat sich mehrfach gewandelt. Er hat keineswegs – wie behauptet (Griewank 1969: 210) – nur die große Französische Revolution als eine Revolution anerkannt. Der Ausdruck kam auch bei der Schilderung der Verdrängung des Heidentums durch das Christentum und bei der Reformation vor (Nusser 1973: 83). Hegel hat die Revolution „nicht weggescholten, er hat sie hinweggefeiert" und sie zum Prinzip seiner Revolution erhoben (Habermas 1967: 89). Dies geschah jedoch auf einer hohen Abstraktionsstufe und unter ständiger Distanzierung von der Terror-Phase der Revolution. Die Revolution wurde mehr und mehr zur Metapher für eine geistige Erneuerung vor allem in Deutschland.

Als die politische Revolution 1830 erneut an die Pforten der Staaten klopfte, hat Hegel sie nicht angenommen. Eine Revolution passte nicht mehr in seine Ablaufmodell der Geschichte. Die Revolution hatte ihren Stellenwert geändert. In der Vorrede zur Phänomenologie 1807 war sie noch die „Morgenröte" gewesen. Ende der 1820er Jahre war sie nur noch eine „Abendröte", ein Abschluss der Menschheitsgeschichte (Lukács 1948: 579).

Der Schuldige an der Fehlentwicklung nach der Revolution war schon vor der Julimonarchie von Hegel dingfest gemacht worden: es war der Liberalismus (W XII: 534f). Die Abstraktion des Liberalismus als falsches Prinzip, „dass die Fesseln des Rechts und der Freiheit ohne die Befreiung des Gewissens abgestreift werden, dass eine Revolution ohne Reformation sein könne" – war der Irrtum der Akteure. Dass in Belgien eine katholische Revolution gegen eine reformierte Herrschaft gerichtet werden könne, hat Hegel nicht verstanden, denn der Katholizismus blieb für ihn ein permanenter Gewissenszwang.

In der Schrift „Über die englische Reformbill" von 1831 hat Hegel seine Revolutionsfurcht sogar auf England übertagen. Der Torso schloss mit den Worten: „Die andere Macht würde das Volk sein, und eine Opposition, die auf einen dem Bestand des Parlaments bisher fremden Grund gebaut, sich im Parlamente der gegenüberstehenden Partei nicht gewachsen fühlte, würde verleitet werden können, im Volke ihre Stärke zu suchen, und statt einer Reform eine Revolution herbeizuführen" (Pol: 321). Die englische Reform schien also wie ein erster Schritt zur Revolution. Die Französische Revolution bis 1791 hatte ähnlich harmlos begonnen. England hatte schon immer Hegels Interesse erweckt. Aber gegen die vorherrschende anglophile Bewunderung und „Deklamation von englischer Freiheit" (Pol: 282) hat er eine nüchterne Analyse der Realitäten unternommen. Der Rationalist Hegel konnte mit der irregulären englischen Verfassung nie viel anfangen. Er hat sie schon in der Schrift von 1817 über die „Württembergische Verfassung" abklassifiziert, weil sie sich nur durch ihre Missbräuche erhalten habe. Kenntnisreich erwies sich Hegel in der sozialen Frage und in der Unfähigkeit des Landes, staatliche Vorsorge zu organisieren. Scharf angeprangert hat Hegel die Unterdrückung der Minderheiten, der Iren und der religiösen Gruppen, die nicht der Hochkirche angehörten. Selbst im alten verrotteten Deutschen Reich habe es eine solche Niederhaltung der Minderheitsreligionen nicht gegeben (Pol: 291). Das Deutsche Reich, „gleichfalls ein unförmliches Aggregat von partikulären Rechten" wie England, schien immer noch besser gewesen zu sein. Das Reich war nur das äußere Band der Länder. In den Einzelstaaten sei nach anderen Prinzipien regiert worden und sie hätten noch nicht jene alle Volksklassen durchdringende Verdorbenheit in sich besessen, die Hegel in England am Werk sah (Pol: 280). Der „Pomp und Lärm der formellen Freiheit im Parlamente" ging ihm auf die Nerven. Hegel hielt England für nicht lernfähig.

Erstaunlich blieb die Ablehnung einer Reform, gegen deren Grundprinzipien er unter normalen Umständen wenig einzuwenden gehabt hätte. Die vorgesehene Erweiterung des Wahlrechts hielt sich an akzeptable Grenzen. Er bemängelte aber, dass das Wahlrecht zu sehr „numerisch" und nicht „organisch" angelegt war. Der Herzog von Wellington war der einzige Politiker, der gut wegkam, weil er ein sachlicher und trockener Redner schien – wie Hegel selbst – und die „an Selbstostentation so reiche Geschwätzigkeit" nicht zeigte, durch welche viele Parlamentsmitglieder in den Ruf der Beredsamkeit gelangten (Pol: 312). Wenn Wellington nun mit der Sorge zitiert wurde, dass die Masse der Wähler künftig aus Krämern bestehen werde, so konnte die Ratio dahinter, die Handelsinteressen zu fördern, eigentlich nicht gegen Hegels Ansichten verstoßen.

Die Macht des Parlaments und die weitere Aushöhlung der monarchischen Gewalt waren für Hegel (Pol: 311) der eigentliche Stein des Anstoßes (Pol: 315). Die Reformbill konnte seiner Ansicht nach nur die effektive Regierungsgewalt treffen. Hegel kritisierte weniger die Berechtigung des Anliegens der Reformer als der Glaube an die Durchführbarkeit der Reform. Deutschland schien im Vergleich zu England als ein Musterland der klugen schrittweisen Reform. Die Schrift erwies Hegel als informierten Zeitungsleser, der eine erstaunliche Fülle von Details über die britische Diskussion zur Kenntnis genommen hatte. Umso überraschender war bei dem großen Systematiker, dass jede Empathie für das System fehlte und dass kein Wort über die positiven Seiten Englands verloren wurde, die Freiheiten der Bürger, die er in abstracto immer gefordert hatte oder die Selbstverwaltung, die von Gierke bis Gneist deutsche Bewunderung erregen sollte.

Hegel hatte mit allen seinen politischen Schriften kein Glück gehabt. Der „Sekretär des Weltgeistes" (Rosenzweig 1963 II: 237) hatte Pech mit dem Lauf der Geschichte. Die seiner Schriften, die das preußische Königtum am stärksten verherrlichte, wurde im Regierungsblatt Preußens nach wenigen Folgen sistiert und zu seinen Lebzeiten nicht mehr gedruckt. Rücksichten auf die Empfindlichkeit der englischen Vettern auf dem Thron hatte diese Repression der Regierung motiviert.

Hegels enzyklopädischer Abstraktionsdrang war mit einer großen Zweideutigkeit seiner dunklen Äußerungen gepaart und ermöglichte höchst konträre Auslegungen. Kritiker haben Hegels Person mit seinem System verglichen: „geschlossen und abschließend, monarchisch". Er entschädigte seine Schülerschar „für das Gefühl der Abhängigkeit durch das stolze Bewusstsein der Absolutheit" (Haym 1857: 459). Die Hegelrezeption zeigte, dass viele Anklagen nach 1933, die ihn als Totalitären und Rassisten deuteten (Popper 1970: 101), zwar Hegels Historizismus mit Recht geißelten, aber in ihrem Urteil selbst a-historisch waren. Bei Hegel fand sich kein Ressentiment gegen Juden wie bei seinem radikal-liberalen Gegner Fries, den er verfolgte. Auch der Vorwurf des Nationalismus ist unsinnig. Einmal hat er das Reich, die nationale Erhebung und einen Nationalstaat nach 1814 in seiner Rheinbund-Mentalität abgelehnt. Zum anderen waren seine spärlichen Andeutungen eines deutschen Nationalgefühls nicht geschichtsmächtig. Als der Nationalismus in Deutschland triumphierte, war Hegels Philosophie praktisch tot (Kaufmann 1970: 169, 78, 21). Hegels Überhöhung des Staates konnte zum gouvernementalen Missbrauch anstiften. Aber seine Theorie war so wenig die Staatslehre der Restaurationszeit wie Hobbes' Leviathan die Bibel seiner Epoche des Absolutismus gewesen ist. Das riesige Gedankengebäude stand in beiden Fällen quer zu den dominanten politischen Strömungen. In Deutschland kam es zu einer Renaissance Hegels später als in England, wo Green und Bosanquet ihn wieder entdeckten (vgl. Bd. 1, Kap. IV.1).

Das Kriegsglück in den Einflusskriegen erwies sich auch im Falle Hegels als launisch. Schopenhauer (Parerga und Paralipomena II, 20, § 242) hatte prophezeit, dass Hegels Dominanz „denn allezeit in der Literaturgeschichte dieser Periode als bleibender Schandfleck der Nation und des Zeitalters figurieren und der Spott der Jahrhunderte sein wird". Der Neuhegelianismus hat diese Voraussage falsifiziert. Hegel erlebte eine Renaissance als Schopenhauer nur noch als „Vorläufer von Nietzsche" zur Kenntnis genommen wurde (Löwith 1953: 137). Nur in Italien blieb Hegels Einfluss ungebrochen. In Russland dominierte das „Algebra der Revolution" (A. Herzen) selektiv in den 1840er Jahren und wurde bald verdrängt, erst von Schelling, später vom Positivismus und schließlich vom Marxismus und Neukantianismus.

Quellen
Hegel: Sämtliche Werke. Hamburg, Meiner, 1968, 22 Bde. (zit.: SW).
  Bd. IX: Phänomenologie des Geistes (1807) (vormals Bd. V o.J.).1988, 1997.
  Bd. XVIII: Die Vernunft in der Geschichte. 1955, 5. Aufl.,1994, 6. Aufl.
  PhB 483 : Rechtsphilosophie. 1995,1998.
Hegel: Werke (Hrsg.: E. Moldenhauer/K.M. Michel). Frankfurt, Suhrkamp, 20 Bde. 1970. (zit:W).

Hegel: Hauptwerke. Hamburg, Meiner, 1999, 6 Bde.
Hegel: Politische Schriften (Hrsg.: J. Habermas). Frankfurt, Suhrkamp, 1966 (zit. Pol).
Hegel: Die Philosophie des Rechts. Die Vorlesung 1819/20 in einer Nachschrift (Hrsg.: D. Henrich). Frankfurt, Suhrkamp, 1983.
Briefe von und an Hegel (Hrsg.: J. Hoffmeister). Hamburg, Meiner, 1952 ff, 4 Bde. Bd. I-III: 1969, 3. Aufl. Bd. IV in zwei Teilen 1977, 1981. (zit.: Br.).
Gedenkschrift der Freien Universität Berlin zur 150. Wiederkehr des Gründungsjahres. Idee und Wirklichkeit einer Universität. Dokumente zur Geschichte der Friedrich Wilhelms-Universität zu Berlin (Hrsg.: W. Weischedel). Berlin, De Gruyter, 1960.

Literatur

E. Angermann: Das Auseinandertreten von Staat und Gesellschaft im Denken des 18. Jahrhunderts. Zeitschrift für Politik, 1963: 89–101.
S. Avineri: Hegels Theorie des modernen Staates. Frankfurt, Suhrkamp, 1976.
J. Barion: Hegel und die marxistische Staatslehre. Bonn, Bouvier, 1970, 2. Aufl.
Ch. Binkelmann: Theorie der praktischen Freiheit: Fichte, Hegel. Berlin, de Gruyter, 2007.
P. Cobben (u. a. Hrsg.): Hegel Lexikon. Darmstadt, Wissenschaftliche Buchgesellschaft, 2006.
I. Fetscher: Hegels Lehre vom Menschen. Stuttgart-Bad Cannstatt, Fromann, 1970.
I. Fetscher (Hrsg.): Hegel in der Sicht der neueren Forschung. Darmstadt, Wissenschaftliche Buchgesellschaft, 1973.
E. Fleischmann: La philosophie politique de Hegel sous forme d'un commentaire des fondements de la philosophie du droit. Paris, Plon, 1964.
H.-F. Fulda: Das Problem der Einleitung in Hegels Wissenschaft der Logik. Frankfurt, Klostermann, 1965.
H.-F. Fulda: Georg Wilhelm Friedrich Hegel. München, Beck, 2003.
K. Griewank: Der neuzeitliche Revolutionsbegriff. Entstehung und Entwicklung. Frankfurt, EVA, 1969, 2. Aufl.
J. Habermas: Hegels Kritik der französischen Revolution. In: Ders: Theorie und Praxis. Neuwied, Luchterhand, 1963, 1967, 2. Aufl.: 89–107
R. Haym: Hegel und seine Zeit. Berlin, Gaertner, 1857.
R. Heiss: Die großen Dialektiker des 19. Jahrhunderts: Hegel, Kierkegaard, Marx. Köln, Kiepenheuer & Witsch, 1963
D. Henrich/R. P. Horstmann (Hrsg.): Hegels Philosophie des Rechts. Stuttgart, Klett-Cotta, 1982.
D. Henrich: Hegel im Kontext. Berlin, Suhrkamp, 2010.
R. K. Hočevar: Hegel und der preußische Staat. Ein Kommentar zur Rechtsphilosophie von 1821. München, Goldmann, 1973.

Die Apologie des Status quo der konstitutionellen Monarchie in Deutschland

A. Honneth: „Leiden an Unbestimmtheit". Eine Reaktualisierung der Hegelschen Rechtsphilosophie. Stuttgart, Reclam, 2001.
Ch. Jermann (Hrsg.): Anspruch und Leistung von Hegels Rechtsphilosophie. Stuttgart-Bad Cannstatt, Frommann-Holzboog, 1987.
W. Kaufmann (Hrsg.): Hegel's Political Philosophy. New York, Atherton, 1970.
P. Kondylis: Die Entstehung der Dialektik. Eine Analyse der geistigen Entwicklung von Hölderlin, Schelling und Hegel bis 1802. Stuttgart, Klett-Cotta, 1979.
A. Kojève: Hegel. Versuch einer Vergegenwärtigung seines Denkens. Stuttgart, Kohlhammer, 1968.
K. Löwith: Von Hegel zu Nietzsche (1941). Stuttgart, Kohlhammer, 1953, 3. Aufl.
G. Lukács: Der junge Hegel. Zürich, Europa Verlag, 1948.
K. Marx: Zur Kritik der Hegelschen Rechtsphilosophie. Kritik des Hegelschen Staatsrechts. In: Marx/Engels: Werke. Berlin, Dietz, 1969, Bd. I: 201–333.
K.-H. Nusser: Hegels Dialektik und das Prinzip der Revolution. München, Pustet, 1973.
K. R. Popper: Die offene Gesellschaft und ihre Feinde. Bd. II: Falsche Propheten. Hegel, Marx und die Folgen. Bern, Francke, 1958, 1970, 2. Aufl.
M. Riedel: Theorie und Praxis im Denken Hegels. Stuttgart, Kohlhammer, 1965.
M. Riedel (Hrsg.): Materialien zu Hegels Rechtsphilosophie. Frankfurt, Suhrkamp, 1975, 2 Bde.
J. Ritter: Metaphysik und Politik. Studien zu Aristoteles und Hegel. Frankfurt, Suhrkamp, 1969.
K. Rosenkranz: Kritische Erläuterungen des Hegelschen Systems. Königsberg, 1840, Nachdruck: Hildesheim, Olms, 1963.
F. Rosenzweig: Hegel und der Staat. München, Oldenbourg, 1920. Nachdruck: Aalen, Scientia, 1962, 2 Bde.
M. Theunissen: Hegels Lehre vom absoluten Geist als theologisch-politischer Traktat. Berlin, de Gruyter, 1970.
U. Thiele: Verfassung, Volksgeist und Religion. Hegels Überlegungen zur Weltgeschichte des Staatsrechts. Berlin, Duncker & Humblot, 2008.
A. von Unruh: Dogmengeschichtliche Untersuchung über den Gegensatz von Staat und Gesellschaft vor Hegel. Leipzig, Teubner, 1928.
P. Vogel: Hegels Gesellschaftsbegriff und seine geschichtliche Fortbildung durch Lorenz Stein, Marx, Engels und Lassalle. Berlin. Pan-Verlag Rolf Heise, 1925.
E. Weil: Hegel et l'état. Paris, Vrin, 1966.
F. Wiedmann: Hegel. Reinbek, Rowohlt, 1965, 1993, 17. Aufl.

Lorenz von Stein (1815-1890)

Stein kam als Sohn des in dänischen Diensten stehenden Obersten Freiherr von Wasmer in einer Verbindung „zur linken Hand" zur Welt und erhielt den Namen seiner Mutter. Nach dem frühen Tod des Vaters wurde er am Militärinstitut in Eckernförde erzogen und vom dänischen König gefördert. Das Studium absolvierte er überwiegend in Kiel. Es schloss sich eine Reise nach Paris – nicht ohne geheime Regierungsaufträge – zur Beobachtung der revolutionären Kreise in Frankreich an. Die Frucht dieser Reise war das Buch, das ihn auch in außerwissenschaftlichen Kreisen berühmt machte: „Der Sozialismus und Kommunismus im heutigen Frankreich" (1842), das 1850 unter dem heute üblichen Titel in dritter Auflage erschien.

Im Aufstand Schleswig-Holsteins gegen Dänemark setzte sich Stein als a. o. Professor in Kiel für die Selbständigkeit seines Landes ein. 1849 wurde er in den Landtag gewählt. Als Dänemark das Land wieder unter seine Kontrolle brachte, wurde er und die übrigen acht Professoren, die eine autonomistische Denkschrift verfasst hatten, des Amtes enthoben. Stein ging nach München, um der Verhaftung zu entgehen und fristete sein Leben als Journalist. Da er gegen die preußische Intervention und für die Unabhängigkeit Schleswig-Holsteins eingetreten war, hat Preußen alle Berufungsangebote von Königsberg bis Würzburg torpediert. 1854 erhielt er schließlich einen Ruf nach Wien. Dort wirkte er bis zum Tode seines Gönners, des Finanzministers von Bruck, als ständiger Berater der österreichischen Ministerien.

Das Werk über „Sozialismus und Kommunismus" ist in der biedermeierlich verschlafenen Gesellschaft der deutschen Kleinstaaten entweder wie ein Märchen aus fernen Landen oder als Aufruf zur Nachahmung bei den Linken aufgenommen worden. In der Klassenanalyse hat Stein auch die Radikalen beeinflusst. Um die Jahrhundertwende wurde erbittert um die Priorität der Klassenkampfthese gestritten. Die Behauptung, Marx habe Stein kopiert (Winkler 1936) ist von einer differenzierteren Analyse überholt worden (Földes 1914, Kolb 1947: 97 ff).

Stein (GSB I: 141) erkannte dem „herrlichen Frankreich" den Ruhm zu, auf dem Wege der modernen sozialen Bewegung vorangegangen zu sein: „das große Deutschland aber wird dadurch größer sein, denn das ist und bleibt seine Mission, in seiner Weise zu vollenden, was jenes in seiner Weise begonnen und aufgegeben hat". Der Hegelsche Gedanke einer Fackelträgerrolle von wichtigen Nationen war im Frühwerk Steins noch lebendig. Diese Mission konnte jedoch erst erfüllt werden, wenn die „nationale Richtung" aufhörte, die „soziale Bewegung" für untergeordnet zu halten, die ihrerseits den Nationalismus verachtete. In dieser „querelle allemande" lag nach Steins Ansicht der Hauptfehler der Frankfurter Nationalversammlung. Als Schleswig-Holsteiner war ihm der Volkstumskampf im Norden präsent. Dennoch hat er nur vorübergehend der nationalen Bewegung eine Priorität über die soziale Bewegung eingeräumt. Im Gegensatz zu den Radikalen wollte Stein die Revolution, die er kommen sah, verhindern und drängte in seiner Gesellschaftslehre auf die Lösung der sozialen Fragen durch ein soziales Königtum, das Reformen von oben initiiert. Als Konservativer sah Stein die Verwaltung für wichtiger an als die Verfassung und das Repräsentativsystem, das die Liberalen beschäftigte. Er war der erste, der gegen die Konzentration auf die „Mitbestimmung" wetterte, anstatt eine Betriebslehre des Staates zu unternehmen (W. Hennis). Dies erklärte die anhaltende Beliebtheit Steins bei den Schmittianern wie Forsthoff oder E. R. Huber nach dem zweiten Weltkrieg, als man die Verfassung nicht mehr offen bespötteln konnte, gleichwohl aber hoffte, durch eine daseinsvorsorgende Verwaltung die parlamentarische „Mitbestimmungssphäre" zu neutralisieren. Seit dem Niedergang der Kameral- und Polizey-Wissenschaften fehlte eine sozialwissenschaftlich fundierte Staatswissenschaft. Es gab in Steins Augen (SS II: 3) zu seiner Zeit nur eine „negative Auffassung der Gesellschaft, welche von ihr nur so viel sieht, als nötig ist, um den Maßregeln der Regierung ihre Aufgabe anzuweisen". Aber auch an einer Staatswissenschaft fehlte es (GSR: 185), und Stein kämpfte gegen die Herablassung mit der die Staatswissenschaft – für deren Entwicklung er „einen schönen Teil römischer Rechtsgeschichte" gern hingegeben hätte – im Rahmen der Rechtswissenschaft angesehen wurde. Die Gesamtheit der Aufgaben des Staates umfasste eine Verwaltungslehre, als deren Begründer in Deutschland Stein angesehen werden kann (GSR: 483). Verwaltung dient dem Interesse aller Bürger. Während die liberale Auffassung nur eine „Eingriffsverwaltung" zulassen wollte, hielt er eine „Leistungsverwaltung" für unabdingbar. Freiheit konstituierte sich für ihn durch die Teilnahme der Bürger auf der Verfassungsebene und die Fürsorge des Staates für die Bürger auf der Verwaltungsebene. Das Prinzip des Staates war nach Stein die Freiheit – das Prinzip der Gesellschaft hingegen die Unfreiheit, weil das Streben der Individuen nach Unabhängigkeit die Abhängigkeit von Schwächeren notwendiger Weise nach sich ziehe. Freiheit in der Gesellschaft kann nur durch Besitz erlangt werden. Gegen die harmonistische Sicht der Liberalen setzte Stein die kühle Analyse der Klassengegensätze, die aus dem Streben nach Freiheit via Besitz entstehen mussten.

Staat und Gesellschaft – die niemand vor Stein in Deutschland so strikt ausdifferenziert hatte – mussten aufgrund dieser Dynamik in einen unaufhebbaren Widerspruch geraten. Aber Stein als „rechter" Hegelschüler ging über die bloße antagonistische Negation hinaus, die bei Marx zur Revolution drängte. Staat und Gesellschaft gehörten trotz der unterschiedlichen Logiken dieser Subsysteme zusammen. „Idee" und „Interesse" ließen sich nicht trennen – waren aber nicht in der harmonischen Weise verbal versöhnt worden, wie in der romantischen Theorie der Antinomien bei Adam Müller. Der Staat ist in dieser Gegenüberstellung in einer schwächeren Position als die Gesellschaft, weil ihm nur ein „reiner Begriff" und ein „abstraktes Dasein" entsprechen. Der Staat kann sich nicht über die Gesellschaft stellen, wie die Anhänger des monarchischen Prinzips unter den Statusquo-Konservativen noch hofften. Er wirkt in seiner Hoheitlichkeit „befehlend". Oft genug aber muss er dem stärksten sozialen Interesse „gehorchen". Eigentlicher Träger der Freiheit ist eine Person, die über beiden Subsystemen steht, der Monarch. Die Aufhebung des Konflikts kann durch Revolution oder Reform geschehen (GSB I: 124) – erwünscht war die Reform von oben durch den sozialen Monarchen.

Stein trat dem Irrtum der Liberalen entgegen, dass das allgemeine Wahlrecht zur Machtergreifung der „sozialen Partei" und des „Proletariats" führen werde (GSB I: 129). Dieser Gedanke zeigte, dass die Reformkonservativen weniger Hemmungen hatten, das Wahlrecht auszuweiten als viele Liberale – wie man an Robert von Mohl demonstrieren konnte. Konservative Staatsmänner wie Disraeli und Bismarck haben das Wahlrecht gelegentlich nicht weniger drastisch ausgeweitet als radikale Republikaner. Weil Stein das allgemeine Wahlrecht nicht als Weg zur Macht der Linken ansah, blieb dieser eigentlich nur der Weg der Gewalt. Er glaubte damals jedoch noch, dass diese Option ausscheide, weil das Proletariat zu schwach sei – eine Prognose, die immerhin noch für ein halbes Jahrhundert zutreffend sein sollte.

Diese konservative Gelassenheit gegenüber dem Trend zum allgemeinen Wahlrecht bedeutete keine überhöhte Sympathie für das allgemeine Repräsentativsystem. Als Preußen verspätet und wenig demokratisch sein Verfassungsversprechen einlöste, hielt er das Land angesichts seiner territorialen Heterogenität für ungeeignet, den westlichen Weg einer Integration von Staat und Gesellschaft über eine Nationalrepräsentation zu gehen. Der deutsche Sonderweg mit der begrifflichen Überhöhung der staatlichen Sphäre war bei Stein (1961: 5) in der kleinen Verfassungsschrift angelegt. Er hielt Preußen nicht reif für eine Verfassung, obwohl er in Zukunft eine gesamtdeutsche Verfassung erhoffte. Diese aber sah er nicht gerade durch eine „machtvolle Sondervertretung" in Preußen befördert. Auch in diesem Fall war die Verfassung den tatsächlichen sozialen Verhältnissen nachgeordnet. Wo Regierung und Verfassung in Konflikt geraten, würde „die Regierung stets die Verfassung bewältigen". In diesem Fall war die Prognose Steins falsch. Ohne die Festigung des Konstitutionalismus in Preußen wäre es kaum zu einer Reichsverfassung mit allgemeinem Wahlrecht 1871 gekommen. Auch in dieser Schrift wurde Steins (1961: 22) Grundthese wieder aufgenommen. Zur Vermeidung systemsprengender Klassenkämpfe war relativ autoritäre Führung von oben – in Kombination mit Sozialpolitik – erforderlich. Stein behauptete, dass jeder Staat eine ausgleichende Tätigkeit in der gesellschaftlichen Gestalt des Staates übernehmen müsse. Jeder Staat strebe unbewusst dahin, „die Gleichartigkeit seiner socialen Ordnung so rasch und entschieden als möglich hinzustellen". Dabei war das Resultat nicht immer die Freiheit der unterworfenen Klasse, aber auch nicht immer die Herrschaft der höheren Stände, sondern die Angleichung der sozialen Grundlagen in allen Teilen des Staatsgebiets. In dieser Doktrin war die lutherische Theorie einer tätigen Liebesethik wirksam, die vor allem an der preußischen Universität Halle eine eigenartige Symbiose von Pietismus und rationaler Aufklärung der Schule von Wolf und Thomasius einging. Sie wurde zum vorherrschenden Ethos der Staatsdiener in Preußen und in ganz Norddeutschland. Stein unterstellte ein universales Prinzip. Trotz seiner guten komparativen Kenntnisse verkannte er jedoch, dass in den angelsächsischen Ländern ein gleicher Impetus zur sozialen Angleichung nicht bestand. In Großbritannien kam er erst nach 1945 zum Tragen, in den USA vorübergehend in Roosevelts New Deal-Politik. Aber bis heute wird vor allem in Amerika ein größeres Maß an sozialer Differenz in funktionaler wie in territorialer Hinsicht akzeptiert als in Deutschland, wo die Gleichwertigkeit der Lebensverhältnisse sogar zum Verfassungsprinzip aufstieg. Das bedeutsame der deutschen Sonderentwicklung war es, dass die Sozialkonservativen und die Sozialliberalen sich in dieser latenten sozialen Egalitätstheorie einig wurden. Lorenz von Stein war sicher der originellste Künder dieser Lehre – mit dem größten nachhaltigen Einfluss auf den deutschen Konservatismus.

Stein hat die beste soziologische Analyse des Parlamentarismus seiner Zeit geliefert, obwohl er kein Anhänger dieser Regierungsform war. Die liberale Scholastik der rechtlichen Ministerverantwortung hielt er für absurd. Das Wesen der politischen Ministerverantwortlichkeit zu verkennen, schien ihm einer „Unkenntnis des Wesens der Gesellschaft" gleichzukommen. Die parlamentarische Regierungsweise ohne dass ein Land dafür reif sei, schien ihm eine leere Hülle. Solange man nicht an die feudalen Hoheitsrechte herankonnte, wie Polizei und Justiz, nutzten parlamentarische Rechte in Steins Augen wenig (GSB II: 43, I: 208). Später glaubte er, dass eine deutsche Sonderentwicklung das parlamentarische System vermeiden könne, wenn man die politische Verantwortlichkeit vom Klage- und Beschwerderecht zu scheiden gelernt habe, wie man lernte, Ministerien von Behörden zu unterscheiden (VL I, 1: 264). Stein wurde – von Österreich aus – zu einem wichtigen Künder des „deutschen Konstitutionalismus", und fand dabei einiges Echo bei konservativen Antiparlamentaristen von Schweden bis nach Italien.

Für Stein gab es in jeder Gesellschaft die Tendenz, dass sich die stärkste Klasse der Staatsgewalt bemächtigte. Die Alternative, wenn die Machtergreifung misslang, war die Absonderung der gesellschaftlichen Gewalt, Steins „zweites soziales Gesetz". Den Begriff „Volk" ordnete Stein der Staatssphäre zu, da jedes Volk die Tendenz zur Staatsbildung habe und jeder Staat versuche, sich „sein Volk zu bilden", auch wenn es aus mehreren ethnischen Gruppen bestand. Diese Erfahrung nannte er sein drittes allgemeines Gesetz. Die Staatsgewalt ist in jedem Staat nach Stein bestrebt, die Macht der gesellschaftlichen Interessen zu brechen. Er hing aber keiner schlichten Agenturtheorie des Staates an.

Stein widmete sich dem Vergleich der bürgerlichen und der proletarischen Revolution. Die erste schien noch möglich durch die Ausweitung der Besitzenden. Aber die proletarische Revolution war für ihn eine Unmöglichkeit. Wenn die Besitzlosen sich das Eigentum der bisherigen Herren aneignen, hatte sich in Steins Augen nichts geändert: es blieb bei einer Klassenherrschaft derer, die den Arbeitsprozess organisieren. Im Kommunismus sei die Herrschaft der Funktionäre die „wahre Sklaverei".

Dem Sozialismus erkannte Stein (GSB II: 131) das Verdienst zu, die ganze Weltanschauung auf das Prinzip der Arbeit gegründet zu haben, und damit das ganze äußere Leben der Welt in seinem Verhältnis zur eigentlichen Bestimmung des Individuums zu denken. Darin stand für ihn (GSB I: 138) der Sozialismus „unendlich viel höher als der Kommunismus", da er keine unterschiedslose Egalität der Individuen anstrebe. Aber beide Richtungen der Linken wurden letztlich in seinem Prozessdenken ähnlich, weil sie die Herrschaft der Arbeit über das Kapital anstrebten. Sie verkannten beide, dass Kapital nichts weiter war als geronnene vergangene Arbeit. Die Herrschaft der Arbeit über das Kapital war jedoch nur mit Gewalt möglich. Die Gewalt, die solche Intentionen verhindern sollte, war für Stein der Staat. Aus diesem Antagonismus resultierte ein „struktureller Bürgerkrieg" (Koslowski 1989: 130). Stein sah den Kommunismus gleichsam heimzahlen, was der Sozialismus dem Liberalismus angetan hatte. Der Sozialismus ist dem Kommunismus langfristig als unterlegen gedacht, weil er den Verstand und nicht das Herz der Arbeiter anspricht. Der Sozialismus appelliert an Individuen – der Kommunismus an die ganze Klasse. Noch hatten die Kommunisten in seinen Augen kein klares logisches Prinzip und waren in Sekten und Doktrinen gespalten. Aber dadurch waren sie angeblich mächtiger als der Sozialismus (GSB II: 344). Diese Prognose sollte sich nicht als richtig erweisen. Selbst in Russland wäre sie schwerlich eingetroffen, wenn die Menschewiki und Sozialrevolutionäre im 1. Weltkrieg den Friedenswillen der Massen nicht unterschätzt hätten. Der Sieg der Kommunisten – wo er erfolgte – beruhte auf anderen Prinzipien als Stein voraussagte, vor allem auf der größeren Entschlossenheit die Macht zu usurpieren, welche die Sozialisten immer nur zaudernd ergriffen. Stein war der Meinung, dass die Utopie des Kommunismus in der falschen Evidenz des unmittelbaren Gefühls die Arbeiter stärker mobilisiere (GSB II: 442f), was nur in ungewöhnlichen Krisenzeiten der Fall war. Die Beobachtung traf jedenfalls nicht auf die kommunistischen Sekten von Cabet bis Fourier zu, welche Stein in Paris studiert hatte. Die Form des Kommunismus, die später die Utopie geschickt mit einer rationalen

Form der Analyse kombinierte, der Marxismus-Leninismus, war für Stein noch nicht vorauszusehen.

Die Ableitung der Entstehung des Proletariats aus dem Industrialismus ging auf Saint-Simon zurück. Sie verband sich mit dem Gedanken Hegels an die freie Persönlichkeit, die sich in einem dialektischen Prozess in Widerspruch zum Kapitalismus setzt. Hegelianisierend war der theoriegeschichtliche Fokus der ganzen Analyse. Im Gegensatz zu späteren Werken Steins wurden die sozioökonomischen Bedingungen und die Organisationsgeschichte der Bewegung noch kaum behandelt. Im Zentrum stand die Entwicklungsgeschichte des Geistes, die sich in Ideologien und Weltbildern niederschlägt.

Zur Verhinderung einer möglichen Revolution bedurfte das soziale Königtum eines großen Stabs von qualifizierten Beamten. In der Vertretung der selbständigen Persönlichkeit des Staates durch die Dynastie wird verhindert, dass eine Klasse ihre Macht ausschließlich durchsetzt. Keine volonté générale konnte in Steins Augen die Einheit der Gesellschaft garantieren, sondern allenfalls der gemeine Wille, den der Monarch verkörperte, der den „allgemeinen Willen zu einem persönlichen" werden lässt (GSB III: 9). Stein war jedoch kein Utopist. Er sah durchaus, dass die geforderte Allianz von Monarch, Bürokratie und Heer zu einer Gegenallianz der Opposition führen könne, welche von den Besitzenden bis zu den Besitzlosen reiche. Er ging davon aus, dass die Gesellschaft ihre Angriffe gegen die Staatsmacht weiter führen werde. Im preußischen Verfassungskonflikt 1862–66 erwies sich diese Prognose als zutreffend.

Die Interpretation der Geschichte als Geschichte der Klassenkämpfe führte dazu, dass Stein (GSB I: 2) die üblichen politischen Theorien als Ideologien abtat. Die Zeit der „sozialen Theoreme" sah er als obsolet an. Es gehe darum, wissenschaftlich die sozialen Gesetze zu erkennen, der sich keine politische Bewegung entziehen könne. Der Staat müsse sich daher im eigenen Interesse der „niederen Klassen annehmen" (GSB I: 120). Ähnlich wie Reformkonservative in anderen Ländern, z. B. Comte in Frankreich, wurde ein neuer Arbeitsbegriff der gesamten sozialen Analyse zugrundegelegt. Die moderne Arbeitsgesellschaft revolutionierte alle sozialen Beziehungen – selbst die zwischen Mann und Frau, die von einer „rein mechanischen Maschinenarbeit" egalisiert werde (1880: 98). Ähnlich wie Comte hat Stein eine strikte Führung von oben zur sozialen Reform für unerlässlich angesehen. Anders als Comte konnte Stein jedoch an die legitimen Dynastien anknüpfen. Sein realistischer Sinn – ohne Neigung zu religiösem Überschwang – hat ihn mit beiden Beinen auf der Erde gehalten, ohne – wie Comte – in utopische Organisationsformen zu entweichen. Stein hielt sich an das Mögliche: die Reform der aristokratischen Dilettantenverwaltung durch eine wissenschaftlich fundierte Verwaltungslehre. Steins Konservatismus war mit einem Tropfen liberalen Öls gesalbt: immer blieb der Grundbegriff die Freiheit. Ein neoabsolutistisches System lehnte er ab – allenfalls für Russland akzeptierte er die „Allgewalt des persönlichen Staates ... weil sie nach Land und Volk nicht anders" kann. Während Comte über die Unterschiede der Länder kaum nachdachte, bevorzugte Stein eine komparative Sicht. „Spanien und Italien sind die beiden Länder, in denen sich Europa die Frage gestellt hat, ob die Freiheit und ihr Rechtssystem unter dem ewig blauen Himmel und blühenden Orangen ohne schwere Arbeit sich entwickeln kann." Die Frage wurde tentativ beantwortet: beide Länder flüchteten sich in die Kopie des französischen Rechtssystems. Skandinavien stellte andererseits eine eigene parochiale Welt dar. Nur drei große Länder arbeiteten „eigentlich an der Rechtsbildung" – aber je auf unterschiedlicher Grundlage: England auf der Grundlage des freien Staatsbürgers, Frankreich auf der Grundlage eines einheitlichen Staates. Deutschland hatte die Mission, die Wissenschaft zur Grundlage der rechts- und staatsbildenden Kraft zu machen, weil weder der freie Staatsbürger noch der zentralistische Staat hinreichend ausgebildet worden sei. Steins Werk enthielt eine Theorie des deutschen Sonderwegs, aber sein Autor war frei von chauvinistischen Überlegenheitsgefühlen. Die drei wichtigsten Rechts- und Staatskulturen waren für ihn gleichwertige Äquivalente – was Steins nationalistische Nachbeter später unterschlagen haben.

Quellen

Stein: Geschichte der sozialen Bewegung in Frankreich von 1789 bis auf unsere Tage. Leipzig 1850, 1855, 2. Aufl., Nachdruck 1921 und Darmstadt, Wissenschaftliche Buchgesellschaft, 1959, 3 Bde (zit: GSB).
Stein: System der Staatswissenschaft. Stuttgart 1852–56, 2 Bde. Nachdruck: Osnabrück, Zeller, 1964, Bd. II: Gesellschaftslehre (zit: SS).
Stein: Die Verwaltungslehre. Stuttgart 1865–84, 8 Teile. Nachdruck: Aalen, Scientia, 1962, 10 Bde (zit. VL).
Stein: Zur preußischen Verfassungsfrage (1852). Darmstadt, Wissenschaftliche Buchgesellschaft, 1961, 2. Aufl.
Stein: Die Frau auf socialem Gebiete. Stuttgart, Cotta, 1980.
E. Forsthoff (Hrsg.): Lorenz von Stein. Gesellschaft – Staat – Recht. Berlin, Propyläen, 1972 (zit: GSR).
H. Taschke (Hrsg.): Lorenz von Steins nachgelassene staatsrechtliche und rechtsphilosophischen Vorlesungsmanuskripte. Heidelberg, von Decker, 1985.

Literatur

B. Földes: Bemerkungen zum Problem Lorenz Stein – Karl Marx. In: Jahrbücher für Nationalökonomie und Statistik. Bd. 47, 1914: 289–299.
A. Fürst: Die soziologische Dimension der Gesellschaftslehre Lorenz von Steins. Diss. Heidelberg, 1967

E. Grünfeld: Lorenz von Stein und die Gesellschaftslehre. Jena, G. Fischer, 1910.
E. Kolb: Lorenz von Stein und die soziale Bewegung des 19.Jahrhunderts. Frankfurt, Diss., 1947.
St. Koslowski: Die Geburt des Sozialstaats aus dem Geist des Deutschen Idealismus. Person und Gemeinschaft bei Lorenz von Stein. Weinheim, VCH, Acta Humaniora, 1989.
M. Löbig: Persönlichkeit, Gesellschaft und Staat. Idealistische Voraussetzungen der Theorie Lorenz von Steins. Würzburg, Königshausen & Neumann, 2004.
F. de Sanctis: Crisi e scienza. Lorenz Stein, alle origini della scienza sociale. Neapel, Jovene, 1974, 1976.
R. Schnur (Hrsg.): Staat und Gesellschaft. Studien über Lorenz von Stein. Berlin. Duncker & Humblot, 1978.
M. Stiehl: Legaler Despotismus – soziales Königtum. Lorenz von Stein und der Physiokratismus. Diss. Marburg, 1988.
P. Vogel: Hegels Gesellschaftsbegriff und seine geschichtliche Fortbildung durch Lorenz Stein, Marx, Engels und Lassalle. Berlin, Pan Verlag Rolf Heise, 1925.
A. Winkler: Die Entstehung des „Kommunistischen Manifestes". Wien, Manz, 1936.

Apologie des monarchischen Prinzips: Friedrich Julius Stahl (1802–1861)

Stahl wurde als Sohn des jüdischen Würzburger Kaufmanns Golson geboren und orthodox erzogen. 1819 trat er zum lutherischen Glauben über. Unter dem Einfluss des Erlanger Pietismus wurde er erneut „strenggläubig". Als Mitglied des Oberkirchenrats hat er in den 1850er Jahren in Preußen zur Festigung dieser Orthodoxie nicht wenig beigetragen. Wie viele Konservative begann er zunächst als Progressiver. Als Student der Rechte wurde er wegen burschenschaftlicher Aktivitäten für zwei Jahre relegiert, was nicht hinderte, dass er später Professor in Erlangen werden konnte. Man wird nicht davon ausgehen können, dass Stahl damals sehr radikal war. Wie bei vielen Burschenschaftlern kam es zu einem krausen Gemisch aus konservativen Instinkten, liberalen Gedanken und romantischen Sehnsüchten (Masur 1930: 177). Erst die Julirevolution von 1830 brachte durch den Schock über die zweite Revolution eine Klärung dieser ideologischen Gemengelage. Es mussten Sicherungen gegen die liberalen Entartungserscheinungen in das System eingebaut werden, wie die Korporationen, der Adel, die Majestät des Königtums und die Heiligkeit der Kirche (RP II: VIIf).

Für seine Universität Erlangen saß Stahl in der bayrischen Kammer und wurde erneut gemaßregelt. 1840 berief ihn König Friedrich Wilhelm IV gegen den Widerstand seines Ministeriums nach Berlin. In Preußen wurde Stahl Mitbegründer der konservativen „Kreuzzeitung". Damals gehörte er zur äußersten Rechten, während sein Bruder Wilhelm (1812–73), auch er Professor für Staatswissenschaften, liberales Mitglied der Nationalversammlung in der Frankfurter Paulskirche gewesen ist. Stahl lehnte die Kaiserkrone aus den Händen des Parlaments für den preußischen König ab. In einer Schrift: „Was ist ein constitutioneller König?" griff Stahl den radikalen Konstitutionalismus mit einem Einkammersystem und nur noch suspensivem Veto für den Monarchen an und plädierte für ein „wahres konstitutionelles System" auf der Basis des „monarchischen Prinzips". Als Mitglied des Erfurter Parlaments war er gegen die preußische Unionspolitik. Nach 1850 trat er für die Revision der preußischen Verfassung ein. Immerhin hat Stahl dazu beigetragen, dass die preußischen Konservativen überhaupt ein konstitutionelles System akzeptierten.

Stahl versuchte zwischen Reaktion und Revolution einen mittleren Weg zu finden. Nach seiner Berufung an die Universität Berlin enttäuschte er seine reaktionären Freunde durch Vorwürfe an die „Partei der Gegenrevolution", den Wandel der Zeiten nicht zu erfassen (Rede von 23.11.1840, zit. Roos, 1957: Anm. 502). Dahlmanns Äußerung, Stahl wolle die Freiheit nur in „homöopathischen Tropfenteilchen" gewähren, war durchaus zutreffend. Mehr schien jedoch im Vormärz nicht durchsetzbar in einer vom Adel dominierten Monarchie, in der sich die Oberschicht noch an Hallers Restaurationsvorstellungen inspirierte. Die Rechte „rechts von Bismarck" wie bei den Brüdern Gerlach sah es für gefährlich an, dem Konstitutionalismus überhaupt nachzugeben. Sie erkannte jedoch an, dass Stahl versucht habe ihn „konservativ zu temperieren". Stahl bildete mit Ludwig von Gerlach in der Ersten Kammer die Fraktion Gerlach-Stahl und hat als Politiker vielfach reaktionärer reden müssen als er dachte, um seine Ansichten durchzusetzen. Das „monarchische Prinzip" wurde dem „parlamentarischen" entgegengesetzt und ein Repräsentativsystem im Sinne des Deutschen Bundes geduldet, dass die Prärogativen des Königs nicht antastete, und die Regierung allein von seinem Willen abhängig machte.

Stahl wurde in seiner Jugend vom süddeutschen Konstitutionalismus geprägt, was er auch als konservativer preußischer Staatsphilosoph später nicht verleugnete. In seinem philosophischen Werdegang führte die Auseinandersetzung mit Hegel zu einer Persönlichkeitskrise. Einerseits beeindruckte Stahl die Geschlossenheit des Systems und sah darin eine Möglichkeit „sich tüchtig zu machen für das Bestehende". Andererseits schwächte die Unpersönlichkeit von Hegels Gottesvorstellung vorübergehend Stahls Glauben. Ursache der Welt war für Hegel nicht der persönlich gedachte Gott Luthers als Schöpfer des Universums, sondern ein unpersönliches Prinzip, das sich nach seinen immanenten Gesetzen entfaltet (Rechtsphil. § 345). Die Vorherrschaft einer pantheistischen Philosophie wurde von Hegel vorangetrieben und schien zur Leugnung eines persönlichen Gottes zu führen. Aus dieser persönlichen Glaubenskrise half ihm Schelling zu einem neuen Ansatz, so sehr er auch leugnete, ein Schellingianer zu sein. Während in der Staatstheorie weiterhin vieles von Hegel für Stahl brauchbar schien, wurde Schellings 1809 entwickelte „Philosophie der Freiheit" als metaphysische Basis seiner Staatslehre fruchtbar gemacht. Schellings Münchner Vorlesungen „Zur Geschichte der neueren Philosophie" (1827) mit ihrer harten Kritik der rationalistischen Lehren und insbesondere der „bloß negativen Philosophie" Hegels, wurde einflussreich auf Stahls Denken. Schelling nannte die christliche Ansicht der Welt die geschichtliche – im Gegensatz zur logischen der neueren Philosophie (RP I: 99) – was Stahl in seiner Ansicht des historischen Prozesses beeinflusste. Die „positive" Philosophie Schellings als Werk schöpferischer Freiheit, das die Persönlichkeit Gottes sowie die Persönlichkeit von Gottes Ebenbild, des Menschen, respektiere, schien das, was Stahl gesucht hatte.

Stahl wurde kein Status-quo-ante-Konservativer. Im Gegensatz zu Haller ging er nicht vom Recht des Stärkeren aus, sondern suchte nach einer sittlich fundierten Autorität. Auch der organischen Staatsauffassung der Romantiker wie Adam Müller hing er nicht an. Immerhin wurde in seiner Staatslehre dem Individuum eine selbständige Rolle zugewiesen, so sehr Stahl auch gegen den übertriebenen Individualismus der Liberalen polemisierte. Die Mitwirkung des Einzelnen an der Verwirklichung des sittlichen Reiches der Gemeinschaft war in Stahls Auffassung unerlässlich für die Entwicklung der Persönlichkeit. Der Staat wurde in seiner „Rechtsphilosophie" auch nicht als Instrument des Weltgeistes wie bei Hegel überhöht, der dem Staat statt dem Einzelnen den höchsten Wert zuerkannte. Der Staat sollte den Bürgern nicht wie ein „fremdes Gesetz" gegenüber treten. Die Bürger sollten dem Willen der Obrigkeit vielmehr aus freigewonnener Einsicht folgen.

Stahl glaubte nicht mehr an „ewige Normen", dazu war der Einfluss der historischen Rechtsschule zu stark. Andererseits hat eine fundamentalistische biblizistische Sichtweise auf die Religion sich mit seinen Einsichten, dass das Recht historisch gewachsen sei, nicht immer logisch harmonisch verbinden lassen. Stahl unterschied das Gottesreich im vollkommenen und das sittliche Reich in seinem unvollkommenen Zustand, wie es sich in der bürgerlichen Ordnung, in Recht und Staat niederschlage (RP II, 1: 7ff). Im Gegensatz zu Denkern von Bossuet bis Maistre, die aus der Bibel direkt Grundsätze ableiteten, glaubte Stahl nicht, dass eine Übertragung der Verhältnisse des Gottesreiches auf die irdischen Verhältnisse möglich sei. Die Prinzipien der Ordnung mussten aus dem sittlichen Reich der niedrigen Stufe gewonnen werden und dabei Unvollkommenheiten in Kauf nehmen. „Essentia" und „existentia" konnten für Stahl im unvollkommenen sittlichen Reich nicht kongruent gemacht werden, wie sie es im Gottesreich waren. Daher können die Prinzipien der irdischen Ordnung nicht spekulativ sondern müssen „empirisch" gewonnen werden. Sie konkretisieren sich in „Autorität", Rechtsordnung und „persönlicher Freiheit der Bürger" (RP II, 2: 229). Die Autorität der Obrigkeit muss sich nicht vor dem Volk rechtfertigen, sondern wird als Sachwalter einer göttlichen Ordnung erworben. Die Normen unterliegen dem geschichtlichen Wandlungsprozess, was die Anpassungsfähigkeit seiner konservativen Doktrin im Vergleich zu den Status-quo-ante-Konservativen erklärt. Die Verwirklichung der sittlichen Idee geschieht durch das „Aufnehmen des Denkens und Wollens des Herrschers in das Sein der Beherrschten" (RP II, 2: 9). Es handelte sich um eine Einbahnstraße der Beziehung. Das Volk hatte in dieser Doktrin keinen Anteil an der Verwirklichung des sittlichen Reichs. Der lutherische Obrigkeitsbegriff ist für diese Einseitigkeit bei Stahl verantwortlich gemacht worden (Grosser 1963: 133).

In der konkreten Gesellschaftsauffassung ging Stahl von einer Ständegesellschaft aus (RP II, 2: 322 ff). Es war jedoch eine Gliederung in die „erfundenen Stände" der Restaurationszeit, eher Erwerbs- als Geburtsstände. Damit stellte er sich auf den Boden des Status quo, obwohl er glaubte, die bayerische Ständegesellschaft, die noch intakt sei, als Inspirationsquelle gewählt zu haben. Die privatrechtliche altständische Konzeption der Anhänger Hallers, in der die Repräsentation nur eine Art Börse für den Austausch von Interessenpositionen darstellte, lehnte Stahl ab (RP II, 2: 338 ff). Eine herausragende Rolle wurde dem Adel zuerkannt. Aber auch hier wollte er nicht den Status quo ante herstellen, in dem der Adel die Herrschaftsschicht darstellte. Die staatsbürgerliche Gleichheit schien Stahl durchaus ein Vorteil. Der Adel sollte nur die Stellung eines primus inter pares einnehmen (RP II, 2: 106). Stahls Gesellschaftsbild war vorindustriell. Die bürgerlichen Stände wurden von dem politischen Stand gesondert (RP II, 2: 322). Letzterer war durch ein gemeinsames Interesse und eine einheitliche politische Stellung ausgezeichnet. Dazu gehörten die Grundbesitzer, die Bürger der Städte, die Bauern der Landgemeinden und die Geistlichen der nationalen Kirche. Mit dieser Unterscheidung beugte er einer rein wirtschaftlich konzipierten Ständevorstellung vor. Hegels „allgemeiner Stand" wurde lediglich etwas erweitert. Stahl war aber kein Apologet der Grundbesitzerklasse wie die Publizisten, die im Auftrag Metternichs schrieben – von Adam Müller bis Jarcke.

In Stahls System gab es Freiheitsrechte, die sich nur wenig von den naturrechtlich begründeten Grundrechten der Radikalen unterschieden (RP II, 2: 525 f). Er verabscheute Deklarationen und forderte, dass die persönlichen Freiheitsrechte direkt anwendbares Recht seien. Sie wirken als Schranke gegen den Staat und den Gesetzgeber und bedürfen daher der Hervorhebung in der Verfassung. Die Repräsentation des Volkes sollte durch eine einheitliche „reichsständische Versammlung" vorgenommen werden, die an der Gesetzgebung mitwirkt (RP II, 2: 317). Bei Stahl gab es keine altständische Konzeption mehr, nach der die Stände getrennt beraten. Sie sollten ein Gemeininteresse beraten, abstimmen und vertreten. Die Reichsstände vertraten in dieser Auffassung nicht die Bürger, sondern das „wahre Wesen des Volkes", ja die „Idee der Volksexistenz" (RP II, 2: 322). Stahl trat wie alle Konservativen und die meisten Liberalen für ein Zweikammersystem ein. Abweichend von den Liberalen sollte jedoch auch die Volkskammer ständisch organisiert sein. „Standqualität" hatte in Stahls Repräsentationsschema aber nur eine Minderheit des Volkes. Die Proletarier waren ausgeschlossen, aber auch die „bloßen Kapitalisten" ohne Grundbesitz. Stahl war jedoch nicht reaktionär genug, das preußische Dreiklassenwahlrecht zu billigen (Parl.: 172 ff), auch wenn er die Vorherrschaft des Adels nicht antasten wollte. 1853 hat Stahl bei den Konservativen die vom König geforderte Umwandlung der Ersten Kammer in eine reine Pairskammer nur unter der Bedingung akzeptiert, dass dem grundbesitzenden Adel in der Zweiten Kammer ein Drittel der Sitze der Volkskammer vorbehalten sein müsse, weil er sonst eine Schwächung dieses aristokratischen Elements fürchtete (Sitzung vom 31. Jan. 1853 und 7. Febr. 1853 zit. in: Roos 1957: 136). Stahl erwies sich als Politiker wie als Theoretiker flexibel. Unverzichtbar waren für ihn lediglich die Ablehnung der Doktrin der Volkssouveränität, das für ihn zur parlamentarischen Mehrheitsregierung drängte, die Nationalrepräsentation im Zweikammersystem auf ständischer Grundlage und die Verantwortlichkeit der Regierung nur gegenüber dem Monarchen.

Stahl hat die scharfsinnigste Kritik des parlamentarischen Systems unter den Konservativen seiner Zeit geschrieben. Er ging davon aus, dass der Deutsche Bund als oberste Regel des deutschen Ständewesens das monarchische Prinzip festgeschrieben habe, aber eine klare Definition vermisste er sowohl „von Amtswegen" als auch in der Wissenschaft. Er definierte das monarchische Prinzip aus dem Gegenprinzip, und das war für ihn das parlamentarische Prinzip, das auf der Volkssouveränität beruhe (MP: 2). 1845 schien es Stahl als ein dringendes Gebot, „dass uns das politische System des Westens fernbleibe ... die Republik unter der Form der Monarchie, die Kammerherrschaft und deren Begleitung, die Kammerbestechung, der Aggregatismus entständeter, bloß numerischer Volksrepräsentation" (MP: IV). Als Charakteristikum der parlamentarischen Regierung sah er es an, dass die Minister keine Einmischung des Königs mehr dulden und zurücktreten, wenn sie das Vertrauen der Mehrheit im Parlament verlören, entweder durch ausdrückliches Misstrauensvotum oder durch Abstimmungsniederlagen bei wesentlichen Vorschlägen (MP: 7). Die beiden Formen des Vertrauensverlustes waren in der Publizistik Frankreichs und Englands noch durchaus umstritten. Stahl hat sie klar gesondert, aber beide abgelehnt. Stahl übersah auch nicht, dass selbst im parlamentarischen System der König noch einen gewissen Einfluss ausübe, weil die Zersplitterung der Parteien und eine Lage im Parlament ohne klar definierte Führerschaft dem König Spielräume bei der Auswahl seiner Minister gibt: „So haben immer sowohl die Parteien als die Minister auch einigen Grund, sich mit dem Könige zu halten, und ist dadurch sein eigner Wille von einigem Gewicht" (MP: 8). Der König hatte schon deshalb Gewicht – wie Stahl richtig erkannte – dass das parlamentarische System nur auf „Sitte, Maxime, Vorstellung, staatsmännischer Ehre, nicht auf Gesetz" beruhe. In der Tat, vor dem Ersten Weltkrieg gab es in Monarchien kaum eine Verfassung, die bewusst als parlamentarische konzipiert worden war. Es handelte sich bei parlamentarischen Monarchien ausschließlich um eine Entwicklung durch faktische Machtverhältnisse auf der Grundlage einer dualistisch-konstitutionellen Verfassungskonzeption.

Mit Stahl begann bereits die Diskriminierung eines „unechten französischen Parlamentarismus", die bis zu Redslob und der konservativen Staatslehre die deutsche Diskussion des wilhelminischen Reiches beherrschen sollte. Stahl hatte es aber noch nicht mit der Kammerherrschaft der 3. Republik zu tun, sondern mit einer orleanistischen Monarchie. Er kritisierte, dass das französische Parlament zwar eine Regierung stürzen, aber ohne die Hilfe des Königs keine neue Regierung bilden könne. Insofern war für einen Denker des monarchischen Prinzips der französische Parlamentarismus zwar korrupt, aber für die Vorherrschaft der Krone immer noch günstiger als der englische Parlamentarismus, in dem der König durch die „alternative Parteiregierung" stark entmachtet schien. Die französische Opposition fordere nur, dass der „König das Scepter fallen lassen soll". In England dagegen sei die Opposition eine Macht gewesen, „die dem König das Scepter entwand" (MP: 38). Hätten die Franzosen nach Ansicht Stahls nicht das „regierungsklügste Haupt Europas" zum König bekommen, so hätte dieses System noch mehr Unheil angerichtet. Er lobte Louis-Philippe dafür, dass er das Kunststück fertig bekomme, „nicht bloß selbst zu regieren trotz Widerstandes, sondern auch noch den Schein zu behaupten, als regiere er nicht" (MP: 39). Mit den Anhängern der parlamentarischen Regierung teilte Stahl die Meinung, dass es das dualistische Gleichgewicht, das die Konstitutionalisten beschworen, letztlich nicht geben könne. Nur die Schlüsse, die aus dieser klaren Analyse gezogen wurden, waren unterschiedlich: die Parlamentaristen wollten die Vorherrschaft der parlamentarischen Mehrheit durchsetzen, Stahl hingegen wollte sie verhindern. Insofern war er auf dem Boden einer konstitutionellen Monarchie ein klarer Statusquo-Konservativer.

Die Vorherrschaft des Parlaments wurde in der Mitte des 19. Jahrhunderts vorwiegend durch Ministeranklagen, durch Interpellationen mit Misstrauensbekundungen und durch die Budgetverweigerung des Parlaments durchgesetzt. 1850 formulierte Stahl im Preußischen Abgeordnetenhaus seine klare Absage an diese parlamentarischen Mittel: „Also meine Herren! Wenn Sie die absolute jährliche Budgetverweigerung fordern, so stellen Sie sich nicht auf den constitutionellen Boden Englands, sondern Sie stellen sich auf den constitutionellen Boden, den die

Die Apologie des Status quo der konstitutionellen Monarchie in Deutschland 153

Französische Revolution geschaffen hat" (Parl: 150). Diese Behauptung war zwar historisch nicht ganz richtig. Seit der „Remonstrance" 1626 hatte es immer wieder Versuche gegeben, durch die Verweigerung der Mittel den König zu einer Abberufung missliebiger Minister (damals Buckinghams) zu zwingen. Das englische Parlament schlug damals ein Kopplungsgeschäft vor, um der Krone bei ihrer Gesichtswahrung zu helfen: der Minister werde ausgetauscht, die Mittel würden in Zug-um-Zug-Erfüllung bewilligt. Stahl wollte jedoch mit seiner Intervention nur die äußersten Kampfmittel des Parlaments verhindern. Er tröstete die feindliche Mehrheit damit, dass es ja noch genügend Instrumente gebe, um die Regierung vor Willkür zu bewahren, wie die Öffentlichkeit der Verhandlungen, die Tagespresse, die Interpellationen und das Schwurgericht (Parl: 255). Immerhin musste man in Rechnung stellen, dass noch 1837 ein Liberaler wie Mohl gegen die Budgetverweigerung gesprochen hatte und dass das liberale Orakel Constant dieses Mittel abgelehnt hatte (Cours I: 86, Anm. 1; vgl. Bd. 1, Kap. III, 1) . Stahl konnte sich zudem auf geltendes Bundesrecht berufen. Der Deutsche Bund hatte am 28. Juni 1832 in den „Sechs Artikeln" beschlossen, dass keinem deutschen Souverän durch die Landstände die erforderlichen Mittel verweigert werden dürften. 1845 hoffte Stahl (MP: 44), dass sowohl die „königliche Partei" als auch die „volksherrschaftliche Partei", die Demokraten, sich zu einer „höheren Anschauung des Staates als des sittlich-intellektuellen Reiches" einigen könnten, in dem König und Volk in sittlicher Gemeinschaft vereinigt seien. Das klang reichlich beschönigend angesichts der Machtlosigkeit der Stände in den meisten deutschen Territorien. Aber der christliche Wortschwall täuscht über die klare Analyse, die Stahl im normativen Überschwang niemals aus den Augen verlor. Dieser Realismus wurde vor allem aus der Beschäftigung mit dem Parteiwesen gespeist, das die organizistischen Konservativen meist völlig vernachlässigten.

Stahls Parlamentarismus-Analysen waren auch lebensnäher als die vieler liberaler Doktrinäre der Gewaltenteilung, weil er die Rolle der Parteien klar herausstellte. Die Parteien der Revolution und der Legitimität waren für Stahl der Grunddualismus. Die konstitutionelle oder parlamentarische Partei befasste sich in seinen Augen nur mit der „Technik der Staatsverfassung" und hatte keine Lehre über politische Prinzipien. Er sah allenfalls ein unbewusstes Prinzip dieser Partei: „Doch steht sie im Dienste der Lehre von der Revolution, denn der letzte Zweck ist doch entweder die individuelle Freiheit oder die Volksgewalt" (Parl: 117). Vier Parteien der Revolution gab es nach Stahls (Parl: 3) Ansicht: die liberale, die liberal-konstitutionelle, die demokratische und die sozialistische Partei. Als die zur damaligen Zeit einflussreichsten linken Parteien wurden von Stahl die liberale Partei und die demokratische Partei unterschieden. Das Ideal der Liberalen war nach seiner Ansicht die „Freiheit des Menschen in seiner Vereinzelung", das Ideal der Demokraten war die „Apotheose der menschlichen Gattung, daher absolute

Volksgewalt, absolute Volksverherrlichung, absolute Volksgleichheit" (Part: 178). Diese Unterscheidung ging über das Übliche kaum hinaus. Freiheit und konstitutionelle Monarchie und Gleichheit in Verbindung mit dem Streben nach einer Republik als Grundprinzipien der Parteidifferenzierung waren auch in anderen Lehren über die Parteien damals zu finden. Scharf akzentuierte Stahl die Differenzen der beiden Parteien, die er hasste, hinsichtlich der Religion: die Liberalen lehrten wenigstens Toleranz, die Demokraten hingegen wollten die Diktatur des Volkes über die Religion (Part. 183).

Bemerkenswert schien bei Stahl (Part: 203) die relativ positive Einschätzung der USA. Der amerikanischen Demokratie sei die innerste Triebfeder der europäischen Demokratie fremd, wie die Vergötterung des Volkes, der Fanatismus der Brüderlichkeit, die pantheistische Vernichtung des Individuums gegenüber dem allgemeinen Willen und der Hass gegen jeden Offenbarungsglauben. Gründe für diese positive Sonderentwicklung waren für ihn die Reserven an Land, das verteilt werden konnte und die Nichtexistenz eines Proletariats. Selbst seine Adelsvorliebe ließ sich befriedigen: Die Sklaven sind eine Art Proletariat, ohne dessen rebellische Gefahren und „die Freien sind darnach von selbst schon eine Art Aristokratie, deren völlige Gleichberechtigung unter einander dann nicht schwierig ist" (Part: 204).

Ein wichtiger Grund für die Gefahren in Deutschland war nicht nur die Zersplitterung in Parteien hinsichtlich der Politik, sondern waren auch die „Parteien" in der Religion. Wieder glänzte Stahl (Part: 391f) durch brillante Vereinfachungen: Der Protestantismus war für ihn die Repräsentation des Ewigen, während der Katholizismus das täglich sich vollziehende Messopfer ins Zentrum rücke. Tradition herrsche im Katholizismus – im Protestantismus das Wort. Protestantischen Spiritualismus sah er gegenüber der eher unmittelbaren und naiven Richtung des Katholizismus. Aus dieser Spaltung resultiert die Gedrücktheit Deutschlands, die durch Konflikt des katholischen Österreich und des protestantischen Preußen verschärft würden. In diesem Punkt setzte er die üblichen Ansichten der Konterrevolutionäre wie Bonald und Maistre fort. Aber er hatte gegenüber diesen Vorgängern einen Vorteil: er war Protestant geworden und nicht – wie Haller und Müller – zum Katholizismus übergetreten. Stahl (Part: 393) war daher auch als bekennender Christ und Hüter der protestantischen Orthodoxie realistisch: er missbilligte sowohl die Hoffnung, den Konflikt der Religionsparteien durch „Vernichtung aller Religion" zu entschärfen (die er Gervinus unterstellte), als auch die Hoffnung eines anderen Konservativen wie Radowitz, die Idee der Nation als den neutralen Boden anzubieten, auf der die Religionskonflikte zweitrangig würden. Es gab für Stahl keinen neutralen Boden, denn auch die Nation habe ihren tieferen Boden in der Religion. Er plädierte realistisch dafür, sich mit diesem „leidlichen Zustand (zu) begnügen", solange die Religionsspaltung bestehe.

Stahl war als Status-quo-Konservativer nicht nur durch seine Lehre einflussreich sondern auch als politischer Akteur, der vom Bayern zum Preußen geworden ist. Seine Herkunft aus dem Judentum hat seinen Blick für die Religion geschärft, auch wenn er seine Außenseiterrolle immer wieder durch fundamentalistischen theologischen Überschwang zu überspielen suchte. Wie Stein suchte er einen deutschen konstitutionellen Sonderweg – fernab des westeuropäischen parlamentarischen Entwicklungspfades. Im Gegensatz zu Stein blieb er jedoch ein normativer Denker mit erstaunlichen empirischen Einsichten, wurde aber nicht wie Stein zum Wegweiser in der Organisationslehre eines modernen Staates. Seine Repräsentationsidee war Status-quo-orientiert und stand auf dem Boden der Doktrin der landständischen Verfassung entgegen einer egalitären modernen Repräsentativverfassung. Aufgrund seiner vorindustriellen antiquierten Sicht der Gesellschaft, die sich in der Realanalyse nicht mit Steins Sicht messen konnte, blieben auch status-quo-ante-Elemente in seinem Denken erhalten. Er hat den vierten Stand nur politisch entrechten wollen – wo Stein hellsichtig die Obsoletheit eines solchen Versuches in seine konservative Theorie einbaute.

Quellen
Stahl: Die Philosophie des Rechts. Heidelberg 1830/1837. Darmstadt, Wissenschaftliche Buchgesellschaft, 1963, 2 Bde (zit: PR).
Stahl: Das monarchische Princip. Heidelberg, J.C.B. Mohr ,1845 (zit: MP).
Stahl: Die Revolution und die constitutionelle Monarchie. Berlin, Hertz, 1848, 1849, 2. Aufl.
Stahl: Der Protestantismus als politisches Prinzip. Berlin, 1859. Nachdruck: Aalen, Scientia, 1970.
Stahl: Die gegenwärtigen Parteien in Staat und Kirche. Berlin, Wilhelm Hertz, 1863. (zit: Part).
Stahl: Parlamentarische Reden (Hrsg.: J.P.M.Treuherz). Berlin, Hermann Hollstein, 1862. (zit: Parl).
Stahl: Staatslehre. Berlin, Hobbing, 1910 (Auszüge).
K.E. Jarcke: Die ständische Verfassung und die deutschen Constitutionen. Leipzig, Weygand, 1834.
K. Vollgraff: Die Täuschungen des Repräsentatif-Systems. Marburg, Elwert, 1832.

Literatur
D. Grosser: Grundlagen und Struktur der Staatslehre Friedrich Julius Stahls. Köln, Westdeutscher Verlag, 1963.
O.K.F. Koglin: Die Briefe F.J. Stahls. Jur.Diss. Kiel, 1975.
F.-L. Kroll: Friedrich Wilhelm IV. und das Staatsdenken der deutschen Romantik. Berlin, Colloquium Verlag, 1990.

G. Masur: Friedrich Julius Stahl: Aufstieg und Entfaltung. 1802–1840. Berlin, Mittler, 1930.
A. Roos: Konservatismus und Reaktion bei F. J. Stahl. Diss. Bonn, 1957.
O. Volz: Christentum und Positivismus. Die Grundlagen der Rechts- und Staatsauffassung F. J. Stahls. Tübingen, Mohr, 1951.
Chr. Wiegand: Über Friedrich Julius Stahl, 1802–1861. Paderborn, Schöningh, 1981.
H.-J. Wiegand: Das Vermächtnis Friedrich Julius Stahls. Ein Beitrag zur Geschichte konservativen Rechts- und Ordnungsdenkens. Königstein, Athenäum, 1980.

2 Messianischer Reformkonservatismus in Frankreich: Comte, Le Play Auguste Comte (1798–1857)

Auguste Comte stammte aus einer kleinbürgerlichen Familie, die streng katholisch und monarchistisch gesonnen war. 1814 trat er in die „École politechnique" ein, wurde aber wegen „Insubordination" von der Schule verwiesen. Er schlug sich mühsam mit Privatstunden durch. Als Sekretär Saint-Simons überwarf er sich mit seinem Lehrer, je mehr er selbständig publizierte. Ab 1832 wurde er Betreuer und Prüfer der Zöglinge der École politechnique, sodass er erstmals die schlimmsten Geldnöte überwand. 1828–1842 arbeitete er an seinem Hauptwerk „Cours de philosophie positive". In seinen Geldnöten wurde er von Mill und Littré unterstützt, ohne dies seinen Gönnern zu danken. Er nahm die Hilfe wie einen geschuldeten Tribut entgegen und verlangte mehr. Er wurde mehr und mehr isoliert. Die Spätwerke wie den „Positivistischen Katechismus" (1852) oder den „Appell an die Konservativen" (1855) galten nicht mehr als Wissenschaft, sondern als poetische Phantasien. In träumerischer Mystik schrieb er einen offenen Brief an den Zaren, der diesen aufforderte, die Herrschaft über Europa anzutreten. Kein Wunder, dass es still um den Privatgelehrten wurde.

Die ersten drei Bände des „Cours de philosophie positive" stellten die Entwicklung der Naturwissenschaften dar. Die letzten drei Bände waren der sozialen Entwicklung gewidmet. Dieser Teil von Comtes Hauptwerk, der in Deutschland unter dem Titel „Soziologie" publiziert wurde, enthält im Vorwort zum dritten Band (1842) den Hinweis auf sein „völlig einsames Leben". Aus der Not machte er die Tugend, dass er sich nicht mehr um die wissenschaftliche Auseinandersetzung kümmern müsse, die seine philosophische Arbeit behindert habe. Selbst zu viel Lektüre schien ihm nun das Nachdenken zu verhindern. Er brüstete sich: „Ich habe in keiner Sprache, weder Vico noch Kant, noch Herder, noch Hegel u. s. w. gelesen; ich kenne ihre Werke nur auf Grund einiger indirekter Beziehungen und gewisser höchst ungenügender Auszüge". Immerhin nahm er sich vor, demnächst „auf meine Art die deutsche Sprache zu lernen" (III: XXXII). Comte ist vielfach auf

Parallelen in Hegels Geschichtsphilosophie aufmerksam gemacht worden. Hegel kannte er nur durch Vermittlung seines Freundes Eichthal. In einem Brief an diesen von 1824 (zit. Negt 1974: 99) hat er jedoch den Geist-Begriff Hegels entschieden abgelehnt. Nur Kants „Idee zu einer allgemeinen Geschichte in weltbürgerlicher Absicht" scheint Comte vollständig und weitgehend zustimmend gelesen zu haben.

Comte hat Condorcet für seinen Vorgänger gehalten, weil beide die Politik der Theorie auf die Geschichte gründen wollten. Aber Comte hat Condorcets freiheitliche Ideen fast in ihr Gegenteil verkehrt. Für Maistre hatte er eine große Verehrung. Aber er glaubte nicht wie die Theokraten, dass die Zukunft eine Wiederherstellung der Vergangenheit sein könne. Seine Position war eine originelle Mischung aus sozialpolitischem Reformkonservatismus und einer herrschaftstechnisch konzipierten „konservativen Revolution", welche das Interesse von Maurras (1954) und der Action française an Comte erklärte. An den Theokraten reizte Comte die Ordnungsidee. Auch sein Konservatismus war nicht ohne die Kirche denkbar. Atheisten hat Comte als „unlogische Theologen" verachtet – ebenso wie Protestanten, die er wie Bonald und Maistre beurteilte.

Saint-Simon und Comte haben über die Priorität einiger Ideen gestritten. Wichtige Elemente des Denkens, wie das Bemühen um eine wissenschaftliche Methode und die Absage an die Offenbarungsreligion gingen auf Saint-Simon zurück und wiesen über die Theokraten hinaus. Die Ultra-Konservativen verteufelten die moderne Wirtschaft. Saint-Simon und Comte taten dies nicht. Auch die Vorstellung einer geplanten Zukunftsgesellschaft verweist auf Saint-Simon und brachte ihn in Gegensatz zu Maistre oder Bonald. Wo der saint-simonistische Einfluss stark betont worden ist, hat man Comte zum Sozialisten erklärt (Bagge 1952: 415 ff). Der Planungsdrang schien ihn als Sozialisten auszuweisen. Der eigentliche Prüfstein aber blieb die Frage, wie er es mit dem Privateigentum hielt. Comtes Haltung war nicht immer konsequent. Gelegentlich hat er sich für staatlich dirigiertes Eigentum ausgesprochen. Im positiven Stadium sollte es soziales und nicht privates Eigentum geben (Syst IV: 394). Andererseits war er der Ansicht, dass die kommunistischen Prinzipien im Positivismus aufgehoben seien. Die antikapitalistischen Äußerungen ließen sich eher aus dem Hass gegen die liberale Bourgeoisie erklären als aus einer konsistenten sozialistischen Gesinnung. Immer wieder hat er Ausfälle gegen „gefährliche Träumereien" hinsichtlich des persönlichen Eigentums angeprangert und vor dem „Geist der Anarchie" gewarnt (I: 201). Kommunismus und Sozialismus als Bewegung hat Comte (Syst IV: 475) als Nachfahren des verhassten Liberalismus abgelehnt.

Die politische Theorie, die Auguste Comte in der Zeit des Bruches mit Saint-Simon entwickelte, war in geraffter Form in seinem „Plan der wissenschaftlichen Arbeiten, die für eine Reform der Gesellschaft notwendig sind" (1822–24) enthalten. Der Autor hat diese Programmschrift nicht eben bescheiden mit der Bedeutung von Descartes' „Discours de la méthode" verglichen. Politik wurde in diesem Plan (P: 76 f) zur Wissenschaft erklärt, vorausgesetzt, dass sie in das positive Stadium eintrete. Parallel zu seinen drei Stadien konstruierte Comte drei Theorien der Politik: Die Lehre vom göttlichen Recht der Könige entsprach dem theologischen Zeitalter, die Vertragstheorie dem metaphysischen Stadium. Das dritte Stadium bringt die positive wissenschaftliche Lehre von der Politik hervor. Sie ist auf Beobachtung des Ranges gegründet, den der Mensch im System der Natur einnimmt. Der Mensch entwickelt nach seiner Ansicht die fundamentale Tendenz auf die Natur einzuwirken, um sie zu seinem Vorteil zu verändern. Die positive Politik hört auf, voluntaristisch Erdachtes als Theorie auszugeben, sondern bezieht die soziale Organisation auf den Gang der Kultur (P: 86). Wissenschaftliche Politik erkennt ihre Grenzen und muss die Fakten ordnen, „die sich auf die möglichst kleine Zahl von Tatsachen" reduzieren lassen (P: 100). Sparsamkeit der Theorie ist ein Postulat bis in unsere Tage. Auch die Mathematisierung der Sozialwissenschaften predigte Comte bereits. Aber auch hier übersah er die Grenzen nicht. Es war für ihn ein „metaphysisches Vorurteil, dass es außerhalb der Mathematik keine wirkliche Gewissheit gibt." (P: 138).

Fehler aller bisherigen Theorien der Politik waren für Comte (P: 90) die Politik unabhängig von den Kräften der Gesellschaft anzusehen, und sie damit zur Wirkungslosigkeit zu verurteilen. Comte behauptete, dass Joseph II und Napoleon trotz ihrer „willkürlichen Macht" daran gescheitert seien, dass sie die Gesetzgebung in rückschrittlichem Sinne ausübten und ihre Länder in einen feudalen Zustand zurück zu zwingen versuchten (P: 99), was nicht gerade von großer historischer Kenntnis zeugte. Erfolgreiche Politik musste für Comte vom Kulturzustand des Landes ausgehen. Relevant sind viele Faktoren, aber entscheidend ist die Erkenntnis der sozialen Organisation als Funktion der Kultur. Comte-Schüler haben später eine Theorie der „idées-forces" schematisiert, wie sie Alfred Fouillée (L'évolutionisme des idées-forces. Paris 1890) vertrat. Angesichts der Wichtigkeit der ideellen Kräfte der Gesellschaft war es für Comte ein Zeichen der „geistigen Anarchie" der vorpositiven Gesellschaft, dass die geistige Gewalt vernachlässigt worden ist (P: 63, 57). Gewaltenteilung sei schematisch auf Exekutive und Legislative bezogen worden. Diese Unterscheidung habe aber nur untergeordnete Bedeutung. Entscheidend sei die Gewaltenteilung zwischen weltlicher und geistlicher Gewalt.

Comte war kein Status-quo-ante-Konservativer. Das alte System war unwiederbringlich zerfallen. Er war daher ein entschiedener Gegner der „Restauration". Alle Versuche, die Gesellschaft auf einem status quo durch Verfassungen zu stabilisieren waren in Comtes (P: 52) Augen gescheitert. Zehn Verfassungen in dreißig Jahren waren für ihn ein Beleg, dass der Glaube an die Verfassung leeres „Geschwätz" sei. Das Programm für eine sinnvolle Reorganisation der Gesellschaft konnte für Comte nur ein umfassendes Studium aller sozialen Prozesse sein. Wissenschaft aber war für ihn kein Selbstzweck: „savoir pour prévoir" lautete seine Devise. Bis heute ist der szientistische und ahistorische Zweig der Sozialwissenschaften mehr an Prognosen als an der detaillierten Analyse des Ist-Zustandes interessiert. Positive wissenschaftliche Politik musste nach Comte die Suche nach „erdachten Ordnungen" aufgeben. „Sie entdeckt statt zu erfinden" (P: 107). Diese empirische Einstellung, die Comte nicht nur zum Erfinder des Wortes „Soziologie", sondern auch zum wissenschaftlichen Ahnherren der empirischen Sozialforschung machte, gab die Suche nach dem „Absoluten" auf. Das Absolute in der Theorie führte für Comte (P: 109) „notwendig zur Willkür in der Praxis". Ein metaphysischer Rest blieb jedoch auch bei Comte in seinem Glauben an ein „Naturgesetz der Entwicklung".

Ein Schlagwort des Sozialismus wurde bereits bei Comte schon von Saint-Simon übernommen: „Die Verwaltung der Dinge tritt an die Regierung von Menschen" (P: 110). Comte immunisierte sich gegen den Vorwurf, dass seine Konzeption einen neuen Despotismus herbeiführen müsse mit der Behauptung, dass seine Gesetze wie die der Natur zu behandeln seien. Man beklage sich schließlich auch nicht über die Gültigkeit des Gravitationsgesetzes. Die Überbetonung der Kultur wollte nicht recht zu dieser an den Naturwissenschaften geschulten Überschätzung der Gesetzesmäßigkeit von Prozessen passen. Dieser Szientismus harmonierte auch nicht gerade mit seiner Lobpreisung der „Phantasie", die nötig sei, um Verbindungsglieder zwischen Fakten in der historischen Analyse zu erkennen.

Mit dem Lob der Phantasie war die Zuweisung einer führenden Rolle für die bildende Kunst als Propagandistin des Plans für die Reorganisation der Gesellschaft verbunden (P: 112 f). In der Kunstsoziologie von Taine und anderen Positivisten und im aufkommenden Realismus der Malerei wurden solche Ideen von entscheidender Bedeutung. Sie wirkten auch auf die Linke, etwa bei Proudhon. Das theologische und metaphysische Stadium der Geschichte waren in Comtes Augen statisch. Erst der positive Zustand konnte jenen Optimismus erzeugen, der notwendig ist, um die Gesellschaft zu reorganisieren. Wissenschaft wurde in die Rolle des Propheten gedrängt. Die „wahre Soziokratie" (Pol: 293) pries Comte als die Regierungsform der Zukunft – gleich entfernt von einer „anarchischen Demokratie" wie von einer „rückschrittlichen Aristokratie".

Comtes Politik in der späteren Phase war ein widersprüchliches Gemisch von theokratischen Gedanken und einer eigenwilligen Modernisierungstheorie. Daher wurde er trotz mancher reaktionärer Gedanken noch immer unter „Reformkonservatismus" eingeordnet. Es ging Comte um die Lösung der sozialen Frage. Proletarier wurden als „öffentliche Funktionäre" hofiert. Klassenkampf aber lehnte Comte ab. Selbst Streiks waren allenfalls zur Hebung der Bewusstseinsbildung und der Löhne zulässig (Kat: 330). Das Assoziationsrecht war bei Comte so unterentwickelt wie bei den Liberalen, die in panischer Angst vor Organisationsmonopolen lebten. Der aufgeklärte Diktator-Philosoph, der zeitweilig angestrebt wurde, hat gleichsam die sozialen Ideen des frühen Louis Napoléon in ein System gebracht, als dieser sich noch für einen Nahesteher der Sozialisten hielt. Die Verhaltensvorschriften für die unteren Klassen gingen jedoch weit über das hinaus, was selbst der autoritäre Kaiser als „Napoléon III" gegenüber der Gesellschaft durchsetzen konnte. Auch die Kunst wurde in diesem System teils in den Dienst der Erbauung der Massen, teils in ein Instrument der Propaganda für die positive Religion gestellt.

Seine neue Wissenschaft hat Comte zum Ärger der Sprachpuristen, welche die Mischung aus einer lateinischen und einer griechischen Wurzel nicht verzeihen konnten, „Soziologie" genannt. Sie sollte Ordnung und Fortschritt miteinander verbinden. Er nahm sich vor, „eine politische Lehre zu begründen, die hinreichend vernünftig erdacht ist, dass sie in ihrer ganzen aktiven Entfaltung immer ihren eigenen Grundsätzen vollkommen treu sein kann" (I: 15). Die Politik sollte als „soziale Physik" in den Rang einer Wissenschaft erhoben werden. Die Naturwissenschaften waren das Vorbild. Die politische Theorie seiner Zeit sah er auf dem Niveau der „theologisch-metaphysischen Philosophie" (I: 318, 213). Sie verharrte etwa auf dem Entwicklungsstand der Alchemie im Vergleich zur Chemie. Das wissenschaftliche Verfahren sollte durch reine Beobachtung, durch Experimente und Vergleiche gefördert werden, die schließlich in „soziale Gesetze" einmünden (I: 300). Der Vergleich sollte notfalls auch den Vergleich des Menschen mit „anderen Tieren" umfassen – wiederum ein Gedanke, der den Theokraten blasphemisch erscheinen musste.

Am stärksten von Comtes Lehren wurde das Dreistadiengesetz rezipiert. Die Geschichte war wie bei Condorcet als geistige Entwicklung gedacht. Sie verlief vom theologischen, über das metaphysische zum positiven wissenschaftlichen Zeitalter. Im sozialen Substrat entsprach dies der Evolution von der priesterlich-militärischen Gesellschaft zum modernen Industriesystem. Der Wandel konkretisierte sich in einer neuen Moral, welche vom Egoismus zum Altruismus führen sollte. Die Soziologie vermittelte die Prinzipien der „Solidarität", die für jede Gesellschaft unerlässlich ist (I: 333). Eine „organische Wissenschaft" muss für Comte auf einen „sozialen Consensus" ausgerichtet sein – sowohl in der sozialen Statik als auch in der sozialen Dynamik. Er lehnte die methodische Zerstückelung in der „unorganischen Wissenschaft" ab und plädierte für eine holistische Zusammenschau der verschiedenen Aspekte des sozialen Lebens.

Mit der französischen Revolution war für Comte die Möglichkeit einer positiven Rekonstruktion der Gesellschaft eingetreten. Aber auch die Gefahr einer anarchischen Entartung bestand jederzeit (Syst IV: 413 ff). In diesem Punkt waren die Vorstellungen Comtes und Hegels relativ nahe beieinander. Schärfer als Hegel hat Comte jedoch die anarchische Entartungsmöglichkeit mit dem Parlamentarismus identifiziert. „Keine metaphysische Spitzfindigkeit" konnte für Comte die Erkenntnis verhindern, dass die „parlamentarische Verfassung des englischen Übergangstyps", die man irrtümlich mit den „sächsischen Wäldern" in Verbindung bringe, nur eine besondere Form der „weltlichen Diktatur" darstelle. Sie war für ihn das Produkt der Auflösung des katholischen und feudalen Systems. Dieser Parlamentarismus hatte in Comtes Augen seit Montesquieu das „chimärische Gleichgewicht der Gewalten" ersonnen, das eigentlich das Übergewicht des aristokratischen Elements verdeckte (III: 266f.). Dieses System stand für Comte im Gegensatz zur zentralistischen Tradition Frankreichs. Der Anarchie eines eigentlich „unfranzösischen Systems" wurden die Prinzipien „Herrschaft und Gehorsam" entgegen gesetzt. Sein Reorganisationsprogramm drängte immer mehr in Richtung einer „konservativen Revolution". Comte konstruierte ein Fünfstufenschema aus den Ereignissen der Februarrevolution von 1848 – von der Republik bis zur „dictature temporelle" (Syst III: XLI). Im „System der positiven Politik" tauchte die Vorstellung auf, dass „unsere proletarischen Chefs" vom Positivismus auf wichtige Posten für eine Diktatur auf Zeit delegiert werden könnten (Pol: 270). Einige Linke haben daraus geschlossen, dass Comte als der Erfinder der „Diktatur des Proletariats" gelten müsse – was angesichts seines Antikommunismus eine Übertreibung darstellte. Trotz der Erfindung der Soziologie, die auf einen Primat der Gesellschaft hinzuweisen schien, wurde in Comtes System die Gesellschaft ganz von der staatlichen Gewalt aufgesogen. Hierin konnte man eine Adaption der Souveränitätstheorie von Joseph de Maistre sehen.

Die empirisch-diktatorische Verfassung sollte keine Gewaltenteilung kennen wie die parlamentarische. Das Wahlalter wollte er auf 28 Jahre heraufsetzen. Die Wahlen sollten öffentlich und nicht mehr geheim sein (Syst IV: 394), um die Gesinnungsüberwachung der Bürger zu vervollkommnen. Es gab keine individuellen Rechte im System Comtes. Daher gab es in seiner Gesellschaft eher eine Wahlpflicht als ein Wahlrecht.

Wer Diktator sein sollte, wurde nicht klar. Der „chef actuel", Louis Bonaparte, schien gelegentlich gemeint zu sein. Andererseits hat sich Comte in seinen Briefen schon früh abschätzig gegen den Präsidenten der 2. Republik geäußert. Vorübergehend scheint Comte auch Cavaignac ins Auge gefasst zu haben, der Mann, der den Arbeiteraufstand von 1848 blutig niederschlug. Die Diktaturutopie hatte auch einige progressive Aspekte: auf die Dauer sollte die Armee durch eine Polizei ersetzt werden. Die Kolonien wie Algerien empfahl er gelegentlich aufzugeben. Frankreich sollte im Inneren in siebzehn große Regionen aufgeteilt werden, um die Verwaltung zu vereinfachen. Immer verwegener wurden die Konstruktionen der späteren Abschnitte der „organischen Transition". Etappe III, mit einer Dauer von etwa 20 Jahren, sollte die Diktatur durch ein Triumvirat ersetzen. Jeder der Triumvirn sollte ein Ministerium innehaben (Polizei, Recht, Bildung – Wirtschaft und Finanzen – Auswärtige Politik und Handel).

Für die außenpolitische Ordnung nahm er ein föderatives Gebilde in Europa an, das die alten Nationen in kleinere Einheiten aufteilte. Proudhon in der Linken und Constantin Frantz in der Rechten hatten ähnliche Träume (Kat: 321). Eine „Liga der Friedensfreunde" war die einzige Form der Internationale, die bei Comte vorgesehen war. Sie blieb aber eine Organisation des guten Willens. Kampfmaßnahmen wie in den Vorstellungen von Marx waren nicht vorgesehen.

Die positive Entwicklung drängte bei Comte auf eine neue Religion hin. Diese sollte laizistisch sein und auch Nichtkatholiken gefallen. Es handelte sich um eine Religion ohne Gott. Die entzauberte Welt seit der Französischen Revolution hatte sich vielfach nach Ersatzreligionen umgesehen. Bei Comte wurde der Kult des „großen Wesens" als eine Symbolisierung der Totalität der Menschheit entwickelt. Dieser Kult erinnert an den Kult des höchsten Wesens während der radikalen Phase der Revolution. Ein persönlicher Gott hatte in seiner totalitären Gesellschaftskonstruktion keinen Raum. Er hätte ja individuelle Beziehungen zum menschlichen Gewissen entwickeln können, was für Comte ein Rückfall, in die anarcho-libertären Tendenzen gewesen wäre. Frauen und Mütter wurden zu Anbetungsobjekten deklariert. Alle Lebensäußerungen wurden in Kulthandlungen umgemünzt. Für Comtes Religion musste ein Äquivalent des Papstes gefunden werden. Als Oberhaupt der geistlichen Gewalt kam nur er selbst in Frage, da nur er von den theologischen und metaphysischen Phantastereien befreit schien (Wagner 2001: 77) Eric Voegelin (Die neue Wissenschaft der Politik. München, Pustet, 1965, 2. Aufl.: 184) hat Comte unter die Gnostiker eingereiht. Seine positive Religion setzte das Jüngste Gericht schon vor dem Ende der Welt ein, weil die geistliche Gewalt über Unsterblichkeit oder Vernichtung der Menschen entschied.

Eine besondere Rolle war den Frauen in seiner Religion zugedacht. Er hatte sie schon in der vorreligiösen Phase zur „Erregung des sozialen Instinkts" gelobt, die bei der Formulierung der sonst kalten und groben Vernunft unerlässlich seien (C IV: 18). 1844 verliebte sich Comte in Madame de Vaux, die wegen eines Lungenkrebses nicht mehr lange zu leben hatte. Diesem Erlebnis wurde der Rückfall in die Theologie – bis hin zu einem sonderbaren Engelskult – angelastet, da bei Comte eine tiefe Krise der Persönlichkeit eintrat. Normaler Weise sind persönliche Erlebnisse für die Genesis von Theorien eher Arabesken. Nur bei Comte und Mill pflegte auch die positivistische Wissenschaft ihr Credo zu vergessen, dass die Genesis einer Theorie nichts über ihre Validität aussage.

Comtes Werk hat in zwei Richtungen gewirkt. Einmal als positive Religion und Verkündung autoritärer Herrschaft bis hin zur Action française. Wissenschaftsgeschichtlich bedeutsamer war das Fortwirken der „wissenschaftlichen

Methode" in den Sozialwissenschaften bei Littré und den späteren Positivisten. Comte geriet sogar in die Hände der radikalen laizistischen Verteidiger der 3. Republik. In der Soziologie Durkheims lebte die Lehre von der Priorität des „phenomène social" weiter (vgl. Bd. 1, Kap. IV, 2). Es wurde sogar zum „totalen sozialen Phänomen" fortentwickelt (Marcel Mauss). Kritische Betrachter sahen in der Durkheim-Schule eine „laizistische Ersatzreligion" für die Dritte Republik entstehen (Massing 1966: 168). Dieser Strang der Lehre war von Einfluss auf Renan, Taine, Spencer, und anfangs auch auf Mill. Mill hat in seiner Autobiographie (1873, 1958: 177, 208) seine Dankesschuld gegenüber Comte abgetragen, die er vor allem in der Logik der moralischen Wissenschaften liegen sah. Die politische Theorie Comtes aber wurde Mill zunehmend suspekt. In seiner Freiheitsschrift von 1859 (Reclam-Ausgabe: 22) wurde der alte Freund abständlich „Herr Comte" genannt. Sein System der positiven Philosophie galt für Mill nun als eine „Zwangsherrschaft der Gesellschaft über das Individuum", die Platos Vorschläge noch in den Schatten stellten (vgl. Bd. 1, Kap. III.2).

Der Positivismus hatte als methodologisch differenzierte Theorie der Sozialwissenschaften hoffnungsvoll begonnen. Binnen dreier Jahrzehnte wurde er von seinem genialen Schöpfer in immer neuen Persönlichkeitskrisen zu einem gnostisch gestimmten Totalitarismus herunter gewirtschaftet. Dies machte es so schwer, die brauchbaren Teile des Frühwerkes weiter zu pflegen – wenn sie nicht ihrerseits ideologisiert wurden wie gelegentlich in der Dritten französischen Republik.

Quellen
Comte: Séparation générale entre les opinions et les désirs. Paris, 1819.
Comte: Plan des travaux nécessaires pour réorganiser la société. Paris, 1822.
Comte: Plan der wissenschaftlichen Arbeiten, die für eine Reform der Gesellschaft notwendig sind (Hrsg.: D. Prokop). München, Hanser, 1973 (zit P).
Comte: Système de politique positive (1822 ff). 1877, 6 Bde (zit: Syst).
Comte: Considérations philosophiques sur les sciences et les savants. Paris, 1825.
Comte: Cours de philosophie positive. Paris, Bachelier, 1835–1842, 6 Bde (zit: C).
Comte: Principes de philosophie positive (Hrsg.: E.Littré). Paris, Baillière et fils, 1868.
Comte: Catechisme positiviste. Paris, l'auteur, 1852.
Comte: Katechismus der positiven Religion. (Hrsg.: E. Roschlau). Leipzig, 1891 (zit: Kat).
Comte: Appel aux Conservateurs. Paris, Dalmont, 1855.
Comte: Aufruf an die Konservativen (Hrsg.: E. Lippmann). Neufeld/Leitha, Lippmann, 1928.
Comte: Correspondance inédite d'Auguste Comte. Paris, Société positiviste. 1901–1904, 4 Bde.

Comte: Soziologie (Hrsg.: H. Waentig) Jena, G. Fischer, 1923, 2. Aufl., 3 Bde. (zit. I–III).
Comte: Politique d'Auguste Comte. Textes choisis. (Hrsg.: P. Arnaud). Paris, Colin, 1965 (zit: Pol).

Literatur

F. Alengry: Essai historique et critique sur la sociologie chez Auguste Comte. Paris, Alcan, 1899.
F.-A. Aulard: Auguste Comte et la révolution francaise. in: Revue politique et littéraire. Bd. 50, Nr. 27, 1892: 837–845.
H. Barth: Die Idee der Ordnung. Erlenbach, Rentsch, 1958.
J. Brankel. Theorie und Praxis bei Auguste Comte. Wien, Turia & Kant, 2008.
F. Finkelstein: Die allgemeinen Gesetze bei Comte und Mill. Diss. Heidelberg, 1911.
W. Fuchs-Heinritz: Auguste Comte. Einführung in Leben und Werk. Opladen, Westdeutscher Verlag, 1998.
A. Kremer-Marietti: Auguste Comte et la science politique. Paris, L'Harmattan, 2007.
W. Lepenies: Auguste Comte. Die Macht der Zeichen. München, Hanser, 2010.
O. Massing: Fortschritt und Gegenrevolution. Die Gesellschaftslehre Comtes in ihrer sozialen Funktion. Stuttgart, Klett, 1966.
Ch. Maurras: Auguste Comte.In: Ders.: Oeuvres capitales, Bd. III. Paris, Flammarion, 1954: 459–498.
O. Negt: Die Konstituierung der Soziologie als Ordnungswissenschaft. Strukturbeziehungen zwischen den Gesellschaftslehren Comtes und Hegels. Frankfurt, EVA, 1974.
M. Pickering: Auguste Comte. An Intellectual Biography. Cambridge, Cambridge University Press, 1993.
K. Reiche: Auguste Comtes Geschichtsphilosophie. Tübingen, Mohr, 1927.
M. Steinhauer: Die politische Soziologie Auguste Comtes. Meisenheim, Hain, 1966.
G. Wagner: Auguste Comte zur Einführung. Hamburg, Junius, 2001.

Frédéric Le Play (1806–1882)

Le Play studierte wie Comte an der École Polytechnique. Auch er stand einst Saint-Simon nahe. Er wurde Administrator in der Verwaltung der Bergwerke. Im 2. Empire diente er als Berichterstatter beim Staatsrat für öffentliche Arbeiten und 1867 als Generalkommissar bei der Pariser Weltausstellung. Oft ist er unter die Ultra-Reaktionäre eingereiht worden. Aber er gehörte eher zu den konservativen Vorkämpfern einer umfassenden Sozialreform. Positivistischer Induktionismus motivierte Le Play, es nicht bei normativen Erklärungen bewenden zu lassen, wie

Comte. Er studierte gewissenhaft die tatsächlichen Lebensverhältnisse der Arbeiterklasse und wurde damit methodisch bahnbrechend für die französische Soziologie. Die normative Seite seines Werkes ist vielfach vom sozialen Katholizismus aufgegriffen worden.

Auch Le Play ging davon aus, dass der „Geist von 1789" gesellschaftsschädlich sei, nur dass er im Gegensatz zu den Traditionalisten versuchte, dies auch empirisch zu belegen (O I: 52). Für Le Play war die autoritär geleitete Familie die Grundlage eines natürlichen sozialen Lebens – als Gegenmodell zum Individualismus und der Gleichmacherei im Geist der französischen Revolution. Nicht „künstliche Gesetze", sondern die Beachtung der Traditionen waren für ihn Garant des allgemeinen Wohlergehens. Le Plays Denken litt an dem Dilemma aller Reaktionäre, dass er das angeblich „Natürliche" dann doch „künstlich" zu fördern trachtete. So trat er etwa systemwidrig für die Wiederherstellung des Majorats und die Abschaffung eines gleichen Erbrechts für alle Kinder ein, um die neue Elite wirtschaftlich abzusichern.

Der egalitären Demokratie wurden die „natürlichen Gruppen", von „sozialen Autoritäten" geführt, entgegengestellt. Le Play (O I: 18) hielt Frankreich für die „au fond" am wenigsten egalitäre Nation Europas. Dies Urteil zeugte trotz seines vergleichenden Anspruchs eine beträchtliche Voreingenommenheit. Wie kann die Existenz der „sozialen Autoritäten" nachgewiesen werden? Auch der Begriff „élite" tauchte bereits auf. Le Play (O II: 14) äußerte sich vage. Die sozialen Autoritäten seien „evident" und sichtbar durch die „allgemeine Anerkennung", die sie genössen. Nicht eben bescheiden merkte er an, dass er erst nachdem er diese Idee entwickelt habe, auf Platon gestoßen sei, auf den er sich auch hätte berufen können. Die Eliten sind vor allem die Unternehmer, welche die Autorität ihrer Arbeiter genießen (O II: 18). Das „régime du patronage", dass Le Play für den sozialen Frieden propagierte (O II: 120), trug dazu bei, dass er zum korporativistischen Hausphilosophen des Vichy-Regimes wurde.

Wie bei Comte wurden religiöse Gedanken mit der empirischen Arbeit an einer Sozialreform vermischt, allerdings ohne den überhöhten Anspruch einer eigenen „Zivilreligion". Die Religion war für ihn essentielle Grundlage der Familien und der „richtigen technischen und kommerziellen Arrangements" (O I: 32). Religion und Technokratie gingen eine enge Verbindung ein. Le Play hatte jedoch an der Kirche einiges auszusetzen. Sie war ihm zu zentralistisch.

Den Frauen fiel in seinem Familienkult eine wichtige Rolle zu. Ein moderner Zug (O I: 87) durchzog sein Denken durch die Anerkennung der organisatorischen Leistung der Frauen in Familie und Hausarbeit. Er ließ das Geschlechterverhältnis trotz des grundsätzlichen Patriarchats etwas egalitärer erscheinen als im traditionellen Konservatismus. Die „natürlichen sozialen Gesetze" wollte Le Play aus den zehn Geboten ableiten. Die väterliche Gewalt war sein Urbild der Eliten. Dazu gehörte ein positives Bild des Unternehmers, der zugleich sozial eingestellt sein sollte.

Auch Le Play gehörte zu den Denkern der extremen Rechten, die für Dezentralisierung Frankreichs eintraten, was nicht recht zu ihren sonst autoritären Ansichten zu passen schien. Für Le Play war England das Vorbild, nicht nur – wie bei Maistre – hinsichtlich einer „gewachsenen Verfassung". Er lobte die Rolle der britischen Aristokratie – ein Topos der Antizentralisten von Maistre bis Tocqueville. Der Adel hatte im Inselstaat nach Le Plays Auffassung noch nicht durch Überheblichkeit und Privilegierung seine Nähe zum Volk verloren.

Im Gegensatz zu Maurras, auf den Le Play einigen Einfluss ausübte, träumte er nicht von der Wiederherstellung der alten Korporationen. Er war überraschend modern in der Anerkennung eines freien Arbeitsmarktes. Modern war auch die positive Würdigung des Proletariats. Er glaubte allerdings nicht, dass dieses sich ohne Hilfe von „sozialen Autoritäten" aus seinem Elend befreien könne. Der Elitismus war bei Le Play – wie bei Comte, Barrès und Maurras – mit einer scharfen Kritik der Intelligenz verbunden – mit mehr Berechtigung bei ihm als bei den anderen „rechten Intellektuellen", die vom Schreiben lebten, denn er übte einen wichtigen administrativen Beruf aus (O I: 57 ff).

Zwei Ströme der Le Play-Rezeption haben sich in Frankreich auseinander entwickelt: der progressive Strom mündete in den liberalen Katholizismus und der reaktionäre Zweig wurde von der „Action française" und Charles Maurras übernommen.

Quellen

Le Play: La réforme sociale en France, déduite de l'observation comparée des peuples européens. Paris, Plon, 1864, 2 Bde.
Le Play: L'organisation du travail selon les coutumes des ateliers ... Paris, Mame, 1870.
Le Play: La question sociale et l'assemblée ... Tours, Mame, 1873.
Le Play: Œuvres .Bd. 1: Principes de la paix sociale, la famille. Bd. 2: La réforme de la société, Le travail. Paris, Plon, 1941 (zit: O).

Literatur

L. Dimier: Les Maitres de la contre-révolution au XIXe siècle, leçons données à l'Institut d'action française, chaire Rivarol, février-juin 1906. Maistre, Bonald, Rivarol, Courier, Sainte-Beuve, Taine, Renan, Fustel de Coulanges, Le Play, Proudhon, les Goncourt, Veuillot. Paris, Librairie des Saints-Pères, 1907.
L. von Hammerstein: Le Play und die richtige Methode der Sozialwissenschaft. in: Stimmen aus Maria Laach, Katholische Blätter 19, 1877.

3 Vom Traditionalismus zur Königsdiktatur: Jaime Balmes und Donoso Cortés

Jaime Balmes (1810-1848)

Balmes war ein katalanischer Priester aus Vich. Er wurde Professor für Mathematik und wandte sich ab 1840 der politischen Schriftstellerei zu. Wegen seiner scharfen Kritik an der Regierung Espartero musste Balmes in dessen Amtszeit für eine Weile emigrieren. Seine politische Tätigkeit bestand vor allem in der Organisation von Revistas wie „La Civilización", „La Sociedad" oder „El Pensamiento de la Nación". Der christliche Journalismus war zupackend und gewagt, zugleich aber voller ermüdender Wiederholungen. „Die politischen Betrachtungen zur Lage in Spanien" von 1840 sind oft mit Ganivets „Ideario Español" verglichen worden. Wo Ganivet später abstrakt wurde, hat Balmes sich jedoch stärker der konkreten sozialen Analyse verschrieben (Fernández 1957: 48). Beide Autoren sahen undifferenziert ein gutes spanisches Volk – wie der Slawophilismus jener Epoche ein „gutes russisches Volk" entdeckte. Beide werteten den Liberalismus als einen Fremdkörper in Spanien, obwohl das Wort aus diesem Lande stammte. Liberalismus wurde als französische Importware klassifiziert. In Spanien habe es Pronunciamientos, aber keine wirkliche Revolution gegeben. Der Liberalismus brachte hier keine Revolution sondern nur permanente Unruhe zustande. Daher kam es zur „Sterilität der Revolution" in Spanien, wie eine Schrift von 1843 betitelt wurde (OC VI: 220 ff).

In seiner Jugend soll der junge Priester vier Jahre außer Thomas von Aquin nur ein neueres Buch gelesen haben: Chateaubriands „Génie du christianisme" (Blanche-Raffin 1849: 30). Sein Buch über den „Protestantismus verglichen mit dem Katholizismus" ist Chateaubriands Bestseller vielfach als kongenial an die Seite gestellt worden. Balmes differierte freilich in einem nüchterneren scholastischen Blick auf die Religion als gesellschaftliche Ordnungsmacht, wo Chateaubriand einen romantischen Zugriff über das Erleben bevorzugte (vgl. Kap. II.3). Chateaubriands Eitelkeit und Ästhetizismus hat der Katalane nicht geschätzt. Balmes ist in seinen politischen Schriften eher mit Donoso verglichen worden (Larraz 1965, Pidal y Mon 1887). Donoso Cortès kam schrittweise zum kämpferischen Katholizismus. Balmes hat diesen von Anfang an vertreten. Der Ansatz von Balmes war trotz der scholastischen Vorbildung jedoch eher naiv. Er fühlte sich als praktischer Philosoph. Die Analyse glich der eines Arztes: „Meine Logik war einfach und stark – und warum? Weil ich mich immer an die vergangenen Fakten hielt, die gegenwärtigen Fakten annahm und die kommenden Ereignisse voraussagte. Die Fakten der Vergangenheit kann mir niemand negieren, die Gegenwart war greifbar und hinsichtlich der Zukunft sagte ich: ‚wartet ein Weilchen" und fand meine Voraussagen am Ende bestätigt" (OC VII: 594). Unbekümmert um historische Differenzen der Interpretation des Vergangenen postulierte er sein Grundkonzept: die Erbmonarchie scheint in der Theorie wenig plausibel und doch gab es für ihn nichts Weiseres in der Realität (OC VI: 259). Jede Nation hatte in seinen Augen die ihr eigene Denkweise und aus ihr konnten Normen für die soziale Organisation und eine gefestigte Regierung abgeleitet werden. Die Grundlagen jeder Nation aber waren: Katholizismus, Monarchie und die „fundamentalen Gesetze". „Leyes fundamentales" können schwerlich als moderne Grundrechte interpretiert werden. Sie sind den alten „fueros" der ständischen Zeit ähnlicher.

Wie andere Traditionalisten seiner Zeit war Balmes der Meinung, dass die Politik in Spanien am Volk vorbei geführt werde. Seiner Auffassung lag die scholastische Unterordnung der Macht unter die Religion und die Moral zugrunde. Wenn diese hohen Maßstäbe angelegt werden, konnte freilich selbst eine bessere Politik als die in den Jahren der Bürgerkriegswirren Spaniens nicht bestehen. In der Protestantismus-Schrift war Guizot und der Doktrinarismus der schlimmste Feind des Katholizismus. Der Katholizismus – die Inquisition eingeschlossen – wurde als Toleranz gefeiert, die er dem Protestantismus absprach. In der thomistischen Konzeption hatte die Regierung die Aufgabe, Schlüssel zu einem „großartigen Gebäude" zu sein, „in dem alle vernünftigen Meinungen ihren Platz, alle Rechte Berücksichtigung und alle legitimen Interessen Schutz finden" (OC VI: 381). Dieses Ordo-Modell trug vorrevolutionäre Züge und passte wenig in die Bürgerkriegslandschaft der Zeit. Die Vereinigung hoher Prinzipien wie „Vernunft", „Gerechtigkeit" und „conveniencia pública" wurde der Realität des politischen Systems gegenüber gestellt. In einem nativen Zugriff auf die „soziologische Substanz" wurde bei Balmes – in Amalgamierung des Comteschen Positivismus in seiner religiösen Spätphase – versucht, Religion, Krone und Adel als die tragenden Säulen der Ordnung nachzuweisen. Eine Gesellschaftslehre ging für Balmes vom „natürlichen" aus, während Politik es immer mit „künstlich" geschaffenen Einrichtungen zu tun habe. Die Politik kann nur so weit gut sein, als sie dicht an den gesellschaftlichen Gegebenheiten bleibe (OC V: 495). Das organische Ganze wurde in schlichter Analogie zum menschlichen Körper konstruiert. Alle großen Veränderungen wie Revolutionen und Restaurationen waren für Balmes nicht an der politischen Oberfläche sondern in der sozialen Substanz der Gesellschaft entstanden: „Das Geräusch hat sich in den Formen festgelegt, aber die Schau fixiert Objekte, die das Herz der Gesellschaft beeinflussen" (OC VI: 61). Dieser soziologische Ansatz, der auf Bonald zurückging, hatte den Vorteil, dass Balmes auch gegnerische Bewegungen nicht bloß als das Verschwörungswerk einiger Demagogen abtat. Der ultrareaktionäre Carlismus, weniger hingegen linke Strömungen hatten immer einen realen sozialen Grund.

Vom Traditionalismus zur Königsdiktatur

Dem Chaos dieser Bewegungen aber durfte sich nach Balmes keine Regierung beugen. Die Festigkeit der Regierung beruhte nicht auf Worten und konnte nicht durch legislative Entscheidungen erzeugt werden (OC VI: 402). Balmes war ein Status-quo-ante-Konservativer, der sich nach vergangenen Jahrhunderten sehnte. Es gab für ihn ein goldenes Zeitalter, in dem Politik und Gesellschaft noch eins waren. Damals war Spanien mächtig und besaß riesige Territorien in allen damals bekannten vier Erdteilen. In der goldenen Zeit hatte Spanien einen Adel, der nicht tatenlos am Hof saß, sondern aktiv in die Welt hinausging. Spanien stand an der Spitze der Entwicklung. Das Land verschloss sich den Neuerungen erst, als die Irreligiosität sich der Innovationen bemächtigte. Das Volk in Spanien blieb jedoch innerlich gesund, auch wenn die Oberschichten sich partiell unter dem Banner einer Partei dem ausländischen Neuerungsgeist verschrieben (OC VI: 405, 190). Im Volk blieben das monarchische Prinzip und der Katholizismus tief in der Seele verankert – nicht nur als vages Gefühl: „In Spanien gibt es nichts zwischen der katholischen Religion und dem Unglauben" (OC VI: 200).

Bei Balmes wurde das gleiche Dilemma wie später bei Donoso Cortés sichtbar. Katholizismus und Freiheit wurden identifiziert. Wie aber passte dies zur Anglophilie der spanischen Traditionalisten, die England als Hort der Freiheit empfanden? Balmes half sich mit harscher Kritik an der Verfolgung der Katholiken auf den britischen Inseln (OC VI: 62). Ansonsten blieb es nicht bei dem normativen Postulat des Donoso, England müsse zum Katholizismus zurückkehren. Seine soziologische Realanalyse verstieg sich für England zu der Behauptung, der Katholizismus in England sei unterschwellig stark und die anglikanische Kirche habe keine Wurzeln in der britischen Gesellschaft (OC VI: 203).

Das Allheilmittel gegen die Übel der Moderne war für Balmes – wie für Donoso – die Monarchie. Die meisten Völker Europas hätten sich von der Tradition abgewandt und begingen den Fehler, die Politik zu wichtig zu nehmen. Bei Balmes fand sich – wie bei Donoso – der Vorwurf an den Liberalismus, die Obsession für die politischen Institutionen nach Spanien getragen zu haben. Spanien aber brauche nur eine starke Monarchie. Eine Regierung, die ständig reformiere, könne die nötige Stärke nicht entwickeln. Die englische Verfassung verglich Balmes mit einem Baum, der verlässliche Wurzeln hatte. Die spanische Verfassung von 1837 und die Institutionen der Regierung unter Isabel II seien aber vom Bazillus ständiger Änderungen befallen gewesen. Dies wurde vor allem dem negativen Einfluss Frankreichs zugeschrieben. In der Zeit der Größe Spaniens, in der Ära von Cervantes, Mariana und Lope de Vega habe es solche Einflüsse nicht gegeben (OC VI: 24, 202).

Schon bei Balmes war die Situation der Entscheidung in der Geschichtsteleologie angelegt. Gesucht wurde der unerschütterliche König, der die Prinzipien Vernunft, Gerechtigkeit und Glaube auf die Fahnen schreibe. Gesucht wurde der unbeugsame Held auf dem Thron, der hart gegen revolutionäre Wünsche auftritt und notfalls erklärt: „Ich unterschreibe nicht, ich schwöre nicht, hier ist mein Kopf, nehmt ihn, wenn ihr wollt" (OC VI: 92, 231). Darin konnte man Kritik gegen die Feigheit von König Ferdinand VII sehen, der sich Napoleon und 1820 Riego gebeugt hatte und stark in der Unterdrückung erst wieder wurde, als das Blatt sich gewendet hatte. Balmes stellte aber die historische Frage nicht, ob Karl von England oder Ludwig XVI von Frankreich mit dieser Härte die Herrschaft hätten bewahren können, falls sie diese gezeigt hätten. Schwache Herrscher hatten in seinen Augen die Neigung, entweder sich mit Tyrannei den Gehorsam zu erzwingen, oder mit Verrat zu reagieren, und die Demütigungen der Krone schweigend hinzunehmen (OC VI: 252 ff).

Auch bei Balmes wurde bereits eine Theorie der Diktatur entwickelt. Diktatur konnte historisch gerechtfertigt sein, um das Chaos der Revolution zu beenden. Balmes war jedoch kritischer als Donoso gegenüber den Gefahren der Diktatur und führte in seiner Geschichte der Diktatur aus, dass Cäsar dem Dolch und Napoleon der Verbannung zum Opfer fiel (OC VI: 256). Diktatur war zwar gelegentlich notwendig. Macht auf der Basis von Gewalt reichte jedoch nicht, um eine Gesellschaft zu befrieden (Balmes 1855: 110). Daher kehrten die Systeme, die mit der Diktatur experimentiert hatten, meist zur „sanften Gewalt der Monarchie" zurück (ebd: 118).

Wie konnte Spanien aus der Krise geführt werden? Die Empfehlung von Balmes lautete eine Allianz aller Parteien (1844) und eine Sammlung aller Monarchisten. Diese Devise, die sich seit Bolingbroke und Chateaubriand bei vielen Konservativen unterschiedlicher Länder fand, neigte dazu, die Gegner als „Parteien" oder gar „Faktionen" abzutun, und dabei zu übersehen, dass man selbst – und sei es nur in loser Klub-Form – zur Parteienbildung beitrug. Balmes stellte sich im Kampf der Dynastien auf den Boden des Status quo. Er wagte nicht, sich auszumalen, was geschehen wäre, wenn die Carlisten gesiegt hätten. Aber sein Opportunismus war geringer als der des Realpolitikers Donoso Cortés. Er behielt einen wachen Sinn dafür, dass der carlistische Traditionalismus seinen Anschauungen nicht fernstand. Er empfahl daher den Carlismus nicht nur als Aufrührertum zu behandeln. Er hatte Wurzeln im Volk und musste zum Teil des großen Konsenses der Monarchisten gemacht werden (OC VI: 737). Ein weiterer Unterschied zu Donoso wurde bei dem Katalanen Balmes sichtbar. Er hatte ein größeres Interesse an der Erhaltung der regionalen Autonomie der Landesteile als Donoso. Aber er war kein Vorläufer von Pi y Margall und den spanischen Separatisten, wie der spätere Katalanismus gern interpretierte. Er nahm gegen den Separatismus Stellung und hat nur wie Mella die Rechte der Landesteile verteidigt (OC V: 929 f, García Escudero 1950: 42).

Der vorgeblich soziologische Ansatz – der manchmal mit Le Plays autoritärem Konservatismus in Verbindung mit der Sorge um das einfache Volk verglichen worden ist – trieb gelegentlich krause Blüten. In einem Aufsatz über „Aristokratie und Demokratie in Spanien" von 1844 hat er die spanische Gesellschaft als die egalitärste der Welt hingestellt: „Es gibt kein Land in der Welt, in dem die Klassen so nivelliert sind wie in Spanien" (OC VI: 461). Nach Balmes besaß die hohe Aristokratie keinerlei Privilegien und die Bräuche Spaniens seien mit der sozialen Organisation völlig in Einklang gewesen. Wahr daran ist allenfalls, dass Spanien zu den Ländern gehörte, die eine überproportional große Zahl von Adligen besaß, mit der sozialen Folge weitgehender Verarmung von Teilen dieser Aristokratie. Der „Ritter von der traurigen Gestalt", Don Quijote, hat diesen deklassierten Adel unsterblich werden lassen. Balmes hat richtig gesehen, dass mit dem spanischen Adel als Ganzes kein Staat mehr zu machen sei. Er hat daher zwei Gruppen ausersehen, eine neue Aristokratie zu bilden: den Großgrundbesitz und den hohen Klerus. Der Geburtsadel als solcher konnte nicht der Erneuerung dienen, sondern allenfalls „das Verdienst", das auch Männer aus den Unterschichten entwickeln könnten. Der Traditionalist Balmes wollte den ererbten Reichtum an Boden zur Grundlage der Erneuerung machen, hat aber die Dynamik der modernen Gesellschaft völlig verkannt. Als Gegner der modernen kapitalistischen Gesellschaft hatte er für jene, die durch Handel reich wurden, meist nur Verachtung übrig. Balmes übersah, dass der Anarchismus, den er bekämpfte, gerade in den Regionen Spaniens stark werden sollte, in denen der Großgrundbesitz vorherrschte, wie Andalusien. Erstaunlich klangen auch die Illusionen im Werk von Balmes, dass die Revolutionäre in Spanien keine Chancen hätten, weil keine Ideen und Interessen des Volkes hinter ihnen stünden (OC VI: 56). Der Fortschrittsbegriff wurde von Balmes umgedeutet: Fortschreiten heißt nicht Demokratie sondern Vervollkommnung (OC VI: 59). Ähnlich wie Donoso forderte Balmes eine „hohe Intelligenz der größtmöglichen Zahl". Handel und Industrie müssten den ethischen und kulturellen Fortschritt fördern, weil sie sonst den Klassenkampf erzeugten.

Balmes hat nur bis 1848 gelebt und daher den Sozialismus noch nicht in gleichem Umfang als Bedrohung wahrgenommen wie Donoso. Aber auch in seinen Schriften wurde der Sozialismus als die konsequente Weiterentwicklung des Liberalismus dargestellt (C V: 558). Als Kleriker hat Balmes die Säkularisation entschiedener bekämpft als Donoso. Er hat weniger rechtlich – wie der Jurist Donoso – argumentiert, als sozial und wirtschaftlich. Die entschädigungslose Enteignung von Kirchengütern war für ihn Diebstahl, der immer neuen Diebstahl nach sich ziehen müsse (OC V: 724ff). Die sozialen Folgen der Enteignung von Kirchengut schienen ihm verheerend in Spanien. Die Güter seien einst von der Kirche gemeinnützig verwendet worden und – man staune! – hätten der Überwindung des alten Feudalismus gedient. Während Donoso noch Mitte der 40er

Jahre gegen die Restitution der Kirchengüter stimmte, verlangte Balmes publizistisch eine Entschädigung der Kirche.

Balmes ist eine Figur geblieben, die nur in der katholischen Subkultur außerhalb Spaniens wahrgenommen wurde. Obwohl auch er ein guter Publizist war, fehlte ihm die fundamentalistische Rhetorik Donosos. Wenn es auch eine Übertreibung darstellt, Donoso mehr Europäer als Spanier zu nennen (Tierno Galván 1962: 163) so ist im Vergleich der beiden Denker richtig, dass Donoso mehr Europäer und weltläufiger erschien als Balmes. Seine Theorien ließen sich zudem leichter von ihrer katholischen Grundlage lösen als die Lehren des katalanischen Priesters.

Quellen

Balmes: Obras completas, Madrid, BAC, 1948–50, 8 Bde. Bd. VI und VII E scritos políticos (zit: OC).

Balmes: Vermischte Schriften religiösen, philosophischen, politischen und literarischen Inhalts. Regensburg, G. J. Manz, 1855, Teil 1.

Literatur

A. de Blanche-Raffin: Jacques Balmes, sa vie et ses ouvrages. Paris, Sagnier et Bray, 1849

J. Corts Grau: Ideario político de Balmes. Madrid, o. A., 1934.

J. Fernández: Spanisches Erbe und Revolution. Münster, Aschendorff, 1957: 37–56.

M. Fraga Iribarne: El pensamiento conservador español. Barcelona, Planeta, 1981: 39–114.

J. M. García Escudero: Política española y política de Balmes. Madrid, Cultura Hispanica, 1950.

J. Larraz: Balmes y Donoso Cortés. Madrid, Rialp, 1965.

D. Pidal y Mon: Balmes y Donoso Cortes. Orígines y causas del ultramontanismo. Madrid, Collección de conferencias históricas, 1887.

D. Roca Blanco: Balmes 1810–1848. Madrid, Ediciones del Orto, 1997.

E. Tierno Galván: Tradición y modernismo. Madrid, Tecnos, 1962: 151–162.

Juan Donoso Cortés Marques de Valdegamas (1809–1853)

Donoso Cortés kam als Sohn eines Rechtsanwalts in Estremadura zur Welt. Nach juristischen Studien wurde er mit 20 Jahren Professor für Literatur in Cáceres. Dort begann er über politische Themen zu publizieren. Die Denkschrift „Über die besondere Lage Spaniens" (1832) machte ihn bekannt. König Fernando VII wurde auf ihn aufmerksam. Donoso hatte die Thronfolge vorausschauend behandelt und den König in der Meinung bestärkt, nicht seinen Bruder Carlos sondern seine Tochter Isabella auf dem Thron folgen zu lassen. Als er 1833 starb, löste dies einen Bürgerkrieg aus. Donoso blieb auf der Seite der „Cristinos", auch als die reaktionären Ansichten der Carlisten seinen Meinungen näher zu stehen schienen. Zunächst stand er unter dem Einfluss der französischen Doctrinaires (vgl. Bd. 1, Kap. III. 1). 1837 wurde Donoso in die Cortes gewählt. Er war dort mit den „Moderados" verbunden. Als 1840 Cristina ihren Hof nach Paris aus Protest gegen die Usurpation königlicher Kompetenzen durch Ministerpräsident Espartero (1840–1843) verlegte, folgte Donoso als Berater der Königin. 1843 nach dem Sturz des Ministerpräsidenten wurde er außerordentlicher Gesandter, der die Rückkehr der Königin-Mutter vorbereitete. 1846 verlieh die Krone ihm den Titel eines Marqués.

In einer Schrift über Papst Pius IX (1846) hatte Donoso bereits seine rationalistische Gesinnung revidiert. Aber erst in der Revolution von 1848 wurde er durch seine Reden im Parlament über die Diktatur und die politischen Gegensätze seiner Zeit europaweit berühmt. 1851 erschien sein Hauptwerk, der „Ensayo", in dem er mit den Ideologien seiner Zeit abrechnete. Donoso blieb konstitutioneller Monarchist, verteidigte aber weite Prärogativen der Krone. Absolutistische Systeme wie das russische fand er keineswegs vorbildlich. Angewidert vom parlamentarischen Konflikt trat er zurück, wurde Botschafter in Berlin (1849–50) und in Paris (1851–1853).

Die Abwendung vom doktrinären Liberalismus

Viele politische Theoretiker des 19. Jahrhunderts haben als Liberale begonnen und als Konservative oder gar Reaktionäre geendet. Dennoch blieb auch bei ihm wie bei Burke, Hegel oder Fichte eine Grundidee erhalten, da er auch als autoritärer Dezisionist an der konstitutionellen Monarchie festhielt. Seine grundlegende Ordnungsvorstellung war hierarchisch und harmonistisch – auf Einheit der Welt mit Gott gerichtet. Sein Grunderlebnis war die Revolution. Es war jedoch nicht mehr die Französische Revolution von 1789 als ferngerücktes Ereignis. Spanien wurde seit 1820 von immer neuen revolutionären Ereignissen erfasst. Auch die Pronunciamientos hat er als Revolution gesehen. Es wurde ihr jedoch nach dem Vorbild von Bonald und Maistre ein positiver Sinn beigemessen. Gott hat Revolutionen schließlich zugelassen. Das „Werk der Hölle" diente der Beförderung einer radikalen Entscheidung zugunsten des Glaubens (OC II: 341). In einem manichäisch-dualistischen Weltbild sollte es im Konflikt von Katholizismus und Revolution zur Synthese einer völlig neuen Ordnung kommen.

Erst das Christentum hat nach seiner Ansicht eine neue Zivilisation geschaffen. Sie war durch die Unantastbarkeit der Autorität, die Sakralisierung des Gehorsams und die Verklärung von Opfer und Selbstverleugnung gekennzeichnet (OC II: 465, E: 14). Die philosophische Zivilisation realisiert sich als göttliche Vernunft in der Geschichte. Hegel hätte Donoso gehasst, hätte er ihn gekannt, stand ihm aber in seiner Geschichtseschatologie gar nicht so fern. Wahre Demokratie war für Donoso erst im Christentum möglich, denn nur in ihm ist Gott „souveräner Wille", während er in Persien „Zweiheit", bei den Griechen „Mannigfaltigkeit" und bei den Römern „Vielheit" gewesen sei. Die neue Ordnung, die Donoso vorschwebte, war nicht mehr die des Ancien régimes und des alten ordo christianus. Als Albert de Broglie dem damaligen Botschafter in Paris in der „Revue des deux mondes" eine „Idolatrie für das Mittelalter" vorwarf, schrieb Donoso einen Leserbrief (1852). Das Bild des Mittelalters, das er darin entwarf entsprach ziemlich dem vorromantischen Bild eines „finsteren Mittelalters" mit Chaos, Gewalt, Krieg, Korruption und Barbarei. Auch den Vorwurf, er wolle der Kirche die Ausübung einer universalen absoluten Herrschaft anraten, wies er mit Recht zurück. Die erbliche Monarchie, die Donoso verteidigte, lag zwischen der feudalen und der absolutistischen Monarchie. Damals hätte die ständische Macht noch keine Herausforderung für die Monarchie dargestellt. Die vielzitierte Schwurformel der Stände von Aragon, die eine offene Drohung enthielt (sí non, non), hätten ihn historisch eines Besseren belehren können. Nach seiner Ansicht hat erst der Parlamentarismus als Reaktion auf die absolute Monarchie das Unheil über die Welt gebracht, weil er die christliche Monarchie nicht anerkenne. Die Einheit der Gewalt wurde durch Gewaltenteilungsdoktrinen zur Dreiheit der Gewalten. Der Parlamentarismus hat in dieser Dreiheit das Übergewicht erlangt und alle Mannigfaltigkeit an Ständen und Korporationen eingeebnet. Parlamentarismus als liberale Erfindung drängte in dieser Sichtweise zum Sozialismus. Der Parlamentarismus hatte die Negation der alten Ordnung nur im politischen Bereich vorgenommen. Der Sozialismus dehnte die Negation auf das gesamte soziale Feld aus (O V, E: 329). Den Einwand, dass schließlich auch England parlamentarisch regiert werde, ließ Donoso nicht gelten. Die englische Nation habe in der Praxis der Verfassung die göttlichen Bedingungen der Staatsgewalt stets unangetastet gelassen – im Gegensatz zur „parlamentarischen Regierung" auf dem Kontinent. Er wies jeden Vergleich mittelalterlicher Ständeversammlungen mit den modernen Parlamenten zurück, die nur eine gesellschaftliche Kraft und ein „organisches Hindernis und eine natürliche Schranke gegen die grenzenlose Expansion der königlichen Staatsgewalt" darstellten. Der moderne Parlamentarismus hatte für ihn seinen Ursprung weder im Mittelalter noch in Großbritannien, sondern allein im „revolutionären Geist der modernen Zivilisation" (O V: 227, E: 333).

Donoso unterstrich jedoch, dass sein Verdikt des „Parlamentarismus" nicht gegen das „Parlament" an sich gerichtet sei. Das Parlament sah er nur als ein Gefäß an, in welches man den giftigen Likör des Aufruhrgeistes gefüllt hat: „Schüttet den Likör aus, den es enthält, und ich lasse mir das Gefäß gefallen". Das Parlament hatte nach dieser Konzeption eine Zukunft, der Parlamentarismus aber war zum Tode verurteilt: „Er stirbt, wenn ein Mann erscheint, der bejahen und verneinen kann und der stets die gleichen Dinge bejaht und verneint; er stirbt, wenn die Volksmassen, hat ihre von der Vorsehung bestimmte Stunde geschlagen, mit Brüllen und Toben ihren Platz an der parlamentarischen Tafel fordern und ihn einnehmen; sterbend überlässt er die Gesellschaft den Händen der Revolution oder den Händen der Diktatur, die beide sein Erbe übernehmen, kraft der Gewalt des Rechts und Kraft des Rechts der Gewalt, weil sie die Stärkeren sind; kraft der Gewalt des Rechts, weil sie seine Erben sind" (OC V: 333 f). Das klingt blutrünstiger als es gemeint war. Die Diktatur wurde nur als Alternative zur Revolution in Aussicht genommen. Der Diktator sollte nicht irgendein dezisionistischer Usurpator sein, sondern musste kraft des Rechts prädestiniert zur Macht erscheinen. Macht und Recht waren noch immer aufeinander bezogen, auch wenn Legitimität und Legalität zu verschwimmen begannen. Selbst das Todesurteil gegen den Parlamentarismus war bei Donoso noch von Nostalgie nach der guten alten Zeit der Repräsentativverfassung gekennzeichnet. Er nannte seine Kritik eine „schmerzliche Pflicht", weil er viele gute Freunde hatte, „die als Stern am parlamentarischen Firmament glänzten, König des Wortes und der Tribüne blieben für mich stets Könige, auch wenn sie gestürzt wurden" (OC V: 234, E: 338). Ein so gewaltiger Rhetoriker im Stil des Hofpredigers Bossuet war durchaus empfänglich für den äußeren Schein der wohlgesetzten Rede, die er bei den Liberalen zu verachten vorgab. Am Mittelalter fand Donoso im Gegensatz zu den Vorwürfen de Broglies nichts Bewundernswürdiges mit einer Ausnahme: der Kirche (O V: 212, OC II: 763 ff, BuR: 322 ff). Die damals im Grundsatz gute Ordnung war durch Begrenzungen von Raum und Zeit an der Entfaltung gehindert. Erst der Kampf zweier Zivilisationen in der Moderne konnte nach seiner Ansicht die nötige Klarheit schaffen, um die „Konfusion" im Mittelalter zu überwinden.

Donoso begann als doktrinärer Realpolitiker. In den „Consideraciones sobre la diplomacia", seinem ersten größeren Werk von 1834, nahm er gegen Don Carlos Stellung und empfahl Freiheit und Thron zu verteidigen, und die Anarchie zu ersticken (O I: 35, OC I: 227). Im gleichen Jahr zeigte sich, dass die Liberalen von 1812 ihre alten Überzeugungen unter dem Schockerlebnis der Julimonarchie ebenfalls gewandelt hatten. Sie spalteten sich in „progresistas" und „moderados". Donoso stieß zu den Gemäßigten. Die Diplomatieschrift war die öffentliche Apologie eines doktrinär-liberalen Standpunktes der Vermittlung zwischen den politischen Extremen. Noch hatte Donoso die liberale Trennung von Staat und Gesellschaft nicht gänzlich verworfen. Einst hat er selbst die Verfassung von Cádiz des Jahres 1812, die den Reaktionären und Carlisten als Werk des Teufels erschien, noch positiv eingeschätzt. Aber er hat sie zeitgemäß relativiert. Damals schien sie

Ausdruck des Volkes, das gegen die Fremdherrschaft kämpfte. Nun, da diese abgeschüttelt worden sei, müsse die Autorität wieder stärker gebündelt werden.

Im Jahre 1835 machte sich Donoso in zweierlei Hinsicht im Staatswesen nützlich. Als Beauftragter der Königin hat er in Cáceres und Badajoz die Anfälligkeit der Honoratioren für die revolutionären Juntas bekämpft und hat einen Vermittlungsstandpunkt in der umstrittenen Wahlrechtsfrage ausgearbeitet. Das Wahlrecht sollte den Vertretern der Intelligenz (inteligentes) vorbehalten sein, da nur die Intelligenz Legitimität verleihe (O I: 286, OC I: 320). Die Intelligenten waren die „legitimen Aristokraten", ein bürgerlicher und kein aristokratischer Gedanke. Da er gemischte Verfassungen ablehnte, wurde das elitäre Wahlrecht, das weniger als ein Prozent der Bevölkerung wählen ließ, von ihm gebilligt. In der Repräsentationsfrage kam es zu einer seltsamen Verkehrung der Fronten. Die Progressisten wollten das Mandat und waren daher für ein wenig fortschrittliches indirektes Wahlrecht, während Donoso die direkte Wahl verteidigte. Seine Gegner zerfielen in zwei Gruppen: eine verlangte konsequent das allgemeine Wahlrecht und die andere war inkonsequent und wollte es den „proletarischen Klassen" vorenthalten. Es war von „clases proletarias" schon die Rede, als in Deutschland meist noch von „Pöbel" gesprochen wurde (O I: 288). Solche Gedanken aus der liberal-doktrinären Phase wurden in seinen Ateneo-Vorlesungen von 1837 in Madrid theoretisch untermauert. Es handelte sich im Werk Donosos um ein Repräsentationsmodell, das – ähnlich wie bei Hegel – von oben her konzipiert wurde. Die „objektive Vernunft", welche die Doktrinäre im Parlament verkörpert sahen, musste daher verhindern, dass es zur Delegation von Vertretern einzelner Klasseninteressen kam (OC I: 385).

1837 schrieb Donoso eine Schrift zum Projekt der Verfassung. Eine Meuterei hatte die Königin zum Schwur auf die Verfassung von 1812 gezwungen. Eine Kommission unter Argüelles – dem wichtigsten Verfassungsvater von 1812 (vgl. Bd. 1, Kap. IV, 5) – trat zusammen. Es wurden einige fortschrittliche Konzessionen in das Projekt eingebaut wie die Gesetzesinitiative für das Parlament. Das Wahlrecht wurde von 3.9 % der Bevölkerung (1837) auf 4.3 % (1843) ausgedehnt (Artola 1978: 197). Donoso stärkte die Befugnisse der Krone und beschnitt die parlamentarischen Kompetenzen (O I: 318ff, OC I: 453ff). Er kämpfte dabei gleich gegen drei Gegner, die er als „absolutistisch", „demagogisch" und „progressistisch" bezeichnete.

Der Opportunismus der Doktrinäre wurde 1838 von Donoso in einer Polemik gegen einen „Doktor Rossi" in der Zeitung „El correo nacional" offen gebrandmarkt (O II: 45ff, OC I: 492ff). Er bekannte sich jedoch weiterhin als „moderado". In der Schrift „Über die absolute Monarchie in Spanien" von 1838 in der „Revista de Madrid" stieß er zu einer neuen Konzeption der Monarchie vor. Er sah sie auf die traditionelle Verbindung von Krone und Glauben im Volk gegründet. Die absolute Monarchie wurde historisch relativiert und er versuchte den konstitutionellen Monarchisten Verständnis für die Gewachsenheit der modernen Verfassungen beizubringen (O II: 73). Absolutismus war für ihn nicht mehr eine Regierungsform, sondern eine Messeinheit hinsichtlich des Grades der Verankerung der monarchischen Gewalt in der Gesellschaft. Die absoluten Monarchien waren seiner Ansicht nach – vor allem in Südeuropa – untergegangen, weil sie die neuen Interessen nicht befriedigten. Konstitutionelle Monarchien waren hingegen in dieser Sicht nur Übergangsregime, weil sie die alten Interessen nicht befriedigen konnten (O II: 72f, OC I: 527f). Noch war das Ende der konstitutionellen Monarchie als sozialer Kompromiss nicht vorauszusehen, aber er hegte Zweifel, dass sie eine unveränderte Regierungsform der Zukunft sein werde.

Zunehmend wandte sich Donoso einer autoritären Konzeption der Monarchie zu. Als die gemäßigte Regierung Pérez de Castro den Ausnahmezustand in den Bürgerkriegsgebieten erließ, in denen die Carlisten dominierten, hat Donoso die Geschichte diktatorischer Vollmachten bis zu den Katholischen Königen im spanischen Absolutismus zurückverfolgt: „Das Gesetzesprojekt über Ausnahmezustände" (1839). Donoso äußerte die Ansicht, das Gesetzesprojekt müsse alle denkenden Menschen interessieren, die sich um die Freiheit der Individuen und die Stärke der Regierungen sorgten (O II: 191). Carl Schmitt hat sich später für sein Buch an dieser Schrift inspiriert. Die Parallele trägt insofern, als Schmitt in der Spätphase der Weimarer Republik auch auf dem Boden des geltenden Rechts blieb, und etwa in seiner „Verfassungslehre" penibel die Grenzen der Ausnahmevollmachten beschrieb. Donoso zog die Grenzen vor allem für das Militär, das in den aufständischen Gebieten operierte (O II: 207, OC I: 712). Die Legitimität des Ausnahmezustandes wurde historisch und nicht mit der Vernunft begründet. Die Dialektik einer Entscheidungssituation schien die Aufhebung von Gesetzen zur Durchsetzung „des Gesetzes" zu erfordern.

1839 hatte Espartero im Bürgerkrieg die Carlisten besiegt. Aber als dieser 1840 mit Hilfe der Progressiven als Ministerpräsident regierte und die Gesetzesinitiative an der Königin vorbei auszuüben begann, kam es zu neuen Unruhen. Cristina ging nach Paris und Donoso folgte ihr. Persönliche Kontakte mit Royer-Collard und Guizot, den führenden Doktrinären in Paris, ließen ihn dem Doktrinarismus gegenüber zunehmend skeptischer werden. In „El Heraldo" publizierte Donoso seine Briefe aus Paris, in denen sich seine Hinwendung zu Maistre und Bonald niederschlug. Donoso arbeitete für die Königin, um Espartero durch eine gemäßigte Regierung zu ersetzen. Als der Ministerpräsident schließlich gestürzt wurde, kehrte Donoso zurück und ließ sich zum Abgeordneten für Badajoz wählen. Er plädierte im Parlament dafür, die Tochter María Cristínas, Isabella, schon mit 13 Jahren auf den Thron zu heben, und bereitete die Rückkehr der Königin-Mutter nach Madrid diplomatisch vor. Wieder hat er die praktische politische Tätigkeit publizistisch begleitet: „Die Geschichte der Regentschaft von María Cristina" (1843) zeigte ihn verbal noch als loyalen Anhänger, aber eine gewisse politische Distanz wurde bereits aus dieser Schrift herausgelesen (Suárez 1964: 90). Die Verfassung von 1845 reformierte die liberalere Konstitution von 1837. Donoso hat den Text mit redigiert. Die Pressefreiheit wurde eingeschränkt und die Volkssouveränität gestrichen. Das Parlament verlor seine Budgethoheit. Die Ambivalenz zwischen theoretischem Doktrinarismus und politischem Opportunismus als „moderado" ist in dieser Epoche vielfach gerügt worden (Beneyto 1988: 50). Andererseits hat Donoso noch 1845 im Parlament mit den Liberalen gegen die Rückgabe des säkularisierten Kircheneigentums votiert (O III: 85, OC II: 97). In einer seltsamen Wende hat Donoso eine Kombination von monarchischen, demokratischen und religiösen Prinzipien als Quadratur des Zirkels empfohlen. Seine erstaunliche Anpassungsleistung wurde mit dem Adelstitel und der Präsidentschaft des Athenäums in Madrid, der wichtigsten intellektuellen Einrichtung der Hauptstadt, belohnt.

In einer Rede über Spaniens Beziehungen mit anderen Mächten von 1847 wurde der Einfluss von Vicos Geschichtsphilosophie zunehmend deutlich. Der Kreislauf der Entwicklung hatte in dieser Zeit nach seiner Ansicht zwei Modelle entwickelt: England als Seemacht war auf praktische Tätigkeit, Handel und Entdeckungen aus, Frankreich entwickelte ein ideologisches System. Beide Modelle wurden kritisiert. England vor allem wegen seiner Vorherrschaft in Portugal und Frankreich wegen seiner Afrikapolitik. Im zweiten Punkt war er jedoch unhistorisch optimistisch für sein Land: „Frankreich vermag nichts ohne Spanien. Wir sind die Zivilisation, mit der die afrikanische in Kontakt steht" (O III: 154). England wurde bescheinigt, dass es keine Weltherrschaft anstrebe, aber es wurde ihm verübelt, dass es die Welt nach eigenen Interessen jeweils als Schlachtfeld begriff, auf dem man nach Gutdünken intervenierte. Sein Bild der internationalen Politik ist vielfach zitiert worden: nur drei Länder besaßen eine unabhängige Außenpolitik mit freier Wahl des Koalitionspartners: Großbritannien, Russland und die USA. Englands Grundprinzip sei der Schutz seines Handels, Russlands Prinzip seine Eroberungen zu schützen und neue territoriale Erwerbungen vorzubereiten. Nur die USA legten ihrer Außenpolitik zwei Prinzipien zugrunde: das Völkerrecht zum Schutz der Meere auszubreiten und eine Intervention anderer Mächte in der westlichen Hemisphäre zu verhindern (O III: 147, OC II: 164). Alle anderen Länder waren von einem regionalen Hegemonen abhängig: z.B. Italien und Preußen von Österreich oder waren abhängig von einer Konstellation der Mächte wie Frankreich und Spanien. Die russische Gefahr wurde an die Wand gemalt. Russlands enorme Fähigkeit der Assimilation fremder Rassen von den Tataren bis zu den Kosaken wurde gefürchtet. Dass Donoso die Kosaken für ein eigenes Volk hielt, zeigte die Mängel der historischen Detailkenntnis.

In seiner Pariser Zeit hatte Donoso ein Bekehrungserlebnis. Publizistischen Ausdruck fand es in dem Vermittlungsversuch zwischen Papst Pius IX, der liberale Reformen in seinen Ländern einführte und den Konservativen, die eine solche Politik für den Untergang der Kirche hielten. Der Katholizismus schien Donoso durch zwei tödliche Feinde bedroht, den Protestantismus und den Judaismus (O III: 191, OC II: 223 ff). Das katholische Prinzip als endgültige Wahrheit schien nicht einmal mehr im Habsburger Reich sicher. Frankreichs „mittelmäßige Bourgeoisie" konnte die katholische Freiheit erst recht nicht repräsentieren. Schwierigkeiten hatte er mit dem protestantischen England, dem er trotz seines falschen Glaubens eine gewisse Freiheitsfähigkeit nie abgesprochen hat.

Kurz darauf begann die Revolution von 1848 in Paris. Als die Republik in Paris ausgerufen wurde, und der österreichische Thron wackelte, schienen die schlimmsten Prognosen des Autors eingetroffen. Carl Schmitt (1950: 82f) hat Donoso gegen den Vorwurf einer „panikartigen Konversion" in Schutz genommen – mit Recht. Der Wandel seiner politischen Ansichten hatte sich von langer Hand vorbereitet. 1847 kam durch den Tod seines Bruders ein religiöses Erlebnis hinzu. Aus Berlin schreib Donoso 1849 an Montalembert – auf Spanisch, weil er es für unmöglich hielt, seine „Gedanken in einer fremden Sprache mit genügender Klarheit und Gewandtheit auszudrücken" – über seine Bekehrung, die ihn von früheren Ideen abgebracht hätte. Seine Bekehrung verdanke er der „göttlichen Barmherzigkeit und dem gründlichen Studium von Revolutionen". Ein neuer Feind war in die Arena getreten: der Sozialismus (OC II: 327f, BuR: 57). Den eher gutmütig-linkischen Proudhon (vgl. Bd. III, Kap. III. 2), einen trockenen Prediger ohne demagogisches Talent, hielt er für die Inkarnation des „wahnsinnigen Hochmuts" und der „gigantischen Empörung Luzifers". Das manichäische Weltbild verhärtete sich. Das Kulturprogramm des Katholizismus stellte für ihn das „Gute ohne Beimischung des Bösen" dar. Das Kulturprogramm der „ungläubigen Philosophie" aber war das „Böse ohne Beimischung des Guten". Die Geschichtstheologie in der Nachfolge von Bonald und Maistre, mit der Antithese Katholizismus oder Revolution hatte Donoso als Lehrer der jungen Königin Isabella in einer Schrift „Studien über Geschichte" bereits aufgezeichnet (OC II: 227ff). Der Charakter seiner Epoche war für Donoso durch das „Fehlen jeder Legitimität" gekennzeichnet (Veuillot II: 514). Die Selbstverwirklichung des Menschen konnte für ihn nur noch durch seine „Erniedrigung zum Diener Gottes" erfolgen. Geschichte ohne Heilsgeschichte war in seinen Augen bloße „Erzählung" (OC II: 230 ff). Der antiaufklärerische Mythos wurde der angeblich radikalen Utopie des Fortschritts entgegen gesetzt.

Die Theorie der Königsdiktatur

Die revolutionäre Situation hat Donoso in kurzer Zeit zu einer Figur europäischen Ranges werden lassen. Internationales Aufsehen erregten seine Parlamentsreden von 1849 und 1850. Die Diktatur-Rede war gegen einen Sprecher der Fortschrittspartei gerichtet, die er als „Ideen der Opposition" bezeichnete, die niemals in der Regierung wirksam geworden seien, einfach deshalb, weil sie eben Oppositionsideen und keine Regierungsideen darstellten. Soweit er als Doktrinär einst den Gegensatz von Regierung und Opposition akzeptiert hatte, war dieser liberale Grundsatz endgültig aufgegeben. Der „Feind" wurde nicht mehr als regierungsfähig anerkannt. Die Sprecher der Opposition hatten die Einhaltung der Legalität gefordert. Donoso begründete diktatorische Vollmachten mit dem Prinzip der Gesellschaft: „ ich sage: zuerst die Gesellschaft, alles für die Gesellschaft, alles durch die Gesellschaft, immer und überall die Gesellschaft" (O III: 255, BuR: 181). Die Lincolnsche Gettysburg-Formel war gleichsam in umgekehrter Intention bereits präsent. Legalität erklärte er für gut, solange sie die Gesellschaft retten könne: „Wenn sie aber nicht genügt, dann eben die Diktatur". Damit war jedoch im Gegensatz zu den Falangisten und Franquisten, die solche Sätze später gern zitierten, nicht die permanente Pauschalermächtigung des Diktators gemeint. Es ging nur um die Verlängerung begrenzter Vollmachten für die Regierung durch die Cortes, um den Revolutionsbazillus, der aus Paris herüber wehte, unschädlich zu machen. Donoso empfand den Terminus „Diktatur" durchaus noch als ein „furchtbares Wort" – „doch niemals so furchtbar wie das Wort ‚Revolution'". Der Redner kokettierte damit, dass er nicht aus dem Holz geschnitzt sei, aus dem man Diktatoren mache. Er habe nur die Fähigkeit, Diktatoren zu begreifen, aber nicht die Fähigkeit sie nachzuahmen. Die Diktatur auszuüben sei ihm so unmöglich wie sie zu verdammen. Er wolle daher die Regierung nicht übernehmen, weil er sonst mit seinem Gewissen in Konflikt käme. Die Diktatur wurde nicht als Gegensatz zum Repräsentativsystem verstanden. Donoso wählte gerade England als Beispiel, dass konstitutionelle Herrschaft mit Diktatur vereinbar sei. Dort könne das Parlament – das alles dürfe außer aus einem Mann eine Frau zu machen – jederzeit die Habeas-Corpus-Rechte einschränken (O III: 263 ff, BuR: 185). Die politische Theologie strebte ihrer Apotheose zu. Das Wunder erhielt sein weltliches Pendant: den Ausnahmezustand. Die „Diktatur des Säbels" hat er nur als das Gegenüber gegen eine drohende „Diktatur des Dolches" konzipiert. Die Diktatur des Säbels hielt er für erträglicher, weil sie „aus helleren und reineren Regionen" komme. Seltsam unchristliche aristokratische Werte äußerten sich bei dem Neuaristokraten Donoso, in dem er seine Metaphern aus dem adligen Fehderecht wählte. Die Diktatur des Säbels sei „vornehmer" und „ehrenvoller" (O III: 274, BuR: 209).

Eine weitere aufsehenerregende Rede hielt er im Januar 1850 über die „Soziale Frage in Spanien". Der Anlass verblasste in den breiten Vistas über die Weltpolitik. Eigentlich ging es nur um einen Budgetrechtsstreit zwischen Parlament und Regierung. Donoso wurde von einer Kommission mit dem Bericht an die Cortes beauftragt. Donoso bekannte seine Mutlosigkeit, die ihn ein Jahr zuvor veranlasst habe, sich aus der Politik zurückzuziehen. Erneut dokumentierte der Redner, dass er kein Scharfmacher aus politischem Eigennutz und aus Demagogie war. Nicht nur die Fortschrittspartei, sondern auch die konservative Opposition gegen das Ministerium und die Regierung selbst – sowie die öffentliche Meinung – bekamen die Leviten gelesen. Bahnbrechend für spätere konservative Revolutionäre war die Verteidigung des Primats der Politik gegen die Wirtschaft. Er hielt es für falsch, den Sozialismus dadurch zu bekämpfen, dass man die wirtschaftlichen und sozialen Fragen in das Zentrum der Diskussion des Parlaments rücke (O III: 310 ff, OC II: 454 ff, BuR: 212 ff). Das Herunterspielen der Wirtschaft hätte vielleicht mehr Gewicht entwickelt, wenn Donoso nicht in seinen Botschaftsberichten aus Paris zugegeben hätte, dass er von Wirtschaft nichts verstand (BuR: 280). Wenigstens das Ministerium musste von diesem Geständnis Kunde haben.

Wie sollte der Sozialismus bekämpft werden? Donoso empfahl die Religion zu Hilfe zu rufen. Der Primat der Politik sollte durch die Rückbindung an die Religion gegen die Wirtschaft wieder gefestigt werden. Der Sozialismus hatte seiner Ansicht nach in Spanien noch nicht viele Proselyten gemacht. Frankreich aber stelle eine Gefahr dar. Letztlich aber vermutete er – weitsichtig – die künftige „Hochschule des Sozialismus" in Deutschland, wo die „pontificos y los maestros" den Sozialismus zur Wissenschaft deklarierten. Die Äußerung war umso bemerkenswerter als er Marx nicht kannte und sich ganz auf Proudhon eingeschossen hatte. Selbst Carl Schmitt (1950: 74) bemängelte, dass Donoso mit seinem Antiproudhonismus an der falschen Front gekämpft habe. Damals freilich war die Nichtkenntnis von Marx noch eine lässliche Sünde, auch wenn die Hagiographen später den Denker aus Trier schon für 1848 zum großen Politiker stilisiert haben.

Donoso kämpfte in dieser Rede gegen die „Beschwichtiger" unter den „moderados", welche die revolutionären Gefahren von Portugal bis Polen für gebannt hielten. Er versuchte sie darüber zu belehren, dass es „pueblos ingobernables" gäbe. Der Neologismus der „Unregierbarkeit" war voll präsent (O III: 314, BuR: 219). Das Hauptübel an der Krankheit Europas sah Donoso weniger bei den Regierenden als bei den Regierten liegen. In der Diktaturrede hatte er Gott bereits einerseits unter dem Gelächter der Linken als konstitutionellen Herrscher im Weltall dargestellt. Andererseits hatte er die Diktatur auch in der göttlichen Weltordnung nachgewiesen (O III: 258, BuR: 186). In der zweiten Grundsatzrede wurde die Parallele von Weltall und Monarchie noch weiter ausgebaut: Gottes Allmacht habe sein Pendant in den Beamten des Königs, die ihn überall präsent werden ließen. Die Konstitutionalisten wertete er als „Deisten", die Gott wie dem König das Recht und die Möglichkeit des Eingriffs in das Weltgeschehen absprachen. Die Deisten wären für ihn noch erträglich gewesen, wenn sie nicht durch die Pantheisten abgelöst würden, die Gott zwar nicht leugneten, aber ihm personale Qualitäten absprachen. Nach den Pantheisten schließlich sah er den Atheisten dominieren, der Gott und König entthrone. Dann erscheint Proudhon und erklärt: „es gibt gar keine Regierung".

Donoso glaubte als spanischer Botschafter in Berlin sich eine gewisse Zurückhaltung wegen seiner amtlichen Stellung auferlegen zu müssen. Dabei hat er die verbal erklärte Zurückhaltung rasch wieder aufgegeben. Es war ohnehin verwunderlich, dass man den katholischen Eiferer, der aus seiner Abneigung gegen Preußen nie einen Hehl gemacht hatte, nach Berlin geschickt hatte. Die Zurückhaltung betraf auch nur Preußen. Er schlug den Esel und meinte den Sack. Russland stand hinter Preußen. Er glaubte zwar noch immer, dass Europa zu seiner Zeit vom Osten her nichts zu befürchten habe. Russlands Weltgeltung beruhte in seinen Augen auf der Unterstützung durch den Deutschen Bund. Die Geschichte wurde stark simplifiziert. Russland habe keinen deutschen Nationalstaat gewollt – als ob nicht auch Metternich dagegen gewesen wäre. Die russische Gefahr war für Donoso an drei Bedingungen gebunden: dass der revolutionäre Geist die stehenden Heere auflöst, dass der Sozialismus den Patriotismus der Völker vernichtet und dass schließlich der Panslawismus sich in Osteuropa durchsetzt. Das Wort Panslawismus brauchte er allerdings nicht, sondern sprach von einer mächtigen Konföderation von allen „pueblos eslawones" unter russischem Protektorat (O III: 319, BuR: 227), einem Machtgebilde von 80 Millionen Einwohnern. Die Slawen waren in dieser Konstellation in seinen Augen schlimmer als die Germanen einst im Römischen Reich gewesen seien. Diese waren immerhin – er glaubte an die Tacitus-Legende – in der Lage gewesen, ein verkommenes Reich zu erneuern. In Europa aber sei die gefährliche Krankheit, an welcher der Kontinent leide, längst auf die Slawen übergegangen. Falls Russland Europa erobere, werde es sich mit dem Gift der Verwesung anstecken. Die russischen Slawophilen konnten daher Donoso nicht für ihre Ansichten einsetzen.

Der große Vordenker der russischen Radikalen, Alexander Herzen (1949: 481), hat sich von Donoso in doppelter Hinsicht herausgefordert gefühlt, als Sozialist und als Russe. Er begann die Attacke: „Die Konservativen haben Augen, nur sie sehen nicht". Wie Julian Apostata mit dem Ausspruch endete: „Du hast gesiegt, Galiläer" so würden nach Herzen einst die heutigen Reaktionäre erkennen müssen, dass die Zeit ihres christlichen Reiches vorbei sei: „Das moderne Staatssystem wird unter dem Protest des Sozialismus zusammenstürzen." Das letzte Aufgebot der Reaktion, die katholische Kirche und die monarchistische Kaserne werden gegen diese Bewegung nichts helfen. Donoso rufe nach Terror, nicht um vorwärts, sondern um rückwärts zu schreiten: „man will das Kind morden, um den im Sterben liegenden Greis zu füttern" (1949: 486). Besonders erboste Herzen, der an die Russen als ein junges kommendes Volk glaubte, dass Donoso auch an ihm bereits die Fäulnis Europas entdeckte. Er übersah dabei, dass Donoso die Prognose gewagt hatte, dass die Revolution in Petersburg wahrscheinlicher sei als in London. Die Gegenprognose Herzens, dass der Sozialismus siegen werde, hat sich für Spanien mittelfristig nicht bewahrheitet – wohl aber für Russland. Erst mit der sowjetischen Intervention im spanischen Bürgerkrieg schien die Voraussage einzutreffen. Die Intervention hat jedoch vierzig Jahre rechtsextremer Diktatur hervorgerufen, die in Spanien auch mit Thesen von Donoso Cortés gerechtfertigt worden ist.

Nur eine Macht schien für Donoso in der Lage, die tödliche Gefahr in diesem Untergangsszenario für Europa abzuwenden: England war diese Hoffnung, weil das Land der „hochherzigsten Rasse in Europa" den Revolutionen weniger ausgesetzt sei. Es schloss sich an diesen Gedanken der vielzitierte Satz an: „Ich glaube in der Tat, dass eine Revolution in Petersburg leichter zu entfesseln ist als in London" (O III: 320, BuR: 228f). Die zutreffende Prognose war freilich mit einer Fehleinschätzung über die Heilmittel verbunden. England konnte schwerlich verhindern, dass die stehenden Heere aufgelöst wurden, denn über weite Strecken seiner Geschichte unterhielt es keine. England hat andererseits die zweite Bedingung erfüllt, dass die Besitzenden nicht vom Sozialismus ausgeplündert werden dürften. Die dritte Empfehlung aber war absurd: das Land müsse sich zu den Grundsätzen des katholischen Glaubens bekennen. Sollte er nicht gewusst haben, wie argwöhnisch England die „jakobitische Gefahr" einer Restauration des Katholizismus immer bekämpft hat, und daher in der Toleranz gegenüber den Katholiken weit unter seinem sonstigen Toleranz-Niveau lag? Frankreich war in den Augen von Donoso Cortés schon zu einer Mittelmacht herabgesunken, und stellte den „club central" in Europa dar. Der Ausdruck „Klub" war schwerlich als Lob gedacht bei einem Denker, der die Staatsmacht stärken wollte. Deutschland wurde mit seinem Scheitern in der Nationalversammlung der Paulskirche Spanien als warnendes Beispiel vorgehalten, weil durch ein Jahr Debatten nichts herausgekommen sei. Das Ende schien ihm kläglich. Was als „hoffnungsvoller Tempel" begonnen hatte, endete wie eine „Dirne in der Schenke" (O III: 323, BuR: 236).

Donosos Reden entfesselten in ihrer Pointiertheit naturgemäß Kontroversen. Der Autor hat sie nur von fern verfolgen können. Die Übernahme der Funktion eines Botschafters konnte als Flucht gedeutet werden, weil er die Katastrophe in Spanien nicht als ohnmächtiger Zeuge erleben wollte (OC II: 925). An den Grafen Raczynski, preußischer Gesandter in Madrid, schrieb er im März, dass er einen förmlichen Widerwillen empfinde, sich mit politischen Dingen zu befassen und dass er entschlossen sei, sich „binnen kurzem in irgend einen Winkel zurückzu-

ziehen, um dort mit meiner Familie, meinen Freunden und meinem Büchern zu leben" (O II: 925).
Donosos diplomatische Berichte aus Preußen zeigten die Abneigung gegen die revolutionären Unruhen. Nur die Ablehnung der Kaiserkrone, welche die Paulskirche dem preußischen König anbot, konnte seiner Ansicht nach aus der Krise herausführen. Er sah das Land zerrissen zwischen Ideologen, Junkern, Juden, Proletariern und Literaten (O V: 7 ff, OC II: 352 ff, BuR: 241 ff). Immerhin billigte er Preußen zu, dass es eine hohe Bildungsstufe im Volk erreicht hatte. Der Hauptschuldige für die radikale Strömung in Preußen war für Donoso die Schule Hegels. Den König hielt er für sympathisch aber schwach. Die versprochene Verfassung war in seinen Augen so liberal, dass die Konstitution von Cádiz dagegen reaktionär wirken müsse, lautete eine weitere Fehleinschätzung.

Die Apotheose des Katholizismus und die Pariser Epoche

1850 hat Donoso in Estremadura seinen „Ensayo" geschrieben. 1851 erschien er in Madrid und Paris. Anfang 1851 wurde er als Botschafter nach Paris geschickt, wo er die letzten zwei Jahre seines Lebens verbrachte. Hier kam es zu der Gelegenheit, seine Diktaturtheorie in der Praxis auszuprobieren. Donoso hat den „Brumaire des Louis Bonaparte" unterstützt und von der spanischen Regierung mitfinanzieren lassen. Er nannte den coup d'état den kühnsten Staatsstreich, den die Geschichte kenne und „er hat ihn gleichzeitig mit einer Klugheit durchgeführt, die alles übertrifft, was bisher an Umsturzmethoden bekannt geworden ist" (OC II: 492 ff, BuR: 286). Seine Berichte aus Paris waren nicht nur voller Glück, endlich die gesuchte Form der Diktatur gefunden zu haben. Sie waren auch wiederum voller böser Ahnungen über das mögliche Ende des gewagten Experiments. Er sah richtig, dass um Louis Bonaparte ein „luftleerer Raum" bestehe, da er die Unterstützung der obersten Volksschichten nicht besaß. Immerhin stimmte ihn optimistisch, dass das Heer loyal blieb, und dass die Revolution von 1848 beendet werden konnte. Die Vicosche Kreislauflehre hat Donoso sogar in den diplomatischen Berichten untergebracht. „Die Wirkung des ewigen Gesetzes der Umformung" habe es möglich gemacht: „Die Diktatur reicht die Hand dem Kaisertum, das Kaisertum aber der Monarchie. Der Zuschauer, der einen festen Standpunkt hätte, könnte feststellen, dass der große Kreis des politischen Lebens sich in beständiger Umdrehung befindet" (BuR: 299). Obwohl Donoso ständig von Legitimität sprach, war ihm die Art der Dynastie letztlich gleichgültig. Er hatte sich auch in Spanien nicht auf den legitimistischen Standpunkt der Carlisten eingelassen. In Frankreich war der Usurpator aus der am wenigsten legitimierten Dynastie der Bonapartes willkommen, solange er die Ordnung wieder herstellte und den Sozialismus bekämpfte. Donoso war Monarchist um der Monarchie willen. Die einmalige Mischung von Prinzipientreue und Opportunismus, die er verkörperte, trug dazu bei, dass drei französische Dynastien seinem Sarg folgten, als er 1853 plötzlich an einem Herzleiden starb – auf „erbaulichste Weise", wie die Hagiographie des Spaniers sich ausdrückte (Vorwort A. Maier in: BuR: 29).

Nach den Berichten, die Donoso aus Paris ohne Wichtigtuerei schrieb, hat ihn Napoleon III gelegentlich konsultiert. Solange der Präsident der zweiten Republik noch nicht Kaiser war, wartete Donoso ungeduldig auf den Coup. Danach beschlich ihn jedoch die erste Unruhe, da Louis Bonaparte ihm ehrgeizige Pläne enthüllt hatte. Sogar von einer Landung in England soll die Rede gewesen sein (BuR: 303, 322). Den neuen Kaiser verglich er als Neffen Napoleon I mit Augustus, der Neffe Caesars gewesen sei. Immerhin entdeckte er erste Schwächen, wie den Aberglauben und die Verliebtheit in zeremoniellen Pomp, den er anlässlich seiner Vermählung offenbarte, bei der Donoso Trauzeuge wurde. Donoso war geneigt, Napoleons Ausdehnungswünsche zu akzeptieren und widersprach dessen Einschätzung nicht, dass „die Vergrößerung Frankreichs das einzige Mittel ist, um die Ruhe dieses Landes zu verbürgen" (BuR: 323). Nur Russland schien Napoleon zu fürchten: „Wenn Russland nicht wäre, dann würden wir schon morgen Krieg haben" soll der Präsident geäußert haben.

Seit den glorreichen Tagen der Schule von Salamanca im 16. Jahrhundert hat kein spanischer politischer Denker es mehr zu einer solchen internationalen Berühmtheit gebracht wie Donoso. Der „Essay über den Katholizismus, den Liberalismus und den Sozialismus" wurde die Krönung seines Lebenswerkes. Während deutsche Status-quo-Konservative am Dualismus von Staat und Gesellschaft, den der Liberalismus geschaffen hatte, festhielten, hat Donoso die erneute Entdifferenzierung der Gesellschaft gepredigt. Seine Tendenz, Staat und Gesellschaft wieder konvergieren zu lassen, war aber kein Status-quo-ante-Konservatismus im strikten Sinne. Offen blieb auch, ob der Katholizismus oder die Revolution die „Entzweiung" aufzuheben vermöge. Donoso steigerte sich in ein Gefühl epochaler Einmaligkeit der Entscheidungssituation hinein. Vergangenheit und Zukunft waren auf ein gegenwärtiges eschatologisches Weltgericht der Geschichte ausgerichtet. Vor der französischen Revolution hatte es eine Einheit von Gott und Vernunft gegeben. Danach kam es zur Verselbständigung des Prinzips der Autonomie und damit zur totalen Politisierung. Das Bewusstsein gründete sich seither nicht mehr in der Religion, sondern im politischen Handeln. Alle Konflikte wurden politische Konflikte (OC I: 433 ff, 586 ff).

In der Revolution von 1848 wurde der Sozialismus erstmals eine politische Kraft. Donoso hat ihn für gefährlicher als den Liberalismus gehalten, weil er in sich stimmiger sei. Wiederum war er selbst in seiner Theorie nicht stimmig. Einerseits zitierte er Proudhon, der in seinen Bekenntnissen eines Revolutionärs zugegeben hatte, dass auf dem Grund der Politik eine theologische Frage liege.

Der Sozialismus war dem Katholizismus als Religion gleichsam ebenbürtig. Der Liberalismus als eklektische Philosophie war dieses nicht, was Donoso nicht hinderte, ihn nach Bedarf auch zur Religion zu erklären, die ihrer nicht bewusst sei. Die liberale Schule verachtete er wegen ihrer Ignoranz der Theologie. Sie habe unter ihren Meistern keine Theologen gehabt. Der Katholizismus hingegen habe sogar die praktische Politik Kardinälen anvertraut wie Richelieu oder Alberoni. Der Liberalismus hatte in seinen Augen keinen klaren Begriff von Gut und Böse. Alles wurde in lösbare politische Regierungsfragen aufgelöst (Kap. II: 8). Der Liberalismus trat in zwei Formen auf, als demokratische und als liberale Schule. Die Liberalen suchten Ruhe zwischen zwei stürmischen Meeren wie sie Sozialismus und Katholizismus darstellten. Die Demokraten begannen sich nach der Ansicht von Donoso wie ein Fluss im Meere in den Gewässern des Atheismus und des Sozialismus zu verlieren.

Der Sozialismus wurde als in sich konsequent angesehen. Er hatte mit dem Katholizismus die Abneigung gegen endlose Diskussionen und für die Entscheidung gemeinsam. Die Diskussion sah er als das geistige Schwert an, „mit dem der Geist bei verbundenen Augen herumfuchtelt", d.h. Diskussion verliert die möglichen Konsequenzen aus den Augen. Regierungsformen waren in diesem Bild der Gesellschaft zweitrangig. Wenn die Gesellschaft fest gegründet ist, dann „ist ihre Konstitution stark genug, um alle möglichen Regierungsformen auszuhalten." Die Suche nach einer besten Regierungsform schien also unsinnig. Eigentlich war der Beweis für die Güte einer Regierungsform erst im Nachhinein möglich. Die monarchische Gewalt war jedoch von dieser Beliebigkeit ausgenommen. Das Böse liegt in einer Gesellschaft. Eine Änderung der Regierungsform ist kein Mittel, um es aus der Welt zu schaffen. Der Liberalismus litt in seinen Augen daran, dass er der Frage der Regierungsform zu große Bedeutung beimesse. Damit wurde zugleich klar, warum er die Diktatur nicht als neue Regierungsform ansah, sondern mit der konstitutionellen und der absoluten Monarchie für vereinbar hielt. In der demokratischen Republik schien die Diktatur ohnehin inhärent, daher war es für Donoso wünschbar, die französische Präsidentschaft der zweiten Republik in eine cäsaristische Diktatur zu überführen. Die Liberalen bevorzugten einen Dämmerzustand zwischen Licht und Finsternis. Aber die apokalyptische Vision blies die Posaune des Jüngsten Gerichts, wenn das Schlachtfeld erfüllt sein wird von den „katholischen und sozialistischen Falangen". 1936 wurde diese Passage gern im Lager Francos zitiert.

Auch der Sozialismus seiner Zeit zerfiel in der Lehre Donosos in mehrere Schulen. Gemeinsam war ihnen, dass sie politisch republikanisch, philosophisch rationalistisch und religiös gesehen atheistisch dachten. Der Sozialismus ist konsequent, wo der Liberalismus halbherzig ist: „er proklamiert die Monarchie und gleich darauf die Ministerverantwortlichkeit" vor dem Parlament. Diese führe zur

Omnipotenz der Regierung und das Kabinett gerate in Widerspruch zum Monarchen. Einen weiteren Widerspruch des Liberalismus sah er in der Proklamation von Volkssouveränität in Kombination mit einem sehr begrenzten Zensuswahlrecht. Hier schlug der reaktionäre Konservatismus in Reformkonservatismus um, der von Louis Napoleon bis zu Bismarck und Disraeli das erweiterte oder gar das allgemeine Wahlrecht als Kampfinstrument einsetzte, um mit Hilfe der „deference" der Massen den Liberalen das Wasser abzugraben. Liberale pflegten seiner Ansicht nach jedes Prinzip gleich mit seinem Gegenteil zu verbinden. Nur für eines hatten sie kein Gegengewicht vorgesehen, die Korruption, welche er zum „Gott dieser Schule" erklärte.

Die liberale Schule sah nach dieser Ansicht das Böse nur in den Institutionen, der Sozialismus hingegen sehe es in der Gesellschaft und versuche daher alle sozialen Institutionen umzustürzen. Das Gute glaubt der Liberale schon in der Gegenwart, der Sozialist hingegen erst in der Zukunft verwirklichen zu können. Die Sozialisten seien daher zukunftsbesessen und es handele sich bei ihnen um die „Sozialräson einer Truppe von Gauklern" (razon social de una compañía de histriones), die seit Saint-Simon, Fourier und Proudhon dem Volk ein mögliches Paradies auf Erden vorgaukelten. Immerhin billigte er den Sozialisten eine gewisse Größe (cierta grandeza) in der Definition von Problemen und im Vorschlag von Lösungen zu (O IV: 184). Die Perfidie dieser Schule aber liege in der Subversion, mit der sie plündernd in die „rationalistische" und in die „katholische" Stadt eindringe, und vom Rationalismus die Ideen, vom Katholizismus die prachtvollen Gewänder stehle, in die sie ihre Ideen einkleide. Der Sozialismus ging nach seiner Ansicht weiter in dem Ziel die Familie abzuschaffen. Ohne Familie aber sei Eigentum sinnlos, selbst wenn es respektiert werde. Die Untergrabung der Familie ruiniere zugleich die nationale Solidarität. Den Sozialisten wurde eine Art künstlicher Familiensinn unterstellt. Jede Gruppe suche nach erlauchten Ahnen und predige strenge Solidarität untereinander, um die zerstörte Familiensolidarität zu kompensieren.

Besonders autoritär waren Donosos Ansichten zum Strafrecht. Wer wie die Liberalen die Abschaffung der Todesstrafe fordere, zerstöre das gesamte Strafrecht, weil keine menschliche Handlung mehr als Verbrechen klassifiziert werden könne, wenn der Schlusspunkt der Messlatte verloren gehe.

Der „Essay" festigte den Ruf Donosos als Vordenker der Konservativen, die er sich in Europa schon durch einige Parlamentsreden erworben hatte. Der preußische König, der russische Minister Nesselrode haben das Buch mit Vergnügen gelesen. Die 1848 durch die Revolution gestürzten Staatsmänner wie Guizot und Metternich äußerten sich lobend. Metternich versprach, die Verbreitung des Buches in Deutschland zu fördern (O V: 131, 177ff, BuR: 124, 127). In Spanien und Italien gab es jedoch auch Kritik. Angriffe gegen den „Ensayo" von Seiten dogmatischer Priester führten dazu, dass Donoso den Papst um Hilfe anrief, weil er sich wegen seiner Stellung nicht öffentlich verteidigen könne: „In der Stellung, die ich bekleide, würde eine ausgedehnte Polemik über theologische Fragen zu einem wahren Skandal führen ... Wer hat jemals einen Botschafter gesehen, in Gegenwart des Publikums mit einem Priester über Fragen des Dogmas die Lanzen zu brechen?" Er befürchtete vom Publikum verlacht zu werden, und sich darauf in Sarkasmen zu verrennen. Das tat er freilich auch ohne vom Publikum provoziert worden zu sein. Dies zeigte sich in seiner Behandlung Proudhons. Dieser soll zu den maßlosen Angriffen gegen seine Person nur ein Wort geäußert haben: „allumez" – „zündet an", womit er die Polemik als inquisitorisches Errichten von Scheiterhaufen wertete. Die Wirkung von Donosos Entweder-oder-Philosophie konnte nur polarisierend sein. Als Essay war das Werk fehlbenannt. Es handelte sich um ein durchkomponiertes Buch, auch wenn die Systematik durch Sprünge und Wiederholungen vielfach gelitten hat. Selbst ein Bewunderer Donosos wie Carl Schmitt (1950: 69) hat bedauert, dass der Essay das Verbreitetste des großen Spaniers gewesen sei. Das rhetorische Fortissimo einerseits und die endlosen Exkurse in die Theologie andererseits beeinträchtigten die Lektüre. Obwohl das Buch kaum etwas enthielt, das nicht in Artikeln, Reden und Berichten vorgedacht worden war, hat es seinem Autor dauerhaften Ruhm eingebracht, der vermutlich ausgeblieben wäre, wenn er nur Miszellen hinterlassen hätte. Carl Schmitt hat sich seinen Donoso jedoch verwendungsgerecht zugeschneidert. Ihm ist sogar Missbrauch vorgeworfen worden. Schmitts Deutung der Thesen von Donoso Cortés war noch stärkerer Missbilligung durch professionelle Theologen ausgesetzt als die Exkurse in die Theologie bei Donoso selbst (Hernández Arias 1998: 18). Schmitt hat ebenfalls heterodoxe Meinungen über den Katholizismus vertreten. Donoso hingegen war subjektiv wahrscheinlich ehrlich überzeugt, sich voll den Lehren der Kirche unterworfen zu haben. Donoso ist unter die großen Laientheologen des 19. Jahrhunderts eingereiht worden wie Maistre, F. Schlegel, Baader, Görres oder Kierkegaard (Dempf 1937: 140). Sie hatten immerhin das Verdienst, die Theologie aus den Hörsälen hinaus- und in die öffentliche Debatte hinein zu tragen. Zudem zeigte der Vergleich mit professionellen Theologen in der Politik, dass Lamennais oder Rosmini nicht etwa weniger Schwierigkeiten mit der Kirche gehabt haben.

Ähnlich problematisch wie Donosos Liebe zur Theologie war sein Hass auf die Ökonomie. Seine Ansichten zur Wirtschaft waren durch die Abneigung gegen den liberalen Utilitarismus geprägt. Er argumentierte, dass der Liberalismus zur Sammlung des Reichtums in wenigen Händen und zur Verarmung der Massen führe (O III: 335 ff, OC II: 492 ff, 726 ff). Die Analyse schien auf der Höhe der Kritiker jener Zeit. Hingegen blieben die vorgeschlagenen Heilmittel sehr traditionell. Er appellierte an die Liebestätigkeit der Christen. Berühmt wurde Donosos Brief an die Königin-Mutter María Cristina (O V: 153 ff, BuR: 132), in dem er den Gegensatz von arm und reich zur beherrschenden Frage der Zeit erklärte. Die Krone wurde zum Gutes-Tun aufgerufen, damit sie nicht das Schicksal des französischen Bürgerkönigs Louis-Philippe erleide, der die Bourgeoisie aufgerufen habe, sich zu bereichern, und von der 48er Revolution hinweggefegt worden ist. Donoso verstieg sich zu der These, dass Revolutionen „von Reichen für Reiche" gemacht würden. Für das Jahr 1830 mochte die These noch zutreffen. Für 1848 war sie falsch.

Der große Theoretiker des Dezisionismus war persönlich eher ein Eskapist. Sein Gesundheitszustand erlaubte es schon 1848 nicht, noch einmal entscheidend politisch einzugreifen. Seine Flucht in die Diplomatie war daher verzeihlich. Aber die Skepsis, die er den Liberalen so übel nahm, hatte er seit seinem Doktrinarismus innerlich beibehalten. Wie bei den großen Vorbildern Maistre und Bonald durchzog sein Werk die bange Ahnung, dass alle antirevolutionären Bemühungen scheitern könnten. Aber noch führte dies nicht in den heroischen Nihilismus der „konservativen Revolution" (vgl. Kap. VI. 4), sondern nur zu Zweifeln, ob seine rigiden Wertvorstellungen in einer sich rasch wandelnden Moderne noch zu vermitteln seien. Donoso glaubte zwar, dass das Volk ihn verstehe, und drohte der herrschenden Bourgeoisie mit dem Volk. Paradoxer Weise wurde das Volk in solchen Äußerungen aber auf die Seite der Revolution und nicht auf die Seite des Katholizismus gestellt.

Donosos endzeitlicher Chiliasmus konnte nur voller gedanklicher Widersprüche sein. Er trat als Antirationalist auf, doch seine Konzeption des Katholizismus war ein durchaus rationales Konstrukt. Wie bei Maistre vertrat er letztlich eine Religion ohne Liebe und Verzeihung – trotz des ausgiebigen Gebrauchs dieser Worte. Aber Liebe und Verzeihung wurden allzu sehr Gott vorbehalten. Donoso war kein Status-quo-ante-Konservativer. Aber wenn er sich auf die Tradition berief, übersah er, dass der magische Traditionalismus längst einem rational-historischen Traditionalismus Platz gemacht hatte (Tierno Galván 1962: 16).

Widersprüchlich war auch die Beurteilung des verhassten Liberalismus. Einerseits war er die Inkarnation der Korruption. Andererseits wurden Länder wie Russland, in denen er nicht herrschte, bereits von der Korruption erfasst gesehen. Der Protestantismus als Vorläufer des Liberalismus schien ihm des Teufels. Dennoch war ein protestantisches Land wie England das einzige, das eine für Donoso akzeptable Gesellschaftsordnung entwickelt hatte. Die Nebenbemerkung an einer Stelle, Großbritannien könne seine Rolle nur weiter spielen, wenn es zum Katholizismus übertrete, war aufgesetzt und zeugte von wenig Kenntnissen über englische Geschichte. Preußen verabscheute Donoso, gab aber zu, dass der Protestantismus diesem formlosen Gebilde wenigstens eine gewisse Form verliehen hatte.

Die Lehre von der Königsdiktatur hat das meiste Aufsehen erregt. Aber auch sie war voller Ungereimtheiten. Meistens wurde kritisiert, dass Donoso sich nicht vorstellen konnte, dass auch der Diktator korrupt werden müsse. Das schien eine lässliche Sünde, solange er Diktatur nicht als dauerhafte Staatsform sondern nur als Ausnahmezustand verstand. Das Staatsoberhaupt, das ihn ausrief, war in der Regel ein Monarch, für den die englische Maxime galt: „the king can do no wrong". Der eigentliche Widerspruch lag in den Unklarheiten über die Implementation des Ausnahmezustandes. Die Königsdiktatur war auf eine ausführende Regierung angewiesen. Das Beispiel Esparteros in Spanien hätte ihn warnen müssen, dass sich die Diktatur die Monarchie schließlich in ein Shogunat umwandelt, in dem der Monarch zur Galionsfigur wird. Donoso selbst ist mit der Königin in ein freiwilliges Exil gegangen, obwohl die Regierung nur selbstherrlich aber noch nicht diktatorisch regierte. Vielleicht hat dieses Dilemma ihn 1851 zu der Meinung geführt, das Staatsoberhaupt müsse den Staatsstreich selbst durchführen, wie Louis Bonaparte, auf dessen Coup er ungeduldig gewartet hat. Donosos früher Tod hat ihm die Erfahrung erspart, dass das zweite Empire bald in Korruption und Misswirtschaft endete. Bedenken hätten ihm bereits kommen müssen, als er den hohlen Pomp anlässlich der Heirat des Kaisers mit einer Spanierin beschrieb.

Der Hauptmangel der politischen Theorie von Donoso Cortés war die Verachtung der Institutionen. Ob die Diktatur organisiert werden sollte, oder die Armen unterstützt werden mussten – nie hat er sich Gedanken gemacht, wie dies zu organisieren sei. Sein früher Opportunismus als doktrinärer Liberaler war noch praxis-nah gewesen. Wäre er bei dieser Position geblieben, hätte er in Spanien auch als Politiker mehr bewirken können, hätte aber als Theoretiker weniger zweifelhaften Ruhm erlangt. Der Doktrinarismus scheiterte in Spanien erst ein halbes Jahrhundert später.

Quellen
Donoso Cortés: Obras (Hrsg.: G. Tejado). Madrid, Tejado, 1854–1855, 5 Bde (zit: O).
Donoso Cortés: Oeuvres (Hrsg.: L. Veuillot). Paris, Vaton, 1858–1859, 3 Bde (zit: Veuillot).
Donoso Cortés: Obras completas (Hrsg.: C. Valverde). Madrid, BAC, 1970, 2 Bde (zit: OC).
Donoso Cortés: Obras escogídas. Madrid, Apostolado de la prensa, 1988.
Donoso Cortés: Briefe, parlamentarische Reden und diplomatische Berichte aus den letzten Jahren seines Lebens 1849–1859 (Hrsg.: A. S. Maier). Köln, Bachem, 1950. (zit.: BuR).
Donoso Cortés: Essay über den Katholizismus den Liberalismus und den Sozialismus (Hrsg.: G. Maschke). Weinheim, VCH Acta humaniora, 1989 (Span. in: O IV, OC II, zit: E mit Kapitelzahl).
A. Herzen: Donoso Cortés Marqués de Valdegamas und Julian Kaiser von Rom. In: Ders: Ausgewählte philosophische Schriften. Moskau, Verlag für fremdsprachige Literatur, 1949: 481–490.

Literatur

M. Artola: La burguesía revolucionaria 1808–1874. Madrid, Alianza, 1978, 6. Aufl.
J. M. Beneyto: Apokalypse der Moderne. Die Diktaturtheorie von Donoso Cortés. Stuttgart, Klett-Cotta, 1988.
A. Dempf: Christliche Staatsphilosophie in Spanien. Salzburg, Pustet, 1937: 146–165.
J. T. Graham: Donoso Cortés. Utopian Romanticist and Political Realist. Columbia, University of Missouri Press, 1974.
J. R. Hernández Arias: Donoso Cortés und Carl Schmitt. Paderborn, Schöningh, 1998.
J. M. Höcht: Donoso Cortés: Untergang oder Wiedergeburt des Abendlandes. Wiesbaden, Credo, 1953.
J. Larraz: Balmes y Donoso Cortés. Madrid, Rialp, 1965.
D. Pidal y Mon: Balmes y Donoso Cortes. Orígines y causas del ultramontanismo. Madrid, Colección de conferencias historicas, 1887.
R. Sánchez Abelanda: La teoría del poder en el pensamiento de Juan Donoso Cortés. Buenos Aires, Eudeba, 1969.
C. Schmitt: Donoso Cortés in gesamteuropäischer Interpretation. Vier Aufsätze. Köln, Greven, 1950.
E. Schramm:Donoso Cortés. Leben und Werk eines spanischen Antiliberalen. Hamburg, Ibero-Amerikanisches Institut, 1935.
F. Suárez: Introducción a Donoso Cortés. Madrid, Rialp, 1964.
P. Westemeyer: Donoso Cortés. Staatsmann und Theologe. Münster, Regensberg, 1940.

4 Reformkonservatismus in Großbritannien: Walter Bagehot (1826–1877)

Bagehot wurde in einer unitarischen Familie geboren. Nach einem Studium in London ging er in seine Heimat Somerset zurück, um eine Familienbank zu leiten. Später wurde er Herausgeber des „Economist". Sein Stil war brillant und literarisch. Seine politische Haltung war die eines Liberal-Konservativen ohne Illusionen. Bagehot glaubte an einen Fortschritt, war aber der Ansicht, dass dieser aufgrund der menschlichen Vorurteile immer nur äußerst langsam vor sich gehe.

Bagehots psychologischer Ansatz ging von nationalen Charakteren in der Politik aus. Während ihm Frankreich sprunghaft und instabil erschien, waren die Engländer seiner Ansicht nach eher träge und bedurften der Ideen, um sie vor Stagnation zu bewahren. 1852 hat er in Artikeln Napoleon III und seinen coup d'état gebilligt und gegen die Liberalen verteidigt. Später aber war er rasch vom 2. Empire enttäuscht.

In „Physics and Politics" (1867) versuchte Bagehot darwinistische Erklärungen auf die Politik zu übertragen. Der Fortschritt bedurfte seiner Ansicht nach der Stabilität wie der Innovation. Der Konstitutionalismus in der modernisierten Form, die er in seinem Werk über „die englische Verfassung" beschrieben hatte, schien ihm die beste Garantie für einen „verifiable progress" in ordnungsgemäßen Bahnen.

Mit lockeren Lesefrüchten aus der Ethnologie und Geschichte räsonnierte Bagehot (PP: 81 ff) über das „Nation-Making". Die Gesetze der darwinistischen Selektion ließen sich nach Bagehot (PP: 84) nicht einfach auf die Welt der Nationen übertragen. Eine biologische Komponente durchzog gleichwohl sein Werk durch die Fixierung der nationalen Charaktere. Die Freiheit der Wahl des Entwicklungspfades war für Bagehot durch die Diskussion gegeben. Diskussion und Demokratie waren Prinzipien, die nicht mehr rückgängig gemacht werden konnten, sobald man sie einmal zugelassen hatte (PP: 161). Das Prinzip der Diskussion hatte in den Augen des Autors (PP: 161) den Vorteil, dass die ererbten Defekte einer Nation vermindert werden konnten. Er glaubte sogar an die Vererbung erworbener Eigenschaften, weil die Diskussion seiner Ansicht nach eine „vererbbare Exzellenz" fördere.

Weit einflussreicher war Bagehot durch sein Buch über die „English Constitution" (1867). Bagehots Beschreibung der englischen Verfassung betonte den für das parlamentarische System typischen Handlungsverbund zwischen Mehrheitspartei in Parlament und Regierung, der für das moderne gruppenorientierte Modell einer parlamentarischen Regierung bahnbrechend wurde. Die älteste Gewaltenfunktion des Parlaments war die „teaching function". Eine Gesellschaft, welche der Debatte einer Versammlung hervorragender Männer folgt, wurde nach dieser optimistischen Sicht verändert. Trotz der später noch direkteren Präsenz der Medien hat sich diese Ansicht kaum halten lassen. Die Lehrfunktion ging eine Zeitlang auf die Parteien und später ganz auf die Medien über. Die Informationsfunktion war bei Bagehot als Beschwerdefunktion konzipiert. Sie ist in modernen parlamentarischen Systemen trotz der Überlastung von parlamentarischen Petitionsausschüssen vielfach auf andere Organe, wie Ombudsmann oder Verwaltungsgerichte übergegangen.

Bei Bagehot wurden Krone und Adelskammer als „dignified parts" der Verfassung betrachtet. Die effizienten Teile wenden die Macht an, die dignified parts haben nur die Funktion Motivation zu generieren (EC: 4). Aber das hieß nicht, dass sie bedeutungslos waren. Er erkannte bereits die Wichtigkeit der symbolischen Politik auch für die Effizienz des Systems. Die theatralischen Elemente des Parlamentarismus waren für ihn geeignet, Verehrung und quasi-religiöse Legitimität zu schaffen. Die Effizienz des Systems sah er durch das Kabinettsystem gestärkt, das er erzieherisch für das Volk ansah, während er dem präsidentiellen System nachsagte, dass es das Volk korrumpiere. Kabinettsregierung bedarf einer effizienten Opposition. Unerörtert blieb, dass die Opposition im präsidentiellen System vielfach noch effizienter war als im parlamentarischen Regime. Bagehots Ansicht über die Bedeutung des Kabinetts war nicht neu, aber er hat frühere Erkenntnisse publizistisch wirksam pointiert – in Sätzen wie, dass England eine Republik sei, nicht der Erscheinung wohl aber seinem Wesen nach. Bagehot kämpfte gegen die konstitutionellen Zöpfe der staatsrechtlichen Debatte, wie den Glauben an ein Veto: „Die Königin hat kein solches Veto. Sie müsste ihr eigenes Todesurteil unterzeichnen, wenn beide Häuser dies einstimmig von ihr verlangten" (EC: 51). Auch die Teilhabe an der exekutiven und legislativen Macht wurde der Krone bestritten.

Das präsidentielle System wurde von Bagehot scharf kritisiert, weil es in Krisenzeiten nicht erlaube, eine schwache Figur durch einen starken Krisenmanager zu ersetzen. Er kritisierte mit Recht, dass amerikanische Präsidenten vielfach unbeschriebene Blätter seien, wenn sie ins Amt kommen, während jeder den langjährigen Oppositionsführer in Großbritannien kenne. An England wurde kritisiert, dass das Auflösungsrecht zunehmend außer Mode komme. Frankreich seit 1872 war für ihn das abschreckende Beispiel eines Parlamentarismus, in dem das rechtlich mögliche Auflösungsrecht verkümmerte. Er konnte bei der zweiten Auflage noch nicht wissen, wie recht er mit dieser Kritik behalten sollte, als 1877 der zweimalige Versuch MacMahons, das Parlament aufzulösen, dahin führte, dass es bis 1940 nie wieder benutzt werden konnte.

Die wichtigste Funktion im System war für Bagehot die elektive Funktion. Die expressive Funktion, den Willen des Volkes auszudrücken, hat er bereits an zweiter Stelle genannt, obwohl sie nicht einen so hohen Stellenwert in seinem System besaß wie bei Mill. Die fünfte und letzte Funktion, die Bagehot aufzählte, – er konnte sich nicht entschließen, die finanzielle Funktion qua Budgetrecht für gleichberechtigt zu erklären – war die Gesetzgebungsfunktion. Sie wurde wohl als letzte erwähnt, obwohl sie nicht so unbefriedigend wahrgenommen wurde, wie bei Mill (EC: 119 f). Die Abwanderung der Legislativfunktion, die Mill erst forderte – vielleicht, weil auch er sich nicht ganz von der Vorstellung gelöst hatte, das Kabinett sei Teil des außerparlamentarischen Privy Councils der Krone – hatte sich für Bagehot schon vollzogen, da die Exekutive einen großen Teil der Gesetze ausarbeitete. Bei der finanziellen Funktion attestierte Bagehot dem Parlament die gleiche Unfähigkeit wie Mill. Er plädierte daher für die Stärkung der Exekutive in diesem Bereich. Als Sachverständiger Gladstones für Finanzfragen hat Bagehot nicht weniger an dem mangelnden Sachverstand der Parlamentsmehrheit gelitten wie der Abgeordnete Mill, der als Experte für politische Ökonomie vor allem den mangelnden wirtschaftlichen Sachverstand beklagte.

Die fünf Funktionen konnte das Unterhaus nur ausüben, weil neben dem Kabinett die Parteien als Klammer zwischen Parlament und Regierung dienten. In

Bagehots Modell machte es keinen Sinn mehr, von „legislativ-exekutiven Beziehungen" zu sprechen, weil ein integrierter Handlungsverbund vorlag. Der Konservative Bagehot war in diesem Punkt weit moderner als einige Liberale wie Grey, die das „party government" noch immer ablehnten und das System gewaltenteilig konzipierten. Er sah die Parteien nicht als so gefährlich an wie die traditionelle Parteikritik von Bolingbroke bis Brougham. Minister, die im Wahlkampf Versprechungen gemacht hatten, sah er wie Spekulanten an, deren Schecks nach der Wahl fällig werden (EC: 127).

Das System der alternierenden Parteiregierung war für Bagehot an das relative Mehrheitswahlrecht gebunden. Auch in diesem Punkt war seine Lehre ein Gegenpol zu Mills Einsatz für ein Verhältniswahlrecht. Vom Proporz befürchtete Bagehot negative Wirkungen der Ideologisierung und die Erschwerung von Koalitionen um Sachprobleme. Die zweite Parlamentsreform von 1867 hatte Auswirkungen, die Bagehot zum Teil bereits antizipiert hatte, zum Teil in einem Vorwort zur zweiten Auflage zu integrieren versuchte. Das Regime entwickelte sich zum Premierministersystem mit plebiszitären Zügen. Als Disraeli 1868 nach einer Wahlniederlage zurücktrat, ohne sich dem neuen Parlament zu stellen, war ein Demokratisierungsschritt vollzogen, den auch Bagehot in seinen Konsequenzen noch nicht übersah.

Im Vergleich zu Mill machte Bagehot aus der Not eine Tugend. Nicht die Kontrollfunktion, sondern die positiv-gestaltende Wahlfunktion war für ihn zentral. Die Hierarchie der Richtlinienkompetenz wurde umgestülpt. Nicht mehr vom Parlament zur Regierung wurden Vorgaben gemacht, sondern das Kabinett setzte die Maßstäbe. Diese realistische Sicht in Anerkennung des Parteienstaats setzte sich nach Bagehot im 20. Jahrhundert durch.

Bagehot beschrieb die Tendenzen der britischen Entwicklung vor der zweiten Parlamentsreform 1867. Einige seiner Thesen waren kurz nach Erscheinen des Buches schon fragwürdig geworden. Der britische Parlamentarismus wandelte sich rasch, die Parlamentssouveränität wurde zur Fiktion, die Wählerschaft bekam mit der Ausweitung des Wahlrechts mehr Gewicht. Parteien und öffentliche Meinung gewannen stärkeres Gewicht als selbst Bagehot gesehen hatte. Dennoch blieb sein Werk lange die scharfsinnigste Analyse des modernen Repräsentativsystems, das die juristische Dogmatik und ihren Formalismus verließ und zu einer sozialwissenschaftlichen Analyse vorstieß. Konservativer Pessimismus paarte sich dabei mit einer klarsichtigen Akzeptanz des notwendigen politischen Wandels und machte Bagehot zum liberalsten der Reformkonservativen, wie sie nur in Großbritannien, einem Land ohne Verfassungsbrüche, denkbar waren.

Quellen

Bagehot: Collected Works (Hrsg.: N. St. John-Stevas). London, The Economist, 1965, Bd. V: The English Constitution, Bd. VII: Physics and Politics.

Bagehot: Physics and Politics: Thoughts on the Application of the Principles of ‚Natural Selection' and Inheritance to Political Society (1867). New York, Appleton, 1881 (zit: PP).

Bagehot: The English Constitution (1865, 1867). London, Oxford University Press, 1958 (zit: EC).

Literatur

A. Buchan: The Spare Chancellor: The Life of Walter Bagehot. London, Chatto & Windus, 1959.

F. Nuscheler: Walter Bagehot und die englische Verfassungstheorie. Meisenheim, Hain, 1969.

N. St. John-Stevas: Walter Bagehot: A Study of his Life and Thought. London, Eyre & Spottiswoode, 1959.

VI. Revolutionärer Konservatismus

1 Die aristokratische Revolution: Friedrich Nietzsche (1844–1900)

Von allen Denkern, die kaum über Politik im engeren Sinn geschrieben haben, ist Nietzsche – vielleicht außer Schelling – der bei weitem einflussreichste Denker für mehrere Generationen in der politischen Theorie geworden. Er selbst hat sich zum letzten „antipolitischen Deutschen" erklärt (KSA XIV: 472). Vor allem im Ausland ist er gleichwohl immer zu den wenigen Giganten einer politischen Theoriebildung in Deutschland gerechnet worden – nicht selten unter vordergründiger Vergröberung und Politisierung einiger Grundbegriffe wie „Wille zur Macht" oder „Übermensch".

Nietzsche wuchs in einem Pfarrhaus in Naumburg auf. Schon 1869 wurde er zum außerordentlichen Professor nach Basel berufen. Eine Freundschaft mit Wagner hat 1872 zur „Geburt der Tragödie" beigetragen, mit der Nietzsche sofort scharfe Kontroversen auslöste (Gründer 1969), da er das spätklassizistische Griechenland-Bild in Deutschland in Frage stellte. 1879 verließ Nietzsche die Universität, 1889 wurde die Krankheit akut und er verbrachte den Rest seines Lebens umsorgt von Schwester und Mutter. Die Schwester Elisabeth Förster-Nietzsche hat Texte, die der Philosoph ausgemustert hatte, unter dem Titel „Wille zur Macht" (1901) herausgebracht. Sie sind von der Forschung als fragwürdige Klitterung entlarvt worden. Nietzsche selbst hat genealogische Geschichtsklitterung betrieben, mit der Erklärung, dass er von polnischen Aristokraten abstamme (KSA VI: 268, XIV: 472), angesichts seiner kritischen Einstellung zum herkömmlichen Adel und seiner Sehnsucht nach einer neuen kulturellen Revolution von Geistesaristokraten ein seltsamer Tick. Interessant an dieser Marotte erscheint lediglich, dass er die slawisch-deutsche Synthese in sich selbst in höchsten Tönen lobte, und damit klarstellte, dass er keine germanozentrische Rassentheorie vertrat. Interessant ist auch, dass er seinen Widerspruchsgeist auf die polnische Tradition des „liberum veto" zurückführte.

Nietzsche gehörte – nach der Unterscheidung von Nicolai Hartmann – nicht zu den „Systemdenkern" sondern zu den „Problemdenkern". Das Systemdenken à la Hegel hielt er für „qualmende ... Philosophie" (KSA I: 297). Seine Philosophie richtete sich gegen die Metaphysiker, die alle Fragen aus einem Grund beantworteten. Nietzsches Lebensphilosophie war ein experimentierendes Denken. Die notwendigen Widersprüche dieser Art von Räsonnement hat die Exegese seines Werkes besonders kontrovers gestaltet.

Menschenbild und Geschichte

Der Mensch wurde von Nietzsche in seinem Wert nach dem beurteilt, was ihn von den Tieren unterscheidet. Die meisten Menschen waren für ihn ihrem Wesen nach Tiere. Nur Philosophen, Künstler und Heilige haben letztlich den Stand des „wahrhaften Menschen" erreicht (KSA I: 380). Die Masse blieb „tierisch". Angesichts seiner pessimistischen Anthropologie suchte Nietzsche Trost bei der Fähigkeit der Griechen, das „Chaos zu organisieren", durch Rückbesinnung auf „echte Bedürfnisse" und durch das Absterben der „Scheinbedürfnisse". Der Mensch drohte seit den alten Griechen an seiner Geschichte zu ersticken. Nietzsches Geschichtsbild setzte sich vor allem von Hegels zielgerichtetem historischen Prozess ab (KSA I: 333, 309). Geschichte konnte für ihn nur noch allegorisch verstanden werden. Der griechische Kulturbegriff stellte nach dieser Lehre die Einheit von Leben und Denken, von Scheinen und Wollen dar. Darin sah er „wahrhafte Bildung" im Gegensatz zur bloßen „Gebildetheit". Nietzsches Revision des Griechenland-Bildes stieß auf heftige Ablehnung der Althistoriker und Philologen. Erst später wurde sein Griechenland-Bild in seiner Originalität wieder stärker gewürdigt. Nietzsche hatte nicht eine arkadisch-paradiesische Lebenseinheit der Hellenen und auch keine Kriegergesellschaft von Barbaren aus dem Norden im alten Hellas gesehen. Es ging ihm überhaupt nicht um ein historisch getreues Bild einer vergangenen Kultur, sondern um die zeitlosen überhistorischen Kräfte, die jeder Kultur zugrunde lagen. Die Kulturhöhe der Griechen wurde weder rassisch, noch mit Zyklustheorien begründet, wie sie von Vico bis Spengler im Schwange waren. Nietzsches tröstliche Botschaft angesichts des Chaos lautete, dass auch künftige Kultur nicht bloß Epigonentum darstellen müsse. Die Kulturhöhe der Griechen beruhte auf einer „auratischen Kunst": „alles Lebendige braucht um sich eine Atmosphäre, einen geheimnisvollen Dunstkreis", wenn es nicht rasch unfruchtbar werden soll (KSA I: 298). Die Literatur seiner Zeit – von Auerbach bis Gutzkow – hat Nietzsche mit Hohn bedacht, da man sie „vor Ekel" nicht mehr lesen könne (KSA I: 684) und einen Philosophen konnte er in Deutschland nicht mehr entdecken. Umso unkritischer hat Nietzsche Goethe verehrt.

In Nietzsches Geschichtsbild kam ein ambivalentes Verhältnis zur Arbeit zum Vorschein. Einerseits identifizierte er sich mit der griechischen Ablehnung der Arbeit und stand der bürgerlich-christlichen Welt skeptisch gegenüber, die den „Fluch der Arbeit" in einen Selbstzweck verwandelte, Arbeit als Mittel um nicht verzweifeln zu müssen (Carlyle). Nietzsche prognostizierte, dass die Arbeit in der industriellen Gesellschaft nicht nur Selbstzweck werde, sondern auch zunehmend mit dem Krieg in Verbindung gerate. Löwith (1953: 311) hat unzulässig kühn ausholend als Konsequenz des Denkens Nietzsches die „NS-Arbeitsfront" entstehen sehen. Gerade diese Form der Durchorganisierung wäre für Nietzsche jedoch ein Graus gewesen (KSA I: 301). Er kritisierte die Arbeitsteilung und den „modernen Schlacht- und Opferruf „Theilung der Arbeit! In Reih' und Glied!" In der Arbeitsteilung witterte er sogar den Ruin der Wissenschaften. Die „Kärrner" haben unter sich den „Arbeitsvertrag" gemacht und das Genie für überflüssig erklärt. Wie jeder Arbeiter in einer modernen Fabrik wird der Wissenschaftler zum Sklaven. Wissenschaft wird als Folge immer mittelmäßiger und unbrauchbarer. Sie endet schließlich im „Feminisieren, Infantilisieren" durch Popularisierung. Die wahrhaftigste aller Wissenschaften, die Philosophie, war in Nietzsches Augen in einer Welt der erzwungenen äußeren Konformität zum gelehrten Monolog eines einsamen Spaziergängers herabgesunken, zum „Geschwätz zwischen akademischen Greisen und Kindern". Modernes Philosophieren war für ihn „politisch und polizeilich, durch Regierungen, Kirchen, Akademien, Sitten und Freiheiten der Menschen auf den gelernten Anschein beschränkt" worden (KSA I: 282).

Staat und Politik

Nietzsche ist mit Hegel verglichen worden, weil sein Bild des Wissens auf das Reich des absoluten Geistes gerichtet war. Kunst, Religion und Philosophie standen bei beiden Denkern im Zentrum. Beide haben den Staat und die Politik in ihrem Verhältnis zu diesen „höheren Bestrebungen" beurteilt. Damit endet freilich die Parallele. Hegel wurde in den nachgelassenen Schriften von Nietzsche in „Über die Zukunft unserer Bildungsanstalten" (Vortrag III) mit seiner Verherrlichung des Staates als des „absolut vollendeten ethischen Organismus" verhöhnt. Der Staat falle naturgemäß einem solchen sich anbietenden Bundesgenossen um den Hals (KSA I: 711). Mit Hilfe des Geschwätzes über den „Kulturstaat" werde den Menschen die wahre Natur des Staates vernebelt. Einer der meistzitierten Sätze aus dem „Zarathustra" klassifizierte den Staat als „das kälteste aller kalten Ungeheuer". Dieses Monstrum war für Nietzsche vor allem durch die Doktrin der Volkssouveränität so verlogen geworden: „Kalt lügt es auch; und diese Lüge kriecht aus seinem Munde: ich der Staat, bin das Volk" (KSA IV: 61). Erst wo der Staat aufhört, begann für Nietzsche der Mensch – wie er noch über Schelling hinaus zuspitzte. Politik, vor allem Machtpolitik, war in seinen Augen der Ruin der deutschen Kulturnation. „Was groß ist im Sinn der Cultur war unpolitisch, selbst antipolitisch". Als Deutschland zur Großmacht aufstieg, musste es die geistige Führung wieder an Frankreich abtreten (KSA VI: 106).

Nur eine kleine Schrift, die er Cosima Wagner widmete, „Der griechische Staat" (1872) war mit politischer Theorie im engeren Sinne befasst. Die „Würde des Menschen" und die „Würde der Arbeit" wurden als Ausdruck eines „sich vor sich selbst versteckenden Sklaventhums" in der Moderne angeprangert. Die Griechen hätten solche „Begriffs-Hallucinationen" noch nicht gebraucht. Sie konnten noch mit erschreckender Offenheit aussprechen, dass Arbeit eine Schmach ist, weil der um das nackte Fortleben kämpfende Mensch kein Künstler sein könne (KSA I: 765). Wie entstand dieses Sklaventum? Die Gewalt setzte das Recht. Es gab kein Recht für ihn, das nicht in seinem Fundament „Anmaßung, Usurpation und Gewaltthat" sei. Die Gesellschaft hat sich „das grausame Werkzeug des Staates" geschmiedet. Die Unterworfenen haben diese gewaltsame Entstehung des Staates vergessen und die Unterwerfung internalisiert. Der Staat wurde sogar mit Inbrunst zum Ziel und Gipfel von Aufopferungen und Pflichten des Einzelnen anerkannt. Es entstand eine „förmliche Lust am Staat" (KSA I: 771). So scharf hatten allenfalls einige Slawophile – unter dem Einfluss von Schelling – geurteilt.

Nietzsche konnte sich der Politik in der Frühphase nur über die Kunst nähern. Er hat die Ästhetisierung von Politik und Gewalt eingeleitet, die in der „konservativen Revolution" vieler Länder später grassierte „Bei diesem geheimnisvollen Zusammenhang, den wir hier zwischen Staat und Kunst, politischer Gier und künstlerischer Zeugung, Schlachtfeld und Kunstwerk ahnen, verstehen wir, wie gesagt, unter Staat nur die eiserne Klammer, die den Gesellschaftsprozess erzwingt" (KSA I: 772). Ohne den Staat konnte nach Nietzsches Ansicht die Gesellschaft nicht über den Bereich der Familie hinauswirken und trotz des „schrecklichen Kriegsgewölks" in Zeiten der Ruhe leuchtende Blüten des Genius hervorbringen.

Im Vergleich zu den Griechen sah Nietzsche für Kunst und Gesellschaft gleichermaßen „eine bedenkliche Verkümmerung der politischen Sphäre". Er sah einen Menschentyp entstehen, der den Staat nur soweit gelten ließ, als er dem eigenen Interesse diente (KSA I: 773). Der Staat wurde von den Menschen vor allem akzeptiert, um vom Krieg befreit zu werden. Dazu wurde das Gleichgewicht möglichst großer Staaten angestrebt. Die Menschen versuchten, die monarchischen Instinkte der Völker auszulöschen und verbreiteten eine „liberal-optimistische Weltbetrachtung" auf dem Boden der französischen Aufklärung. Er nannte dies eine „gänzlich ungermanische, ächt romanisch flache und unmetaphysische

Philosophie". Das allgemeine Stimmrecht trug dazu bei, die Kriegsfurcht zu zerstreuen. Die „internationalen heimlosen Geldeinsiedler" haben Politik zum Mittel der Börse und die Gesellschaft zum „Bereicherungsapparat" degradiert. Der Revolutionsgedanke sei in den Dienst einer eigensüchtigen staatenlosen Geldaristokratie vertrieben worden. Der Staat wurde bloße „Schutzanstalt egoistischer Einzelner", in der jeder ethische Schwung, jede Vaterlands- und Fürstenliebe untergraben werde. Die Folgen des liberalen Optimismus waren für Nietzsche der Verfall der Künste einerseits und die Ächtung des Krieges anderseits, die er für die Kulturblüte als unerlässlich erachtete – kein ganz neuer Gedanke in der Geschichte der politischen Theorien. Der platonische Staat wurde als „wunderbar große Hieroglyphe einer tiefsinnigen und ewig zu deutenden Geheimlehre vom Zusammenhang zwischen Staat und Genius" gedeutet.

Die autoritären und faschistischen Bewegungen, die sich auf Nietzsche beriefen, hatten Mühe in der Erklärung der antistaatlichen Gesinnung des Philosophen. Gelegentlich (Bäumler 1931: 92 ff) halfen sie sich damit, diese Staatsfeindschaft aus biographischen Umständen angesichts der deutschen Reichsgründung abzuleiten. Der eigentliche Grund für Nietzsches Ansichten war jedoch tief in seiner Lehre der Werte verankert. Der Staat zwingt notwendiger Weise zu mehr Gleichförmigkeit, die Nietzsche als ein Übel wertete. Das frühe Christentum sei noch nicht egalitär aufgetreten, erst der Katholizismus habe die Gleichmacherei erzeugt. Auch der Protestantismus Luthers wurde kritisiert, weil er die Freiheit des Einzelnen angeblich für zweitrangig erachtet habe.

Der Wille zur Macht

Der frühe Nietzsche dachte in Dichotomien wie „apollinisch" und „dionysisch", „empirisches" und „wahres Selbst", „Natur" und Kultur als „zweiter Natur". Zarathustra vertrat eine dualistische Lehre des Gegensatzes von Ormuzd und Ahriman. Nietzsche war sich im Klaren, dass der historische Zarathustra die ihm in den Mund gelegte Verwerfung des Dualismus von Vernunft und Willen zur Macht nie gepredigt hat. Erst mit der Entdeckung des Willens zur Macht um 1875 – nicht ohne Einfluss von Schopenhauers Lehre – kam Nietzsche zu einer Aussöhnung der Pole. Der Wille zur Macht war ein Gegenbegriff zum darwinistischen Kampf ums Überleben. Immer wieder hat Nietzsche sich an Darwin gerieben, weil dieser angeblich seinen essentiellen Unterschied zwischen Mensch und Tier unmöglich gemacht habe. Der Krieg gegen Darwin wurde notfalls sogar lyrisch ausgefochten:

„Dieser braven Engeländer,
Mittelmäßige Verständer

Nehmt ihr als ‚Philosophie'?
Darwin neben Goethe setzen
Heißt die Majestät verletzen,
majestatem Genii!" (KSA XI: 317).

Die Deutung des „Willens zur Macht" war in der Literatur umstritten und reichte von der Erklärung zu einer politischen normativen Lehre bis zur Vorform der Psychoanalyse – als freudianisch gedeuteter verkappter Geschlechtstrieb oder als Adlers Machttheorie im Minderwertigkeitskomplex. In den Frühschriften waren Furcht und Faulheit noch als Natur des Menschen erklärt worden. Später traten Furcht und Wille zur Macht einander gegenüber. Vorformen des Willens zur Macht konnte man in seiner Kritik an Wagner sehen. Als er noch positiv zu ihm stand, sah Nietzsche bereits den „Ausdruck jenes finsteren nach Macht und Glanz unersättlich verlangenden persönlichen Willens". Als er mit ihm gebrochen hatte, kam es zu harten Invektiven über die Verwechselung des Reichen und Raffinierten mit dem Großen bei Wagner. (KSA I: 472, VI: 275). In der Schrift „Menschliches, Allzumenschliches" war der Wille zur Macht als Begriff noch nicht ausgearbeitet. Nur einzelne Elemente waren angesprochen, wenn Nietzsche den weltlichen Erfolg als Hindernis für die Selbstvervollkommnung ansprach. Er wurde als psychischer Trieb gesehen, der sich durch konträre Haltungen wie Mitleid und Selbsterniedrigung äußerte (KSA II: 70 ff).

Im zweiten Teil von „Menschliches, Allzumenschliches" fand sich Nietzsches Kritik der modernen Demokratie. Alle Parteien sah er das Volk umschmeicheln – aus Angst vor dem Sozialismus. Nicht die Revolution der Sozialisten war seine Sorge, sondern die Egalisierungspolitik der Reformer. Steuerprogression sah er dem „Capitalisten-, Kaufmanns- und Börsenfürstenthum an den Leib gehen und in der That einen Mittelstand schaffen, der den Sozialismus wie eine überstandene Krankheit vergessen darf" (KSA II: 684). Der Prozess der Demokratisierung hatte in dieser Phase von Nietzsches Denken jedoch auch positive Folgen, in dem Drang nach einem europäischen Völkerbund, in dem Innen- und Außenpolitik immer identischer werden.

Die Kritik der Demokratie klang weniger vehement als an anderen Stellen. Das Ziel der Demokratie sei, möglichst Vielen Unabhängigkeit zu verschaffen. Daher müssten eigentlich die Habenichtse, die Reichen und die Parteien das Wahlrecht verlieren. Parteien waren ein Erbübel: „Der Parteimensch wird mit Nothwendigkeit Lügner" (KSA VI: 238). Die Diskriminierung des Parteienbegriffs war auch später von Einfluss, weil konservative Revolutionäre und selbst Faschisten lieber von „Bewegung" als von „Partei" sprachen. Wenn den Parteien und den Habenichtsen das Wahlrecht entzogen würde, muss man fragen, wer es dann noch behalten hätte. Aber Nietzsches Aphorismen zielten nicht auf eine durchdachte politische Konzeption. Er sprach von der Demokratie überhaupt nicht in empirisch-deskriptiver Weise: „Ich rede von der Demokratie als etwas Kommendem" (KSA II: 685). Er wollte ihre Gefahren aufzeigen, aber hat an dieser Stelle das System nicht pauschal verworfen.

Einige Gedanken in diesem Werk klangen sogar erstaunlich progressiv, und sind in der generellen Kritik Nietzsches als Vorläufer des Faschismus unbelichtet geblieben. Die Kritik an der „Ausbeutung des Arbeiters", als „Dummheit, ein Raub-Bau auf Kosten der Zukunft, eine Gefährdung der Gesellschaft" (KSA II: 682) hätte auch von einem Sozialisten stammen können. Nietzsche galt als Lobredner des Krieges. An dieser Stelle aber gerierte er sich als Pazifist. Die Verteidigungspolitik der Staaten wurde hart kritisiert, weil sie den Nachbarn offensive Absichten unterstellte. Er distanzierte sich nicht von der Devise „Wir zerbrechen das Schwert" (KSA II: 678). Nietzsches Verhältnis zum Krieg blieb ambivalent. Kriegsverherrlichung stand neben Einsichten, wie, dass Krieg „den Sieger dumm, den Besiegten boshaft" mache. Zugunsten des Krieges, der barbarisiere, hat er jedoch auch an dieser Stelle hinzugefügt, dass der Krieg „natürlicher" mache. Er war für die Kultur zwar eine „Schlaf- oder Winterszeit", aber der Mensch komme „kräftiger zum Guten und Bösen aus ihm heraus" (KSA II: 289).

Sich selbst nannte Nietzsche in „Ecce Homo" kriegerisch (KSA VI: 274). Aber die Spezifizierung seiner persönlichen Prinzipien zeigte, dass er nicht für einen sinnlosen Gewalt- und Eroberungsdrang eintrat. Er wollte nur gegen „siegreiche Sachen", und immer ohne Bundesgenossen – um nicht korrumpiert zu werden – angreifen. Angriffe gegen Personen lehnte er ab. Personen dienten nur als „Vergrößerungsglas", um Probleme zu beleuchten. Angriff war nur auf der Basis von „Wohlwollen" – nicht von „Verachtung" – zulässig. Der Krieg musste gleichsam „sine ira" aber „cum studio" geführt werden. Das Prinzip machte Nietzsche auch für seinen „Krieg gegen das Christentum" geltend. Dieser stünde ihm zu, weil er „von dieser Seite aus keine Fatalitäten und Hemmungen erlebt habe" – was in psychologischen Deutungen seiner Jugend als Pastorensohn bestritten worden ist. Nietzsche glaubte im Christentum ein historisches Verhängnis – nicht seine persönlichen Frustrationen zu bekämpfen.

Macht war für Nietzsche in den herrschenden Lehren vom Christentum bis zum Liberalismus als verderbliches Prinzip angesehen worden. In „Morgenröte" (KSA III: 238) hat Nietzsche Rücksichtslosigkeit des Machtstrebens nur gewittert, solange ein Mensch die Macht noch nicht besitzt. Wer das Gefühl der Macht schon besitze, hingegen sei „sehr wählerisch und vornehm in seinem Geschmack geworden". Diese Unterscheidung ist in einigen Aphorismen nicht durchgehalten worden, wo vom Dämon der Macht die Rede war (KSA III: 209). Er ging in den Konnotationen der Macht bis zum Kalauer, wenn er etwa von Luthers Vers „Das Reich muss uns doch bleiben" assoziierte: „Ja, ja, Das „Reich"!" um seine

Ablehnung des wilhelminischen Machtstaates einzuflechten. Macht war nach Nietzsches Ansicht „gelassen", genau diese Gelassenheit vermisste er aber am säbelrasselnden Deutschen Reich, dem er wahre moralische Kraft absprach.

Im „Zarathustra" (KSA IV: 74) tauchte der „Wille zur Macht" auf als eine „Tafel der Güter", die über jedem Volke hängen: „Viele Länder sah Zarathustra und viele Völker: so entdeckte er vieler Völker Gutes und Böses". Die Völker waren durch Unvereinbarkeit der Werte gekennzeichnet. Der Wille zur Macht war die verbindende Klammer zwischen den Völkern. Der unterschwellige Protestantismus und Kantianismus erhielt sich in dem angeblichen Atheisten in der Vorstellung, dass man nur gut sein könne, wenn einem dies schwer falle und dass daraus also gleich ein übernationaler Imperativ konstruiert wurde. Wille zur Macht war vor allem Selbstüberwindung. Beim Wettstreit der Nationen war von Neid die Rede, aber der Wille zur Macht war nicht imperialistisch-aggressiv gemeint, sondern eher als ein Wettstreit zur Vervollkommnung der Nationen konzipiert.

Gegen das Christentum, das die Triebe verketzere, war Nietzsche der Ansicht, dass der Mensch ohne Triebe nicht kreativ sein könne, so wenig ein Kastrat Kinder zeuge. Die Psychoanalyse ist von dieser Lehre beeinflusst worden. Die Triebe sollten nach Nietzsche in Dienst genommen werden. Die „blonde Bestie" wurde als unsublimierte animalische Leidenschaft dargestellt, ganz im Gegensatz zur Deutung dieser Figur im Sinne einer Vorläuferschaft des Faschismus (Kaufmann 1988: 262). Der Wille zur Macht war für Nietzsche ein schöpferischer Eros. Er war nicht in erster Linie politisch gemeint, sondern auf das Schöne gerichtet. Das Schöne bleibt nach Nietzsche jedoch unerkannt, wenn man nicht das Böse und Hässliche kennt. Der Mensch muss vor der Vervollkommnung erst seine Triebe als böse erkennen. Auch hier wurde wieder eine Ästhetisierung vorgenommen, da der Begriff der Sünde überwunden werden sollte: „Schaffen wir den Begriff der Sünde aus der Welt – und schicken wir ihm den Begriff der Strafe bald hinterdrein! Mögen diese verbannten Unholde irgendwo anders fürderhin, als unter Menschen leben, wenn sie durchaus leben wollen und nicht am eigenen Ekel zu Grundgehen" (KSA III: 177, V: 291 ff). Selbst Verbrecher sollten behandelt werden wie Kranke, die Ärzte und Wärter brauchen. Triebe sollten beherrscht, aber nicht als böse ausgerottet werden.

Die dichotomische Anlage des Götterkampfes in seinen Frühschriften: das Dionysische als Flut der Leidenschaften, das Apollinische als Bändigung der Triebe wurde in späteren Schriften Nietzsches von einem einheitlichen Prinzip abgelöst, das er im „Willen zur Macht" entdeckte. In Nietzsches unvollendeter Skizze zu einem Plan „Der Wille zur Macht" (1886–87) kamen politische Konnotationen auf, als er in einem Kapitel den „Machiavellismus der Macht" behandelte. Verschiedene Willen sah Nietzsche am Werk: bei den Unterdrückten der „Wille zur Freiheit", bei den stärkeren den „Willen zur Übermacht" – zunächst erfolglos, und „dann sich einschränkend auf den Willen zur ‚Gerechtigkeit'". Die höchste Gruppe in dieser Dreiklassengesellschaft der Macht waren die „Stärksten, Reichsten, Unabhängigsten und Mutigsten, welche den Willen zur Macht als hochwertige Form in einer „Liebe zur Menschheit, zum ‚Volke', zum Evangelium, zur Wahrheit, Gott, als Mitleid, Selbstopferung usw." in Dienst nehmen, in einem „instinktiven Sich-in-Eins rechnen mit einem großen Quantum Macht, dem man Richtung zu geben vermag" – vor allem bei Helden, Propheten, Cäsaren oder dem Heiland (KSA XII: 419).

Übermensch, Rasse und Züchtung

Nietzsches Neigung zu zugespitzten Aphorismen hat seine moderaten Grundgedanken immer wieder verdunkelt. Vor allem in der Beurteilung der Völker und Rassen ließ er sich immer wieder zu Pauschalurteilen hinreißen, die an anderer Stelle ins Gegenteil verkehrt wurden. Selbst in Frankreich und England – den höchst entwickelten Systemen der Moderne – sah er überwiegend Mittelmäßigkeit. Deutschland kam nicht besser weg. Mal hatte es eine Sendung – vor allem in der Vermittlung von Kultur zwischen Ost und West – mal war es das kulturloseste Land Europas.

Seit Hegel sind immer wieder Deutsche und Juden als problematisch zerrissene Völker dargestellt worden. Nietzsches Verhältnis zu den Juden war ambivalent. Schmissige Antithesen: Nietzsche sei moraltheoretisch Antijudaist und rassenontologisch Antisemit – eine Art Umkehr des Antisemitismus jener Epoche – blieben zu schematisch (Taurek 1989: 30). Es hat nicht an Versuchen gefehlt, einen enragierten Antisemiten zu konstruieren. Dem standen Äußerungen entgegen wie: „Ein Antisemit wird nicht dadurch anständiger, dass er aus Grundsatz lügt" (KSA VI: 238).

In „Menschliches, Allzumenschliches" sah er einen Prozess der Vernichtung der Nationen durch Handel, Industrie, Mobilität und Kommunikation voraus. Der künstliche Nationalismus, der diesen Prozess aufzuhalten versuchte, war für Nietzsche gefährlich und erfolglos. Deutsche hatten in diesem Prozess die Funktion des „Dolmetschers". „Beiläufig" – wie Nietzsche einleitete – wurde die Judenfrage erledigt: die höhere Intelligenz, Tatkräftigkeit und Leidenschaft der Juden hat Neid hervorgerufen. Die Juden wurden daher zu „Sündenböcken" deklariert. Ein Judenproblem gab es für Nietzsche jedoch nur, solange der Nationalstaat Bestand hatte. Wie Marx das Judenproblem durch die Säkularisierung erledigt sah, so wurde es für Nietzsche durch Rassenmischung und „Occidentalisierung" der Juden obsolet. Alle Ethnien hatten die Aufgabe, Europas Geschichte zu einer Fortsetzung der Griechen zu gestalten. Das Lob der slawischen Elemente in den Deutschen ist bei Spengler und Moeller van den Bruck auf fruchtbaren Boden gefallen – nicht aber bei den Nationalsozialisten. Sie haben auch das Lob der Rassenmischung von Juden und „Ariern" geflissentlich übersehen. Neben höchst vernünftigen Ideen stand in diesem Abschnitt ein Passus über die Unentbehrlichkeit des Krieges. Krieg sollte die Völker immer wieder aus der Ermattung reißen. Nur die Engländer glaubten, mit Surrogaten wie Kolonisierung und Entdeckungsreisen auszukommen. Zeitweilige Rückfälle in die Barbarei erklärte Nietzsche für unerlässlich, „um nicht an den Mitteln der Cultur ihre Cultur und ihr Dasein selbst einzubüßen" (KSA II: 312). Die segensreichen Wirkungen der Kriege für die Kultur blieben freilich unausgeführt. Er gab zu, dass in Kriegszeiten die Kultur in der Regel stagniere.

Die Passagen über die Herren- und Sklavenmoral bei Nietzsche waren nicht rassistisch gemeint. Die Deutschen waren für ihn kein Herrenvolk – schon das Klima machte sie in seinen Augen „mittelmäßig" (KSA VI: 282). Den Antisemitismus hielt er für eine Dummheit (KSA VI: 62). Er versuchte gerecht gegen sein Volk, die Deutschen zu sein, über die er unendlich viele giftige Bemerkungen in seinem Werk verstreut hat, aber es gelang ihm nicht. Das Volk der Denker sah er an der Macht verdummt an: „Die Politik verschlingt allen Ernst für wirklich geistige Dinge" (KSA VI: 104). „Deutschland, Deutschland über alles" war für ihn die „blödsinnigste Parole", die je ausgegeben wurde (KSA XI: 77).

Die „arische Humanität" – „ reines Blut" war für ihn der Gegensatz eines harmlosen Begriffs – und die „Umwertung aller arischen Werte" klang nach NS-Jargon. Aber wieder wurde übersehen, dass Nietzsche die arische Humanität einer Kritik unterzog (KSA VI: 101 f). Die Rassenzüchtung, die zur Diskriminierung der Paria-Kaste in Indien führte, wurde negativ bewertet. Wo Nietzsche von „Herrenrasse" sprach, war keine fanatisierte chauvinistische Horde intendiert, sondern eine international gemischte Gruppe von Geistesgrößen mit eiserner Beherrschung. Wo von Züchtung und Geblüt die Rede war, war Selbstzucht gemeint.

Der Übermensch, der im Zarathustra mit dem Willen zur Macht in einem Atemzug genannt, ist ebenfalls politisch missdeutet worden. Es war nur von „Überwindung des Menschen" die Rede. Es ging um geistig-moralische Höherentwicklung: Man sollte sich nicht „fortpflanzen, sondern hinauf-„pflanzen". Nur gelehrtes Hornvieh konnte laut „Ecce Homo" (III) diese Kategorie darwinistisch deuten.

Im „Antichrist" warf Nietzsche die Frage auf, welchen Menschentyp man züchten soll. Er verwarf jede Fortschrittsidee und der moderne Mensch stand für ihn weit unter dem Niveau der Griechen und der Renaissance-Menschen. Die tröstliche Botschaft in diesem pessimistisch klingenden Szenario war, dass keine lineare oder zyklische Depravationstheorie dahinter stand. Der Mensch konnte wieder auf griechische Höhe gelangen. Der höherwertige Mensch ist schon öfters da gewesen – aber nur als Glücksfall, als eine Ausnahme, niemals gewollt. Gewollt und gezüchtet worden ist der Gegentypus: „das Hausthier, das Herdenthier, das kranke Thier ... der Christ" (KSA VI: 170 f). Züchtungsideen für den Übermenschen sollte bei der Exegese nicht von Nietzsches Vorstellung getrennt werden, dass die moderne Demokratie pausenlos planmäßig Mediokrität züchtet. Seine Züchtungsvorstellung sollte nur einen Depravationsprozess aufhalten. Nietzsche hätte vermutlich Hitlers Züchtungsergebnisse in „Lebensborn" und Napolas nicht weniger als Herdentiere eingeordnet als die Produkte der demokratischen Moderne.

Nietzsches Urteile über historische Größen wie Caesar, Cesare Borgia oder Napoleon sind als Kult des Übermenschen gedeutet worden. Zu Unrecht. Cesare Borgia sah er durchaus kritisch in seinem haltlosen Machtstreben. Napoleon hat er vielfach bewundert, aber gelegentlich auch als „papierenen Adler" lächerlich gemacht und sogar als Mischung aus „Mensch und Übermensch" kritisiert. Die Verherrlichung vergangener Tyrannei lag ihm fern.

In der „Genealogie der Moral" sprach Nietzsche von der „Herren-Rasse", den Ariern. Er sah sie aber als Mischung von Germanen, Kelten und anderen Rassen an. Den Nationalsozialisten hätte die Äußerung als Warnung dienen müssen: dass „die unterworfene Rasse schließlich daselbst wieder die Oberhand bekommen" werde, „in Farbe, Kürze des Schädels, vielleicht sogar in den intellektuellen und socialen Instinkten". Weiter hieß es: „wer steht uns dafür, ob nicht die moderne Demokratie, der moderne Anarchismus und namentlich jener Hang zur ‚Commune', zur primitivsten Gesellschafts-Form, der allen Socialisten Europas gemeinsam ist, in der Hauptsache einen ungeheuren Nachschlag zu bedeuten hat – und dass die Eroberer- und Herren-Rasse, die der Arier, auch physiologisch im Unterliegen ist?" (KSA V: 264). Diese Warnung vor Eroberung anderer Rassen wurde von den Nazis geflissentlich verdrängt.

Umstritten war auch die Lehre von der „ewigen Wiederkehr". Sie wurde als europäische Form des Buddhismus „ohne ein Finale ins Nichts" gegen die Vorstellung einer zielgerichteten teleologischen Entwicklung ausgespielt, wie sie bei den Positivisten, Hegelianern und Marxisten in jener Zeit dominierte. Die Lehre von der ewigen Wiederkunft sah Nietzsche als die „wissenschaftlichste aller Hypothesen" an – aber man beachte das Wort Hypothese! (KSA XII: 213). Das trunkene Lied im Zarathustra (III, 15, KSA IV: 286) mit dem Schluss:

„Weh spricht: Vergeh!
Doch alle Lust will Ewigkeit –
will tiefe, tiefe Ewigkeit".

ist als Hochgefühl des Übermenschen, der seinen Willen zur Macht realisieren konnte, gedeutet worden. Nur selten war bei Nietzsche von der „natürlichen

Selektion" die Rede. Aber diese Erwähnung stand unter der Überschrift „Anti-Darwin" und war gegen die Domestikation des Menschen in der Anthropologie des Darwinismus gerichtet (KSA XIII: 315).

Wirkung

Nietzsche hat wie kein anderer Denker die Reaktionäre kommender Generationen begeistert (Guzzoni 1979) – von Spanien bis Russland, von Sorels Syndikalismus bis zur konservativen Revolution in Deutschland. Im deutschen Expressionismus hat man eine Bewegung des „Links-Nietzscheanismus" gewittert. Der Expressionismus war zwischen Nietzsches Botschaft des Individualismus und dem Drang nach politischem Aktivismus hin- und hergerissen. Der erste Weltkrieg ließ viele von ihnen sich für die zweite Option durch einen Gang nach links, vielfach bis zum Kommunismus oder Anarchismus entscheiden (Taylor 1990: 225). In der Postmoderne hat die poststrukturalistische Linke sich wieder zunehmend für Nietzsche erwärmt (Rippel/Münkler 1982). War Nietzsche ein Protofaschist, weil die Faschisten Italiens, die Traditionalisten Spaniens und der deutsche Nationalsozialismus sich auf ihn beriefen? Im NS-Verlag Eher wurde Nietzsche zum Vorläufer des Nationalsozialismus stilisiert (Härtle 1937). Für die These schien zu sprechen: die Verherrlichung des Krieges, und die Obsession eines radikalen Bedrohungsgefühls durch Sozialismus, Anarchismus, Demokratie und Massengesellschaft, das Denken in Radikal-Alternativen mit exaltierten Feind-Bild-Konstruktionen, die Überbewertung des Rassengedankens und die Entwicklung von Ideen zur Züchtung einer aristokratischen Elite. Einige Autoren (Detwiler 1990: 195f) haben in den „aristokratischen Radikalismus" eine Anteilnahme hineingelesen, die nicht aus dem Grad der Zustimmung, sondern aus dem Maß des Dissenses, ja des Abscheus resultiert. Produkt des Nihilismus ist für diese Interpretationsschule ein beispielloser Immoralismus der Maximen Nietzsches für die politische Gestaltung. Die Gegenschule hingegen hat Nietzsches „Helden und Propheten" mit Rousseaus „grand législateur" verglichen und aus „Jenseits von Gut und Böse" (61) oder dem „Antichrist" (55, 57) positive Perspektiven für eine moralische Gesetzgebung herausgelesen (Ansell-Pearson 1991: 209). Ambivalent fiel das Urteil in einem Interpretationsrahmen aus, der einerseits die „Dämonologik des Menschlichen" nicht verharmloste, andererseits trotz zweier Anti-Kant-Fragmente bei Nietzsche noch Relikte seiner alten Bewunderung für Kant entdeckte und entfernte Parallelen zum „kategorischen Imperativ" zog (Lee 1992: 407ff). Im Ganzen zeigte sich, dass ausländische Autoren sehr viel gelassener an die Reinterpretation von Nietzsche gingen – nachdem sie eine Weile an der Spitze der vereinfachten Proto-Faschismus-Analyse marschierten. Postmoderne Autoren in Frankreich und Amerika haben mittlerweile Nietzsches politische Philosophie sogar für kompatibel mit der liberalen Demokratie erklärt (Hatab 1995). Nolte (2000: 250) ging so weit zu behaupten, dass außer den revolutionären Marxisten Nietzsche als revolutionäre und „linke Kraft" empfunden wurde. In einem krausen Gemisch von erneuter Wertschätzung des Mythos, der Psychoanalyse und dem Dekonstruktivismus ließen sich in Nietzsches Elite als der „männlichen Mutter" sogar ein emanzipatorisches Verhältnis Nietzsches zu den Frauen rekonstruieren (Shapiro 1991; Patton 1993). In Deutschland stießen diese Capriolen der Deutungszyklen noch überwiegend auf ungläubiges Staunen (Ottmann 1999: 460).

Positiv zu dieser Debatte ist zu vermerken, dass Nietzsche wieder differenzierter betrachtet wird – nicht mehr nur als „Zerstörung der Vernunft" wie bei Lukács. Eher unfaschistisch war bei Nietzsche seine Ablehnung jeder Politik und jeder Partei, die Betonung der kulturellen Elitebildung, die über jede politische Machtansammlung gestellt wurde. Der Elitegedanke war anti-nationalistisch. Die zeitbedingte Redeweise von der Rasse – selbst bei Liberal-Konservativen wie Renan in jener Epoche – war wie in den romanischen Sprachen eher nicht biologisch gemeint. Darwinismus und Sozialdarwinismus, der Faschisten aller Couleurs anzog, fand in Nietzsche einen harten Kritiker. Nietzsche war kein Antisemit und propagierte die Rassenmischung. Die guten jüdischen Eigenschaften sollten mit denen der „Arier" zur Synthese gebracht werden. Nietzsches ungezügelter lebensphilosophischer Ansatz hat gleichwohl die Selbstzucht – nicht in christlicher Demutsgebärde – und die Selbstdisziplinierung höher gestellt als die Macht. Der „Übermensch" war dem „Ich" des Anarchisten Stirner ähnlicher als späteren kollektivistischen Deutungen (Löwith 1953: 345).

Nietzsche hat nur wenige durchkomponierte Werke hinterlassen, und selbst in ihnen ließ er sich zunehmend zu dithyrambischer Wolkigkeit hinreißen. Die Widersprüche in Werken, Fragmenten, Miszellen und Briefen ließen sich auch von großem philologischem Scharfsinn nicht immer auflösen. Nietzsche war in mancher Hinsicht Wegbereiter der „konservativen Revolution". Er war wie einige dieser späteren Generation kein „Reaktionär" im Sinne des traditionellen Konservatismus, sondern eher ein „konservativer Anarchist". Die Rückkehr zu alten Formationen – auch der Kultur der Griechen – war für ihn nicht möglich. Es ging um vorwärtsgerichtete radikale Veränderung, um eine „konservative Revolution", die nicht nationalistisch oder imperialistisch gestimmt war, sondern um die Herausbildung eines europäischen Menschentyps, der früheren Höhepunkten der Kultur in Griechenland oder in der Renaissance wieder ebenbürtig werden sollte.

Quellen

Nietzsche: Werke. Kritische Gesamtausgabe (Hrsg.: G. Colli/M. Montinari). Berlin, de Gruyter, 1967 ff ca. 30 Bde.
Nietzsche: Sämtliche Werke. Kritische Studienausgabe (Hrsg.: G. Colli/ M. Montinari). München, DTV/Berlin, de Gruyter, 1967–1977, 1988, 15 Bde (zit: KSA).
Nietzsche: Werke in drei Bänden (Hrsg.: K. Schlechta). München, Hanser, 1966.
Nietzsche: Kritische Gesamtausgabe des Briefwechsels (Hrsg.: G. Colli/ M. Montinari). Berlin, de Gruyter, 1975–1985, 19 Bde.

Literatur

K. Ansell-Pearson: Nietzsche contra Rousseau. Cambridge, Cambridge University Press, 1991.
S. Appel: Friedrich Nietzsche. Wanderer und freier Geist. Eine Biographie. München, Beck, 2011.
A. Bäumler: Nietzsche der Philosoph und Politiker. Leipzig, Reclam, 1931.
B. Detwiler: Nietzsche and the Politics of Aristocratic Radicalism. Chicago, University of Chicago Press, 1990.
I. Frenzel: Friedrich Nietzsche. Reinbek, Rowohlt, 2000, 31. Aufl.
M. Funke: Ideologiekritik und ihre Ideologie bei Nietzsche. Stuttgart-Bad Cannstatt, Fromann-Holzboog, 1974.
K. Gründer (Hrsg.): Der Streit um Nietzsches „Geburt der Tragödie". Hildesheim, Olms, 1969.
A. Guzzoni (Hrsg.): 90 Jahre philosophische Nietzsche-Rezeption. Meisenheim, Hain, 1979.
H. Härtle: Nietzsche und der Nationalsozialismus. München, Eher, 1937.
L. J. Hatab: A Nietzschean Defense of Democracy. Chicago-La Salle/Ill, Open Court, 1995.
R. J. Hollingdale: Nietzsche. The Man and His Philosophy. Baton Rouge, Louisiana State University Press, 1965.
C. P. Jantz: Die Briefe Friedrich Nietzsches. Textprobleme und ihre Bedeutung für Biographie und Doxographie. Zürich, Edition Academica, 1972.
K. Jaspers: Nietzsche. Einführung in das Verständnis seines Philosophierens. Berlin, de Gruyter, 1936, 1974, 4. Aufl.
W. Kaufmann: Nietzsche. Philosoph, Psychologe, Antichrist. Darmstadt, Wissenschaftliche Buchgesellschaft, 1988, 2. Aufl.
J.-W. Lee: Politische Philosophie des Nihilismus. Nietzsches Neubestimmung des Verhältnisses von Politik und Metaphysik. Berlin, de Gruyter, 1992.
I. Leinen: Aristokratismus und Antipolitik. Umrisse und Motive einer politischen Soziologie in den Schriften Nietzsches. Diss. Aachen, 1982.

K. Löwith: Von Hegel zu Nietzsche. Der revolutionäre Bruch im Denken des 19. Jahrhunderts. Stuttgart, Kohlhammer, 1953, 3. Aufl., 1981, 8. Aufl.
A. von Martin: Nietzsche und Burckhardt. Basel, Reinhardt, 1945, 3. Aufl.
M. Montinari: Nietzsche lesen. Berlin, de Gruyter, 1982.
A. Nehamas: Nietzsche. Life as Literature. Cambridge/Mass, Harvard University Press, 1985.
Ch. Niemeyer (Hrsg.): Nietzsche-Lexikon. Darmstadt, Wissenschaftliche Buchgesellschaft, 2009.
E. Nolte: Nietzsche und der Nietzscheanismus. Frankfurt, Ullstein, 1990, München, Herbig, 2000.
H. Ottmann: Philosophie und Politik bei Nietzsche. Berlin, de Gruyter, 1987, 1999, 2. Aufl.
H. Ottmann (Hrsg.): Nietzsche-Handbuch. Stuttgart, Metzler, 2000. 2. Aufl. 2011.
P. Patton (Hrsg.): Nietzsche, Feminism and Political Theory. London, Routledge, 1993.
Ph. Rippel/H. Münkler: Der Diskurs und die Macht. Zur Nietzsche-Rezeption des Poststrukturalismus. PVS, Bd. 23, 1982: 115–138.
G. Rohrmoser: Nietzsche und das Ende der Emanzipation. Freiburg, Rombach, 1971.
R. Safranski: Nietzsche. Biographie seines Denkens. München, Hanser, 2000.
G. Shapiro: Alcyone. Nietzsche on Gifts, Noise, and Women. Albany, New York State University Press, 1991.
W. Stegmaier: Friedrich Nietzsche zur Einführung. Hamburg, Junius, 2011.
H. A. Steilberg: Die amerikanische Nietzsche-Rezeption von 1896 bis 1950. Berlin, de Gruyter, 1996.
T. B. Strong: Friedrich Nietzsche and the Politics of Transfiguration. Berkeley, University of California Press, 1975.
B. H. F. Taurek: Nietzsche und der Faschismus. Hamburg, Junius, 1989.
S. Taylor: Left-Wing Nietzscheans. The Politics of German Expressionism 1910–1920. Berlin, de Gruyter, 1990.
H. R. Thomas: Nietzsche and German Politics and Society. 1890–1918. Manchester, Manchester University Press, 1983.

2 Der revolutionäre Konservatismus in Frankreich: Barrès, Maurras

Maurice Barrès (1862–1923)

Barrès war in erster Linie Literat, und zwar einer jener Intellektuellen, welche gegen die „Logomachie der Intellektuellen" zu Felde zogen, als ob er nicht dazu gehörte. Er wurde Boulangistischer Abgeordneter im Jahre 1889. 1906 wurde er

Abgeordneter für Paris. Kein politischer Denker würde rechtfertigen wie Barrès unter einer Rubrik „Nationalismus" exklusiv abgehandelt zu werden. Selbst Mazzini war nicht so ausschließlich ein Künder des Nationalismus. Er galt als der erste große Theoretiker des Nationalismus, und er rühmte sich, eine Theorie aus einem Guss anzubieten. Dennoch zeigte schon sein politisches Hauptwerk „Szenen und Doktrinen des Nationalismus" (1902), dass es sich um eine lockere Sammlung von Essays handelte. Sein Urerlebnis war die Demütigung „Lothringens" durch die deutsche Besatzung 1870/71. An diesem Trauma hat Barrès sein Leben lang gearbeitet.

Auf der Basis eines sozialdarwinistischen Ansatzes entwickelte Barrès eine Theorie des „tribalen Nationalismus". „Organische Solidarität" wurde im „Land der Toten" in einer Art Blut- und Bodenmystik verkündet. Nationen waren für Barrès Organismen wie Pflanzen. Die Nation ist dem Individuum übergeordnet: „Nation ist die Akzeptanz eines Determinismus" (1902: 8). Barrès hatte im „Kult des Ich" (1892) noch dem Individualismus unter dem Einfluss von Taine und Renan gehuldigt. In der Theorie des Nationalismus (1902: 17) sagte er sich von dieser Vergangenheit los. Er glaubte nun, erkannt zu haben, dass es keine „persönlichen Ideen" gebe. Von Renans Einfluss blieb immerhin die Vorstellung, dass die Nation sich täglich herstellen müsse. Sie war für ihn keine rassisch-biologische Gegebenheit, soviel er auch sonst vom Sozialdarwinismus übernommen hatte. Frankreich war für Barrès keine ethnische, sondern eine politische Einheit: „Wir sind keine Rasse, sondern eine Nation, sie konstituiert sich jeden Tag neu" (1902: 20). Diese Neukonstituierung schloss das verlorene Elsass-Lothringen ein. Barrès ging davon aus, dass dieses Gebiet im Herzen französisch geblieben sei. Das war ganz sicher richtig für die französischsprachigen Teile Lothringens um Metz. Aber Straßburg wurde von ihm besonders magisch überhöht, und da waren sich viele Franzosen nach 40 Jahren nicht so sicher, dass – nicht nur die Intelligenz – sondern auch das Volk für Frankreich optieren würde, so schwerwiegend auch die Fehler der preußischen Verwaltungspolitik gewesen sind. Im Briefwechsel zwischen Barrès und Maurras (Corr.: 333) hat Barrès die persönliche Genese seiner fanatischen Liebe zu Metz und Straßburg beschrieben. Nationalismus war für Barrès „Empirismus". Aber die Empirie bestand aus vagen Metaphern. Er verglich die Nation mit einem „Pudding von Steinen", wie sie als Konglomerate in Flussbetten anfallen. Nur durch die Bewegung des Wassers erhielten sie ihre Form.

Der „Kult des Ich" (1986: 30) war noch überwiegend ästhetische Attitüde gewesen. Er berief sich auf Goethe, Byron und Heine. Die politische Dimension hat Barrès erst entwickelt, als er einen nationalistischen „Kult des Wir" schuf. Politik war für ihn „nationaler Ichkultus" (Curtius 1962: 99). In dem Roman „Les déracinés" (1897) hatte er anhand einer Gruppe von Internatsschülern die Entfremdung

Frankreichs von sich selbst auf schöngeistige Weise demonstriert. In der Theorie des Nationalismus wurde die Kritik systematisiert (1902: 96). Er begnügte sich nicht mit Revanchismus militärischer Art, sondern kritisierte das gesamte französische System. Vor allem im Bildungssystem versuchte er nachzuweisen, dass der „deutsche" Kantianismus in Frankreich grassiere und das Land geistig wehrlos mache. Verwaltung, Religion, Industrie und Verbände – alle hatten für ihn an der Zerstörung Frankreichs mitgewirkt. Die vier Einrichtungen wurden aufgerufen, zur Erneuerung des Landes zusammen zu arbeiten.

Politisch wurde die Kritik am parlamentarischen System der dritten Republik. Ein exaltierter Napoleon-Kult schien ihm als Ausweg, um die „Herrschaft der Mittelmäßigkeit" zu beenden. Mit dieser Einstellung wurde Barrès für die politischen Umtriebe des Generals Boulanger anfällig, der 1889 den Rechtsextremismus mit einer Revolutionsphraseologie verband. 1886 hatte er anlässlich eines Bergarbeiterstreiks erklärt, die zur Niederwerfung abkommandierten Soldaten würden sich mit den kleinen Leuten solidarisieren. Boulanger wurde daraufhin strafversetzt. Er gründete eine Bewegung. Aber sie blieb eine Aufwallung des Gefühls. Es fehlte eine Doktrin, wie Barrès später bemängelte. 1889 wurden 22 Boulangisten gewählt. Das Ergebnis schien enttäuschend angesichts der 230 regierungstreuen Abgeordneten, der 86 Royalisten und der 52 Bonapartisten. In der Krise zeigte der alte Haudegen Boulanger wenig zivilen Mut. Die Gruppe löste sich rasch auf, und Barrès blieb die Aufgabe der Erklärung des Scheiterns. Die Gründe sah er vor allem in mangelnder Entschlossenheit und in der Ideenlosigkeit des Putschversuchs (1902: 97). Ein Teil der Katholiken, die sich als unterdrückte Minderheit im laizistischen Staat fühlten, hatte sich mobilisieren lassen, obwohl viele Boulangisten aus einer antiklerikalen Tradition kamen. Die Suche nach dem „wahren Frankreich" hat die extreme Rechte und gemäßigte Katholiken punktuell verbunden. Barrès hat den Katholizismus gegen den Laizismus der Republikaner immer verteidigt. Aber das konnte nicht verdecken, dass die Kirche für ihn eine „nationale" und eine „ästhetische" Einrichtung war – nicht eine Herzenssache.

Barrès setzte die rechtsextremistische Antipathie gegen die Intellektuellen fort (1902: 45), die er als „Logiker des Absoluten" lächerlich machte. Sein Hass resultierte aus dem „Individualismus" der Intellektuellen, den er einst selbst vertreten hatte. Die Intellektuellen konnten in seiner Wahrnehmung keine soziale Einheit akzeptieren, die nicht in ihrer „individuellen Vernunft" verankert war. Er verhehlte nicht, auch ein solcher „skeptischer Relativist" unter dem Einfluss von Taine und Renan gewesen zu sein, als er noch dem Ich-Kult anhing.

Die Dreyfus-Affäre wurde 1894 zu einem Wendepunkt seines Denkens. Die Affäre um den jüdischen Offizier, der ungerechtfertigter Weise der Spionage für Deutschland bezichtigt wurde, hat die gesamte französische Gesellschaft gespalten. Ein „Manifest der Intellektuellen" zugunsten von Dreyfus (1898) trieb Barrès in die Beteiligung an einer Gegendemonstration durch die Gründung der „Ligue de la patrie française" (1899). Es war ein rechter Protest gegen den Pazifismus und Internationalismus und eine Vertrauenserklärung für die französische Armee. Dass Dreyfus schuldig war, schloss auch Barrès undifferenziert „aus seiner Rasse" (1902: 152). Barrès begrüßte die Verurteilung von Dreyfus zu zehn Jahren Festungshaft, beklagte aber, dass nach diesem Urteil die Welle der nationalen Mobilisierung wieder verebbte.

Eine neue Welle der Mobilisierung schien von der „Action française" unter Charles Maurras auszugehen, der bis 1900 mit Barrès zusammenarbeitete. Aber der integrale Nationalismus bei Maurras wich in entscheidenden Punkten vom Denken Barrès ab. Maurras hielt die Monarchie für die Vollendung des Nationalismus, war militant katholisch und ein erbitterter Gegner der französischen Revolution. Barrès war Republikaner mit jakobinischen Einschlägen: „Wir sind die heilige Canaille von 1789 und 1830" schrieb er in einem Zeitungsaufsatz 1889 (zit. Sternhell 1978: 65). Eine monarchische Restauration kam für ihn nicht in Frage, was die Action française übel vermerkte (1902: 98). Barrès teilte auch die religiösen Hoffnungen von Charles Maurras nicht: die Menschen hatten für ihn den Sinn für das Übernatürliche verloren und „finden keinen Himmel". Barrès hat daher die Frömmigkeit vom Himmel auf die Erde zurückgeholt, umkränzt von einem faschistoiden Todeskult und einer Blut- und Bodenmystik.

Der einzige positive Aspekt dieser Anbetung der „Heimaterde", die vor allem in Spanien von Ganivet bis Unamuno ihre Nachahmer fand (vgl. Kap. VI, 5), war die Abwendung vom jakobinischen Zentralismus. Er lobte den Regionalismus, der in der Linken von Proudhon und in der Rechten von Le Play und in der liberalen Mitte von Tocqueville vertreten worden ist. Das zentralistische System hatte für Barrès versagt, denn es hatte Metz und Straßburg verloren. Als extremer Rechter scheute er sich nicht, sich auf den Anarchisten Bakunin zu berufen: „Der Zentralismus ist ein Friedhof" (1902: 501 f.). Der Regionalismus diente bei Barrès nicht zuletzt der Stärkung der Verteidigungskraft. Er propagierte die Ausdehnung nach Osten und warf Boulanger vor, nicht die Macht ergriffen zu haben, um Elsass-Lothringen zurück zu erobern. Aber seine geopolitischen Vorstellungen machten nicht am Rhein halt. Er träumte von einem „austrasischen Reich" mit der Hauptstadt Trier. Nur selten blitzten in der Verquastheit seiner ahistorischen Raumvorstellungen klare Gedanken auf, wie der, dass es den Landschaften gleichgültig sei, wer sie beherrsche. Das Moseltal sei auch unter deutscher Herrschaft schön, was er als „grausame Gleichgültigkeit" der Natur empfand. Barrès polemisierte gegen die deutsche Propaganda, dass die Elsässer wieder „Deutsche" geworden seien. Zugleich aber kritisierte er den Autonomismus in Elsass-Lothringen, der sich weder als deutsch noch als französisch bekennen wolle (1902: 292). Barrès lobte den

Regionalismus, aber nur wenn er den Nationalismus unterstützte. Reiner Regionalismus als Identifikationsebene war ihm unerwünscht.

Barrès mit seinen traumatischen Jugenderlebnissen verlor das Gefühl permanenter Bedrohung erst 1918 nach dem Sieg über Deutschland. In seinen letzten Lebensjahren wurde die Bodenmystik gelegentlich sogar in den Dienst der Aussöhnung zwischen Deutschland und Frankreich gestellt. Das Rheinland durfte jetzt „deutsch" bleiben, sollte sich aber von der Vorherrschaft Preußens und Bayerns befreien (Dez. 1923, zit. King 1933: 250). Die Literatur der Vichy-Zeit in Frankreich (Madaule 1943: 262) hat vor allem diesen Gedanken bei Barrès bis 1944 herausgestellt. Der Rhein wurde nun als Klammer und nicht mehr als Trennungslinie zwischen den Ländern gewertet.

Extremer Nationalismus ist meistens auch im Inneren „ausländerfeindlich". Der Lothringer Barrès sah eine Überfremdung seiner Region durch die Immigranten, die vor allem aus Polen in die Bergwerke strömten. Aus dieser Kritik zog er jedoch nicht nur reaktionäre Schlüsse, sondern propagierte die Einheit von Nationalismus, Protektionismus und Sozialismus. Er appellierte im „Programm von Nancy" (1902: 432–440) an die Arbeiter, national zu wählen, um ihre Existenz zu schützen. Eine scharfe Schutzzollpolitik sollte die französische Industrie abschotten. Nationalismus und Sozialismus konnten für ihn kompatibel gemacht werden, wenn man den Sozialismus als „Organisationsidee" vom „Gift des Liberalismus" befreie (Barrès/Maurras 1970: 374). Ähnlich wie der große italienische Nationalist Mazzini war Barrès aufgeschlossener für die soziale Frage als viele Liberale und kam zu einem „nationalen Sozialismus". Er war jedoch nicht marxistisch, sondern eher „nationalsozialistisch", verbunden mit einem völlig irrationalen Antisemitismus. Auch im Boulangismus, den Barrès eine Weile als Abgeordneter vertrat, hatten sich erstmals in der dritten Republik die status-bedrohten Mittelständler gesammelt, welche die Industrialisierung fürchteten. Manches Element seines Denkens konnte „protofaschistisch" genannt werden und in vieler Hinsicht war Barrès moderner als Maurras in seiner Akzeptanz der französischen Revolution und einigen Grundgedanken des Sozialismus. Nolte (1963: 88 f) hat den Faschismus als „revolutionäre Reaktion" definiert. Falls diese Abgrenzung konsensfähig ist, so war Barrès kein Vorläufer des Faschismus, weil er nicht restaurativ-reaktionär gesonnen war. Und doch wirkte er als „konservativer Revolutionär" dem Faschismus näher als sein Freund und Gegenspieler Maurras.

Literatur

R. Locke: French Legitimists and the Politics of Moral Order in the Early Third Republic. Princeton, Princeton University Press, 1974.

E. Nolte: Der Faschismus in seiner Epoche. München, Piper, 1963.

H. Platz: Geistige Kämpfe im modernen Frankreich. München, Kösel & Pustet, 1922.

Quellen

Barrès: L'oeuvre de Maurice Barrès. Paris, Club de l'Honnête. 1965–1968. 20 Bde.
Barrès: Le Culte du moi. Examen de trois idéologies. Paris, Perrin, 1892.
Barrès: Un homme libre (1888). Neuausgabe: Paris, Imprimerie nationale, 1988.
Barrès: Une journée parlementaire. Paris, charpentier, 1894.
Barrès: L'appel au soldat. Paris, Fasquelle, 1900.
Barrès: Scènes et doctrines du Nationalisme. Paris, Juven, 1902. Neuaufl. Paris, Trident, 1987.
Barrès: Alsace-Lorraine. Paris, Sansot, 1906.
M. Barrès/Ch. Maurras: La République ou le Roi. Correspondance inédite. 1883–1923. Paris, Plon, 1970. (zit.: Corr.)

Literatur

W. Bendrath: Ich, Region, Nation. Maurice Barrès im französischen Identitätsdiskurs seiner Zeit und seine Rezeption in Deutschland. Tübingen, Niemeyer, 2003.
E. R. Curtius: Maurice Barrès und die geistigen Grundlagen des französischen Nationalismus. Hildesheim, Olms, 1962, 2. Aufl.
C. S. Doty: From Cultural Rebellion to Counterrevolution: the Politics of Maurice Barrès. Athens/Ohio, Ohio University Press, 1976.
R. Gillouin: Maurice Barrès. Paris, Sansot, 1907.
S. King: Maurice Barrès. La pensée allemande et le problème du Rhin. Paris, H. Campion, 1933.
J. Madaule: Le nationalisme de Barrès. Marseille, Sagittaire, 1943.
Ph. Schofield: Utility and Democracy. Oxford, Oxford University Press, 2006.
Z. Sternhell: Maurice Barrès et le nationalisme français. Paris, Colin, 1972. Neuaufl. Brüssel, Éditions Complexe, 1985.
Z. Sternhell: La droite révolutionnaire: les origines françaises du fascisme. 1885–1914. Paris, Seuil, 1978, 1984.
S. Vajda: Maurice Barrès. Paris, Flammarion, 2000.
Maurice Barrès: Actes du colloque. Nancy, Université de Nancy, 1963.

Charles Maurras (1868–1952)

Maurras hat sich als Publizist und Politiker als den Begründer des „integralen Nationalismus" stilisiert. 1899 gründete er die „Action française". Sie blieb immer klein an Mitgliedern, war aber einflussreich im politischen und intellektuellen Leben Frankreichs. 1908 wurde „L'action française" als Tageszeitung herausgegeben. In dem Buch „Untersuchung über die Monarchie" (1900, 1909) – auch sie trotz ihrer Berühmtheit nur eine lockere Sammlung von Aufsätzen und Gedanken – hat er seinen Status-quo-ante-Konservatismus entwickelt, der gleichwohl in einigen Punkten revolutionäre Züge annahm. 1940–1944 wurde er zum Theoretiker des Vichy-Regimes und trat durch einen militanten Rassismus und durch sein Lob der Rassengesetze hervor. Nach 1944 wurde er wegen Kollaboration mit dem Feind zu lebenslänglicher Haft verurteilt. 1952 hat ihn der Präsident der Republik aus Altersgründen in Freiheit gesetzt. Kurz darauf starb Maurras – nicht ohne seinen Frieden mit der Kirche gemacht zu haben.

Im Gegensatz zu Barrès war der Ausgangspunkt bei Maurras die vehemente Ablehnung der französischen Revolution und ihrer philosophischen Grundlagen, insbesondere die Menschenrechte. An ihre Stelle sollte das „monarchische Prinzip" treten. Maurras hatte viele Schattierungen der antirevolutionären und der revolutionären Rechten in sich aufgenommen – von Maistre bis Comte, Le Play und Barrès. An Comte lehnte er nur das Dreistadiengesetz entschieden ab. Edouard Drumonts „La France juive" (1886), ein Auftakt zur antisemitischen Hetze, die in der Dreyfus-Affäre kulminierte, als eine „Orgie des Pariser Klatsches" (Nolte 1963: 86), war nicht ohne Einfluss auf den Chef der Action française, weil der Hass gegen die Juden schon in diesem Buch auf die gesamte „Bourgeoisie" ausgedehnt worden ist. Für Maurras wurde nach eigenem Bekenntnis die Lektüre von Fichtes „Reden an die deutsche Nation" zum Schlüsselerlebnis, das ihn den deutschen „Feind" und den französischen „Freund" zur gleichen Zeit begreifen lehrte. Die „Propaganda der Tat", die Maurras forderte, wurde Ende des 19. Jahrhunderts immer aggressiver. Die „camelots du Roi", die Royalisten, haben die Republik planmäßig lächerlich zu machen versucht.

Trotz der Ablehnung des jakobinschen Rationalismus wurde Maurras zum Künder des Klassizismus, in dem Vernunft und Logik, Ordnung und Harmonie die höchsten Werte darstellten. So wurde er zum Gegner der Romantik, die er hinter allen Revolutionen von 1789–1898 witterte (OC II: 31). Seine Devise war explizit konterrevolutionär: „Zuerst Politik, zuerst Reaktion – Reaktion bis zur Gesundung." Ein wichtiger Aspekt war dabei die Außenpolitik. Der Pazifismus wurde im Namen des Revanchismus bekämpft. Die Intelligenz war für ihn die Trägerschicht des Pazifismus, die sich „liberal", „radikal" oder sogar „socialisante" gerierte. Von Barrés (Corr 1970: 299) erbat er 1900 einen Rat, wie man intelligente Franzosen von ihrem vagen Nationalismus zu einem klaren royalistischen Willen bringen könne. Barrès war für solche Fragen der falsche Adressat, da er mit einer kurzen Ausnahme immer die Republik bevorzugte. Balzac war für Maurras eine rühmliche konservative Ausnahme (1943: 223, 41). Der integrale Nationalismus ging davon aus, dass die Menschheit im realen Sinne sich in der Nation verkörpere. Der Patriotismus wurde wörtlich gedeutet: ein „Kult der Väter" im tiefen Respekt vor der Geschichte (OD: 11, 19).

In seiner „Untersuchung über die Monarchie" (EM: VIII) ging Maurras davon aus, dass die Republik weder die innere noch die äußere Sicherheit garantiere. Außerdem habe der Staat begonnen, die religiösen Institutionen zu verfolgen und 1905 Kirche und Staat per Gesetz noch weiter auseinander zu dividieren. Maurras berief sich in einer Skizze seiner Doktrinen auf Renan, der den Bankrott der Revolution sogar vor der Akademie 1889 verkündet habe (EM: 553). Die Rekonstruktion, die diesem Bankrott folgen müsse, sollte bei der Familie, den Gemeinden und den Regionen ansetzen. Das Departement-System sollte abgeschafft werden. Der ökonomische Liberalismus und die Gewerkschaftsfreiheit waren zu beseitigen. Berufsständische Korporationen, die selbst Le Play für überholt gehalten hatte, sollten rekonstruiert werden. In der Schrift „Diktator und König" von 1899 hatte er sich den Gedanken einer Königsdiktatur à la Donoso Cortés zu eigen gemacht, um die Krise zu lösen. Erst danach könne eine „normale Regierung des Königreichs" geschaffen werden (OC II: 381). Ein Parlament nach englischem Muster sollte es nicht mehr geben. Die Minister sollten ausschließlich dem Monarchen verantwortlich sein. Nur in der Monarchie waren „veritable ministerielle Diktaturen" denkbar, wie sie Richelieu, Villèle oder Guizot in seinen Augen ausgeübt hatten (OC II: 390). Die Republik, die Bismarck für das besiegte Frankreich nach Kräften gefördert habe, um das Land dauerhaft zu schwächen, sah er als Regime ohne Führungswillen an. Die orleanistische Devise „der König herrscht, aber regiert nicht" wurde abgewandelt. Der Monarch sollte wieder beides tun. Der „parlamentarische Parasitismus" oder das „kosmopolitische anarchistische Regime der Juden" und wie die herabsetzenden Epitheta sonst lauteten (EM: 19, 43) sollte beendet werden. Dem Parlament war nur eine beratende Funktion zugedacht. Die demokratische Gleichheit musste für Maurras (EM: 89) schon deshalb abgeschafft werden, weil sie ein weiteres Übel nach sich zog: die Herrschaft des Geldes. Wirkliche Gleichheit konnte es für ihn nicht geben – nicht einmal in armen egalitär gestimmten Ländern wie Norwegen oder der Schweiz gebe es wirkliche Gleichheit (DR: 399).

Maurras hatte als Monarchist das Problem der drei Thronansprüche, den des legitimistischen Comte de Chambord, des orleanistischen und des bonapartistischen Prätendenten. Letzterer wurde ausgeschlossen, weil Maurras den plebiszitären Impetus des Bonapartismus in der Wahlmonarchie enden sah. Der Thronfolger „Philippe" nahm die Huldigungen seines „cher Maurras" brieflich huldvoll entgegen. Seine monarchische Vorstellung wurde in Einklang mit der von Maurras erklärt: „reformieren um zu bewahren, das ist ganz mein Programm". Auch er denunzierte den jüdischen und freimaurerischen Kosmopolitismus (EM: 97 f.) in einem Brief von 1900 aus Marienbad. Der Dreiklang der Revolution wurde von Maurras abgewandelt: liberté, autorité, responsabilité (EM: 87). Mit Barrès war er einig über die Dezentralisierung, so sehr er sich ihm auch sonst wegen dessen

Republikanismus entfremdet hatte (EM: 25, 77). Wie Barrès sein Lothringen literarisch stilisiert hatte, so wertete Maurras seine provençalische Heimat auf. Er forderte sogar eine Wiederbelebung der provençalischen Sprache. Die Autonomie der Regionen ging in manchen Äußerungen bis zum Terminus „Souveränität". Dies unterschied Maurras sowohl von den linken als auch den rechten (faschistischen) Einheitsfanatikern im Lande.

1914 schien die Stunde der nationalen Rache an Deutschland gekommen. Es zeigte sich, dass der jakobinische und der rechtsextremistische Nationalismus sich durchaus arrangieren konnten. Maurras wurde als „Schreibtischtäter" hinter dem Mord an dem Sozialistenführer Jaurès gewittert. Clemenceau, der starke Mann der Kriegsführung, schätzte die Action française und ließ sich ohne Protest nachsagen, er habe die Politik dieser Gruppe durchgesetzt und so den Sieg möglich gemacht. Dennoch enthielt der Sieg den Keim der Niederlage für die Bewegung. Der Sieg hatte das Vorurteil Lügen gestraft, die Republik könne sich nicht verteidigen. Eine Monarchie in Deutschland, die sich ab 1916 mehr und mehr in Richtung einer Militärdiktatur profilierte, war hingegen besiegt worden. Maurras wollte diesen Sieg noch stärker als Clemenceau auskosten und forderte die Teilung des Deutschen Reiches in 26 Staaten und die Errichtung einer „Militärkolonie" auf deutschem Boden. An Barrès schrieb er kurz vor Ende des Krieges 1918: „Wenn Deutschland am Boden liegt, werden wir machen, was wir wollen für unsere kleinen Alliierten und Freunde. Falls Deutschland aufrecht bleibt, würde nichts von dem, was wir getan, Bestand haben". (Corr 1970: 579).

Der zweite Rückschlag für die Action française lag in der Entfremdung von der Kirche. Selbst diese wurde von Maurras nicht von Vorwürfen verschont, an der Verschwörung der versöhnlerischen germanophilen Clique der Juden und Briands teilzuhaben. Der Neoscholast Jacques Maritain hat noch versucht, zwischen Maurras und der Kirche zu vermitteln – vergeblich. Als selbst der Papst persönlich angegriffen wurde, hat dieser 1926 die Anhänger der Organisation mit schweren Kirchenstrafen bedroht. Der Thronfolger, der Graf von Paris, folgte dieser Distanzierung von Maurras erst 1937. Die Action française hat in ihrer Propaganda gegen Republik und Modernität den französischen Katholizismus gespalten. Der liberale Katholizismus hat den Sirenenklängen der Rechtsextremisten immer widerstanden.

Der isolierte Maurras hatte erst im Vichy-Regime ein „Comeback". Der Antiparlamentarismus und der Korporatismus unter Pétain entsprach seinen Vorstellungen. Maurras predigte Ergebenheit gegenüber dem Marschall, obwohl er seine Hoffnungen auf Dezentralisierung, auf monarchische Restauration (der Comte de Paris wurde von Pétain recht kühl empfangen) und auf Abstand zur deutschen Besatzungsmacht enttäuschte – zumal er die Regierungsgeschäfte zunehmend Laval überließ. 1925 hatte Maurras in den „Vorläufigen Reflexionen über die Kritik und die Aktion" (OC III: 217) Frankreich im Kampf gegen die „Barbaren von unten", gegen die „Barbaren im Osten" und im Kampf gegen den „eigenen Demos, flankiert von seinen deutschen und jüdischen Freunden" gesehen. Nun war der Erzfeind vorübergehend zum Hegemon geworden, der Frankreich in tödlicher Umklammerung zum Satelliten machte. Maurras' Antisemitismus steigerte sich zur Konformität mit der Nazi-Politik auf französischem Boden.

Maurras war trotz aller politischer Entgleisungen aber nie so weit gegangen, wie die faschistischen Theoretiker. Er hat niemals direkt die Macht besessen und blieb in wesentlichen Punkten so nahe am traditionellen Konservatismus, dass er vorzeitig begnadigt werden konnte.

Quellen

Maurras: Œuvres capitales. Paris, Flammarion, 1954, 4 Bde. ; Bd. 2: Essais politiques; Bd. 3: Essais littéraires.

Maurras: La démocratie religieuse. Paris, nouvelle Librairie nationale, 1911, 1921 (zit.: DR).

Maurras: L'ordre et le desordre. Les „idées positives" et la Révolution. Paris, Éditions Serf, 1948 (zit.: OD).

Maurras: Enquête sur la monarchie. Paris, Nouvelle librairie nationale, 1900, 1909 (zit.: EM).

Maurras: La contre-révolution spontanée. Paris, Lardanchet, 1943.

Maurras: L'action française et la religion catholique. Paris, 1913.

M. Barrès/Charles Maurras: La République ou le Roi. Correspondance inédite 1888–1923. Paris, Plon, 1970.

Literatur

P. C. Capitant: Charles Maurras et l'idéologie d'Action française. Paris, Seuil, 1972.

M. Curtis: Three against the Third Republic: Barrès, Maurras, Sorel. Princeton, Princeton University Press, 1959.

B. Goyet: Charles Maurras. Paris, Presses de Science Po, 2000.

W. Gurian: Der integrale Nationalismus in Frankreich. Charles Maurras und die Action française. Frankfurt, 1931.

Ph. Mège: Maurras et le germanisme. Paris, Éditions de L'Aencre, 2004.

E. Nolte: Die Action française. In: Ders.: Der Faschismus in seiner Epoche. München, Piper, 1963: 61–192.

J. Prévotat: Les catholiques et l'Action Française. Paris, Fayard, 2001.

M. Sutton: Nationalism, Positivism and Catholicism: The Politics of Charles Maurras and French Catholics 1890–1914. Cambridge, Cambridge University Press, 1982.

E. Weber: Action française. Stanford, Stanford University Press, 1962.

3 Der antiparlamentarische Konservatismus in Italien: Minghetti bis Pareto

In der zweiten Hälfte der 19. Jahrhunderts war die konservative Publizistik vielfach dürftig und sektoral spezialisiert. Italien aber war ein Sonderfall eines Landes, in dem auch die Systemkritik mit wenigen Ausnahmen – wie Sighele – noch mit einem Tropfen liberalen Öls gesalbt schien. Italien profitierte schon im Risorgimento davon, dass Denker, die in anderen Ländern als konservativ gelten mussten, wegen ihres Einsatzes für ein konstitutionelles Regime zum Liberalismus gerechnet wurden, wie Gioberti oder Rosmini, aber auch die Akteure der nationalen Einigung, die sich theoretisch äußerten wie Balbo, D'Azeglio oder Cavour (vgl, Bd. 1, Kap. III. 5).

Der Konservatismus erhielt Auftrieb als das liberale System Cavours in die Krise geriet und die alten Liberal-Konservativen durch die „Linke" unter Depretis 1876 von der Macht verdrängt wurden. Wie in anderen Ländern war die Sehnsucht nach einem vorparlamentarischen Konstitutionalismus theoretisch wenig originell. Nur die Kritik der Massen (Sighele) und die Theorie der Eliten (Mosca, Pareto) verschaffte diesem Literaturzweig ein unverwechselbares Profil. Immerhin war bedeutsam, dass ein Elitentheoretiker wie Mosca trotz seiner konservativ klingenden Elitentheorie politisch ein Liberaler blieb, so sehr er sich auch an der Parlamentarismus-Kritik beteiligt hatte.

Nach der Bildung des Königreichs Italien bestanden die Radikalen auf einer neuen Verfassung, die von einer konstituierenden Versammlung ausgearbeitet werden sollte. Ohne „costituente" bestand für Mazzini (vgl. Bd. 1, Kap. III. 5) die Nation nur dem Namen nach. 1899 entfesselte die Linke nach einigen Gesetzen, welche die Presse- und Versammlungsfreiheit beschränkten, eine Kampagne zur Erneuerung dieses Gedankens – während in Anlehnung an Balbos Theorie der repräsentativen Monarchie der Mainstream der Publizistik fortfuhr, die oktroyierte piemontesische Verfassung als Konstitution des ganzen Königreichs zu verteidigen.

Es hatte sich in Italien auf dem Boden dieser konstitutionell-dualistischen Verfassung ein parlamentarisches System entwickelt. Doch der König hatte sich größere Prärogativen bewahrt als die Monarchen in Großbritannien oder Belgien. Gelegentlich entließ die Krone einen Ministerpräsidenten wie Minghetti ohne Rücksicht auf parlamentarische Mehrheitsverhältnisse (1864). Eine konservative Publizistik begann sich zu entwickeln, die sich im Ganzen an die Kritik parlamentarischer Systeme hielt, die damals in vielen Ländern wieder zunahm. Es wurde bei *Marco Minghetti* (1828–1886) vor allem die Parteiregierung beklagt (1881: 64, 126, 216). Obwohl er wie Balbo – und abweichend von Rosmini – die Nützlichkeit der Parteien nicht grundsätzlich leugnete, schienen ihm die Auswüchse des

„Parteienstaats" in allen südeuropäischen Ländern unerträglich. Minghetti mobilisierte mit Zitaten die innerenglische Kritik am britischen System, die keineswegs vorbehaltlos den Parteien-Parlamentarismus guthieß (1881: 209). Zur Bekämpfung des „governo di partito" empfahl er vor allem die Ausschaltung des Parteieneinflusses in der Administration und in der Justiz (1881: 209). Vorbild für seine Reformen waren unterschiedliche Länder: die stärkere Einschaltung privater Initiativen bei rein partiellen Interessen sollte aus den USA übernommen werden. England war Vorbild einer dezentralisierten Verwaltung, die er für Italien forderte. Deutschland sollte bei der Einführung einer speziellen Verwaltungsgerichtsbarkeit Pate stehen (1881: 234). Minghetti erwog, die Unvereinbarkeitsvorschriften für Parlamentarier zu verschärfen, um die Advokatenflut im Parlament einzudämmen. Die Parlamentarier waren seiner Ansicht nach in vielen Ministerkrisen kleinlich und die Regierungen trieben Missbrauch mit der französischen Unsitte ständiger Vertrauensfragen bei Gesetzesinitiativen.

Der „governo di partito" hat die Kritik jedoch in eine irreführende Richtung gelenkt. Minghetti selbst hat argumentiert, dass man nicht zu viel sondern zu wenig Parteiherrschaft in Italien hatte, seit Depretis ab 1876 mit einem System des „trasformismo" die Parteien nivellierte, und sich seine Mehrheit besorgte, wo er sie finden konnte – notfalls durch Korruption. Der „trasformismo" „brutto vocabolo di più brutta cosa" wie der Dichter Carducci in einer Rede von 1886 feststellte, führte nach Minghettis Ansicht dazu, dass das Parlament seine Pflicht vergaß und ein britisches alternierendes System nicht mehr funktionierte (Valeri 1962: 150). Einem Ausländer gegenüber, wie dem belgischen Staatsrechtler Émile de Laveleye (Lettres de l'Italie. Brüssel, 1880: 144 ff), hat er daher das italienische Parteiensystem verteidigt. Er behauptete, dass die wechselnden Mehrheiten, mit denen in Italien regiert werde, Ausdruck eines Fundamentalkonsenses seien. Im Inneren des Landes hat Minghetti hingegen das parlamentarische System zunehmend schärfer kritisiert, wie in einer berühmten Rede in Neapel vom 8. Januar 1880. Die *partitocrazia* dehnte sich seiner Ansicht nach in alle staatlichen Bereiche aus. Ein Sturm der Entrüstung war das Echo auf diese Rede, die von vielen als Beleidigung des Königs und des Parlaments empfunden wurde. Zehn Jahre später zeigte sich ein reaktionärer Stimmungswandel in Italien, bei dem eine viel härtere Kritik kaum noch Anstoß erregte.

Die konservativen Argumente waren einerseits auf die Schwächung des Parlaments ausgerichtet, die sich seit dem *trasformismo* vollzogen habe. Depretis wurde förmlich der Diktatur beschuldigt. Depretis' Regierungsstil hat die konservative Gegenreaktion in der Publizistik ausgelöst und den Antiparlamentarismus der Konstitutionellen gestärkt. Der Führer der historischen Rechten, *Silvio Spaventa* (1822–1893), ein Verwandter Benedetto Croces, der großen Einfluss auf den jungen Philosophen gewinnen sollte, zog 1877 die Bilanz des ersten Jahres der „linken

Regierung" in einer Rede in Bergamo (1910: 6). Aber auch er war nicht ein Vordenker des Antiparlamentarismus. Die Alternierung wollte er nicht grundsätzlich ablehnen. Spaventa bezweifelte allerdings, dass Ideen und Methoden der neuen Regierung noch vereinbar mit dem herkömmlichen System seien.

In den letzten zwei Jahrzehnten des 19. Jahrhunderts brachte Italien die umfangreichste antiparlamentarische Literatur hervor, die je in einem so kurzen Zeitraum publiziert wurde. Das Referat über diese Publizistik ist mangels Originalität dieser Literatur kurz zu halten. Der konservative Senator *Stefano Jacini* (1889: 36) führte die übliche Klage gegen den „unechten Parlamentarismus". Der französische Zentralismus sei mit parlamentarischer Regierung nicht vereinbar. Das Argument wurde in einem nichtparlamentarischen Land wie Deutschland gerade umgekehrt eingesetzt: ein dezentral-föderalistisches System wurde dort als nicht kompatibel mit dem Parlamentarismus hingestellt. *Bonghi* (1933: 319) diskreditierte das System mit der Behauptung, dass es sich gar nicht um eine Mehrheitsherrschaft handele, sondern die Mehrheitsentscheidungen von kleinen Minderheiten durchgesetzt würden. Pareto hat dieses Argument in seiner Elitentheorie später ausgebaut. Die Konservativen wie Jacini haben den demokratisierten Parlamentarismus der Linken für eine gewagte Großmachts- und Kolonialpolitik verantwortlich gemacht. *Ettore d'Orazio* (1911: 444) ging so weit zu behaupten, parlamentarische Systeme seien aggressiver und gefährlicher als die Autokratien. Karl V habe sich in seiner Eremitage in San Yuste für seine politischen Taten für verdammt gehalten. Solche Skrupel plagten hingegen die „kleinen Helden des allgemeinen Wahlrechts" nicht (1911: 444).

Gegen Ende des Jahrhunderts wurde der Schlachtruf „contro il parlamentarismo" zum Banner, um das sich „viele Soldaten ohne Unterschied des Ranges und der Uniform scharten", wie ein Kritiker sich ausdrückte. Die wenigsten hatten noch das intellektuelle Kaliber der älteren Generation von Minghetti, Jacini oder Bonghi. Bei dem Sozialpsychologen *Scipio Sighele* (1868–1913) nahm die konservative Einstellung die Form einer hysterischen Beschimpfung an – eingekleidet in das Gewand massenpsychologischer Pseudowissenschaft. Sighele sah als Grundlage des modernen Parlamentarismus die „vulgäre Idee" an, dass mehrere Personen besser entscheiden könnten als eine. Er erhob es zum Gesetz, dass die Intelligenz proportional zu den an einer Entscheidung beteiligten Personen abnehme. Demokratische Parlamente waren für ihn Stätten der kollektiven Psychose. Sogar das Verbrechen sah er in diesen Gremien gedeihen, die durch strenge Indemnitätsvorschriften abgesichert seien. Der Parlamentarismus neigte nach Sighele (1895: 53) dazu, jegliches öffentliche Leben abzutöten.

Kein geringerer als König Umberto machte sich den Schlachtruf „Zurück zum Statuto", d .h. zur konstitutionellen Regierungsweise, zu eigen. 1888 war Kaiser Wilhelm II zu einem Staatsbesuch in Italien. Auf antiparlamentarische Äußerungen des Kaisers antwortete der König, dass in 20 Jahren auch in Italien angesichts der Schäden des Systems ein Zustand der Unregierbarkeit eintreten werde (zit: Nuova antologia, 1938: 176). Berühmt wurde der Wahlspruch „Torniamo allo statuto" durch den späteren Premier- und Außenminister Sidney Sonnino in der Zeitschrift „Nuova antologia". Das System schien zunehmend durch die früher schwachen extremistischen Kräfte der klerikalen und sozialistischen Gruppen bedroht. Sonnino empfahl, die Regierung nicht mehr an parlamentarische Mehrheiten zu binden. Eine konstruktive Mehrheit wurde beschworen. Das deutsche System eines diskutierenden Parlaments, das jedoch die Regierungen nicht stürzen konnte, gewann einige Anhänger unter den italienischen Konservativen. Nur wenige dieser Antiparlamentaristen konnte der Faschismus später für sich als Vorläufer in Anspruch nehmen. Der Konservatismus des fin de siècle hatte immer noch erstaunlich zivile Züge und war mit einem Rest des liberalen Öls gesalbt. Als der antiparlamentarische Faschismus schließlich gesiegt hatte, vollzog sich der Konflikt unter den Flügeln des Faschismus: die Radikalen fuhren fort, den gemäßigten Faschisten vorzuwerfen, dass sie noch allzu parlamentarisch gesonnen seien.

Quellen

R. Bonghi: Discorsi parlamentari. Rom, Tip. della Camera dei Deputati, 1918, 2 Bde.
R. Bonghi: Programmi politici e partiti (Hrsg.: G. Gentile). Florenz, o.J. (1933).
E. D'Orazio: Fisiologia del parlamentarismo in Italia. Turin, Società tipografica – editrice nazionale, 1911
St. Jacini: I conservatori e l'evoluzione naturale dei partiti politici. Mailand, G. Brigola e Comp., 1879.
St. Jacini: Pensieri sulla politica italiana. Florenz, G. Civelli, 1889.
M. Minghetti: I partiti politici e la ingerenza loro nella giustizia e nell'amministrazione. Bologna, Zanichelli, 1881, 2. Aufl.
S. Sighele: Contro il parlamentarismo.Saggio di psicologia collettiva. Mailand, Fratelli Treves, 1895.
S. Sonnino:Del governo rappresentativo in Italia. Rom, Tip. eredi Botta, 1872.
S. Spaventa: La politica della destra. Scritti e discorsi (Hrsg.: B. Croce). Bari, Laterza, 1910.
N. Valeri (Hrsg.): La lotta politica in Italia dall'unità al 1925. Florenz, Le Monnier, 1962: 125–204.

Literatur

B. Brunello: La grande crisi liberaldemocratica. In: Ders.: Il pensiero politico italiano dal Romagnosi al Croce. Bologna, Zuffi, 1949: 189–241.

L. Burckhardt: Parteien und Staat im Risorgimento. Diss. Basel, 1958.
V. Lo Curto/M. Themelly: Gli scrittori cattolici della Restaurazione all'unità. Bari, Laterza, 1978.
G. Gozzi: Modelli politici e questione sociale in Italia e in Germania fra Otto e Novecento. Bologna, Il Mulino, 1988.
J. Pollard: Conservative Catholics and Italian fascism: the Clerico-Fascists. In: M. Blinkhorn (Hrsg.): Fascists and Conservatives. London, Unwin Hyman, 1990: 31–49.

Der elitäre Konservatismus: Vilfredo Pareto (1848–1923)

Pareto wurde als Sohn eines Marchese aus Genua und einer Französin 1848 in Paris geboren. Er studierte in Turin Naturwissenschaften und Mathematik, promovierte als Ingenieur und machte Karriere in der Industrie. 1882 kandidierte er im Wahlkreis Pistoia-Prato für das Parlament und verlor. Das Ereignis wurde prägend für seine Theorie durch die Erfahrung, dass rationale Argumente in der Politik wenig Erfolg versprechen. 1893 wurde Pareto auf den Lehrstuhl von Walras nach Lausanne berufen. Ab 1906 verzichtete er auf seine Professur und lebte als begüterter Privatgelehrter in Céligny.

Pareto wurde für die politische Theorie als Elitentheoretiker bekannt. Ebenso relevant ist jedoch sein Einfluss auf die Methodologie der Sozialwissenschaften insgesamt. Pareto erforschte soziales Handeln und unterschied die logischen (in der Ökonomie) und die nichtlogischen – aber nicht notwendiger Weise unlogischen Handlungen – die nur in der Vorstellung von Menschen bei der Realisierung angestrebter Zwecke existieren. Die zweite Handlungskategorie ist Domäne der Soziologie. Beide Handlungstypen sollten nach Pareto mit einer logisch-experimentellen Methode angegangen werden, die auf Tatsachen basiert. Die Elitentheorie war ein Nebenprodukt der ökonometrischen Erforschung von Wirtschaftskrisen. Pareto kam zu dem Schluss, dass die Ungleichheit der Einkommen von der ungleichen Befähigung der Menschen zu Erwerb abhing – und nicht von der Organisation der Wirtschaft, wie die Marxisten glaubten. Die Ungleichheit der Verteilung war in seinem System nur zu verringern, wenn das Einkommen der Volkswirtschaft schneller wächst als die demographische Kurve. In dem Buch „Systèmes socialistes" (1902/03) wurden Marx und andere Sozialisten vernichtend kritisiert. Im „Trattato di sociologia generale" (1916: §§ 1397ff) wurden vor allem die nichtlogischen Handlungen und die Eliten untersucht. Das konstante Element – in der menschlichen Natur verankert – wurde „Residuum", das variable Element „Derivation" genannt. In den Derivationen spiegeln sich Geist und Phantasie der Akteure bei der Rechtfertigung ihrer Handlungen. Der Mensch ist primär von Gefühlen geleitet und allenfalls ein „logisches Tier", das die wahren instinkt- und interessegeleiteten Antriebe des Handelns durch Rationalisierungen verschleiert. Die Elite setzte sich für Pareto aus zwei Schichten zusammen. Die eine herrscht, die andere besitzt nur eine gesellschaftlich führende Stellung. Im historischen Prozess kommt nach Pareto zunächst die Gruppe, die von Idealen geleitet wird, an die Macht. In der Stabilisierung dieser Macht geraten sie in Konflikt mit einer zweiten Gruppe (die Füchse), die in einem permanenten Kreislauf der Eliten schließlich die Macht übernehmen. Pareto war in der Tradition von Vico ein Kreislauftheoretiker, der die Fortschrittsgläubigkeit der Soziologie von Comte bis Spencer ablehnte. In seinem Glauben an die unvermeidliche Herrschaft der Minderheit rekurrierte Pareto vor allem auf Machiavelli.

Im Gegensatz zu Durkheim und Weber war Pareto als der dritte große Pionier der klassischen Moderne in den Sozialwissenschaften, im Drang nach wertfreier Wissenschaft ganz am Bild der Naturwissenschaften ausgerichtet. Pareto (Lettere II: 283) sah sich als den großen Neuerer, der die wissenschaftlichen Prinzipien von den Naturwissenschaften in die Geisteswissenschaften trug. In Floskeln der Bescheidenheit wurden nicht eben wirklich bescheidene Ansprüche versteckt: „Vom Absoluten der Metaphysik schreiten wir schrittweise zur experimentellen Relativität. Einen riesigen Schritt vorwärts hatten Galilei, Kopernikus, Newton getan, einen weiteren macht jetzt Einstein. Wer weiß, in einem Jahrhundert, wenn einige Exemplare der „Sociologia" dem Nagen der Mäuse entgangen sein sollten, wird vielleicht irgendein Forscher herausfinden, dass es zu Beginn des 20. Jahrhunderts einen Autor gab, der das Prinzip der Relativität in die Sozialwissenschaften einführen wollte, und wird dann fragen: wie konnte es nur geschehen, dass das nicht verstanden wurde, während dies Prinzip so leicht die Naturwissenschaften eroberte? Er wird sich, so glaube ich, die Antwort geben: weil damals die Sozialwissenschaften, wie stets im Vergleich zu den Naturwissenschaften, enorm zurückgeblieben waren". Pareto nannte seine Methode die logisch-experimentelle – alles andere war für ihn Pseudowissenschaft (Tratt: § 479). Als Pareto (Lettere II: 61) sich von der Ökonomie zur Soziologie wandte, war er tief enttäuscht von der Lektüre der Modeautoren von Spencer bis Ferrero: „Das sind alles Romane" lautete sein vernichtendes Urteil.

Pareto ist vorgeworfen worden, die Mathematik in den Sozialwissenschaften überbewertet zu haben. Es hat auch beckmesserische Versuche gegeben, ihm selbst in der Anwendung der Mathematik zahlreiche Schnitzer nachzuweisen (Bourkel 1982: 79). Ein unvoreingenommener Vergleich von Paretos Äußerungen zeigt jedoch, dass er die Mathematik immer nur als eine der möglichen Methoden in den Sozialwissenschaften ansah. In einem Brief von 1899 fand sich sogar der ernüchternde Satz: „Die Arbeiten an der mathematischen Ökonomie erfreuen mich, sind aber zu wenig nutze" (Lettere II: 281). Nach einem Gespräch mit dem berühmten Ökonomen Walras in Lausanne, der in der mathematischen Methode das Heil der Ökonomie sah, hat Pareto bemerkt (Lettere I: 58): „Ich weiß nicht, warum die Menschen die Wahrheit immer nur von einer Seite sehen wollten". Selbst Walras empfahl ihm, in der Lehre auf die Mathematik weitgehend zu verzichten.

Nach Pareto (§ 525 f) wendet die Wissenschaft zwei Arten von Sätzen an: deskriptive und solche, die eine beobachtete Gleichförmigkeit ausdrücken. Dieser Induktivismus stand einigen positivistischen Vorläufern nahe, auch wenn liebende Interpreten (Eisermann 1987: 38) den Terminus für ein Schimpfwort hielten, das von dem verehrten Meister fernzuhalten war. Wissenschaft musste sich für Pareto an beobachtbare Tatsachen halten. Die bloße Deskription lehnte er aber ab. Selbst die Geschichtswissenschaft konnte für ihn nur Wissenschaft werden, soweit sie ein Minimum generalisierender Theoriebildung zuließ. Paretos historische Bildung war immens, aber im Gegensatz zu Weber auf Europa beschränkt (§ 2065). Pareto flocht seine historischen Beispiele eher nach prämoderner Art „empirisch-anekdotisch" ein. Nie hat er wie Weber ganze Kulturen systematisch zu erforschen gesucht. Auch die Logik war für Pareto nur eine Art Hilfswissenschaft, da alles, was sie beitragen konnte, an empirischem Material aus anderen Wissenschaften getestet werden musste. Wissenschaft kämpfte nach Pareto gegen Schein- und Pseudowissenschaften, die mit wortreichen Begriffen arbeiten, die sich auf das „Wesen der Dinge" beriefen und empirisch gar nicht geklärt werden könnten. Wissenschaft musste daher neutrale Termini bevorzugen, damit wurde der Neigung der modernen Sozialwissenschaften Vorschub geleistet, Fachsprachen zu benutzen, die von der Umgangssprache abgehoben waren, um Vorurteile möglichst auszuschalten. Grundbegriffe wie Residuen (häufig als Synonym für Gefühle gebraucht) und Derivationen (die ideologische Verschleierung der Gefühle mit anscheinend rationalen Gründen) wurden bei Pareto Konstrukte einer Kunstsprache. Das französische Wort „élite", das Pareto (§§ 246 ff) populär machte, diente ebenfalls der Verfremdung umgangssprachlicher Begriffe. Dennoch behielt er die damals in Italien üblichen Begriffe wie „classe politica" und „classe dirigente" als eingrenzende Sondertermini bei. Pareto wollte mit seiner Wortwahl deutlich machen, dass Elite kein normativer Substanzbegriff war. „Jeder andere Name und selbst ein einfacher Buchstabe wären für unseren Zweck ebenso geeignet" (§§ 2031, 2033). Nur die Besten eines Metiers waren mit Eliten gemeint – das konnten auch die Maitressen, Briganten oder Heilige sein (SS I: 56).

Bahnbrechend für die politische Theorie war Paretos Kampf gegen Aussagen über „das Wesen des Staates" oder „das Wesen des Politischen", die in der Staatslehre der Zeit grassierten (§ 372). „Tugend" war für Pareto ein besonders unwissenschaftlicher Begriff (§§ 103 ff). Die üblichen Dichotomien wie Geist und Seele verwies er in das Reich der Metaphysik. Anthropologische Aussagen wie „Der Urmensch lebt in uns allen fort" (Freud) stellten für ihn Paradebeispiele einer Pseudowissenschaft dar.

Pareto hat trotz seiner enormen Belesenheit Max Weber anscheinend nicht gekannt. Seine Handlungslehre, nach der der Mensch vorwiegend von Gefühlen (Residuen) geleitet ist, war nicht die Webers. Nietzsche ist für Pareto als Vorbild in Anspruch genommen worden, obwohl auch Hinweise auf Nietzsche in Paretos Werk fehlen. Es bleibt ein Kuriosum, dass die drei Pioniere der klassischen Moderne – obwohl sie alle der drei Sprachen mächtig waren – einander nicht zu Kenntnis genommen haben. Erst Parsons (1937) hat die drei Großen in seiner systemtheoretischen Handlungslehre in ein fiktives Gespräch verwickelt. Hypothetisches Einverständnis zwischen Weber und Pareto konnte nur durch Kunstgriffe hergestellt werden wie: „so kann dessen ungeachtet keinerlei Zweifel bestehen, dass ... Pareto den obigen Darlegungen Webers voll zugestimmt hätte" (Eisermann 1989: 108 f) – ein eher prämodernes Verfahren der Beweisführung, das Pareto schwerlich gebilligt hätte. Ähnlich hypothetisch muss das Verhältnis Pareto-Nietzsche rekonstruiert werden. Pareto hat danach einige Annahmen Nietzsches nur als Hypothese für ein scientistisches Forschungsprogramm übernommen (A. Gehlen). Allenfalls ein Theorievergleich kann Differenzen und Übereinstimmungen zu Tage fördern. Alle drei Pioniere hatten ein Interesse an der Widerlegung sozialistischer Theorien. Am schärfsten äußerte sich in dieser Hinsicht Pareto. Eine sozialistische politische Ökonomie war für ihn ein wissenschaftlicher Unfug – ebenso wie eine „christliche Ökonomie" (SS I: 2). Der Sozialismus entsprang für Pareto dem Drang, die humanitären Impulse in wissenschaftliche Formen zu kleiden, weil Wissenschaft in der Gesellschaft Mode geworden sei, wie es einst die Religion gewesen ist. Wissenschaft waren am Sozialismus allenfalls kleine Teile, wie die Klassenanalyse bei Marx oder Proudhons Geldtheorie (SS II: 267). Die zweite Konzession war für einen Ökonomieprofessor als Urteil befremdlich, weil Proudhons Geldtheorie eigentlich in der Fachwissenschaft kaum ernst genommen wurde.

Sozialwissenschaften gingen für Pareto von Tatsachen aus. Aber sie waren nicht identisch mit Durkheims „faits sociaux", weil Pareto eine Dominanz der Residuen annahm. Wissenschaftliche Begriffsbildung konnte für Pareto nur nominalistisch vorgehen. Jeder Begriffsrealismus, der zum Wesen der Dinge vorzudringen trachtete, wurde lächerlich gemacht: „Wir können uns zu dieser Höhe nicht erheben" (Tratt: § 530). Paretos logico-experimenteller Ansatz führte ihn zu Äußerungen, die späterer Überprüfung nicht standhielten. Es wurde eingewandt, dass Kriterien der Logik kein unmittelbares Geschenk Gottes sind, sondern dem Kontext der gesellschaftlichen Lebensformen entspringen, und nur in ihm verständlich werden. Die moderne Ethnologie führte zu einer Rehabilitierung der Magie, für die Pareto nur Hohn übrig hatte. Paretos Ideologiebegriff wurde mit dem von Marx oder dem Rationalisierungskonzept von Freud verglichen. Die Ähnlichkeiten zu Freud sind auffallender, so sehr Pareto auch die Psychoanalyse als vor-wissenschaftlich abtat.

Im Anspruch auf Wertfreiheit kam es zu Konflikten mit dem Vorläufer in der Elitentheorie, dem Liberalen Gaetano Mosca. Bei Mosca blieb unklar, wer alles zu seiner „politischen Klasse" gerechnet wurde. Pareto hingegen hatte von vornherein ein klares pluralistisches Konzept der Eliten. Dieses zwang ihn dazu, die classe dirigente (Tratt: §§ 2034, 2044) von anderen Elitensektoren begrifflich zu sondern. Beide Theoretiker entwickelten eine Theorie der Herrschaft von Minderheiten. Pareto verriet dabei eine stärkere Abhängigkeit von Marx als Mosca. Schon die Konzeption der Geschichte als „eines Friedhofs von Aristokratien" war eine klare Umformulierung von Marxens Geschichte als Geschichte von Klassenkämpfen. Paretos Elitenbegriff schien neutraler als Moscas Klassenbegriff, der vor allem in Nordeuropa gern marxistisch ausgedeutet wurde – auch bei Nichtmarxisten. Klasse hatte den Nachteil, mehr sozialen Zusammenhalt zu suggerieren als der Terminus „Elite". Eliten ließen sich in Polyarchien leichter operationalisieren als der Ausdruck „politische Klasse".

Pareto hat seine Elite in eine regierende und eine nichtregierende Schicht eingeteilt. Die „classe dirigente" wurde vielfach zum Synonym der „politischen Elite". Mosca hingegen hat vielfach von „herrschender Clique", „organisierter Minderheit" oder „regierender Minderheit" gesprochen, als ob es sich um lauter Synonyme handelte. Pareto hat in seiner Kreislauftheorie – in Anlehnung an Vico – die Dynamik der Zirkulation von Eliten stärker betont als Mosca. Der Ökonom Pareto (Tratt, § 2044) hatte zudem eine klare Sicht für die Ökonomie des Elitenbedarfs einer Gesellschaft, die bei Moscas eher staatsrechtlich-historischem Ansatz fehlte (vgl. Bd. 1, Kap. IV, 4). Der Untergang vieler Aristokratien wurde bei Pareto soziologisch dadurch erklärt, dass sie „am Elitenbedarf" vorbei produziert hatten. Ein Beispiel war die Überproduktion von Soldaten, wenn diese nicht gebraucht wurden, und sich dann mangels Betätigungsfeld als Putschisten gerierten.

Bei Pareto – der sich weit professioneller mit der ökonomischen Forschung befasste als Max Weber – war erstaunlicherweise gleichwohl das Verständnis für moderne Prozesse der Kapitalisierung, der Monetarisierung und Bürokratisierung der politischen Klasse weniger ausgeprägt als bei Weber. In seinen Gelegenheitsschriften (1946: 87 ff) hat er den „plutokratischen Zyklus" schärfer gegeißelt als im „Trattato". Manche Äußerung klang wie ein Rückfall in die sozialistischen Theorien, die Pareto so scharfsinnig falsifiziert hatte, da immer wieder Kapitalisten und politische Führung identifiziert wurden. In Italien war der Kapitalismus noch recht rudimentär, daher hat Pareto die Ausdifferenzierung der Subsysteme der Gesellschaft nicht so hellsichtig behandelt wie Weber.

Paretos Elitentheorie war offen antidemokratisch. Demokratische Mehrheitsherrschaft sah er als einen Mythos an, weil er die Herrschaft einer Minderheit über die Mehrheit der Beherrschten nur verschleiere. Nur das Mischungsverhältnis von Gewalt und Konsens unterschied die Demokratie von anderen Regierungssystemen (§ 2244). Die Repräsentation der Nation im Parlament hielt Pareto für eine weitere Fiktion. Die Abgeordneten repräsentierten für ihn nur den Teil der Nation, der über den anderen Teil herrscht (1946: 74). Ein solches System war für ihn nicht „parlamentarische Demokratie" sondern „demagogische Plutokratie". Pareto als kühler Analytiker ist verdächtigt worden eine „klammheimliche Freude" über den Niedergang der bürgerlichen Gesellschaft empfunden zu haben. Er selbst hat sich als wertfreien Sezierer dessen, was ist empfunden, ohne Urteil darüber, ob diese Entwicklung wünschenswert sei oder nicht.

Unklar blieb aufgrund der verhaltenen Prognose, wer an die Stelle der demokratischen Plutokraten treten werde. Aus Briefen war zu entnehmen, dass er den Faschismus in seiner Frühphase nicht für eine dauerhafte politische Kraft ansah. Noch immer war er für eine starke Herrschaft, aber er war kein Autoritarist. Stets hat Pareto die Meinungs- und Lehrfreiheit verteidigt – sogar die Freiheit des von ihm erbittert bekämpften Marxismus. Pareto stand in einer italienischen Tradition der Elitentheorie, die von den Rechtsextremisten beschworen aber wissenschaftlich nicht verstanden wurde. Mosca hatte gezeigt, dass die Elitentheorie sogar mit einer liberalen Position vereinbar blieb. Ebensowenig wie Mosca war Pareto anfällig für den extremen Nationalismus der Rechten. Er war Kosmopolit und hat sich über den Chauvinismus seiner Zeit mokiert, der in den 1890er Jahren auf Imperiumsbildung und militärische Stärke drängte. Schon Paretos ökonomischer Sachverstand stand jedem Extremismus im Wege.

Das hat jedoch nicht verhindert, dass er im Rückblick als Vorläufer des Faschismus eingeordnet worden ist. Als Beleg wurde vor allem seine Plutokratie-Kritik von 1921 benutzt (Lyttelton 1973: 90–96). Der Machiavellismus in Paretos politischen Ansichten hat bei ihm nicht zur Totalverdammnis des Humanismus geführt, wie bei den Faschisten. Er akzeptierte Gewaltanwendung zur Erhaltung der Gesellschaft, aber er meinte ganz sicher keine totalitäre Gewalt. Italien und Frankreich schienen ihm zu seiner Zeit an einem exzessiven Humanismus zu leiden. Pareto hat daher für diese Länder den Untergang der bürgerlichen Gesellschaft befürchtet. Da Pareto kein Nationalist war, haben ihn italienische Nationalisten gelegentlich als frankophilen Nicht-Italiener gebrandmarkt. In Wirklichkeit war er eher ein Patriot mit enttäuschter Vaterlandsliebe (Eisermann 1987: 48). In seiner Bewunderung für den starken Staat Bismarcks wurde er im ersten Weltkrieg ernüchtert. Die deutsche Niederlage war für ihn der Beleg des Unterganges einer anderen Plutokratie, die er die militärische nannte (Lettere III: 239 f.). Als sein Freund Pantaleoni, der sich für alle neuen Bewegungen immer wieder begeisterte, versuchte ihn mitzureißen, blieb er weiterhin auch gegenüber dem Faschismus reserviert. Wieder kamen ihm wirtschaftliche Bedenken: „In Italien wollen alle ökonomische Einsparungen im allgemeinen, aber niemand gestattet sie im speziellen. Sollte Mussolini dies vollbringen, wird ihm ein Werk gelingen, neben dem die Werkes des Herkules nichts sind" (Lettere III: 73). Pantaleoni versuchte den Freund herüberzuziehen, indem er den Posten eines Senators für ihn erwirkte. Pareto war nicht erfreut: „Mich ekelt der Senat an". Geschmeichelt war er nur, dass man ihn solcher Ehre für würdig hielt (Lettere III: 389). Die Ernennungsurkunde hat der Sterbende 1923 nicht mehr unterzeichnet. Juristisch gesehen wurde die Ehrung nicht mehr wirksam. Er wollte sich ganz offensichtlich nicht an dem faschistischen Abenteuer beteiligen.

Quellen
Pareto: Les systèmes socialistes. Paris, Giard & Brière, 1902, 2 Bde.(zit: SS).
Pareto: Trattato di sociologia generale (1916). Mailand, Comunità, 1964, 2 Bde. (zit: Tratt).
Pareto: Trasformazioni della democrazia (1929). Rom, Guanda, 1946, 2. Aufl.
Pareto: Lettere a Maffeo Pantaleoni. Rom, Storia e letteratura, 1962, 3 Bde. (zit: Lettere).
Pareto: Allgemeine Soziologie. Tübingen, Mohr, 1955.
Pareto: Ausgewählte Schriften. (Hrsg.: C. Mongardini). Frankfurt, Wien, EVA, 1976.

Literatur
G. Albert: Hermeneutischer Positivismus und dialektischer Essentialismus Vilfredo Paretos. Wiesbaden, VS, 2005.
M. Bach: Jenseits des rationalen Handelns. Zur Soziologie Vilfredo Paretos. Wiesbaden, Verlag VS, 2004.
N. Bobbio: Saggi sulla scienza politica in Italia. Bari, Laterza, 1969.
J: Burnham: Die Machiavellisten. Zürich, Pan Verlag,1949: 177–224.
G. H. Bousquet: Grundriß der Soziologie nach V. Pareto. Karlsruhe, Braun, 1926.
G. H. Bousquet: Vilfredo Pareto. Paris, Payot, 1928.
G. Busino: Introduction à une histoire de la sociologie de Pareto. Genf, Droz, 1966.
G. Eisermann: Vilfredo Pareto. Ein Klassiker der Soziologie. Tübingen, Mohr, 1987.
G. Eisermann: Max Weber und Vilfredo Pareto. Tübingen, Mohr, 1989.
W. Hirsch: Vilfredo Pareto. Ein Versuch über sein soziologisches Werk. Zürich, Occident-Verlag, 1948.
T. Parsons: The Structure of Social Action.(1937). Glencoe/Ill., Free Press, 1961, 2. Aufl.
G. Zauels: Paretos Theorie der sozialen Heterogenität und Zirkulation der Eliten. Stuttgart, Enke, 1968.

4 Die „Konservative Revolution" in Deutschland und Carl Schmitt

Keines der fünf Länder – Sowjetrussland wegen seiner Sonderentwicklung ausgeklammert – ist durch den ersten Weltkrieg in eine so tiefe Existenz- und Sinnkrise gestürzt worden wie Deutschland. Große Teile des Bürgertums wurden durch Niederlage und Pauperisierung radikalisiert. Kein anderes Land hatte solche territorialen Verluste hinnehmen müssen. Selbst Italien hatte als „Gastsieger" trotz eines territorialen Zugewinns noch immer das Gefühl unter den „zu kurz gekommenen Nationen" zu sein. Die Aufstände der Linken und die sozialdemokratische Vorherrschaft bis 1920 haben die rechte Welle noch zusätzlich angeheizt. Der „Konservatismus der Ältesten" konnte sich nur zu einer halbherzigen Akzeptanz der Republik durchringen. Max Weber (Pol. Schriften, Tübingen, Mohr, 1958: 437 f) war typisch für diese Haltung. Nur weil die Dynastie so belastet war, konnte er nicht mehr für die Monarchie, die er bevorzugt hätte, eintreten.

Zivilisationskritik und Gruppendynamik

Eine Flut von Literatur setzte die antiparlamentarische und antidemokratische Hetze fort, die schon im Kaiserreich bestanden hatte. Nie hat es eine solche Zahl von konservativen Sekten in Deutschland gegeben, wie in der Weimarer Republik. Burckhardt und Nietzsche wurden als Vorläufer einer Abkehr von den bürgerlichen Werten, dem Rationalismus und dem Fortschrittsglauben in Anspruch genommen. Thomas Mann (1920: 605) hat in den „Betrachtungen eines Unpolitischen" bereits Burckhardts und Nietzsches aristokratischen Widerwillen gegen das „geräuschvolle Eindringen des Freisinns" als Beleg dafür in Anspruch genommen, dass der Konservatismus nichts Plebejisches an sich habe. Hier trat an der Wende zum neuen revolutionären Konservatismus ein Bruch ein. Man begann sich eher auf die schrillen Töne im Werk Nietzsches zu berufen. Der Kult des Übermenschen wurde entgeistigt und war kaum noch aristokratisch zu nennen. Auf den Altkonservatismus hat man sich kaum noch berufen, sondern eher auf die konservativen Außenseiter ihrer Zeit wie Nietzsche, Lagarde oder Langbehn.

Der neue Konservatismus entwickelte in seiner Zivilisationskritik vielfach nihilistische Züge. Die Ausspielung der „deutschen Kultur" gegen die „westliche Zivilisation" hatte selbst Liberale erfasst wie den Soziologen Alfred Weber.

War die „konservative Revolution" noch Konservatismus? ist vielfach gefragt worden. Der völkische Einschlag bei vielen Autoren stand ganz sicher im Gegensatz zum Altkonservatismus, der in Preußen wegen der Vielfalt der Ethnien eher einen Staatskonservatismus entwickelt hatte. Die Jugendbewegung war eine Lebensstil-Revolution gegen die Werte der liberalen Väter gewesen. Die Suche nach der „blauen Blume" wurde als konservative Neo-Romantik gegen den Rationalismus des Bildungsbürgertums gesetzt. Der Irrationalismus von Nietzsche, Lagarde und Stefan George gehörte zum Ideengut der Jugendbewegung. „Die Ideen von 1914" wurden in der Aufbruchsstimmung des Kriegsbeginns zum Sammelbanner, um das sich rechte Gruppen scharten, die sich trotz aller Querelen untereinander als Teil „einer Bewegung" verstanden. Die Ideen von 1914 wurden in bewusste Antithese zu den „Ideen von 1789" gesetzt. Die deutschen Helden wurden den britischen Händlern gegenübergestellt (Sombart 1915). Der Proletarier schien ein möglicher Bundesgenosse – der „Bürger" hingegen nicht.

Zum engeren Kreis der politisch relevanten Publizisten wurden Spengler, Moeller van den Bruck, Edgar Jung, Ernst Jünger, Ernst Niekisch und Hans Zehrer gerechnet. Gelegentlich wurden Carl Schmitt und Hans Freyer in diese Bewegung einbezogen – was diese intellektuell aufwertete (Breuer 1995: 6). Ein weiterer Begriff der „konservativen Revolution" von engagierten Historikern der Bewegung (Mohler 1989: 307 ff) hat die Bewegung noch zusätzlich erhöht durch die Einbeziehung von Max Scheler, Werner Sombart, Ernst Forsthoff und E. R. Huber in der Wissenschaft, bis zu Hofmannsthal, George, Gottfried Benn und den frühen Thomas Mann der „Betrachtungen eines Unpolitischen" (1920) in der Literatur. Der Versuch einer rationalen Typologie des Irrationalen ergab die Gruppen der völkischen Autoren, zu denen auch Erich Ludendorff (1865–1937) gerechnet wurde. Das völkische Denken wurde „die Verdrängung alldeutscher Machtpolitik auf die Ebene des Gefühls" genannt (Broszat). Eine Theorie ließ sich auf diese Gefühle kaum gründen, daher hat man das völkische Gedankengut mit recht das geistloseste aller Theorieangebote in jener Zeit genannt (Sontheimer 1977: 131).

Die für die politische Theorie relevantesten Autoren sind zu den Jungkonservativen gerechnet worden: *Arthur Moeller van den Bruck* (1876–Freitod 1925), *Edgar Jung* (1894–1934), der in Oranienburg von den Nazis ermordet wurde und der führende Kopf des Tat-Kreises, *Hans Zehrer* (1889–1966). Zum weiteren Kreis dieser Gruppe wurden gelegentlich auch der Österreicher *Othmar Spann* (1878–1950) mit seinen ständestaatlichen Ideen gerechnet, sowie der Geopolitiker *Karl Haushofer* (1869–Freitod 1946). Nationalrevolutionäre wie *Arthur Mahraun* (1890–1950), der Gründer des Jungdeutschen Ordens, der im Juni 1933 von den Nationalsozialisten verboten worden ist, der Jünger-Kreis, *Otto Strasser* (1897–1974), der sich noch vor der Machtübernahme von den Nazis abwendete und der Nationalbolschewist *Ernst Niekisch* (1889–1967), der von den Nazis 1939 zum lebenslänglicher Haft verurteilt worden ist, gehörten zum literarisch aktiven Kern dieser Gruppe. Einige wie Strasser oder Rauschning emigrierten, andere wie Haushofer, Niekisch oder Jung wurden von den Nationalsozialisten verfolgt.

Der Ausdruck „konservative Revolution" ist als Buchtitel 1875 bereits bei Jurij Samarin in Russland aufgetaucht. Maurras hat ihn 1900 in der „Enquête sur la monarchie" aufgenommen. Auch Thomas Mann verwendete ihn in der „Russischen Anthologie" (1921). Aber erst *Hugo von Hofmannsthal* hat den Terminus in seiner Rede: „Das Schrifttum als geistiger Raum der Nation" (1927) berühmt werden lassen. Er verstand unter konservativer Revolution einen geistigen Prozess als Gegenbewegung gegen die Geistesumwälzungen von Renaissance und Reformation. Er hoffte, dass diese Geistesumwälzung „eine neue deutsche Wirklichkeit" schaffen werde, „an der die ganze Nation teilnehmen könnte" (Hofmannsthal: Ausgewählte Werke. Frankfurt, Fischer, 1966, Bd. II: 740). Dieser Prozess wurde von Hofmannsthal jedoch nicht politisch verstanden. Die politisierte konservative Revolution hat sich in der Nachfolge der „Konterrevolution" gegen die Französische Revolution gesehen, wobei die extreme Rechte nach dem ersten Weltkrieg sich gegen Restauration, Reaktion und Altkonservatismus absetzte (Mohler 1989: 11). Mit dieser Ahnenreihe wurde unterstrichen, dass es sich nicht um eine rein deutsche Bewegung handele. Rein deutsch schien nur die bündische Jugendbewegung. Zu den Ahnherren wurden einige Slawophile in Russland, Dostoevskij, Barrès, Sorel, Unamuno, Pareto und Jabotinski in Israel gerechnet. Die deutsche Sonderentwicklung schien darin zu bestehen, dass der Altkonservatismus nicht direkt in eine „konservative Revolution" einmündete. Vor 1914 gab es verwandte Bestrebungen mit den „Christlich-Sozialen" des Hofpredigers Stoeckers in Berlin, den Alldeutschen, den deutsch-nationalen Bewegungen um Schönerer und Lueger in Österreich. Sie alle hatten die Verteidigung des Status quo bereits hinter sich gelassen. Einige von ihnen bevorzugten bereits eine unbürgerliche Lebensform, die aus der Jugendbewegung übernommen worden war oder aus dem Kriegserlebnis resultierte. Das Kriegserlebnis war freilich nur bei Jünger wirklich aus „erster Hand". Mann, Spengler, Sombart oder Scheler haben ihren Verteidigungsbeitrag am Schreibtisch geleistet. Moeller van den Bruck war in der Propaganda an der Ostfront und nicht in der kämpfenden Truppe eingesetzt (Klemperer 1962: 198 f.).

Der Vorwurf des „Nihilismus" war bei den konservativen Revolutionären kein Schimpfwort mehr. Niekisch (1965: 249, 254) entdeckte den Nihilisten als „Sohn des Chaos": „Er der Verlorene, Entleerte, propagiert sich zum Sinn der Welt, zum Erlöser und Heiland". Der nihilistische Realismus konnte in dieser Interpretation nicht gegen eine alte gute Zeit der konservativen Gesellschaft ausgespielt werden. In der französischen Revolution sah Niekisch einen parallelen „Tanz auf dem Vulkan" von einer Oberschicht, die „nach uns die Sintflut" predigte. Nicht wenige Publizisten wandten sich einem „heroischen Realismus" zu, der den gesellschaftlichen Zersetzungsprozess im Gegensatz zu den Altkonservativen für unaufhaltsam ansah. Im Gegensatz zum Altkonservatismus war die konservative Revolution – mit Ausnahme einiger „Kleriko-Faschisten" – nicht mehr religiös. Eine Ausnahme schien die Reichsidee von Edgar Jung (1929, 1930: 65). Es wurde viel von „Vorsehung" und „Schicksal" geraunt. Nietzsches „amor fati" wurde wortreich beschworen. Bei Jünger wurde deutlich, dass eine „Rückverzauberung" der Welt nicht mehr möglich war. Aber einige Interpreten legten Wert auf die Feststellung, dass noch immer eine substanzmetaphysisch begründete Überzeugung von der Heilbarkeit der Welt – und sei es nur durch die läuternde Katastrophe – in Jüngers Werk fortlebte (Kiesel 1994: 206).

Wo in der „Konservativen Revolution" ein Germanenkult gepflegt wurde, war er heidnisch, und selbst bei den Gebildeteren der Bewegung wie Spengler durchzog ein starker Paganismus das Werk. „Schicksal" war für Spengler im „Untergang des Abendlandes" (I: 154) die Wirklichkeit transzendierend. Es gehöre zur „Logik des Organischen" im Gegensatz zu „Logik des Anorganischen". Das Schicksal entzog sich einer exakten historischen Kausalanalyse, wie sie die Historiker mit Recht verlangen.

„Die Umwertung aller Werte" hat auch die Vorbildwirkung der Nationen verschoben. Man blickte nicht mehr zu den höher entwickelten westlichen Nationen auf. Bei einigen wurde der weniger entwickelte östliche Nachbar vom Gegenstand der Verachtung zum Objekt der Bewunderung umfunktioniert: in Frankreich wurde die Germanomanie und in Deutschland die Russophilie laut Jünger (Strahlungen. Tübingen 1949: 385) zu einem neuen Lebensgefühl konservativer Intellektueller.

Konservativ war die konservative Revolution vor allem in ihrer Ablehnung einer monarchischen Restauration nicht mehr. Der Konservatismus wollte bewahren, für die konservative Revolution war das Entscheidende ohnehin unvergänglich. Revolution wurde auch nicht als eine Reform verstanden, sondern eher als ein chirurgischer Aderlass, der zur Abstoßung des Überholten unerlässlich schien (Mohler 1989: 116). Revolutionär war auch der Kult der Bewegung, der keinen Ruhezustand duldete. Trotz rastloser Bewegung war das Ziel nicht notwendiger Weise ein Sieg. Thomas Mann (1920: 605) dokumentierte sehr schön die Grenzscheide zwischen altem und neuem Konservatismus. Mann hat eine leicht melancholische Ironie als Kennzeichen eines jeden Konservatismus gepriesen. Die konservative Revolution hatte diese Ironie durch eine Deklamation der Dialektik des Scheiterns ersetzt. Das Bewusstsein des Scheiterns wurde mit einem trotzigen „dennoch" beantwortet, als Antwort auf die Niederlage von 1918. Nietzsches „amor fati" wurde tief internalisiert. Lyrischen Ausdruck fand dieses Lebensgefühl in Benns Gedicht: „Dennoch die Schwerter halten" von 1933:

„und heißt dann: schweigen und walten,
wissend, dass sie zerfällt,
dennoch die Schwerter halten
vor die Stunde der Welt".
(Benn: Sämtliche Werke, Stuttgart, Klett-Cotta, 1986, Bd.I: 174).

Die brutalisierte Form dieses heroischen Nihilismus mündete schließlich in das NS-Lied, aus rauen Landser-Kehlen gesungen: „Wir werden weiter marschieren, wenn alles in Scherben fällt". Der heroische Realismus nannte auch in Benns Gedicht kein Ziel mehr, das mit Schwertern zu verteidigen war und hatte auch keine Hoffnung mehr, mit diesem Einsatz zu siegen.

Eine linke „Soziologie der Desperados" ging für die Vordenker der konservativen Revolution vielfach von gescheiterten Existenzen aus. Dies erwies sich als falsch hinsichtlich der Herkunft (Breuer 1995: 25 ff). Die meisten kamen aus bürgerlichem und protestantischem (Ausnahme Schmitt) Milieu. Einige waren Autodidakten wie Spengler und Niekisch. Spengler ist gleichwohl ein Lehrstuhl in Leipzig für die Nachfolge des Kulturhistorikers Karl Lamprechts angeboten worden, den er jedoch aus Gesundheitsgründen ausschlug (Briefe: 692). Die meisten Publizisten der konservativen Revolution hatten ein Studium absolviert. Die überwiegende Zahl dieser Autoren kam aus Mittel- und Kleinstädten. Mit Ausnahme von Jünger nährten sie ein Vorurteil gegen die Großstadt. Die Niederlage von 1918 führte zu kompensatorischen Missionsgedanken in einem hypertrophen Nationalismus. Die militärisch-männerbündische Komponente mit ihren Ritualen wurde mit Apokalyptik und Gewaltverherrlichung verbunden.

Kapitalismus, Sozialismus und technische Moderne

Die Fronten von Rechts und Links verschoben sich. Wie im italienischen Faschismus wurde die Linke verbal angegriffen, aber der Liberalismus zum eigentlichen Feind erklärt. Die Niederlage führte bei einigen Autoren zu einem Mythos ausländischer Verschwörung, wie bei Moeller van den Bruck: der Liberalismus war ein internationales System. Während im Jesuitismus der Zweck die Mittel heiligte, heilige im Liberalismus der Begriff die Auslegung. Wilson war der Erzbösewicht: „Der Liberalismus fand diesen Mann in dem Meister vom Stuhl einer weltfremden Weltgerechtigkeit". Er schuf keinen Gottesfrieden sondern einen „Siegerfrieden" (1923: 73). England wurde im Sombart-Stil weiterhin als kapitalistische Händlernation verspottet. Spengler (1924) rief die linken Parteien im Geiste Lassalles gegen den „Feind der gemeinsamen Idee, gegen das innere England, den kapitalistisch-parlamentarischen Liberalismus" auf. Obwohl die drückenden Reparationen nur 1.7 % des deutschen Bruttosozialprodukts ausmachten, wurde die „Zelotisierung" Deutschlands wortreich gebrandmarkt. Vor allem die geistige Demütigung des Reiches durch das System von Versailles wurde gegeißelt – am schärfsten bei Niekisch. Einige der Autoren polemisierten gegen den Kapitalismus schlechthin und glaubten – wie Freyer im Anschluss an Sombart – dass dieser seinen Höhepunkt überschritten habe. Der Weltmarkt schien zu zerfallen. Autarkie und Großwirtschaftsräume wurden gefordert (Spengler 1933: 128) Aber

Spengler sah auch darin kein Allheilmittel. Was nutzt die äußere Abschließung in einer wirtschaftlichen Autarkie, wenn im Inneren der Klassenkampf tobt, stellte er als Frage auf? Im Tat-Kreis Zehrers wurde die Vorstellung diskutiert, dass liberalistische System mit einer Kooperation der nationalen und der linken Bewegung in einer „dritten Front" aus den Angeln zu heben. Solche Gedanken richteten sich auf ein Bündnis zwischen Reichswehr und Gewerkschaften ein, das Schleicher als letzter Reichskanzler noch aus dem Reich der Ideen heraushob und versuchte in die Tat umzusetzen. Auch bei Moeller (1933: 244) war Träger des Reichsgedankens eine „dritte Partei".

Die imperialen Ziele einiger Autoren gingen weit über das hinaus, was Italiens Nationalismus mit dem „mare nostro-Gedanken" in der Adria als Ziele proklamierte. Mittel- und Osteuropa blieb auch nach der Niederlage ein Tummelplatz der imperialen Spekulationen, die weit über Naumanns Ziele hinausgingen (vgl. Bd. 1, Kap. IV, 2). Konservativere Autoren wie Edgar Jung waren beunruhigt, wie weit sich einzelne Publizisten, wie Niekisch und der Nationalbolschewismus, vorwagten. Selbst bei Jünger, der eine durchgeistigte Form des Arbeiter-Kults vertrat, wurde Bolschewismus gewittert (Spengler 1933: 50). Die Kriegswirtschaft – die ja selbst Lenin gelobt hatte – wurde zum Zukunftsmodell. Ein antimoderner Agrarstaat wurde nur noch von marginalen Sektierern aus der Jugend- und Landvolk-Bewegung gefordert. Spengler, Jünger oder Freyer waren von der modernen Technik und ihren Möglichkeiten für die Planung fasziniert.

Technik war für Jünger in „Der Arbeiter" (1932) ein Instrument der sozialen Mobilisierung. Es schien zwar destruktiv für die alte Ordnung der Gesellschaft, wurde aber als Vorbedingung einer neuen stabilen Ordnung in Kauf genommen. Das „neue Menschentum" sah Jünger in der Generation der Frontkämpfer heranwachsen, einer „neuen Aristokratie, die sich in den Besitz der entscheidenden geistigen und technischen Mittel setzt" (1932, 1981: 276). Im Unterschied zu einer Partei alten Stils handelte es sich für Jünger „um Züchtung und Auslese, während das Bestreben der Partei auf Massenbildung gerichtet ist". Damit war bereits der Unterschied von Jüngers Konzeption zur der nationalsozialistischen Parteiideologie abgesteckt. Totalisierung der Technik ermöglichte totale Herrschaft. Nur totale Herrschaft konnte ihrerseits die Verselbständigung der Technik stoppen und die Technik einem höheren politischen Willen unterordnen. Antimodernistische Affekte gab es in Randgruppen dieser Bewegung. Vorbehalte gegen die Technik äußerten Niekisch, Jung und der Tatkreis. Im Zentrum der Bewegung kam es vielfach zur „Identifikation mit dem Aggressor" (Breuer 1995: 76), während das Bildungsbürgertum weiter mit seiner humanistischen Technikfeindschaft kokettierte.

Jünger (SW Bd. 8: 286ff) ging so weit, die Verfassung durch den Arbeitsplan ersetzen zu wollen. Technik und Lenkung würden nationale Stile zweitrangig werden lassen. Autoren wie Spengler, der keineswegs generelle Technikfeindschaft demonstrierte, haben Jünger scharf kritisiert. Trotz der Verherrlichung eines „preußischen Sozialismus" fand er in einem Brief an Jünger (Briefe: 667): „Sie haben wie viele andre den Begriff des Arbeiters nicht aus der Phraseologie der Marxisten lösen können". Gegen den Arbeiter, den „Götzen der Welt" setzte er den „Bauern", den Jünger vernachlässigt habe. In der Schrift „Jahre der Entscheidung" (1933: 136) musste er sich gegen Missverständnisse über seinen preußischen Sozialismus zur Wehr setzen. Er stellte klar, dass nicht Massenideologie und Programmsozialismus „auf gemeinen Instinkten" gemeint sei, sondern „Sozialismus als sittliche Lebensform". Preußentum hieß jedoch für Spengler (1933: 138) ein starker Staat und „Vorrang der großen Politik vor der Wirtschaft, deren Disziplinierung durch einen starken Staat". Sozialismus aber hieß nicht, die Abschaffung der freien Initiative des Unternehmergeistes. Im Gegensatz zu Sombart waren große Unternehmer in der englischen Geschichte durchaus auch eine Art von „Helden". In vielen Varianten kam es in der konservativen Revolution zu einer neuen Staatsvergottung. Carl Schmitt und die konservative Revolution hatten den Versuch gemeinsam, den Verfall des politischen Systems aufzuhalten und die Politik den anderen verselbständigten Teilsystemen der Gesellschaft wieder überzuordnen.

Bei Hans Freyer (1987: 28) wurde der Plan 1933 als die rationale Form der Entscheidung gepriesen. Im Plan wird von dem „Strahlenbündel der Möglichkeiten" zwar nicht theoretisch Ordnung, wohl aber praktisch Eindeutigkeit geschaffen. Plan ist Entscheidung für eine der Möglichkeiten. Der Plan ist ein Kampfmittel der Politik. Keine technokratische Utopie wurde von Freyer angestrebt. Planung setzte für ihn Herrschaft voraus und Politik geht der Technik voraus. Herrschaft aber kann nie ganz durchgeplant werden. Sie setzt eine gemeinschaftliche Identitätsbildung voraus. Nicht jede im Plan rationalisierte Dezision ist daher historisch auch möglich. Vom Schmittschen Dezisionismus war diese Position nicht weit entfernt. Das Politische war auch für Freyer (1987: 53) das Feld der „Taten". Es ist keine Sachwelt und kein systematischer Zusammenhang: „Ohne die Kategorien des Willensaufbruchs und der Entscheidung ist es nicht zu denken".

Nationale Identifikationssymbole

Staat und Nation in ihrem Verhältnis waren für den Konservatismus schon immer ein Problem. Nur der Liberalismus hat Staat und Gesellschaft, Staat und Volk begrifflich klar getrennt. Als die Gesellschaft jedoch von einem radikalisierten Volksbegriff im Lager der Konservativen kolonialisiert wurde, schien dies zugleich ein Angriff auf den Staatskonservatismus, der in Preußen überwogen hatte. Die meisten europäischen Länder hatten für ihre konservative Revolution zwei Identifikationsobjekte zur Verfügung, das Volk und den Nationalstaat. Der Volkskult und ein Germanenkult erfassten die Konservativen nicht nur in Deutschland. Auch in Spanien hat es einen Westgoten-Kult und in Russland einen Varäger-Kult gegeben, der freilich rasch von Kelten-, Iberer- oder Slawenkulten abgelöst wurde. In Deutschland war die intellektuelle Lage schwieriger, weil es vier Identifikationsobjekte zu geben schien: das Reich, der Nationalstaat, das Volk als Fortsetzung des Germanischen und Preußen.

Das Reich wurde vielfach von der katholischen Rechten hochgehalten. Preußen schien den Ruin dieses Reiches bewirkt zu haben und wurde in der Propaganda als halb-slawischer Staat als undeutsch abgelehnt. Moeller van den Bruck griff den alten chiliastischen Begriff des Dritten Reiches von Joachim von Floris auf. Auch der Tatkreis um Eugen Diederichs hat das Kommen eines Dritten Reiches prognostiziert. Für Spengler war das Dritte Reich ein germanisches Ideal (1923 I: 467). Für Moeller schien das erste Reich zu unpolitisch und das zweite Reich war nur ein Zwischenreich gewesen (1923, 1931: 232, 242). Das Dritte Reich sollte aus der Illusion in die tatsächliche Politik treten. Er warnte jedoch auch schon vor der Möglichkeit einer großen Selbsttäuschung des deutschen Volkes hinsichtlich dieses Begriffs (1923, 1931: 7). Sein früher Tod bewirkte, dass er die Richtigkeit dieser Prognose nicht mehr erlebte. Die Trinitätsmystik der Reichelehre verband sich bei vielen konservativen Revolutionären mit der Verherrlichung einer „dritten Partei" oder einer „dritten Front", wo Partei für die meisten nur einen pejorativen Klang entwickeln konnte (1923, 1931: 5f).

Als Pendant zur italienischen Imperiumsidee und Vorstellungen vom Dritten Rom hat die Reichsidee eine Rolle gespielt, aber überwiegend als negative Abgrenzung gegen die Weimarer Republik. Reichsmetaphern waren breit konsensfähig – bis hin zu klerikofaschistischen und ständestaatlichen Kreisen in Süddeutschland und Bayern. Einige norddeutsche konservative Revolutionäre haben aber gerade wegen des „katholischen Elements" der Reichsidee den Rekurs auf das Reich abgelehnt (vgl. Sontheimer 1978: 222ff).

Der völkische Strom hatte die Sicherungen des preußischen – nichtethnischen – Staatsnationalismus hinweg gerissen. Die objektivistische Deutung der Nation, die selbst der sanfte Herder in Deutschland mächtig gefördert hatte, wurde vorherrschend. Uneins war man sich, ob die objektive Grundlage eines Volkes auf historische oder rassische Gegebenheiten gegründet war. Es gab auch Mischungen. Bei Jünger (Kampf, 1928: 4) war „Blut" zwar eine objektivistische Kategorie, aber sie war nicht biologisch sondern metaphysisch gemeint. Der Objektivismus der Volksdefinitionen konnte zu seltsamen Blüten führen wie bei Moeller van den Bruck (1931: 115), der sich zu der Mystifikation verstieg: „Wieder bestätigte sich, dass es eigentlich gar nicht Menschen sind, die Formen bilden, sondern die Natur, die Nation, die Zeit in den Menschen, dass es einziger ursprünglicher Ortsgeist ist, der an einer einzigen und großen Überlieferung arbeitet". Aber germanisch-rassistisch war dies bei Moeller (1931: 32) nicht gemeint. Sehr zum Ärger der Nazis über den Stichwortgeber ihres Reiches wurde das slawische Element in Preußen hochgehalten. Nicht die Rassenmischung war für ein Volkstum entscheidend, sondern die Einheit seiner Kultur und sein Stilwille. Wie in den romanischen Versionen der konservativen Revolution wurde viel von Rasse gesprochen – sie war aber nicht immer biologistisch gemeint. Jünger, Spengler, Zehrer oder Schmitt waren keine Rassisten, was Konflikte mit den Nationalsozialisten vorprogrammierte. Ein Antirassismus hinderte freilich nicht, dass Jünger antisemitische Äußerungen hinterließ. Aber sie waren Ausdruck einer antikapitalistischen Gesinnung. Juden waren für ihn die profiliertesten Exponenten des Liberalismus. Ähnliche Äußerungen fanden sich auch im italienischen Faschismus. Einige frühere Staatsnationalisten wie Niekisch haben später Gobineaus Rassenlehre gepriesen. Aber die natürliche rassische Einheit „Volk" wurde auf eine höhere Stufe gerückt im Staat als „sittliche Lösung".

Die Annahme der Reichsidee hat in der Regel zu expansionistischen Forderungen geführt. Der Expansionismus war bei den Völkischen zunächst vorwiegend auf den deutschen Sprachraum beschränkt. Aber auch der Tat-Kreis, Moeller, Freyer oder Niekisch äußerten begrenzte Expansionsziele. Niekisch (Sozialismus, 1933: 28) prognostizierte: „Deutschland wird das Land der ungeheuersten Irredenta sein, die es jemals gegeben hat." Moellers Drittes Reich (1923: 245) war mit einem „deutschen Universalismus" verbunden, der sich auf das „europäische Ganze" richtet. Der romanische Nationalismus denke nur an sich selbst. Der deutsche Nationalismus denke hingegen in Zusammenhängen, und müsse daher von der Mitte aus Europa im Gleichgewicht halten. Im Tat-Kreis wurde die eine Großmitteleuropa-Idee neu aufgelegt. Moeller und Jünger hatten weiterreichende Ideen hinsichtlich ihrer imperialen Konzeption. Jünger sah im „Weltstaat" (1960: 75) den Pluralismus der Staaten zum Untergang verdammt. Er hoffte auf einen Staat, der „im finalen Sinne einzigartig wird". Visionen des deutschen Idealismus lebten wieder auf: „Dann könnte der menschliche Organismus als das eigentlich Humane, vom Zwang der Organisation befreit, reiner hervortreten". Auch Spenglers Großreichsmystik ging über deutsch-nationale Grenzen hinaus und wurde nicht nationalistisch verstanden. Wo die Reichsidee noch religiös gefärbt war, wie bei Jung (1929, 1930: 65) wurde das „dritte Reich" noch als Staat beschrieben, der nicht nur „großdeutsch" sei: „denn neue Vorstellungen vom Reiche Gottes auf Erden erzeugen auch irdische Reiche". Eine konkretere Beschreibung wurde aber von Jung nicht vorgenommen.

Der konservative Staatsnationalismus trat in neuen Metamorphosen auf. Wo der plebiszitäre Führergedanke Einzug hielt, wie bei Schmitt und Zehrer, konnte das Volk – auch wenn es als „Urgrund alles politischen Geschehens" gepriesen wurde (Schmitt 1928: 79) – zum bloßen Rohstoff für den Führer werden, der eine

Nation mit Hilfe eines Sorelschen Mythos zusammenschweißt. Durch die Unterscheidung von „Freund und Feind" wurde in Schmitts „Begriff des Politischen" (1932, 1987) diese Führungsleistung erleichtert. Damit kam ein subjektives Element des Willens in die Nationsbildung, wenn auch nicht auf demokratische Weise, wie bei Sieyès, mit dem Schmitt sich halb bewundernd, halb kritisch auseinander setzte.

Preußen als das vierte Identifikationsobjekt jener Debatte wurde in wenig logischer Weise mit den drei anderen Konzeptionen verbunden – mit den stärksten geistigen Brüchen bei Spengler. Preußen ist von Spengler zum „deutschen Sozialismus" überhöht worden. Es wurde als Instinkt definiert, den Einzelwillen im Gesamtwillen aufgehen zu lassen (1924: 3, 37, 28). Bei Moeller van den Bruck (1931: 32) wurde Preußen zum Lebensstil, der sich durchaus in imperiale Großraumgebilde einbringen ließ. In der Sozialismusschrift (1933: 16) wurde der westliche Sozialismus als „verkappter Liberalismus" entlarvt. Der preußische Sozialismus hingegen gewinne seine „Klassizität" durch Leistung.

Konservative Revolution und Nationalsozialismus

Die konservative Revolution wurde vielfach mit dem Faschismus und dem Nationalsozialismus identifiziert – zu Unrecht. Das Verhältnis dieser Publizisten zu den Faschismen war sehr unterschiedlich. Spengler und Schmitt haben den Faschismus anfangs begrüßt. Beim Nationalsozialismus vermissten sie die cäsaristische Führungsgestalt (Breuer 1995: 136). Spengler (1933: 135) verstieg sich in seinem Lob Mussolinis zu der absurden Bemerkung, dass der italienische Faschistenführer eher mit Friedrich dem Großen als mit Napoleon zu vergleichen sei – was sicher der Eigenperzeption des Duce nicht gerade entsprochen hat. Edgar Jung (1929, 1930: 280) war sogar außerordentlich skeptisch gegen die „Diktatur national Denkender" wie sie der Faschismus errichtet habe. Ein solcher Staat war für ihn „unorganisch", ohne Unterbau. Auch der Korporativstaat war für ihn nur ein totes Gerippe „ohne eigenlebige Körperschaften".

Das Verhältnis der konservativen Revolution zum Nationalsozialismus war vielschichtig. Carl Schmitt war kein Nationalsozialist der ersten Stunde. Er hatte noch 1932 an Notstandsplanungen mitgewirkt, die ein Verbot der NSDAP einschlossen. Jung war gegen den Faschismus, sah aber im Nationalsozialismus einen möglichen Bündnispartner. Moeller hatte Hitler einmal getroffen und die abschätzige Äußerung hinterlassen: „Der Kerl begreift's nie". Viel Gewicht hat dieses Zeugnis freilich nicht, weil in der ersten Hälfte der 1920er Jahre kaum ein konservativer Revolutionär Hitler ernst genommen hat.

Spengler hat die Völkischen schon früh lächerlich gemacht. Sein welthistorischer Pessimismus und seine lobenden Worte über den Slawen machten ihn den

Nazis suspekt. Dennoch hat Propagandaminister Goebbels nicht auf den damals berühmten Mann verzichten wollen und versuchte ihn einzuspannen. Im Oktober 1933 regte er eine literarische Unterstützung des Regimes in der bevorstehenden Volksabstimmung an. Spengler (Briefe: 710) antwortete, dass er sich an Wahlpropaganda nie beteiligt habe und auch künftig nicht beteiligen wolle. Immerhin bot er bei großen Entscheidungen – wie beim Austritt aus dem Völkerbund – eine Hilfe an: „Voraussetzung dafür ist allerdings, dass die unqualifizierten Angriffe unterbleiben, die ich in der letzten Zeit in einzelnen Organen der nationalen Presse erfahren habe". Mit der seit Hegel bekannten Bitte um Zensurmaßnahmen gegen seine Feinde hat er sich sogar auf Hitler berufen, der ihm in Bayreuth versichert habe, dass er wünsche, dass „Leute außerhalb der Partei für die deutsche Politik gewonnen würden". Das war keine sehr starke Distanzierung von dieser „nationalen Revolution". Das Verhältnis der Nationalsozialisten zu Spengler kühlte sich aber zunehmend ab. Goebbels ärgerte sich, dass die „Jahre der Entscheidung" der Zensur entgangen waren und nun als anti-nazistisches Buch gelesen wurden. Spengler hat auch den „faschistischen Gestaltungen dieser Jahrzehnte" und dem Nationalismus ein Ende vorausgesagt, falls nicht die schlimmste Gefahr eintrete, dass „Klassenkampf und Rassenkampf sich zusammenschließen" (1933: 165). Die Zukunft konnte nach Spenglers Ansicht (1933: 131) nicht mehr den Parteien gehören, denn diese waren „liberal-demokratische Formen der Opposition" und setzten eine Gegenpartei voraus. Eine Partei war für ihn im Staat so wenig möglich wie ein Staat in einer staatenlosen Welt. Die Kinderkrankheit aller Revolutionen schien in den Augen Spenglers der Glaube an eine „siegreiche Einheit", während doch „Zweispalt" erforderlich sei. Im Vorwort vom Juli 1933 (:XI) sah Spengler Deutschland nach der nationalen Machtergreifung in noch größerer Gefahr als zuvor. Jede Revolution verschlechtere die außenpolitische Lage des Landes, wenn nicht ein Staatsmann vom Range Bismarcks bereitstehe. „Der Führer" war dies ganz offensichtlich nicht. Selbst einen zweiten Weltkrieg hat Spengler hellsichtig prognostiziert.

Ernst Jünger hat den Nationalsozialismus vor der Machtergreifung für kurze Zeit bewundert. 1927 hat er das Angebot eines Reichsmandats abgelehnt mit der angeblichen Bemerkung: das Schreiben eines Verses sei allemal verdienstvoller als sechzigtausend Trottel im Parlament zu vertreten" (zit. Schwarz 1962: 113). Nicht Hitlers Radikalismus und Autoritarismus hat Jünger abgeschreckt, sondern das legale „Parlamentieren". Der Verriss der Schrift über den „Arbeiter" im „Völkischen Beobachter" konnte noch als „Familienkrach" gewertet werden, weil viele Rechte damals mit den Nazis in Konflikt waren und doch nach 1933 ihren Frieden mit ihnen schlossen. Hitler beanspruchte schon vor 1933 die Führungsrolle in der nationalen Bewegung und tat die rechten nationalistischen Splittergruppen als „Klüngel politischer Wandervögel" ab (zit. Schwarz 1962: 115). Jüngers Abrücken von den Nazis ist auf den intensiveren Kontakt zu Ernst Niekisch zurück geführt worden, der die legale Taktik und die „katholische Liturgie" der braunen Bewegung verabscheute und von einer „Vermünchenerung der Bewegung" und von „süddeutschen Besatzungstruppen" sprach. Niekisch (1965: 24 f) beklagte die Faschisierung des Nationalsozialismus, was für ihn die Vollendung der deutschen Selbstentfremdung darstellte.

Andere Exponenten der konservativen Revolution wie Edgar Jung hielten den vom Nationalsozialismus beherrschten Parlamentarismus für immer noch besser als den unter Dominanz der Sozialdemokraten. Er hielt am Bündnisgedanken fest. In der „Deutschen Rundschau" hat er 1932 (zit. Sontheimer 1977: 283) die Primitivität der Nazis faszinierend gefunden, ihnen aber in der großen Werkgemeinschaft der Nationalen nur das „Referat Volksbewegung" zugedacht. Jung hat 1933 (: 10) die deutsche Revolution als Synthese der konservativen Bewegung einer Lebenserneuerung und des Nationalismus, der eine neue politische Ordnung anstrebt, gefeiert. Er befürchtete jedoch, dass der nationalistische Strang das Leben zu sehr „verpolitisiere" und somit alles auf den Staat bezieht und einer „Lebensverengung" verfalle. Der Führungsanspruch des „Reichskanzlers" wurde anerkannt. Aber die Eingliederung aller Menschen in eine Partei wurde abgelehnt, weil dann die Gruppenbildung in Partei und Staat von neuem beginne (1933: 82). 1934 geriet Jung als Mitarbeiter Papens in den Sog von Komplott-Verdächtigungen anlässlich des Röhm-Putsches und wurde im Juni erschossen. Jungs Vermächtnis wurde vor allem für den deutschen Widerstand bis 1944 wirksam.

Jede Gruppierung der konservativen Rechten entwickelte ein anderes Verhältnis zum Nationalsozialismus. Der Tat-Kreis liebäugelte mit dem linken Strasser-Flügel. Die linke Konservative Revolution dachte auch an ein Zusammengehen mit dem Bolschewismus in der Tradition der Kooperation von Reichswehr und Roter Armee, während der „Nationalbolschewist" Niekisch ein solches Bündnis verwarf. Der Tat-Kreis Zehrers fand die Jungkonservativen zu „restaurativ", hat aber auch die Nationalsozialisten angegriffen, weil sie – wie die Kommunisten – nur das Produkt des Chaos seien. Ein snobistischer Hochmut gegen den Mob führte vielfach die Feder. Nicht wenige konservative Revolutionäre sind aber der Illusion Papens aufgesessen, man könne Hitlers Horden „einrahmen und zähmen".

Immer wieder wurde die Frage aufgeworfen, ob diese heterogene Gruppe konservativ genannt werden könne. Wenn Konservatismus der auf Freiheit basierende Vetter des Liberalismus ist (Klemperer 1962: 31, 249), so muss die Frage verneint werden. Aber diese Definition kann allenfalls für den angelsächsischen Konservatismus gelten und allenfalls selektiv für einzelne Konservative in Deutschland wie Görres, Hegel oder Stein. Auf dem Kontinent waren schon bei de Maistre konservativ-revolutionäre Elemente angelegt. Man hat den Terminus "konservative Revolution" durch den Begriff des "neuen Nationalismus" zu ersetzen versucht – wie er auch in Italien vor der Fusion zum "Nazional-Fascismo" üblich wurde (Gurian 1932). Spengler, Niekisch oder Jünger ließen sich jedoch unter einen solchen Begriff kaum subsumieren. Auch Jung (1929, 1930: 280) und Hans Freyer hatten Bedenken gegen die Überbetonung des Nationalismus, weil er ein Kind der Demokratie sei. Carl Schmitt hing eher einem katholischen Etatismus als einem Nationalismus an.

Einige Kritiker sahen die konservative Revolution als den Totengräber des Konservatismus, weil seine Ideale pervertiert worden seien. Der Konservatismus schien diskreditiert. Doch auch nach 1945 lebte er wieder auf und passte sich an die neuen Gegebenheiten an: er war nicht mehr antiparlamentarisch und antidemokratisch, sondern marktwirtschaftlich, technokratisch, Verwaltung und Daseinsvorsorge betonend. Nur selten konnte ein Exponent der Zeit vor 1933 die neuen Doktrinen noch mitgestalten wie Ernst Forsthoff. Die konservative Revolution war tot. Wirksam wurden in der Bundesrepublik allenfalls die Gedanken von Hans Freyer und Arnold Gehlen, ohne die voluntaristische Phraseologie einer konservativen Revolution.

Quellen

H. Boehm: Das eigenständige Volk. Göttingen, Vandenhoeck & Ruprecht, 1932.
E. Forsthoff: Der totale Staat (1933). Hamburg, Hanseatische Verlagsanstalt, 1938.
H. Freyer: Herrschaft, Planung und Technik. Weinheim . Acta humaniora, 1987.
H. Freyer: Der Staat. Leipzig, Rechfelden, 1925.
H. Freyer: Preußentum und Aufklärung und andere Studien zu Ethik und Politik (Hrsg.: E. Üner). Weinheim, Acta humaniora, 1986.
F. Hielscher: Das Reich. Berlin, Verlag Das Reich, 1931.
E. Jünger: Sämtliche Werke. Stuttgart, Klett-Cotta. (zit: SW).
Bd. VII: Der Kampf als inneres Erlebnis (Berlin, Mittler, 1928, 3Aufl.): 1980 9–103.
Bd. VIII: Der Arbeiter. Herrschaft und Gestalt. (1932). 1981: 1–311
E. Jünger (Hrsg.): Krieg und Krieger. Berlin, Junker & Dünnhaupt, 1930.
E. Jünger: Der Weltstaat. Stuttgart, Klett, 1960.
E. Jung: Die Herrschaft der Minderwertigen. Ihr Zerfall und ihre Ablösung durch ein neues Reich. Berlin, Verlag Deutsche Rundschau, 1929, 1930, 3. Aufl.
E. Jung: Sinndeutung der deutschen Revolution. Oldenburg, Stalling, 1933.
Th. Mann: Betrachtungen eines Unpolitischen. Berlin, Fischer, 1920, 15.–18. Aufl.
A. Moeller van den Bruck: Der preußische Stil (1916). Breslau, Korn Verlag, 1931.
A. Moeller van den Bruck: Das dritte Reich. Berlin, Ring Verlag, 1923, 1931, 4. Aufl.
A. Moeller van den Bruck: Sozialismus und Außenpolitik (Hrsg.: H. Schwarz). Breslau, Korn, 1933.

E. Niekisch: Gedanken über deutsche Politik. Dresden, Widerstands-Verlag, 1929.
E. Niekisch: Entscheidung. Berlin, Widerstands-Verlag, 1930.
E. Niekisch: Widerstand (Hrsg.: U. Sauermann), Krefeld, SINUS-Verlag, 1982
E. Niekisch: Politische Schriften. Köln, Kiepenheuer & Witsch, 1965.
M. Scheler: Die Ursachen des Deutschenhasses. Leipzig, Wolff, 1917.
W. Sombart: Händler und Helden. München, Duncker & Humblot, 1915.
O. Spengler: Preußentum und Sozialismus. München, Beck, 1919, 1924.
O. Spengler: Der Untergang des Abendlandes (1918). München, Beck, 1922–23, 2 Bde. 1963, 1981.
O. Spengler: Politische Schriften. München, Beck, 1934.
O. Spengler: Reden und Aufsätze. München, Beck, 1937.
O. Spengler: Briefe. 1913–1936. München, Beck, 1963.
O. Spengler: Jahre der Entscheidung. München, Beck 1933, München, DTV, 1961.
L. Ziegler: Das heilige Reich der Deutschen. Darmstadt, Reichl, 1925, 2 Bde.

Literatur

K.-H. Bohrer: Die Ästhetik des Schreckens. Frankfurt, Ullstein, 1983.
St. Breuer: Die Gesellschaft des Verschwindens: von der Selbstzerstörung der technischen Zivilisation. Hamburg, Junius, 1992.
St. Breuer: Anatomie der konservativen Revolution. Darmstadt, Wissenschaftliche Buchgesellschaft. 1995, 2. Aufl.
St. Breuer: Ordnungen der Ungleichheit: die deutsche Rechte im Widerstreit ihrer Ideen; 1871–1945. Darmstadt, Wissenschaftliche Buchgesellschaft, 2001.
K. Breuning: Die Vision des Reiches. Deutscher Katholizismus zwischen Demokratie und Diktatur. 1929–1934. München, Max Hueber, 1969.
G. Eley: Wilhelminismus, Nationalismus, Faschismus. Münster, Westfälisches Dampfboot, 1991.
R. Faber: Roma aeterna. Zur Kritik der Konservativen Revolution. Berlin, Cornelsen, 1991.
K. Fritzsche: Politische Romantik und Gegenrevolution. Fluchtwege aus der Krise der bürgerlichen Gesellschaft. Das Beispiel des Tat-Kreises. Frankfurt, Suhrkamp, 1976.
W. Gerhart (W. Gurian): Um des Reiches Zukunft. Nationale Wiedergeburt oder politische Reaktion? Freiburg, Herder, 1932.
H. Gerstenberger: Der revolutionäre Konservatismus. Berlin, Duncker & Humblot, 1969.
M. Greiffenhagen: Das Dilemma des Konservatismus in Deutschland. München, Piper, 1977: 241–301.
H. S. Hughes: Oswald Spengler. A Critical Estimate. New York, Scribner, 1962.
Y. Ishida: Jungkonservative in der Weimarer Republik. Frankfurt, Lang, 1988.

L. E. Jones: Edgar Jung. The Conservative Revolution in Theory and Practive. Central European History. Bd. 21, 1988: 142–174.

H. Kiesel: Wissenschaftliche Diagnose und dichterische Vision der Moderne. Max Weber und Ernst Jünger. Heidelberg, Manutius, 1994.

K. von Klemperer: Konservative Bewegungen zwischen Kaiserreich und Nationalsozialismus. München, Oldenbourg, 1962.

O. Koellreutter: Die Staatslehre Spenglers. Jena. G. Fischer, 1924.

Ch. Graf von Krockow: Die Entscheidung. Eine Untersuchung über Ernst Jünger, Carl Schmitt und Martin Heidegger (1958). Frankfurt, Campus, 1990.

P. Ch. Ludz (Hrsg.): Spengler heute. München, Beck, 1980.

A. Mohler: Die Konservative Revolution in Deutschland. 1918–1932. Ein Handbuch. Darmstadt, Wissenschaftliche Buchgesellschaft, 1989, 3. Aufl., 6. Aufl. Graz, Leopold Stocker, 2005.

J. Müller: Die Jugendbewegung als deutsche Hauptrichtung neokonservativer Reform. Zürich, Europa-Verlag, 1971.

E. Nacher: Oswald Spengler. Reinbek, Rowohlt, 1984.

J. Petzold: Wegbereiter des deutschen Faschismus. Die Jungkonservativen in der Weimarer Republik. Köln, Pahl-Rugenstein, 1978.

B. Rüthers: Entartetes Recht. Rechtslehren und Kronjuristen im Dritten Reich. München, Beck, 1988.

M. Schröter: Metaphysik des Untergangs. München, Leibniz-Verlag, 1949.

N. Schürges: Politische Philosophie der Weimarer Republik. Stuttgart, Metzler, 1989.

H.-P. Schwarz: Der konservative Anarchist. Politik und Zeitkritik Ernst Jüngers. Freiburg, Rombach, 1962.

H.-J. Schwierskott: Arthur Moeller van den Bruck und der revolutionäre Nationalismus in der Weimarer Republik. Göttingen, Musterschmidt, 1962.

A. Schildt: Konservatismus in Deutschland. München, Beck, 1998: 131–210.

V. Sellin: Gewalt und Legitimität. Die europäischen Monarchien im Zeitalter der Revolutionen. München, Oldenbourg, 2011.

R. P. Sieferle:Die konservative Revolution. Fünf biographische Skizzen. Frankfurt, Campus, 1995.

K. Sontheimer: Antidemokratisches Denken in der Weimarer Republik. München, Nymphenburger, 1962, DTV: 1978.

E. Stutz: Oswald Spengler als politischer Denker. Bern, Francke, 1958.

M. Thöndl: Oswald Spengler in Italien. Kulturexport politischer Ideen der „Konservativen Revolution". Leipzig, Universitätsverlag, 2010.

J. Vogt: Wege zum historischen Universum: von Ranke bis Toynbee. Stuttgart, Kohlhammer, 1961.

Carl Schmitt (1888-1985)

Carl Schmitt war der einzige Autor unter den Publizisten, die der konservativen Revolution zugerechnet worden sind, die mehr als ein kurzes theoriegeschichtliches Interesse wach halten konnten. Selbst die Linke hat sein Denken immer wieder fasziniert und die Freund-Feind-Dichotomie ist noch in demokratisierter und zivilisierter Form von Einfluss auf Niklas Luhmanns „binären Code" gewesen.

Mit der französischen Revolution ging die alte societas civilis endgültig unter. Das politische System differenzierte sich aus, schien aber in seiner revolutionären und später in seiner restaurativen Machtfülle noch unbestritten das Gravitationszentrum der Gesellschaft zu sein. An der Schwelle des 20. Jahrhunderts mit der Entwicklung einer Vorherrschaft des wirtschaftlichen Subsystems musste die Macht des Staats weiter erodieren. Die alte Hegelsche Spaltung von Staat und Gesellschaft bei einem Übergewicht des Staates erlaubte nicht mehr hinreichend staatliche Steuerung. Die Wegbereiter der klassischen Moderne wie Weber, Durkheim oder Pareto haben die Sehnsucht nach einem starken steuerungsfähigen Zentrum der Gesellschaft in Theorie umgesetzt (vgl. Bd. 1, Kap. 2 u. 3,). Die Erfahrung des Scheiterns der rationalen Vernunft bei den Pionieren der sozialtheoretischen Moderne führte bei Schmitt, Heidegger und der konservativen Revolution zu einer Rechtfertigung der okkasionellen Vernunft. Grundbegriffe wurden die „Tat", die „Entschlossenheit" (Heidegger) „Entscheidung und Ausnahmezustand (Schmitt), oder „der Kampf" (Jünger) (v. Krockow 1958: 2). Die rationalisierte Form der Entscheidung wurde bei einigen Soziologen jener Zeit „der Plan" (Freyer, Mannheim). Am stärksten war dieser Wandel des Vernunftbegriffs bereits bei Pareto angelegt. Aber auch der demokratischste der drei Pioniere der modernen Soziologie, Durkheim, konnte einen republikanisch gebändigten Saint-Simonismus in seinen politischen Schriften nicht ganz verleugnen.

Es war kein Zufall, dass die Nachzügler im „Nationbuilding", wie Italien und Deutschland, am stärksten theoretisch daran arbeiteten, den Primat der Politik wiederzugewinnen. In Deutschland hat die Niederlage im Ersten Weltkrieg zu einer Wiederholung der Trotzreaktion von Jena 1806 geführt: damals war diese aufklärerisch gewesen, selbst bei den Denkern, die den Staat überhöhten wie Fichte und Hegel. 1918 verschrieb man sich nicht mehr der Aufklärung, sondern dem Irrationalismus.

Für Carl Schmitt (1987: 61) waren im Rückblick echte politische Theorien nur noch jene, welche die Macht rechtfertigten, um die böse Menschennatur zu bändigen. Machiavelli, Hobbes, Bossuet, Hegel, Fichte, Maistre, Donoso Cortés oder Stahl wurden positiv bewertet. Deutsche Machttheorien der Historiker von Ranke bis Treitschke dienten als Vorläufer, vor allem in dem Aspekt eines „Primats der Außenpolitik". An Hegel (1987: 62) hatte Schmitt lediglich die Rezeptionsentwicklung auszusetzen, für die er nichts konnte: er war gleichsam nach Moskau ausgewandert, während Berlin von den konservativen Theorien wie der Stahls erfasst wurde.

Der revolutionäre Konservatismus der Weimarer Zeit hatte die religiöse und ständische Einstellung des Altkonservatismus abgelegt. Er war laizistisch geworden. Das besondere an Schmitt war jedoch der wache Sinn für die religiösen Fragen, die hinter der Politik lauerten. Daher blieben Einordnungen Schmitts als „politischen Expressionisten" (Kennedy in Quaritsch: 233 ff) an der ästhetischen Oberfläche der Theorie. Ein Teil seiner Wirkung lag freilich in der brillanten Formulierung von griffigen Antithesen, welche seine Essayistik von der Trockenheit der üblichen Staatsrechtslehre abhob. Die Gefahr war aber der Missbrauch, der mit solchen Vereinfachungen in der Zeit eines latenten Bürgerkrieges drohte.

Erst als der politische Versuch von 1914 „die Schwerter dennoch zu halten" im Schmutz von Flandern scheiterte, dämmerte bei Schmitt die Erkenntnis: „Die Epoche der Staatlichkeit geht zu Ende". Mit Bedauern verabschiedete Schmitt „das Glanzstück europäischer Form und occidentalen Rationalismus". Der Staat als das erstaunlichste aller Monopole schien entthront. Die erste Trotzreaktion in Deutschland nach 1806 hatte zu einer Ehrenrettung des Machiavellismus durch Hegel und Fichte geführt, der im Zeitalter der Aufklärung als Atavismus gegolten hatte. Schmitt (1987: 65) knüpfte für die zweite historische Trotzreaktion an die erste wieder an. Er lobte den Machiavellismus bei Hegel und Fichte, in einer Zeit, da es „für das deutsche Volk darauf ankam, sich eines mit einer humanitären Ideologie expandierenden Feindes zu erwehren". Der Machtstaatsgedanke des 19. Jahrhunderts wurde in der Freund-Feind-Unterscheidung noch zugespitzt. Dabei veränderte sich die Stoßrichtung. An einen Primat der Außenpolitik war im geschlagenen Deutschland nicht zu denken. Die außenpolitische Dichotomie von Freund und Feind wurde nun auf die Innenpolitik übertragen. Aber nicht einmal in der Außenpolitik hat es immer klar erkennbare Freunde und Feinde gegeben. Noch als Italien den Dreibund verließ, wurde klar, dass der Freund ein potentieller Feind war. Die „renversements des alliances" waren an der Tagesordnung. Schmitt kam es jedoch nicht auf exakte historische Analyse an. Er leugnete den Propagandawert des dualen Schemas nicht. Nur die „zweigliedrige Antithese" besaß für ihn die notwendige polemische Durchschlagskraft. Luhmann hat sich diese Einsicht zu Herzen genommen.

Das Denken in Antithesen war schon immer von einer Sehnsucht zur Synthese getragen worden. Bei Schmitt nahm sie die Suche nach dem „Totalen" an. Die theologische Unterscheidung von „gut und böse" tat in den Augen Schmitts (1990: 8 ff) der orientierungslosen Politik not. Hauptfeind wurde der Liberalismus, wie bei Maistre und Donoso. Der Liberalismus konnte in Schmitts Vorstellung keine positive Staatstheorie entwickeln. Nicht einmal die Schaffung einer eigenen

Staatsform wurde ihm zuerkannt. Der Hass gegen das parlamentarische System trübte sein Auge. Die Ausdifferenzierung von Ökonomie und Politik, von Staat und Gesellschaft, wurde als verderbliches Werk des Parlamentarismus gesehen. Dies führte nach Schmitt dazu, dass die Politik einerseits von der Ethik andererseits von der Ökonomie überfremdet worden ist.

Max Webers Bürokratieanalyse wurde teilweise rezipiert. Aber er weigerte sich in seinen frühen Schriften im Staat einen „Anstaltsbetrieb" – wie Großbetriebe oder Kirchen – im Sinne Max Webers zu sehen. Das bedeutete für Schmitt (1987: 71) die Unterwerfung von Staat und Politik unter die Prinzipien des Individualismus, der privaten Moral und des ökonomischen Kalküls. Carl Schmitt hat in der Regel Webersche Begriffe in eigenwilliger Weise weiter entwickelt. Ein Lehrer-Schüler Verhältnis zwischen Weber und Schmitt kann nicht unterstellt werden. Schmitts Kulturkritik und seine Herrschaftstheorie ist eher ein Gegenprogramm zu Webers Diagnose der Moderne (Eberl 1994: 101). Schmitt war im Gegensatz zu Weber stärker ideengeschichtlich orientiert. Daher wurde dem Liberalismus als Weltanschauung eine Macht über die reale soziale Entwicklung nachgesagt, die er schwerlich gehabt hat. Der Liberalismus wurde so zum universalen Sündenbock, der Schuld daran war, dass die alte Einheit sich auflöste und die Spezialisierung und Isolierung der Lebensbereiche voranschreite.

Carl Schmitt (1987: 81) gehörte zu den Denkern der klassischen Moderne in der Überwindung der evolutionistischen Ideen, welche das 19. Jahrhundert dominiert hatten. Eine Periodisierung der Epochen ließ sich nur ex post facto rekonstruieren. Jede Epoche war von einem anderen Subsystem der Gesellschaft dominiert. Die Periodisierung Schmitts (1987: 88) wies Brüche und Entzweiungen der Totalität mit sich selbst auf. Das theologische Zeitalter wurde von einem metaphysischen und einem moralischen abgelöst. Dieses zerfiel in Technik und Ästhetik. Die neue Aufhebung war die Dominanz des Ökonomischen. Der Weg über einen sublimen ästhetischen Konsum war für Schmitt der Weg zur Ökonomisierung des geistigen Lebens. Hier zeigten sich auffällige Berührungspunkte mit der Kulturkritik der Frankfurter Schule. Der humanitär-moralische Fortschritt spielte keine Rolle mehr oder wurde Nebenprodukt des ökonomischen Fortschritts. Ist ein Bereich einmal zum „Zentralgebiet" geworden, so sind alle anderen Codes „Probleme zweiter Klasse". In kühnen Analogieschlüssen, wie Schmitt (1987: 87) sie liebte, sah er das religiöse Prinzip „cuius regio – eius religio" durch die Erstarkung des Sozialismus in das Prinzip „cuius regio – eius oeconomia" weiter entwickelt. Der liberale „stato neutrale ed agnostico" mit seiner Tendenz zum geistigen Naturalismus, konnte die Wiedereinsetzung des Politischen in seine Erstgeburtsrechte gegenüber der Wirtschaft nicht durchsetzen. Daher wurde die Theorie der Politik in einem seltsamen salto mortale dazu ausersehen, Anleihen beim theologischen, dual angelegten manichäischen Weltbild zu machen. Kühne Analogien wurden zwischen den politischen Grundbegriffen und religiösen Termini gezogen (1990: 49). Alle prägnanten Begriffe der modernen Staatslehre wurden zu säkularisierten theologischen Begriffen deklariert. Der Ausnahmezustand wurde das Analogon des Wunders in der Theologie. Der Staatsmann wurde – wie Gott in der Theologie durch das deistische Uhrwerk – entmachtet – ein Prozess, der rückgängig gemacht werden sollte. Dem Staat sollte seine Souveränität wieder zurückgegeben werden, so wie Gott die Rechte seiner Allmacht nicht mehr abgesprochen wurden. Im Gegensatz zu den Normativisten, welche die überpersönlichen Institutionen zum Ausgangspunkt der Theoriebildung wählten, setzte der Dezisionist „das gute Recht der richtig erkannten politischen Situation in einer persönlichen Entscheidung" durch. Als Vorläufer wurde Donoso Cortés von Schmitt wieder entdeckt. In seinem Denken sah er die Überwindung der politischen Romantik, die sich in einem Gedankenmodell des „ewigen Gesprächs" in Widersprüche verwickelt hatte und die Umgehung der Realutopie des gesellschaft-historischen durch die Entscheidung (1950: 22). Donoso ist Schmitt willig gefolgt, wenn er auch nicht mehr die unbekümmerte Glaubensstärke aufbringen konnte wie der spanische Vorläufer. Gefahren eines solchen Dezisionismus hat Schmitt (1990: 9) nicht übersehen: sie bestanden darin, dass der Dezisionist „durch die Punktualisierung des Augenblicks, das in jeder großen Bewegung ruhende Sein verfehlt". Die Entscheidung als Grundbegriff blieb nicht weniger vage als Heideggers „Entschlossenheit". Die Vagheit des Begriffes ließ sich daher 1933 rasch von einer neuen Trinität von „Staat, Bewegung und Volk" ausfüllen.

Der Dezisionismus hat die Strukturanalyse der modernen Entwicklung vielfach parallel zum Marxismus ausgearbeitet. Eine Entfremdungstheorie wurde ohne hegelianisierendes Vokabular in literarischen Assoziationen entwickelt. Der Dezisionismus war der subjektivistische Versuch, diese Entfremdung des Einzelnen in einer strukturell zerfallenden Welt zu unterlaufen. Der Marxismus wurde als objektivistischer Gegenversuch bekämpft (v. Krockow 1958: 159). Die idealistische Subjektphilosophie des deutschen Sonderwegs zeitigte damit verheerende Spätfolgen. Das Individuum war schon immer stark vereinzelt gesehen worden, wo der angelsächsische Pragmatismus den Menschen immer auf die civil society bezogen gedacht hatte. Das idealistische Individuum – in der lutherischen Tradition einer Überhöhung des Gewissens verstärkt – hat seine Vereinzelung gedanklich durch den Sprung in ein Kollektiv zu überwinden versucht, die Linken in die Klasse, die Rechten in Volk oder Rasse. Es fehlte in dieser deutschen Tradition ein kommunikativer Bezug von ego zu alter ego. Damit neigte die Kommunikation in deutschen Theorien so häufig zur gewaltsamen Konfrontation, wenn man alter ego nicht umgehen konnte – im Krieg oder im Klassenkampf. Der Versuch, eine okkasionelle Vernunft zu entwickeln, wurde später als „Abschied vom Prinzipiellen" gefeiert und ist in der Postmoderne wieder hoffähig geworden.

Karl Löwith hat für Schmitt den Begriff des „aktiven Nihilismus" geprägt. Der Terminus wird ihm jedoch nicht gerecht. Auch wenn der militante Katholizismus von Donoso Cortés nicht mehr möglich schien, war Schmitts Dezisionismus mehr als eine „Entscheidung für die Entscheidung". Schmitt hatte im Gegensatz zu anderen völlig säkularisierten Vordenkern der „konservativen Revolution" durchaus noch ein paar inhaltlich-religiöse Gedanken, die sich mit Hilfe der Dezision Bahn brechen sollten. Es handelte sich um eine „Selbstermächtigung zur Definition der Feinde Gottes" (Groh 1998: 289). Wie bei Bonald oder Maistre lag dieser Politik-Mythologie noch die Vorstellung zugrunde, dass sich im Kampf gegen die Feinde Gottes Wille vollziehe.

Der Versuch zu einer gewaltsamen Wiederherstellung des Primats der Politik endete 1945 in Blut und Tränen. Die Staatslehre der Nachkriegszeit, soweit sie noch immer von Carl Schmitt fasziniert war, musste sich demokratisieren und parlamentarisieren. Grundgesetzkonforme Parlamentarismus-Kritik verlegte sich auf die Überbewertung von Verwaltung. Der „Exekutive" war unterhalb der Verfassungsebene und des parlamentarischen Betriebes ein dezisionistischer Restbestand geblieben. Sie hatte die Mission staatliche Entscheidungen gegen die Begehrlichkeit der gesellschaftlichen Interessen zu verteidigen. Die Wirtschaftsfeindschaft Schmitts war ebenfalls nicht mehr zeitgemäß. In Begriffen wie „Daseinsvorsorge" (Forsthoff) konnte Schmittsches Gedankengut auf eine reformkonservative Position zurückgeführt werden und zugleich den Atavismus der anti-ökonomischen Unzeitgemäßheit überwinden.

Quellen

Schmitt: Politische Romantik. München, Duncker & Humblot, 1919, 1925.
Schmitt: Die Diktatur. Berlin, Duncker & Humblot, 1921, 1989 5. Aufl.
Schmitt: Politische Theologie. Vier Kapitel zur Lehre von der Souveränität. Berlin, Duncker & Humblot, 1922, 1990, 5. Aufl. Politische Theologie II, Berlin, Duncker & Humblot, 1984, 2. Aufl.
Schmitt: Der Begriff des Politischen. Hamburg, Hanseatische Verlagsanstalt, 1932, Berlin, Duncker & Humblot, 1963, 1987.
Schmitt: Legalität und Legitimität. Berlin, Duncker & Humblot, 1928, 1993.
Schmitt: Verfassungslehre. München, Duncker & Humblot, 1928, Berlin, ebd. 1957, 3. Aufl.
Schmitt: Staat, Bewegung, Volk. Die Dreigliederung der politischen Einheit. Hamburg, Hanseatische Verlagsanstalt, 1933.
Schmitt: Donoso Cortés in gesamteuropäischer Interpretation. Köln, Greven, 1950.
Schmitt: Der Nomos der Erde im Völkerrecht des jus publicum europeum. Köln, Greven, 1950.

Schmitt: Die geistesgeschichtliche Lage des Parlamentarismus. Berlin, Duncker & Humblot, 1926, 2. Aufl., 1961 3. Aufl.
Schmitt: Glossarium. Aufzeichnungen der Jahre 1947-1951. Berlin, Duncker & Humblot, 1991.
Ernst Jünger – Carl Schmitt: Briefe 1930-1983.(Hrsg.: H. Kiesel). Stuttgart, Klett-Cotta, 2012.
Carl Schmitt: Tagebücher 1930 bis 1934 (Hrsg.: W. Schuller/G. Giessen). Berlin, Akademie Verlag, 2010.

Literatur

A. Adam: Rekonstruktion des Politischen. Carl Schmitt und die Krise der Staatlichkeit 1912-1933. Weinheim, Acta humaniora, 1992.
F. Balke: Der Staat nach seinem Ende. Die Versuchung Carl Schmitts. München, Fink, 1996.
H: Becker: Die Parlamentarismuskritik bei Carl Schmitt und Jürgen Habermas. Berlin, Duncker & Humblot, 1994. 2. Aufl. 2003.
J. M. Beneyto: Politische Theologie als politische Theorie. Eine Untersuchung zur Rechts- und Staatstheorie Carl Schmitts und ihrer Wirkungsgeschichte in Spanien. Berlin, Duncker & Humblot, 1983.
A. de Benoist: Carl Schmitt. Bibliographie seiner Schriften und Korrespondenzen. Berlin, Akademie Verlag, 2003.
A. de Benoist: Carl Schmitt. Internationale Bibliographie der Primär- und Sekundärliteratur. Graz, Ares-Verlag, 2010.
D. Diner/M. Stolleis (Hrsg.): Hans Kelsen und Carl Schmitt. A Juxtaposition. Gerlingen, Bleicher, 1999.
M. Eberl: Die Legitimität der Moderne. Kulturkritik und Herrschaftskonzeption bei Max Weber und Carl Schmitt. Marburg, Tectum, 1994.
R. Groh: Arbeit an der Heillosigkeit der Welt. Zur politisch-theologischen Mythologie und Anthropologie Carl Schmitts. Frankfurt, Suhrkamp, 1998.
K. Hansen/H. Lietzmann (Hrsg.): Carl Schmitt und die Liberalismuskritik. Opladen, Leske & Budrich, 1988.
H. E. Herrera: Carl Schmitt als politischer Philosoph. Berlin, Duncker & Humblot, 2010.
J. R. Hernández Arias: Donoso Cortés und Carl Schmitt. Paderborn, Schöningh, 1998.
F. Hertweck/D. Kisoudis (Hrsg.): Solange das Imperium hält. Carl Schmitt im Gespräch mit Klaus Figge und Dieter Groh., Berlin, Duncker & Humblot, 2010.
H. Hofmann: Legitimität gegen Legalität. Der Weg der politischen Philosophie Carl Schmitts. Berlin, Duncker & Humblot, 1992, 2. Aufl., 2004, 4. Aufl.
K. M. Kodalle: Politik als Macht und Mythos. Carl Schmitts „Politische Theologie". Stuttgart, Kohlhammer, 1973.

R. Mehring: Carl Schmitt. Aufstieg und Fall. Eine Biographie. München, Beck, 2009.
H. Münkler: Gewalt und Ordnung. Das Bild des Krieges im politischen Denken. Frankfurt, Fischer, 1992.
H. Münkler: Reich, Nation, Europa. Modelle der politischen Ordnung. Weinheim, Beltz, 1996.
P. Noack: Carl Schmitt. Eine Biographie. Frankfurt, Propyläen, 1993.
H. Quaritsch: Positionen und Begriffe Carl Schmitts. Berlin, Duncker & Humblot, 1991, 2. Aufl.
H. Quaritsch (Hrsg.):Complexio oppositorum. Über Carl Schmitt. Berlin, Duncker & Humblot, 1988.
B. Rüthers: Entartetes Recht. Rechtslehren und Kronjuristen im Dritten Reich. München, Beck, 1988.
B. Rüthers: Carl Schmitt im Dritten Reich. München, Beck, 1989.
R. Saage: Rückkehr zum starken Staat? Studien über Konservatismus, Faschismus und Demokratie. Frankfurt, Suhrkamp, 1983.
N. Sombart: Die deutschen Männer und ihre Feinde. Carl Schmitt – ein deutsches Schicksal zwischen Männerbund und Matriarchatsmythos. München, Hanser, 1991.
D. Van Laak: Gespräche in der Sicherheit des Schweigens. Carl Schmitt in der politischen Geistesgeschichte der frühen Bundesrepublik. Berlin, Akademie Verlag, 1993.
R. Voigt (Hrsg.): Mythos Staat. Carl Schmitts Staatsverständnis. Baden-Baden, Nomos, 2001

5 Konservatismus in der Generation von 1898 in Spanien und bei ihren Vorläufern: von Menéndez Pelayo bis Unamuno

Spaniens Revolution gegen das napoleonische System war eine „konservative Revolution" gewesen. Sie hatte viele Guerilleros aber keine Theoretiker. Für die frühe Zeit ist gelegentlich ein Denker wie Jovellanos zum Konservatismus gerechnet worden (Frage Iribarne 1982), der überwiegend unter dem Liberalismus behandelt worden ist. Aber es gilt für viele spanische Denker von Cánovas bis Ortega, dass die Zuordnung strittig bleibt. 1808 wurde die Guerilla ein System des Gegenterrors. Napoleons Satrap Joseph als König kam den „ilustrados" entgegen und versuchte eine Politik der Reformen, die viele aufgeklärte Köpfe begrüßten. Es kam zur Abschaffung des Inquisitionstribunals und vieler feudaler Rechte. Die Konservativen hat jedoch besonders die Aufhebung von Zweidritteln aller spanischen Klöster verbittert. Kein Wunder, dass die über 100 000 Mönche und Nonnen, die es damals in Spanien gab, sich an die Spitze des Widerstandes stellten. Die Guerilla fühlte sich im Kampf gegen den „Antichrist". Der Mönch Lucas Rafael rühmte sich, mit eigener Hand 600 Franzosen auf dem „Altar unseres Herrn" getötet zu haben. Der verdrängte legitime spanische König Fernando wurde zum Idol des Volkes. Die Konservativen verbreiteten die Behauptung, man habe Spanien seinen König gestohlen, weil Napoleon ihn in Valançay festhielt. Das Volk wusste nicht, dass es für einen Jammerlappen betete, der sich bei Napoleon anbiederte, eine Fluchtmöglichkeit, die der britische Geheimdienst anbot, verriet und sogar versuchte, Adoptivsohn „seiner Majestät des Kaisers, unseres erhabenen Herrschers" zu werden. Als der „deseado" 1814 nach Spanien zurückkehrte hat er alle liberalen Kollaboranten des napoleonischen Systems unnachsichtig verfolgt.

Der Guerilla-Krieg, der 1808 zum Vorbild in Europa bis nach Deutschland und Österreich wurde, war von außerordentlicher Grausamkeit. Goya hat die Szenen in seinen „desastres de la guerra" unsterblich gemacht. Der Künstler zeigte aber zugleich das Dilemma der spanischen Intelligenz. Die Forschung hat die nationalistische These nicht retten können, dass Goya gegen die Eindringlinge patriotisch Stellung genommen habe. Er war – wie viele seiner aufgeklärten Freunde – innerlich hin- und hergerissen zwischen spanischem Patriotismus und der Hoffnung auf die Segnungen einer französisch inspirierten Reformpolitik. Noch vor der Rückkehr des Königs 1814 wurden die „afrancesados" gejagt. Goya vollbrachte seine Unterwerfungsleistung, um den Säuberungen zu entkommen und als Mitteloser wieder seinen Platz als Hofmaler einnehmen zu können. In dem Werk „Der 2. Mai auf der Puerta del Sol" mit Erschießungsszenen für einen Triumphbogen zum Einzug des Königs äußerte er den „glühenden Wunsch, mittels des Pinsels die bemerkenswertesten und heroischsten Taten oder Szenen unserer ruhmreichen Erhebung gegen den Tyrannen Europas zu verewigen" (zit: P. Gassier u. a.: Francisco Goya. Berlin, Propyläen, 1971: 213, 225). Das Beispiel des größten Künstlers seiner Epoche lässt ahnen, zu welchen seelischen Verwerfungen der „erzwungene Konservatismus" bei aufgeklärten Geistern geführt hat, die sich bei nächster Gelegenheit in Auflehnung umsetzten. Bei Goya in die Flucht nach Bordeaux – immer noch unter dem Schein einer Beurlaubung – bei den spanischen Intellektuellen in der Rebellion Riegos 1820. Wieder passte sich der König an, wieder übte er grausame Rache, als der Spuk vorbei war. Die Zyklen von konservativer Restauration und Rebellion oder Pronunciamiento produzierten immer kürzere Phasen. Konservative Theorie musste sich nicht mehr über Frankreich erregen, sondern setzte direkt bei den spanischen Ereignissen an. Mit Balmes und Donoso Cortés brachte der spanische Konservatismus zwei politische Denker von überregionalem Rang hervor.

Die Generation der 98er war weltanschaulich keine Einheit, auch wenn die Mehrzahl der Literaten, die ihr angehörten als „Sozialrebellen" begonnen haben (Bd. 1, Kap. III.5). Gemeinsam war dieser Generation das Schockerlebnis der Niederlage Spaniens gegen di USA und des Verlustes der letzten Reste einstiger kolonialer Größe. Gemeinsam schien auch der philosophisch-ästhetische Ansatz des Räsonnements, mit geringer Neigung zu stringenter sozialer Analyse – mit Ausnahme von Joaquín Costa (Bd. 3 Sozialismus). Die Vorläufer der Bewegung unter den Traditionalisten hatten als Gegenbewegung gegen einen germanophil gefärbten „Krausismus" Spaniens Werte wieder entdeckt. Am militantesten wurden diese Werte von Menéndez y Pelayo vertreten.

Literatur

J. L. Abellan: Sociología del 98. Barcelona, Ed. Península, 1973.
G. Díaz-Plaja: Modernismo frente a 98. Madrid, Espasa-Calpe, 1966, 2. Aufl.
M. Franzbach: Die Hinwendung Spaniens zu Europa. Die „generación del 98". Darmstadt, Wissenschaftliche Buchgesellschaft, 1988.
J. Gutiérrez-Ravé: Artículos famosos. Madrid, Ed. Prensa Espanola, 1964, 2. Aufl.
W. Krauss: Eine Generation der Niederlage. In: Ders.: Spanien 1900–1965. Beitrag zu einer modernen Ideologiegeschichte. München, Fink, 1972: 40–99.
A. F. Molina: La generación de 98. Barcelona, Nueva collección labor 77, 1968.
J. Quintana: España entre Unamuno y Maeztu. Bilbao, Comunicación literaria de autores, 1968.
H. Ramsden: The Spanish Generation of 1898. Manchester, Manchester University Press, 1974.
R. Rovetta: De Unamuno a Ortega y Gasset. Buenos Aires, La Isla, 1967.
B. Schmidt: Spanien im Urteil spanischer Autoren. Berlin, E. Schmidt, 1975: 123–327.
D. L. Shaw: The Generation of 1898 in Spain. London, E. Benn, 1975.
I. Stintzing: Landschaft und Heimatboden. Ideologische Aspekte eines literarischen Themas bei Maurice Barrès, Angel Ganivet, Miguel de Unamuno. Frankfurt, Lang, 1976.
J. Tusell/J. Avilés: La derecha española contemporanea. Sus orígines: el Maurismo. Madrid, Espasa-Calpe, 1986.

Literatur

M. Artola: Partidos y programas políticos. Madrid, Aguilar, 1974
A. Dempf: Christliche Staatsphilosophie in Spanien. Salzburg, Pustet, 1937.
J. Fernández: Spanisches Erbe und Revolution. Die Staats- und Gesellschaftslehre der spanischen Traditionalisten im 19. Jahrhundert. Münster, Aschendorff, 1957.
M. Fraga Iribarne: El pensamiento conservador español. Barcelona, Planeta, 1981, 1982, 2. Aufl.

J: Herrero: Los orígines del pensamiento reaccionario español. Madrid, Cuadernos para el Dialogo, 1973.
S. Madrazo: Las dos Españas. Madrid, ZYX, 1969.
V. Marrero: El tradicionalismo español del siglo XIX. Madrid, Dirección general de información, 1955.
V. Martínez Cuadrado: La burguesía conservadora 1874-1931. Madrid, Alianza, 1983.
D. A. Pidal y Mon: Balmes y Donoso Cortés. Orígines y causas del ultramontanismo. Madrid, Collección de conferencias históricas, 1887.
R. Calvo Serer: La teoría de la restauración. Madrid, Rialp, 1952.
E. Tierno Galván: Tradición y modernismo. Madrid, Tecnos, 1952, 1962.

Marcelino Menéndez Pelayo (1856-1912)

Menéndez Pelayo war der größte Polyhistor Spaniens im 19. Jahrhundert. Als „Wunderkind" wurde er mit einer Sondergenehmigung der Cortes mit 21 Jahren zum Professor für spanische Literatur in Madrid ernannt. Bereits mit 24 wurde er in die Akademie aufgenommen. Als Direktor der Nationalbibliothek führte er ein eher ereignisarmes Gelehrtenleben.

Seine „Spanische Wissenschaft" (1876) eröffnete den Abwehrkampf gegen die liberalen Krausisten, eine Schule, die das Gedankengut des Kantianers *Karl Christian Friedrich Krause* (1791-1832) in Spanien heimisch werden ließ und eine reichlich abstrakte pantheistische Theorie (Alles-in-Gott-Philosophie) erstaunlicher Weise in ein Vehikel der Modernisierung verwandelt hatte. Menéndez kämpfte für eine „Wiedervereinigung" von Glauben und Wissenschaft. In seinen historischen Rückblicken gab er zu, dass Intoleranz und Inquisition in Spanien die Öffnung nach Europa blockiert hätten. Die Schuld gab er jedoch vorwiegend den Habsburgern. 1881 provozierte er auf einer Calderón-Gedenkfeier die Krausisten mit einem Lob der Inquisition. Er legte ein katholisches Glaubensbekenntnis ab und pries Spanien als „auserwähltes Volk": „Ich halte es für ehrenvoll für unser Vaterland, dass im 16. Jahrhundert hier die Ketzerei nicht Fuß fassen konnte, und ich verstehe und billige, ja ich preise die Inquisition als Ausdruck des Gedankens der Einheit, der das Leben unserer Nation beherrscht" (Antología: 36, dt. Dok. in: Hinterhäuser 1979: 191). De Maistres (o.J.) Schrift über die Inquisition hatte ihm dafür das Stichwort gegeben.

Menéndez fragte nach den Gründen, warum Spanien in der Wissenschaft so wenig kreativ erscheine. Das rassische Erbe, das Klima und die Intoleranz waren die wichtigsten Gründe, die in dieser nicht ganz neuen Debatte immer wieder erwähnt wurden. Die Intoleranz als Hemmschuh für die Wissenschaft - ganz sicher der plausibelste Grund für Spaniens Versäumnisse - wurde von ihm als

Ursache verworfen. Religiöse Intoleranz habe sich nicht in Konflikt mit der experimentellen Wissenschaft gesetzt, behauptete er wider alle historische Erfahrung. Scheiterhaufen und Gefängnisse hätten den wissenschaftlichen Fortschritt nicht aufhalten können, wie Italien für ihn demonstrierte. Menéndez Pelayo übersah dabei, dass es in Italien weit mehr als in Spanien eine „società civile" gegeben hatte. Ein paganer Humanismus hatte schon früh Nischen des wissenschaftlichen Denkens erhalten, die in Spanien allenfalls unter arabischer Herrschaft bestanden hatten. Die Organisation der Universitäten war in Italien immer weniger klerikal als in Spanien gewesen. Die Vielfalt der Staaten auf italienischem Boden erlaubte der Intelligenz Ausweichmöglichkeiten, ohne ihr Sprachgebiet verlassen zu müssen. Selbst die bildenden Künstler sind vielfach von Staat zu Staat gewandert, um Verfolgungen und Reglementierungen zu entgehen. Spaniens Intellektuelle waren stärker abhängig von der jeweiligen Repressionspolitik eines zentralistischen Reiches.

Nach der Ansicht von Menéndez war Spanien im Aufwind der Entwicklung. Da der Krausismus aus Deutschland gekommen war, ging die Analyse nicht ohne Niedergangshypothesen für dieses Land ab. Er kritisierte die Spanier, die immer noch an die deutsche Philosophie glaubten, und bezeichnete Spaniens intellektuelles Klima als eine „blinde, philisterhafte und brutale Deutschtümelei" (ebd.: 199). Der Schriftsteller *Benito Pérez Galdos* (1843–1920), ein Vorläufer der 98er Generation, erhob Einspruch gegen diese Thesen. Gegen Menéndez hat er den Spieß einfach umgedreht und nannte Spanien das „unreligiöseste Land der Welt". In Spanien fand er allenfalls die Frauen religiös, die Männer aber, vor allem in der Mittelklasse, seien allenfalls formale Katholiken, welche die Kirche mieden, wo immer sie könnten (ebd.: 203). Bei Menéndez wurden die „hispanophilen" Thesen im wissenschaftlichen Gewande dargeboten, sodass man mit dem Autor noch mit wissenschaftlichen Gründen streiten und die Quellen des Denkens in der deutschen und englischen Romantik nachvollziehen konnte (Juretschke 1956: 19). Im Werk von Ángel Ganivet setzte sich der spekulativ-ästhetische Ansatz in der Selbstfindung durch, der typisch für die Generation der 98er werden sollte.

Quellen
Menéndez Pelayo: La conciencia española (Hrsg.: A. Továr). Madrid, Ed. Publ. Españolas, 1948,
Menéndez Pelayo: La ciencia española. Fragment aus: Historia de los heterodoxos españoles. Madrid, 1876, abgedruckt in: La España de Menéndez Pelayo. Antología de sus obras (Hrsg.: M. Artigas). Valladolid, Cultura Española, 1938: 11–36 (zit: Antología).
J. de Maistre: Lettres à un gentilhomme russe sur l'inquisition espagnole. Lyon, E. Vitte, o. J.

J. M. Quadrado: Cartas de José María Quadrado a Marcelino Menéndez Pelayo. Palma de Mallorca, Font, 1991.
H. Hinterhäuser (Hrsg.): Spanien und Europa. Texte zu ihrem Verhältnis von der Aufklärung bis zur Gegenwart. München, DTV, 1979.
H. Juretschke: Menéndez Pelayo y el Romanticismo. Madrid, Editora Nacional, 1956.

Literatur
P. Sainz Rodríguez: Estudios sobre Menéndez Pelayo. Madrid, Espasa Calpe, 1984.

Ángel Ganivet (1865-1989)

Das berühmteste Werk Ganivets, das „Ideárium", ein Jahr vor der Kriegskatastrophe von 1898 geschrieben, wurde zur Bibel der 98er Generation. Diese Rezeption zeigte bereits, dass die Gruppe von Literaten nicht pauschal für den Liberalismus vereinnahmt werden konnte. Ganivet, ein Diplomat mit vielen Auslandserfahrungen, hat aus der Ferne die Widersprüche der spanischen Gesellschaft schärfer gesehen als die Intellektuellen in Madrid. Er diente als Vizekonsul in Antwerpen, als Konsul in Helsinki und Riga, wo er 1898 seinem Leben in der Düna ein Ende setzte. Das „Ideárium español" wurde als sein Testament verstanden. Es setzte sich aus drei kulturkritischen Essays zusammen, die den Weltanschauungen Spaniens, der Dekadenz von Spaniens Weltgeltung und den Möglichkeiten einer Wiederauferstehung Spaniens gewidmet waren. Ganivet plädierte zwar für die Übernahme europäischen Gedankengutes, wollte ihm aber einen spanischen Charakter verleihen. Er zog die Kraft für den Glauben an sein Land aus dem Mythos der „moralischen Überlegenheit" Spaniens über die technisierte Zivilisation Europas.

Als Andalusier aus Granada hat Ganivet den Beitrag seiner Region zur Weltkultur hoch eingeschätzt. Ganivets Stoizismus – der jüngere Seneca stammte aus Córdoba – wurde durch Seneca inspiriert. Selbst sein Freitod wurde durch Seneca (4 v. Chr.–65 n. Chr.) gleichsam literarisch vorbereitet. In den Hochzeiten Kastiliens war die spanische Politik nach seiner Ansicht immer „meridional" gewesen. Das Wort „afrikanisch" spielte bereits eine Rolle – das Unamuno später aufgriff (1957: 75). Der Niedergang Spaniens schien durch die Vermassung und Vereinheitlichung hervorgerufen zu sein. Ein regionalistischer Zug durchzog sein Denken. Ganivet rühmte die wichtige Rolle Andalusiens in der Conquista Amerikas. Nur der „Neid" konnte – wie bei Heine – die Conquistadoren als „Räuberhauptmänner" disqualifizieren. Er übersah aber nicht, dass viele der spanischen Tugenden in Südamerika degenerierten und zu Todsünden wurden. Schuld war der übertriebene Individualismus der Spanier, der sich in pausenlosen Pronunciamientos ausdrückte.

Der Niedergang Spaniens resultierte nach Ganivet (1957: 128) aus einer „abulía", der Willenslähmung des Volkes. Er nahm – wie Balmes vor ihm – die Pose eines praktischen Arztes ein, der eine kollektive Krankheit heilen musste. Die nationale Wiedergeburt sollte durch Rückbesinnung auf Spaniens innere Reserven bewirkt werden. Die politische Reorganisation spielte dabei eine erstaunlich geringe Rolle. Im Vergleich zu den moralischen Aufgaben schien die politische Aufgabe leicht. Er verstieg sich zu der naiven Äußerung, die typisch für den schöngeistigen und unpolitischen Ansatz des Denkens einer Generation nach ihm werden sollte: „Die Organisation der öffentlichen Gewalten ist keine schwere Angelegenheit. Sie erfordert keine Wissenschaft oder besondere Kunst, sondern Weite der Kriterien und guten Willen". Im deutschen Idealismus und bei den Slawophilen Russlands hatte man bereits ähnliche Töne vernommen. Nietzsches heroische Kraftgesten zur Überwindung der „abulía" sind von der Generation der 98er später beschworen worden.

Neben diesem Kultbuch hinterließ Ganivet ein Unamuno gewidmetes Büchlein über die „Zukunft Spaniens" (El porvenir de España). Er kritisierte darin den Geist Don Quijotes und löste eine lang anhaltende Debatte über den Quitosmus aus (1957: 151, 161). Unamuno hatte diesen Geist positiv bewertet. Ganivet schloss den Gedanken mit der Demonstration einer Alternative: entweder Unterwerfung unter Europa – oder eine eigene Konzeption der Wiedergeburt. Das Buch war voller Polemik gegen den Kapitalismus, die Technik, und den Parlamentarismus, die bereits vom älteren Traditionalismus in Spanien entwickelt worden ist. Ein neuer Gedanke – der allenfalls bei dem Katalanen Balmes anklang – war der Regionalismus. Die selbstquälerische Suche nach den arabischen Anteilen am spanischen Erbe erinnerte an die Suche nach dem Beitrag Asiens zur „russischen Seele" bei einigen Neoslawophilen und Eurasiern. Der Regionalismus wurde von Denkern der spanischen Peripherie wie dem Andalusier Ganivet oder dem Basken Unamuno betont. Er hatte jedoch nicht – wie bei Pi y Margall (Bd. 3, Kap. V. 5) – nur progressive Züge. Unter dem Einfluss von Maurice Barrès in Frankreich breitete sich in Spanien ein Blut- und Boden-Kult aus, der in chaotischer Zeit inneren Halt im „Nomos der Erde" suchte (Stintzing 1976: 241). Die Ablehnung der Moderne schlug um in eine unkritische Verherrlichung elementarer Lebensformen – ganz ähnlich wie bei den Slawophilen.

Ganivets Denken wurde später von der Falange in Anspruch genommen. Die bürgerliche Mitte, für die Literaten wie Ganivet schrieben, glaubte bereitwillig an die Existenz eines klar umrissenen Nationalcharakters, der durch die geographische Lage des Landes determiniert sei. Der Geist des Bodens wurde zur „Urkausalität" stilisiert. Er wurde unveränderlicher gedacht als selbst die Religion, welche die Traditionalisten als die „unabhängige Variable" gesetzt hatten. Der Übergang in eine Vorform der „konservativen Revolution" ist unverkennbar, weil der rein religiös begründete Traditionalismus aufgegeben wurde. Nach dieser spekulativen Geographie waren kontinentale Völker durch Widerstand (resistencia) gekennzeichnet. Insularen Völkern wurde ein Angriffsgeist nachgesagt. Zwischen ihnen stand eine neue Fiktion: die Halbinselbewohner wie Spaniens, die als defensiv um ihre Unabhängigkeit ringend betrachtet wurden. Das erste Konstrukt enthielt einen Angriff auf Großbritannien, das zweite eine Kritik an Frankreich. Spanien hatte in dieser Sicht das Verdienst als peninsulares Volk seine Unabhängigkeit erfolgreich verteidigt zu haben – das Italien und Griechenland darin weniger glücklich waren, wurde nicht hinreichend reflektiert.

Von Menéndez Pelayo übernahm Ganivet das Lob des spanischen Stoizismus als vorherrschenden Wesenszug des Volkes. Auch ihm lagen unabhängige Wirkungskräfte des Bodens zugrunde. Das Christentum verstärkte diesen Unabhängigkeitsdrang, da es sich in einer besonders originären Form erhielt. Das wäre nach Ganivet nicht möglich gewesen, wenn der Stoizismus den Boden nicht vorbereitet hätte. Dieses heidnische Element seiner Konzeption des Katholizismus war ebenfalls eine Abwendung vom herkömmlichen spanischen Traditionalismus bei Balmes und Donoso Cortés.

Nach dem hohen Lob für die Eigenheiten Spaniens wurde die Mängelanalyse in ihrer Kausalität nicht recht mit den Grundwerten verbunden. Die Mängel bestanden im Gruppenegoismus, in der Intoleranz, im Fanatismus, im fehlenden Realismus und in der Scheu vor manueller Arbeit. Auch das Vorurteil gegen die Naturwissenschaften wurde im Anschluss an Menéndez wieder negativ bewertet. Positiv schien in diesem Tableau voller Widersprüche nur der Rat zur Selbstbeschränkung Spaniens. Die Armut habe Spanien „genialer" als andere Völker werden lassen. Trotz des unpolitischen Aufbruchs in das Geistige wurde ein Rest von Expansionismus doch noch sichtbar. Die Selbstbeschränkung Spaniens galt nicht für Afrika. Spanien wurde eine besondere Rolle beim Umgang mit den arabischen Völkern beigemessen. Ein Pfahl im Fleische Spaniens war jedoch das britisch besetzte Gibraltar, dessen Rückgabe gefordert wurde. Die Westgoten-Herrschaft – von einigen Historikern verklärt – wurde als negatives Erlebnis Spaniens verbucht. Der ewige Bürgerkrieg und die Dekadenz wurden schon früh in der Geschichte zum Hauptproblem.

Zweck des Lamentos über die Zukunft Spaniens war, das Volk aus seiner Lethargie zu rütteln. Das Werk blieb appellativ. Die Abneigung gegen soziale Wissenschaften – Politik bedurfte ja für ihn keiner Wissenschaft, und war nicht einmal eine „Kunst" – führte zu einem neo-romantischen Wunschdenken. In der progressiven Phase einiger Schriftsteller der Generation von 98 – wie bei Azaña (1930) – wurde dieser Denkansatz als verquaster Ausdruck eines nationalistischen katholischen Bürgertums verworfen. Mit dem Rechtsruck der meisten Denker dieser Generation wich die Kritik jedoch eher einer freudigen Rezeption. Der spanische Protofaschismus in seiner Ideenarmut hat sich kräftig aus dem Arsenal der Gedanken Ganivets bedient (Schmidt 1975: 153). Neu an diesem Werk war nicht mehr die Hymne auf Spaniens Größe, sondern eine strenge Meditation über die Defekte des Systems. Der Isolationismus hatte Appeal beim spanischen Bürgertum (Franzbach 1988: 57). Ganivet wurde als „machiavellistischer Opportunismus" und als Heilmittel gegen nationale Katastrophe funktionalisiert (Ramsden 1967: 189).

Quellen
Ganivet: Obras completas. Madrid, Aguilar, 1951, 2 Bde.
Ganivet: Ideárium español – el porvenir de España. Madrid, Espasa-Calpe, 1957, 5. Aufl.
M. Azaña: El Ideárium de Ganivet. In: Ders: Plumas y palabras. Barcelona, ed. critica 1976, 2. Aufl.: 9–115.

Literatur
N. Carrasco Arauz: Ángel Ganivet. Madrid, Epesa, 1971.
A. Espina: Ganivet. El hombre y la obra (1942). Madrid, Espasa-Calpe, 1972, 4. Aufl.
A. Gallego Morell: Ángel Ganivet, el excéntrico del 98. Granata, Abaicín, 1965.
J. Herrero: Ángel Ganivet. Un iluminado. Madrid, Gredos, 1966.
H. Jeschke: Ángel Ganivet. Seine Persönlichkeit und Hauptwerke. New York/Paris, Revue Hispanique, Bd. 72, 1928: 104–246.
I. Schrader: Ganivets Ideenwelt. Wörrstadt (Diss.-Druck), 1965.
I. Stintzing: Landschaft und Heimatboden. Ideologische Aspekte eines literarischen Themas bei Maurice Barrès, Angel Ganivet und Miguel de Unamuno. Frankfurt, Lang, 1976.
E. Voges: Briefe aus dem Norden – Verhandlungen mit dem Norden. Konstruktion einer iberischen Moderne bei Angel Ganivet und Josep Pla. Frankfurt, Lang, 2004.

Miguel de Unamuno (1864–1936)

Unamuno kam aus einem bürgerlich-liberalen Elternhaus aus Bilbao/Baskenland. Nach einem geisteswissenschaftlichen Studium in Madrid wurde er 1891 auf einen Lehrstuhl für Gräzistik in Salamanca berufen. 1914 ist er aus politischen Gründen von der Funktion eines Rektors der Universität entbunden worden. 1897 hatte Unamuno eine schwere Glaubenskrise durchgemacht, die zur Abwendung vom Sozialismus beitrug. 1924–1930 musste er in der Verbannung leben, zuerst in Fuerteventura, später in Frankreich. Im Bürgerkrieg starb Unamuno 1936 und wurde von den Falangisten geistig vereinnahmt.

Unamunos Schriften, die relevant für Politik sind, stellen allenfalls Essays dar. Selbst ein Denker, der als Professor nicht von seinen Schriften leben musste, wie Unamuno, hat drei bis vier Zeitungsartikel pro Woche produziert. Viele waren nicht mit Namen versehen – ein willkommener Tummelplatz für Philologen, die sein Werk sichern wollen. Unamuno hat für das Studium Hegels die deutsche Sprache erlernt. Später verfiel er dem Einfluss von Nietzsche und Schopenhauer. Seit der religiösen Krise wurden die sozialistischen Anschauungen mit mystischen Elementen durchsetzt. 1896 konnte Unamuno seine guten Dienste zur Herstellung von Kontakten zur deutschen Arbeiterbewegung der Partei unter Pablo Iglesias anbieten. 1897 steuerte Unamuno in den „Sozialistischen Monatsheften" einen Beitrag über die Geschichte des Sozialismus bei, der von Gustav Landauer mit einer Sicht auf den Anarchismus in Spanien ergänzt worden ist. In diesem Artikel kritisierte Unamuno bereits, dass die Sozialisten in Spanien zwei Probleme vernachlässigten: die Religion und den Regionalismus. Als der Kuba-Krieg ausbrach, hat Unamuno den Hurra-Patriotismus in Artikeln scharf gegeißelt. Er vertrat damals noch eine sozialistische Verschwörungstheorie nach der die herrschende Klasse den Krieg bewusst entfacht habe.

Die Aufsatzsammlung „En torno al casticismo" (Über das echt Spanische) von 1895 hatte die kritische Reflexion über den Standort Spaniens schon vor der Niederlage gegen die USA begonnen. Unamuno spann die alte spanische Idee einer unwandelbaren historischen Konstante der nationalen Existenz fort. Bei ihm wurde das „intrahistoria" genannt (Ensayos I: 23 ff), ein Ausdruck, der in die spanische Sprache eingehen sollte. Gemeint war eine Art Tiefenstruktur der Geschichte unter der Oberfläche der Ereignisse. Spanien wurde für seine Rückständigkeit und die latente Inquisitionsstimmung eines intoleranten Volkes kritisiert. Ein „seniler Formalismus" schien im Geistesleben vorzuherrschen. Europa hingegen war in dieser Frühschrift das „Laboratorium der Moderne", das vor allem durch seine Technik glänzte. Europäisierung Spaniens schien unerlässlich. Aber schon damals sollte sie von einer „Hispanisierung Europas" begleitet sein. Die Hispanität sah Unamuno 1912 im Quijotismus, dem Streben nach Unsterblichkeit (Ensayos I: 189 ff).

Wie andere Denker der Generation der 98er durchlief Unamuno eine sozialistische Phase. Aber wie bei anderen Intellektuellen war damit ein „Sozialismus für alle" – ohne Klassenkampf – gemeint (Cartas: 30 ff). Schon in dieser Frühzeit operierte Unamuno gern mit Paradoxen: „Weder die Evolution allein noch die Revolution allein sind zu etwas nütze" (Artículos: 77). Der Fortschritt war für Unamuno kein geradliniger Prozess, sondern ein Zickzack-Kurs mit Schocks und Rückschlägen. Revolution war in diesem Prozess eine innere Notwendigkeit. Eine Parteilinie hat Unamuno niemals akzeptiert. Er setzte sich scharf mit Largo Caballeros Thesen zur Einheitsfront auseinander (Artículos: 276). Aber auch der doktrinäre Syndikalismus eines Flügels der Partei missfiel ihm, weil er zum „Apolitismus" führe. Damals kam er noch zu der Konklusion, dass der Sozialismus „vor allem liberal" sein müsse. Erst später wurde der Liberalismus auch für ihn zu einem Schimpfwort. Der Sozialismus war für Unamuno in der Frühphase das einzige Heilmittel gegen den Anarchismus (Artículos: 124). 1922 entdeckte er neben dem Anarchismus eine zweite Gefahr, den Faschismus (Artículos: 328 f). Den historischen Materialismus von Karl Marx hat Unamuno immer bekämpft. Mit Machiavelli wurde unterstellt, dass die Eitelkeit und Herrschsucht der Menschen noch ausgeprägter sei als der Hunger. Daher sah er die schärfsten sozialen Konflikte nicht aus der Not, sondern aus dem Kampf um die Vorherrschaft entstehen (Artículos: 485). Den Konflikt um die Vorherrschaft konnte er an der Auseinandersetzung zwischen Marx und Bakunin zeigen. In dieser Alternative wählte er das kleinere Übel, weil Marxens Theorie immer noch „liberaler" sei als die Bakunins (Artículos: 491).

Unamuno war unter den Literaten der Generation von 1898 vergleichsweise der stringenteste Denker, soweit man eine vitalistische Existenzphilosophie als „stringent" einstufen kann. Wie andere Köpfe seiner Generation durchlief er Phasen des Sozialismus, des Liberalismus und des autoritär gefärbten Konservatismus. Wie Azorín und Maeztu – mit diesem baskischen Landsmann hat er in der Frühzeit manchen geistigen Strauss ausgefochten – entwickelte er sich vom Agnostiker zum glühenden Katholiken. Nur Baroja widerstand im inneren Kern der Gruppe diesem Trend. Vor 1898 hat er mit Ganivet (vgl. Bd. 1. Liberalismus, Kap. IV, 5) den Quijotismus verketzert, zehn Jahre später erhob er ihn zu einer Art Nationalkult. Unamuno kämpfte gegen die Monarchie Alfons XIII, ohne später ein verlässlicher Republikaner zu werden. Durchgehend blieb er jedoch in allen Regimen, mit denen er immer wieder in Konflikt kam, ein Spiritualist und ein Pazifist. Nach seinen Anfängen wurde er zunehmend modernisierungsfeindlich. In den Cortes der Republik fühlte er sich keiner Partei zugehörig. Er war rasch von der Republik enttäuscht – ähnlich wie sein Konkurrenz Ortega y Gasset. Soweit er Sozialist gewesen ist, nannte er das „getauften Sozialismus". Gott und die Frage des Fortlebens nach dem Tode haben ihn zunehmend bewegt. Man hat ihn als einen katholischen Kierkegaard bezeichnet – unbehaust und einzelgängerisch.

Unamuno litt in seinem Jugendwerk noch unter dem negativen Image seines Landes – ein Land voller Steine, im Sommer versengt, im Winter gefroren" (Ensayos I: 907). Spanien aber hatte einen unsichtbaren Schatz zu bieten: den Glauben. Der Populärkatholizismus, den Unamuno vertrat, war nicht kirchlich. Er pendelte in tragischer Weise zwischen Glaubensbedürfnis und Glaubensunfähigkeit. Der „eschatologische Impuls" Spaniens sollte dem technischen Fortschritt Europas hinzugefügt werden.

Diese Balance wurde schon 1906 in der Schrift „Sobre la europeización" (Ensayos I: 901 ff) aufgegeben. Er bekannte sich plötzlich als „Nicht-Europäer", als „Berber", als „Afrikaner". Das Spanische wurde für ihn unvereinbar mit Europa. Der europäischen Wissenschaft wurde die ehrwürdige spanische Weisheit gegenüber gestellt. Die Slawophilen haben die gleichen Antithesen im Osten des Kontinents konstruiert. Einst hatte Unamuno noch realistisch gesehen, dass der spanische Traditionalismus ziemlich inhaltsleer und ohne politischen und sozialen Inhalt war, bloße Rhetorik mit Scheinlösungen (Pol: 414). Später wurde der binäre Code „Spanien versus Europa" zum Exzess getrieben – mit allen Registern der Rhetorik eines Predigers: spanische Leidenschaft stand gegen europäische Vernunft, Seele gegen Geometrie, Herz gegen Cartesianismus, Tod gegen Leben. Vor allem der zunehmende Kult des Todes hat Unamunos Philosophie in die Nähe faschistoider Mythen gerückt. In einem Essay sagte sich Unamuno offen von den üblichen Methoden der Wissenschaft los: „Wie man sieht, besteht mein Verfahren in dem, was mancher willkürliche Behauptungen – ohne Dokumentation, ohne Beweise, außerhalb der modernen europäischen Logik und unter Verachtung ihrer Methoden – nennen würde" (Ensayos I: 901). Er benutzte wiederum gern das Wort „paradox", um die Widersprüche seiner Argumentation zu rechtfertigen. Hans Albert (Plädoyer für kritischen Rationalismus, München, Piper, 1971) hat das später als klassischen Fall einer Immunisierungsstrategie gewertet.

Die Fülle der Artikel aus gegebenem Anlass konnte schwerlich einen roten Faden erkennen lassen. Der Parlamentarismus wurde im Geist des spanischen Traditionalismus kritisiert (Pol: 474 f). Nach dem Erlebnis der Diktatur Primo de Riveras: wurden Parlamentarismus und Demokratie etwas positiver bewertet. Er stellte sich kurzzeitig der Politik zur Verfügung und wurde Abgeordneter der Linken in der verfassunggebenden Versammlung. Das politische Intermezzo ergab den Stoff, um seine Enttäuschung über demokratische Politik wortreich abzuarbeiten.

Der Denker mit der hehren Ewigkeitsperspektive war zu ungeduldig, abzuwarten, ob die Republik ihre Probleme lösen könne. Rasch liebäugelte er lieber mit den Falangisten und begrüßte den Putsch Francos. Aber auch in diesem Lager war er nur ein sehr unbequemer Bundesgenosse. 1932 hatte er den Faschismus in Spanien für überflüssig erklärt. Spanien hatte keine Verluste zu verdauen, da es neutral geblieben war, während Italien und das vom Versailler Vertrag „gekreuzigte Deutschland" weit mehr Offenheit für die neue Bewegung zeigen mussten (Pol: 689). Als „gekreuzigte Nation" wurde bisher allenfalls Polen dargestellt. Noch schien ihm der Faschismus als eine Mode, freilich eine unvermeidliche. Manchmal sprach er auch von einer „Epidemie" und suggerierte damit, dass sie vorüber gehen werde. Faschismus wurde dann als „futurismo de ex futuro" verspottet (Pol: 690). Dem Faschismus wurde das Recht abgesprochen, im Zeichen des Kreuzes aufzutreten. Das kriegerische Gehabe war Unamuno fremd. Der Falangismus hat solche Distanzierungen nicht übel genommen, er legte Wert darauf, nicht mit irgendeinem internationalen Etikett wie Faschismus abgetan zu werden. Unamuno hat in diesen Artikeln die nationalistische Doktrin gegen den „schrecklichen französischen oder argentinischen Liberalismus" entwickelt. Sein Nationalismus bestand in der Zelebrierung der heroischen Einsamkeit eines großen spanischen Volkes, das von allen missverstanden wird, und doch das letzte Bollwerk wahrer Religiosität darstelle. Die Angst vor der Überfremdung und die Sorge vor der weiteren Korrumpierung der „Reinheit" des Landes wechselte ab mit der Deklaration der Mission Spaniens in der Welt. Aber expansive Gedanken waren nicht militärisch gemeint. Es fehlte jedes kriegerische Pathos: „Das macht Unamunos Nationalismus friedlicher, aber nicht origineller" wurde von einem Kritiker geurteilt (Schmidt 1975: 184). Immerhin muss das Verdikt dahingehend gemildert werden, dass Restbestände von Humanismus und Liberalismus im Denken des Philosophen von Salamanca erhalten blieben. Liberalismus war freilich nicht politisch gemeint. Am Anfang der Republik hat Unamuno diesen als „heilige Sünde der Humanität" belächelt (Pol: 724). Die politischen Demütigungen, die Unamuno erfuhr, haben ihn nicht völlig anfällig für die autoritären Versuchungen gemacht. Zwangsläufig ist dieser Konnex freilich nicht, wie Dostoevskij zeigte, für den Unamuno sich naturgemäß interessierte. Dostoevskij hat sich trotz einer harten Periode der Verbannung ins ultrareaktionäre Gegenteil seiner einst radikalen Ansichten verwandelt. Bei Unamuno vermisste man in der Spätphase jedoch seine frühere Distanzierung vom Hurra-Patriotismus und dem gedankenlosen Traditionalismus. Es kam zu einem Eskapismus in eine Welt der Blut- und Boden-Mystik. Wie bei Barrés und Ganivet wurde die spanische Erde zu einem inneren Halt in der Zeit des Unheils (Stintzing 1976: 241). Der Falangeführer José Antonio Primo de Rivera hat mit einigen Getreuen Unamuno im Februar 1935 in Salamanca besucht. Der Patriarch hat die schneidigen Männer vor der „Verdummung der Jugend" und vor der Gefahr einer Überhitzung der Leidenschaften gewarnt. Auf seine Widersprüche in der Beurteilung der faschistischen Gefahr hingewiesen, hat Unamuno in der Wurstigkeit des Weisen geantwortet, der über den Dingen steht: „Ich schreibe seit mehr als vierzig Jahren und vergesse manchmal, was ich gesagt habe, und andere Male widerspreche ich mir und wiederhole mich. Darin besteht vielleicht das Menschliche" (zit: Schmidt 1975: 192).

Nicht wenige spanische Betrachter haben Schwierigkeiten damit, Unamuno als Traditionalisten einzuordnen. Wie Azorín, Baroja oder Maeztu hat er als Sozialrebell begonnen. In einigen Punkten blieb er „liberal", auch wenn er den Liberalismus als politische Bewegung in traditionalistischer Manier verdammte.

Unamunos Denken war von der konservativ-nationalistischen Rechten nicht so weit entfernt, wie seine Anhänger gern glauben. Er hat die Gefahren von rechts nur unzureichend wahrgenommen. Vielleicht hat er auch seinen eigenen Einfluss überschätzt, den er zur Milderung der Militanz der Rechten geltend machen konnte. Es bleiben jedoch die Versatzstücke der Illiberalität dominant im Denken des späten Unamuno, wie Antieuropäismus, Antifortschrittsdenken, Antirationalismus und ein spanischer Besonderheitswahn auf der Grundlage von Volks- und Boden-Romantik. Aber Unamuno wurde kein „integraler Nationalist" in der Manier von Barrès und Maurras, eine Theorie-Mode, die damals aus Frankreich in Spanien Einzug hielt. Die religiöse Grundlage seines Denkens blieb gewaltfrei und konnte somit nicht unter dem Etikett Faschismus vereinnahmt werden.

Quellen
Unamuno: Obras completas (Hrsg.: M. Sanmiguel/M. García Blanco), Madrid, Aguado, 1951, 8 Bde.
Unamuno: Ensayos. Madrid, Aguilar, 1951, 3. Aufl., 2 Bde. (zit.: Ensayos).
Unamuno: Pensamiento político (Hrsg.: E. Díaz). Madrid, Tecnos, 1965. (zit.: Pol.).
Unamuno y el socialismo. Artículos recuperados 1886–1828 (Hrsg.: D. Nuñez Ruiz/ P. Ribas). Granada, Comares, 1997 (zit: Artículos).
Unamuno: Briefwechsel mit seinem Freund dem Landsmann Ilundain (Hrsg.: F. X. Niedermayer). Nürnberg, Glock & Lutz, 1955.
D. Gómez Molleda: El socialismo español y los intelectuales. Cartas de líderes del movimiento obrero a Miguel de Unamuno. Salamanca, Ediciones Universidad de Salamanca, 1980 (zit: Cartas).

Literatur
R. M. Alberes: Miguel de Unamuno. Paris, Editions Universitaires, 1957.
E. R. Curtius: Unamuno. In: Ders: Kritische Essays zur europäischen Literatur. Bern, Francke, 1954, 2. Aufl: 204–222.
L. Farre: Unamuno, William James y Kierkegaard. Buenos Aires, Editorial La Aurora, 1967.
P. Ilie: Unamuno. An Existentialist View of Self and Society. Madison, University of Wisconsin Press, 1967.
M. Nozick: Miguel de Unamuno. New York, Twayne, 1971.
R. Pérez de la Dehesa: Política y sociedad en el primer Unamuno. Barcelona, Ariel, 1973, 2. Aufl.
M. Pizán: El joven Unamuno. Influencia hegeliana y marxista. Madrid, Ayuso, 1970.
J. Quintana: España entre Unamuno y Maeztu. Bilbao, Comunicación Literaria de Autores, 1968.

Ch. Rodiek: Europäisierung und Modernität im Werk Miguel de Unamunos. In: W. Hirdt (Hrsg.): Europas Weg in die Moderne. Bonn, Bouvier, 1991: 203–221.

S. Serrana Poncela: El pensamiento de Unamuno. Mexiko, Fondo de Cultura Económica, 1964, 2. Aufl.

I. Stintzing: Landschaft und Heimatboden. Ideologische Aspekte eines literarischen Themas bei Maurice Barrès, Ángel Ganivet und Miguel de Unamuno. Frankfurt, Lang, 1976.

M. Urrutía León: La evolución del pensamiento político de Miguel de Unamuno, Deusto, Diss. 1995.

VII. Rückblick: Konservatismus in der Entwicklung der Parteiensysteme

Die Parteienentwicklung des Konservatismus war quantitativ wenig aufschlussreich und konnte meist nur selten Beziehung zur Bedeutung konservativer Theorien im Land haben. In Deutschland vor allem mussten Konservative und Christdemokraten zusammengezählt werden, um die Stärke des überwiegend konservativen Lagers zu ermitteln. Der Konservatismus in seinen Schattierungen in der politischen Theorie war aber stärker als der Niederschlag, den das konservative Denken und der politische Katholizismus im Parteiensystem fanden. Am stärksten war die konservative Partei in Großbritannien, wo sie in der Rechten weitgehend konkurrenzlos blieb und wo die Stellung der beiden Lager durch ein relatives Mehrheitswahlrecht institutionell abgesichert war. Angesichts der Hegemoniestellung war eine starke konservative politische Theorie kaum nötig. Aber auch die liberale Theorie in Großbritannien blieb unterentwickelt, nachdem die großen Konflikte des Chartismus und Utilitarismus einmal durchgestanden waren. Schon immer standen die Briten in dem Ruf, dass sie ihr System trefflich zu praktizieren verstanden, aber die Analyse des Systems lieber den Franzosen überließen.

Der Konservatismus hat sich nicht nur nach dem Stand der Machtverhältnisse im Verfassungssystem ausdifferenziert, sondern war vor allem durch die Stärke der Konfessionen bestimmt. In katholischen und gemischt konfessionellen Ländern (Deutschland, Schweiz, Niederlande) kam es vielfach zu einen „*Kulturkampf*" zwischen gläubigen Katholiken und dem laizistischen Staat. Im Gegensatz zu den Differenzierungen unter Liberalen schienen die „Ultramontanen" von einer Art „Internationale" unterstützt, obwohl der politische Katholizismus vielfach – wie ihr Vordenker Lamennais – in Konflikt mit der Kirche lag. Den sozialen Impetus des politischen Katholizismus konnte die Kirche eher akzeptieren (z. B. Rerum novarum, 1891, Graves de communi re 1901), als die Tendenzen zur parlamentarischen Regierung und zur Demokratie, die lange in päpstlichen Enzykliken kritisiert wurden (Immortale Dei, 1885, Au milieu des sollicitudes, 1892). Es wurde vom Vatikan vielfach versucht, die frühe Christdemokratie in ein möglichst unpolitisches sozial-karitatives Fahrwasser zu lenken – mit begrenztem Erfolg. In gemischt-konfessionellen Ländern war der politische Katholizismus in fundamentalen Fragen weiterhin ultra-konservativ, in Verfassungs- und Institutionenfragen hingegen vielfach ziemlich progressiv, was die Konflikte zwischen den Gruppen vorprogrammierte.

In keinem politischen Bereich ist die Abgrenzung der Parteien so schwer, wie bei Bewegungen im Umfeld des Konservatismus. Der größte Unterschied liegt bei den säkularen und den religiösen konservativen Parteien. Es lassen sich jedoch nicht alle *Christdemokratischen Gruppen* als „konservativ" einordnen, auch wenn sie durch Konzentration auf christliche Wähler, vor allem in katholischen Regionen, durch lange Regierungspraxis oder durch die Dynamik im Lager der „bürgerlichen Parteien" gelegentlich in eine konservative Haltung gedrängt wurden. Franz von Baader (1834, 1957: 209) hat in seiner Schrift über „Evolutionismus und Revolutionismus" erstmals das „christlich-soziale Prinzip" propagiert (vgl. Kap. III. 1). Es wurde zu einem Vorteil christdemokratischer Gruppen gegenüber den Konservativen, dass sie konservative Grundtheorien mit fortschrittlichen Ideen in einigen sozialen Bereichen wie der Wohlfahrtspolitik verbinden konnten, und auch nicht vor Kritik an den „Amtskirchen" zurückschreckten. Im 19. Jahrhundert gab es nicht nur bei Lutheranern Bestrebungen, welche die Religion verteidigten und die Kirche angriffen. Die Vorstellung einer „Liebeskirche" berief sich auf Feuerbach und andere. Sektierer haben sogar Christus als den ersten Gegner einer Idee der Kirche hingestellt, weil er keine Kirche sondern nur Gemeinden gründete. Je schärfer die Kritik von links auch in den eigenen Reihen wurde, umso mehr hat die Katholische Kirche sich den sozialen Bestrebungen verschlossen und für die Sozialstruktur der alten Ordnung geworben (Kuhn 1965: 142 f).

Die *evangelische soziale Bewegung* seit Johann Hinrich Wichern, dem Begründer der „Inneren Mission", hatte mehr Einfluss im Luthertum. In einigen Erweckungsbewegungen kam es auch zu einem Pathos der Kirchenkritik. Landeskirchen sollten eine Art religiöses Erziehungsinstitut werden. Wicherns Arbeit blieb politisch nicht folgenlos, als König Friedrich Wilhelm IV eine Reform der Gefängnisse anregte. Wichern hat 1854–56 an der Reorganisation des „preußischen Mustergefängnisses Moabit" mitgewirkt. Diese Nähe zum Staat wurde jedoch nicht nur in der Kirche zunehmend scharf kritisiert und paßte eigentlich auch wenig zu den Anfängen der Erweckungsbewegung. Die „Rechristianisierung des Volkslebens" setzte sich in Gegensatz zum Konservatismus, obwohl Wichern durch den Einfluss von Friedrich Julius Stahl (vgl. Kap. V.1) in der Betonung zweier Institutionen, wie „weltliche Obrigkeit" und „Kirche Christi" – die noch bei Friedrich

Naumann (Bd. 1, IV, 3) in abgeschwächter Form Wichtigkeit erlangten – sich dem preußischen Konservatismus näherte. Andererseits blieb die christlich-soziale Bewegung zwischen Kirche und Proletariat, Kapitalismus und Sozialismus in einer schwankenden Mittelstellung (Wendland 1962: 13 ff, 19), die keine politische Identifikation mit dem Konservatismus erlaubte. Diese prekäre Mittelstellung hat sich im 20. Jahrhundert in der „ökumenischen Bewegung" wieder gefunden. Friedrich Naumann (Werke Bd. 1, 1964: 343) hat 1892 ein „christlich-soziales Zeitalter" ausgerufen, dass er nach dem Triumph der Sozialdemokratie kommen sah. 1895 propagierte er plötzlich das „Nationalsoziale". Das Ende der evangelisch-sozialen Bewegung schien eingeleitet, nach dem Kaiser Wilhelm II „Christlich-sozial" für Unsinn erklärte und Hofprediger Stöcker aus dem Evangelisch-sozialen Kongress" austrat (Kuhn 1972: 820).

Als Geburtsstunde der christdemokratischen Bewegung im Katholizismus wurde vielfach die päpstliche Enzyklopädie „Rerum Novarum" des Papstes Leo XIII. von 1891 angesehen. Der Vatikan hat sich in ihr als Reaktion auf die Industrialisierung erstmals mit der Lage der Arbeiterschaft auseinandersetzen müssen. Das Oberhaupt der Katholischen Kirche orientierte sich stark an dem Buch des Bischofs Wilhelm Emmanuel Kettler von 1864 über „Die Arbeiterfrage und das Christentum". Als in Frankreich die Reformbewegung zu radikal erschien, hat der gleiche Papst jedoch diese christliche Demokratie in der Enzyklika „Graves de communi re" von 1901 auf die „soziale Wohlfahrt" beschränkt und weiterreichenden politischen Ansprüchen einen Riegel vorzuschieben versucht. Als die totalitären Ideologien die Freiheit des Einzelnen einschränkten hat Papst Pius XI in der Enzyklika „Quadrogesimo anno" 1931 die christliche Haltung im *„Subsidiaritätsprinzip"* zusammengefasst. Danach rangiert die Verantwortung des Einzelnen vor der Staatsintervention. Der Staat sollte möglichst dezentral organisiert werden und hatte die Pflicht nach dem Subsidiaritätsprinzip kleineren schwachen Einheiten sozial zu helfen. Mit dem Prinzip der *„Solidarität"* sollte die kapitalistische Wirtschaft in einer sozialen Marktwirtschaft gebändigt werden (http://de.wikipedia.org/wiki/Christdemokratie).

Fundamentalistische Gruppierungen haben aber gelegentlich auch eigene kleinere Parteien gegründet, wie die „Anti-Revolutionäre Partei" in den Niederlanden, die sich erst spät 1980 mit anderen Parteien nach deutschem CDU-Vorbild förmlich zu einer christlich-demokratischen Partei unter dem Namen „Christen Democratisch Appèl" zusammenschloss. Der Zusammenschluss – wie so viele Parteienzusammenschlüsse – hat nicht zur Vermehrung der Stimmen geführt. 1963 hatten die drei christlichen Parteien knapp die Hälfte der Wählerstimmen erhalten. 2010 bekam die CDA nur noch 13,6 % der Voten und verlor 20 Sitze im Parlament. Ministerpräsident Balkenende legte den Parteivorsitz nieder. Aufgrund der Zersplitterung des Parteiensystems wurde im Oktober 2010 nach langwierigen Verhandlungen – unter Vermittlung mehrerer „informateurs" – Maxime Verhagen stellvertretender Ministerpräsident. In Frankreich hat die volksrepublikanische Partei MRP als links-christdemokratische Gruppe nur in der 4. Republik eine wichtige Rolle gespielt, die bald von den nationalkonservativen Gaullisten überflügelt wurde.

Die Namensgebung der Parteien ist in keinem ideologischen Bereich so irreführend wie bei konservativen Gruppen:

- Nur eine Minderheit der Parteien führt noch das Epitheton „*konservativ*" im Parteinamen, wie in Großbritannien, Kanada und Rumänien – trotz der gewaltigen Vorbildwirkung Englands.
- Weit häufiger ereignete sich die Aufnahme des Wortes „*liberal*" (Japan: Liberal-demokratische Partei), „sozial-liberal" (Kroatien, Litauen, Moldawien). In Ost- und Südosteuropa, wo die lange Herrschaft des Kommunismus die Deklarierung als christlich nicht recht duldete, dominierte auch nach dem Kommunismus die Bezeichnung „*demokratisch*" für konservativ eingestufte Parteien (Albanien, Bulgarien, Indonesien, Kosovo, Kroatien, Mazedonien, Rumänien, Ungarn, Serbien, Slowakei, Slowenien, Tschechien, Ungarn).
- Die Bezeichnung „*national*" (Finnland, Israel), oder „*Volkspartei*" (China, Japan, Lettland, Mazedonien, Montenegro, Österreich) kam immer wieder vor.
- In der Vergangenheit kam es auch zur Kumulierung der Epitheta wie bei der „Deutschnationalen Volkspartei" in der Weimarer Republik, die im Januar 1933 eine Koalition mit Hitler schloss.
- Nur in Norwegen nannte sich eine Konservative Partei „*Rechte*". Die meisten Gruppen versuchen durch Zusätze wie „Volk", „Sammlung" „Bürgerpartei" relativ progressiv zu erscheinen und beanspruchten, eher Parteien der Mitte zu sein.
- Einmalig sind die „*Republikaner*" in den USA mit einer Bezeichnung, die in Europa eher linksliberale Parteien bevorzugten.

Auf internationaler Ebene sind diese Gruppierungen in der „Christlich-Demokratischen Internationale" zusammengeschlossen und in Europa firmieren sie als „*Europäische Volkspartei*". Die EVP (engl. EPP) ist seit 1976 ein Zusammenschluss von christlich-demokratischen und konservativ-bürgerlichen Parteien in der Europäischen Union. Unter den fast 50 Mitgliedsparteien gibt es höchst unterschiedliche Namen, von „Konservativer Volkspartei" (Dänemark) bis zur fehlbenannten „Partido Social Democrata" in Portugal.

Nach der Europawahl 2009 traten Mitglieder der ED aus der gemeinsamen Fraktion aus und gründeten die neue Fraktion der „Europäischen Konservativen und Reformisten" (ECR). Mit Van Rompoy stellte die EVP den Präsidenten des

Europäischen Rates 2012. Während der Wahlkampagne vor der Europawahl 2009 nominierte die EVP auf einem Parteikongress José Manuel Barroso für eine zweite Amtszeit als Präsident der Kommission. Im Herbst 2009 wurde Barroso im Europäischen Parlament mit absoluter Mehrheit wiedergewählt.

Ein Teil der Konservativen zeigte schon in der Namensgebung für die Partei, dass er sich angesichts der Herausforderung durch einen erstarkenden Sozialismus den Liberalen annäherte. Andererseits gab es Ähnlichkeiten in der Kapitalismuskritik eher mit sozialistischen als mit liberalen Theoretikern. In Zeiten der Herausforderung konnte der Konservatismus auch seine alten Verdienste im Kampf gegen den Absolutismus vergessen, und sich rechtsextremistischen Diktaturphantasien nähern – von Donoso Cortès bis zu Charles Maurras. Als Vermittlungspositionen zwischen dem Altkonservatismus und den neuen autoritär-etatistischen Tendenzen gab es jedoch auch die Entwicklung zu einem *ständestaatlichen Konservatismus*, etwa bei Otmar Spann in Österreich oder bei Maurras in Frankreich (vgl. Kap. VI, 2). Korporatisten lobten ihr System, weil die „Repräsentanten" in ihren Korporationen vorgaben mit „Sachverstand" abzustimmen, während die Abgeordneten im herkömmlichen repräsentativen Parlamentarismus in den meisten Materien angeblich „Dilettanten" blieben. Ungeklärt blieb aber in den korporatistisch-konservativen Theorien, wie weit der Staat in die Welt der Korporationen eingreifen durfte, wenn der korporativ gegliederte Volkswille sich nicht in der gewünschten Richtung entwickelte (Kondylis 1986: 497).

Neuerdings wird in den gewandelten konservativen Ideologien vielfach der *„Wertkonservatismus"* betont und der *„Strukturkonservatismus"* abgelehnt. Selbst die Grünen, die 2012/13 in der verfrühten Wahlpropaganda eine Koalition mit den Christdemokraten überwiegend nicht anstrebten, weil sie diese für überwiegend als „zu konservativ" einschätzten, hielten „grün" für „links, liberal und wertkonservativ" – wie ein Parteivorsitzender wie Cem Özdemir in einem Interview formulierte (U. Kienzle und die siebzehn Schwaben. Stuttgart, Sagas Edition, 2012: 251). Auch ein *„technokratischer Konservatismus"* in der Tradition von Denkern wie Hans Freyer oder Helmut Schelsky wurde allenfalls in der ideologischen Praxis konservativer Parteien einflussreich. Mit der rasanten Entwicklung von Wirtschaft und Technik haben konservative und christlich-soziale Parteien den technologischen Fortschritt akzeptiert und betont, aber mit sozialen Wertvorstellungen zu verbinden gesucht.

Zunehmend sind es die *rechtspopulistischen Parteien*, die auch Theoretikern des Konservatismus Kopfschmerzen bereiten. Es gibt keine verallgemeinerbare Strategie. Von der Ausgrenzung bis zur Tolerierung oder gar Regierungsbeteiligung sind alle Taktiken angewandt worden.

Kein Begriff für eine politische Ideologie oder Bewegung ist so stark ausgehöhlt worden, wie das Epitheton „konservativ". Einige Analytiker (Kondylis 1986:

507) gehen jedoch zu weit, wenn sie behaupten, es sei einfach unsinnig, zeitgenössische westliche politische Programme noch als „konservativ" zu bezeichnen. Die Kritiker sind freilich selbstkritisch genug, zu antizipieren, dass der Begriff „konservativ" unausrottbar ist, weil die Gegner der konservativen Parteien in der politischen Auseinandersetzung nicht auf das Etikett verzichten können – sowohl die Liberalen als auch die Sozialisten.

Quellen

H. Barth: Der konservative Gedanke. Ausgewählte Texte. Stuttgart, Koehler, 1958.
V. A. Huber: Ausgewählte Schriften über Socialreform und Genossenschaftswesen. Berlin, Verlag der Aktiengesellschaft Pionier, 1894: 41–95.
C. W. L. Fürst Metternich: Denkwürdigkeiten. München, Georg Müller, 1921, 2 Bde.
F. Naumann: Werke. Bd. 1. Religiöse Schriften. Köln, Westdeutscher Verlag, 1964.
G. F. Yates (Hrsg.): Papal Thought on the State. Writings of Recent Popes. New York, Appleton-Century-Crafts, 1964.

Literatur

E. Bénéton: Le conservatisme. Paris, PUF (Que-sais-je), 1988.
K. von Beyme: Conservadurismo. Revista de estudios políticos, 1985: 7–44.
R. Blake: The Conservative Party from Peel to Major. London, Heinemann, 1997.
M. Blinkhorn (Hrsg.): Fascists and Conservatives. London, Unwin Hyman, 1990.
F. Bösch: Das konservative Milieu. Göttingen, Wallstein, 2002.
H. Cecil: Conservatism. London, Butterworth, 1912.
C. Coote: Conservatism and Liberalism. The Political Quarterly 24, 1953: 204–209.
K. Epstein: Die Ursprünge des Konservatismus in Deutschland. Berlin, Propyläen, 1973.
R. Feiling: Principles of Conservatism. The Political Quarterly 24, 1953: 129–138.
T. Frey: Die Christdemokratie in Westeuropa. Der schmale Grat zum Erfolg. Baden-Baden, Nomos, 2009.
M. Gehler u. a. (Hrsg.): Christdemokratie im 20. Jahrhundert. Wien, Böhlau, 2001.
B. Girvin: The Right in the Twentieth Century. Conservatism and Democracy. London, Pinter, 1994.
E. Grothe (Hrsg.): Konservative deutsche Politiker im 19. Jahrhundert. Marburg, Veröffentlichung der Historischen Kommission für Hessen, 2010.
Grundzüge conservativer Politik. In Briefen conservativer Freunde über conservative Partei und Politik in Preußen. Berlin, Verlag Kortkampf, 1868.
B. Heidenreich (Hrsg.): Politische Theorien des 19. Jahrhunderts. Bd. 1 Konservatismus. Wiesbaden, 1999.
E. Hobsbawm/T. Ranger (Hrsg.): The Invention of Tradition. Cambridge, Cambridge University Press, 1983.

S. Huntington: Conservatism as an Ideology. American Political Science Review, 51, 1957: 454–473.
St. Jungbauer: Christdemokratische und Konservative Parteien in Europa. München, Hans Seidelstiftung, Nov. 2011.
G.-K. Kaltenbrunner (Hrsg.): Rekonstruktion des Konservatismus. Freiburg, Rombach, 1973, 2. Aufl.
G.-K. Kaltenbrunner: Konservatismus international. Stuttgart, Seewald, 1973.
S. N. Kalyvas: The Rise of Christian Democracy and the Welfare State. Ithaca, Cornell University Press, 1996.
E. Kaufmann: Über die konservative Partei (1922). Gesammelte Schriften III. Göttingen, Vandenhoeck & Ruprecht, 1960: 133–175.
K. von Klemperer: Konservative Bewegungen zwischen Kaiserreich und Nationalsozialismus. München, Oldenbourg, 1962.
R. Kirk: The Conservative Mind. From Burke to Eliot. Chicago, Gateway edition, 1953, 1960, 2001, 7. Aufl.
P. Kondylis: Konservatismus. Geschichtlicher Gehalt und Untergang. Stuttgart, Klett-Cotta, 1986.
S. N. Kalyvas: The Rise of Christian Democracy and the Welfare State. Ithaca, Cornell University Press, 1996.
A. Kuhn: Die Kirche im Ringen mit dem Sozialismus 1803–1848. München, Pustet, 1965.
A. Kuhn: Exkurs: christlich-sozial. In: G. Brunner u. a. (Hrsg.): Geschichtliche Grundbegriffe. Bd. 1 1972, 1979: 815–820.
J. Laponce: Left and Right. The Topography of Political Perceptions. Toronto, University of Toronto Press, 1981.
G. Lottes: Die Französische Revolution und der moderne politische Konservatismus. In: R. Koselleck/R. Reichardt (Hrsg.): Die Französische Revolution als Bruch des gesellschaftlichen Bewusstseins. München, Oldenbourg, 1988: 609–630.
K. Mannheim: Konservatismus (1927). Frankfurt, Suhrkamp, 1974, 1984.
Th. G. Masaryk: Zur russischen Geschichts- und Religionsphilosophie. Soziologische Skizzen. Jena, Eugen Diederichs, 1913, 2 Bde.
R. McDowell: British Conservatism 1832–1914. London, Greenwood Press, 1959.
M. Oakeshott: On being Conservative. In: Ders.: Rationalism in Politics and other Essays. London, Methuen, 1962: 168–196.
G. Rohrmoser:Geistige Wende. Christliches Denken als Fundament des Modernen Konservatismus. München, Olzog, 2000.
H. G. Schumann (Hrsg.): Konservatismus. Köln, Kiepenheuer & Witsch, 1974.
A. Schildt: Konservatismus in Deutschland. Von den Anfängen im 18. Jahrhundert bis zur Gegenwart. Opladen,VS-Verlag, 1998.
R. Scruton: The Meaning of Conservatism. Harmondsworth, Penguin, 1980.

V. Sellin: Gewalt und Legitimität. Die europäischen Monarchien im Zeitalter der Revolutionen. München, Oldenbourg, 2011.
N. O. Sullivan: Conservatism. London, Dent, 1976.
R. Vierhaus: Konservativ, Konservatismus. In: O. Brunner u. a. (Hrsg.): Geschichtliche Grundbegriffe. Stuttgart, Klett-Cotta, 1982: 531–565.
H.-D. Wendland: Der Begriff Christlich-sozial. Köln, Westdeutscher Verlag, 1962.
G. D. Wilson: The Psychology of Conservatism. London, Academic Press, 1973.

Extreme Rechte und Faschismus

Quellen
W. Laqueur (Hrsg.): Fascism. A Reader's Guide. Harmondsworth, Penguin, 1979.
A. Lyttelton (Hrsg.): Italian Fascisms from Pareto to Gentile. London, J. Cape, 1973.

Literatur
K. v. Beyme: Neue Formen der Partizipation und die Gefahren von Populismus und Rechtsextremismus.In: Ders.: Von der Postdemokratie zur Neodemokratie. Wiesbaden, Springer VS, 2013: 47–72.
F. L. Carsten: The Rise of Fascism. London, Methuen, 1970.
R. Eastwell: Fascism. New York, Random House, 1996.
L. Elm: Der deutsche Konservatismus nach Auschwitz. Köln, Papyrossa Verlag, 2007.
R. Griffin (Hrsg.): Fascism. Oxford, Oxford University Press, 1995.
R. D. Griffin: The Nature of Fascism. London, Routledge, 1993.
A. Hamilton: The Appeal of Fascism. A Study of Intellectuals and Fascism 1919–1945. New York, Macmillan, 1971.
H. Heller: Europa und der Faschismus. Berlin, De Gruyter, 1929.
H. R. Kedward: Fascism in Western Europe. 1900–1945. London, Blackie, 1969.
R. Kühnl: Faschismustheorien. Reinbek, Rowohlt, 1981.
G. L. Mosse (Hrsg.): International Fascism. The Thoughts and Approaches. London, Sage, 1979.
G. L. Mosse (Hrsg.): Die Geschichte des Rassismus in Europa. Frankfurt, Fischer, 1990.
E. Nolte: Der Faschismus in seiner Epoche. München, Piper, 1963, 1979, 5. Aufl.
E. Nolte: Die Krise des liberalen Systems und die faschistischen Bewegungen. München, Piper, 1968.
E. Nolte (Hrsg.): Theorien über den Faschismus. Köln, Kiepenheuer & Witsch, 1967.
A. Pfahl-Traughber: Konservative Revolution und Neue Rechte. Opladen, Leske & Budrich, 1998.

H. Rogger/E. Weber: The European Right. Berkeley, University of California Press, 1966.
U. Timm: Was ist eigentlich Faschismus? Hilterfingen, Anares, 1997.
H. A. Turner (Hrsg.): Reappraisals of Fascism. New York, New Viewpoints, 1975.
E. Weber: Varieties of Fascism. New York, Van Nostrand, 1966.
W. Wippermann: Faschismustheorien. Darmstadt, Wissenschaftliche Buchgesellschaft, 1975, 4. Aufl.
W. Wippermann: Europäischer Faschismus im Vergleich 1922–1982. Frankfurt, Suhrkamp, 1983.
S. J. Woolf (Hrsg.): European Fascism. London, Weidenfeld & Nicolson, 1981.
F. Zenker: Was ist Faschismus? Wien, Drehbuchverlag, 2006.

EVP

Literatur

EVP-ED-Fraktion (Hrsg.): 50 Jahre Geschichte der EVP-ED-Fraktion 1953–2003.
Th. Jansen: Die Entstehung der Europäischen Partei. Vorgeschichte, Gründung und Entwicklung der EVP. Bonn, Europa-Union-Verlag, 1996.
H.-J. Veen u. a.: Schweiz, Niederlande, Belgien, Luxemburg, die Europäische Demokratische Union (EDU), Europäische Volkspartei (EVP). Paderborn, Schöningh, 2000.

The manufacturer's authorised representative in the EU is Springer Nature Customer Service Centre GmbH, Europaplatz 3, 69115 Heidelberg, Germany. If you have any concerns regarding our products, please contact ProductSafety@springernature.com

Printed and bound by CPI Group (UK) Ltd, Croydon, CR0 4YY
23/03/2026
02076675-0008